IPO

高慧 编著

注册制之
企业上市合规阶梯

以证券律师专业角度系统、全面解析
注册制下企业上市的合规治理要点

中国法制出版社
CHINA LEGAL PUBLISHING HOUSE

序

亚当·斯密在《国富论》中写道："我们把自己的健康托付给医生，把自己的财富，并且有时还把自己的名誉和生命托付给律师或代理律师。这类事情不能随便托付给一个非常平庸或地位低微的人。因此，他们的报酬必须配得上他们在社会所应有的且与这样一个重大地位相称的信任。他们在接受教育时所必须付出的长久时间和巨大费用，与上述情况结合在一起，必然进一步提高他们的劳动价格。"

资产证券化与企业家财富传承一脉相承，企业家的财富积累和实业梦想借助资本的力量扬帆启航，而资本的海洋，不能缺少深谙资本市场的律师保驾护航。

企业家的制胜法宝不仅在于其敏锐的商业嗅觉和卓越的管理能力，还在于其抵抗资本市场的诱惑能力。

企业家需要懂得资本运作的律师高手帮助其将企业战略落实到契约中，在企业家的灰度决策中保持底线正义。

资本市场风云变幻，眼看他起高楼，眼看他宴宾客，眼看他楼塌了，律师是见证者，也是参与者。

一个好的律师不是简单地告诉企业家什么可以做，什么不可以做，而是需要给出一个可执行的解决方案，能够和企业的管理、运营、谈判融为一体，让企业家在资本市场面前学会敬畏市场、敬畏专业、敬畏法治、敬畏风险。

2019 年正式开启资本市场改革元年，上交所推出科创板并试点注册制，全国股份转让系统推出精选层和转板机制，《证券法》修订正式确立并开启了中国多层次资本市场注册制的大门。扬帆起航，企业家不仅要遵守企业精神，还要在合规的道路上且行且珍惜。

本书在撰写过程中，团队律师孙竣锽和许玲玉为本书的付梓做了大量的工作，才使得本书得以和读者见面，更要感谢中国法制出版社的欧丹老师给予的建议和帮助。

二零一九年十二月

目 录
CONTENTS

引子：企业上市之企业家契约精神

企业家精神从商业的角度看就是企业家契约精神。真正的企业家是将契约精神放在企业经营的第一位，没有契约精神的创业者成不了企业家，也不适合进入资本市场。

通常情况下，企业在上市前，企业家会先咨询中介机构（券商、律师、会计师）评估企业上市的可行性。对于企业家来讲，他需要知道上市失败可能带来的风险，比如税务风险、私募融资对赌风险、股权稀释风险、合规风险、沉没成本风险等，而这些风险背后折射的一个根本性问题就是企业家契约精神。

创业之艰辛，创业失败风险之高，创业环境之复杂性，让企业家们不得不寄希望于法律的确定性和落地可执行性，这是他们最为关切的。但是，我们必须说，即便是在我们所能看到和接触到的创业环境中，企业家的契约精神是大家最为看重的品质，也是在资本市场的立足之本。否则，企业家最终将被投资者用脚投票的方式所抛弃。

一、企业家精神的第一层阶梯——原罪归零

民营企业家的原罪，很大程度上源于企业经营过程中普遍存在的财务不规

范，税务风险较高的问题，这是很多民营企业家不愿意谈及也害怕碰触的一个敏感话题。

但是，当一家民营企业或者家族企业需要借助资本市场转型升级或在激烈竞争的红海中杀出一片市场，就得放下原罪这个包袱。

企业家的原罪为什么要归零？因为，民营企业做得越大，企业家心里觉得越不安全，总觉得企业经营的原罪问题没有解决，税务风险永远是悬在他们头上的达摩克利斯之剑。其实，企业家要在企业发展的大环境中看待这个问题，需要重新从法律、税务的角度去审视企业发展问题，任何时候都要有这样的魄力，拿时间换空间，换取更长远的发展空间。

企业家愿意充分地与律师和会计师沟通，付出一定的税务和合规成本，换得内心长久的安宁。企业家要意识到，专业的事交给专业的人做，只要机制是合理的，就不会有问题。企业家的责任就是管好企业，肩负使命前进。一个成功的企业家没有自己的医生、没有自己的律师、没有自己的会计师，是对自己的人生和财富不负责任。

二、企业家精神的第二层阶梯——权力关笼

那些拥有强大场力和权力的民营企业家，总是最成功的那一代企业家。上市之后，却因为资本运作失败而光环不再。为什么企业家在上市前和上市后出现如此大的变化，其中一个重要的原因是企业家的权力是否受到制约。

企业上市前，企业家的权力是不受制约的，企业家的规则都是自己给自己定的，自己赚的钱想怎么花就怎么花。但是，上市后，企业成为公众公司，企业家就要受到上市公司治理规则的约束。

民营企业家在上市前基于快速占领市场，把握先机的初衷，往往容易形成企业家一言堂的局面。当企业上市后，如果这种一言堂的局面不受制约，企业家个人的野心会膨胀，脱离经营实业来创造价值的初心，从而热衷于风险极高的资本

运作。

因此，上市前，企业家需要考虑是否愿意或者是否准备好将权力归笼，在契约下、在规则下实现产业和金融的双飞。

三、企业家精神的第三层阶梯——合规

企业家的诚信经营并不代表企业经营是合规的，很多民营企业，其实从规模上看已经走上快速发展的上升之道，但是，企业既没有法务部，也没有外聘的法律顾问，总觉得诚信经营即是合规，法律不能为企业带来效益。其实，一些企业家们并没有真正理解合规的意义。合规是一把矫正尺，任何时候，无论是企业在飞速发展或是弯道超车的过程中，都需要合规部门把握方向。

我们的协议合规部门同意吗？我们的律师看过了吗？这是企业家在作出任何决策的时候应该问的最后两个问题。风控不是大企业的专利，小企业一样要有自己的风控，哪怕只是一个法务，或者一个外聘律师，企业家对合规部门的重视程度，对外聘律师的重视程度反映出企业家是否具有契约精神。

因此，看一个企业家的风控意识，就看他身边是不是经常带着一名律师，很多企业家因为内心对法律缺乏敬畏之心，或创业中形成的一种固有的认识，认为律师就是打官司的，律师对商业谈判没有什么用。其实，他们没有意识到，今天的律师已经是一个专业化分工非常细化的职业了，甚至有专门只做某一个领域的行业律师。

在商业或者资本市场领域，比如商业律师或者并购律师、证券律师是企业家进行资本运作、并购、战略合作的智库；专业领域的律师，他们熟悉商业规则和并购规则，熟悉所服务的行业，他们的使命就是促成商业交易，保障交易安全。企业家要想个人的财富基业长青，一定要重视律师的作用。马云在创业阶段引入蔡崇信律师作为重要合伙人，正是看中了律师在企业经营中合规的重要作用。

四、企业家精神的第四层阶梯——心态

资本市场无论是配额制、审核制、邀请制还是最终的注册制，对于合规的企业来说资本市场永远都是注册制。问题的关键是企业家能否做到不为周遭环境所左右，不为上市公司资本运作所诱惑。

此外，企业家还要有“经得住多大诋毁，就能担得起多少赞美”的心态。上市之路，一路波折，关键是做好企业本身，要顺势而为。努力，尽力，然后经历过这一切，企业上市是一次凤凰涅槃，对企业家和管理层来说，上市相当于二次创业，企业家对上市抱有一颗平常心，才能笑到最后。

五、企业家精神的第五层阶梯——自律

你有多自律，你就有多自由。毕达哥拉斯说：不能约束自己的人不能称他为自由的人。康德说：自由不是说我要做什么就做什么，相反，自由是我不想做什么就能够不做什么。

资本市场自律有别于企业家个人修养自律。企业家进入资本市场看似给自己套上了规则之治的枷锁，实际上是资本市场给了企业家一个更加广阔的证券市场平台。证券市场是一个产业与金融的创新平台，对于自律的企业家来说，不仅仅是遵守证券市场的治理规则，还在于自己不想做什么就能够不做什么。规则总是有灰色地带，企业家应当以基业长青和做大做强为使命，不要试图借助灰色地带谋求私利。企业需要长青，企业家需要长青，只有自律的企业家才能在资本市场基业长青。

第一章

新证券法之注册制要点解读与多层次资本市场

第一节　新证券法之注册制要点解读

2019 年 12 月 28 日，第十三届全国人民代表大会常务委员会第十五次会议表决通过了新修订的《中华人民共和国证券法》（以下简称“新证券法”），新证券法自 2020 年 3 月 1 日起施行。

资产证券化、数字化，改变了几千年人类活动的经济结构和生活结构，新证券法成为数字经济时代的“证券宪法”，它不仅开启了中国资本市场的注册制时代，也开启了资本市场的市场化、国际化、全球化之路。

新证券法以上交所科创板试点注册制为基础，明确了证券法规范的基本范畴，确立了以注册制为核心的多层次资本市场体系；建立了以持续经营能力判断企业发行上市条件的基本原则；规定保荐机构、承销机构及直接责任人、证券服务机构、发行人控股股东、实际控制人、董监高及直接责任人员与发行人因虚假上市对投资人承担过错连带赔偿责任并进行严惩；引入代表人诉讼制度加强对中小投资者的保护；引入奖励举报制度和高额惩罚机制规制和净化资本市场环境；引入长臂管辖制度规范资本市场全球化带来的证券市场失当行为；规范违法超比例举牌上市公司行为，限制超比例部分 36 个月不得行使表决权，解决了恶意举牌上市公司的难题；对证券市场交易结果恒定原则作了例外规定，解决了“光大乌龙指”等程序化交易事件引发的证券市场风险；严惩内幕交易、操纵证券市场行为；资本市场注册制合规体系基本建成。

一、资本市场证券宪法规范体系的建立

（一）将存托凭证和资产支持证券、资产管理产品等准证券纳入新证券法监管体系

1. 允许搭建红筹架构的境内实体企业，通过境外搭建的红筹架构主体在不拆除红筹架构的基础上在境内证券市场发行存托凭证，即 CDR。

2. 资产支持证券、资产管理产品作为准证券的法律地位。

资产支持证券和资产管理产品，主要由《证券公司及基金管理公司子公司资产证券化业务管理规定》和《中国人民银行、中国银行保险监督管理委员会、中国证券监督管理委员会、国家外汇管理局关于规范金融机构资产管理业务的指导意见》两个低阶位法规和规范性文件予以规范，缺乏上位法的立法基础。本次证券法的修订，从根本上解决了目前多头监管的问题。

（1）《证券公司及基金管理公司子公司资产证券化业务管理规定》

资产支持证券是投资者享有专项计划权益的证明，可以依法继承、交易、转让或出质。

（2）《中国人民银行、中国银行保险监督管理委员会、中国证券监督管理委员会、国家外汇管理局关于规范金融机构资产管理业务的指导意见》

资产管理产品包括但不限于人民币或外币形式的银行非保本理财产品，资金信托，证券公司、证券公司子公司、基金管理公司、基金管理子公司、期货公司、期货公司子公司、保险资产管理机构、金融资产投资公司发行的资产管理产品等。

（二）新证券法适应资本市场全球化，赋予长臂管辖权力

证券市场是数字经济时代或者数字资产时代最重要的经济全球化平台，必然面向全球监管。对于境外证券发行交易，损害境内市场秩序和损害境内投资人合法权益，有必要赋予监管机构和司法机构长臂管辖权力。

上海证券交易所和深圳证券交易所陆续开通了“沪港通”“深港通”和“沪伦通”，标志着中国资本市场进入全球化，对于境外证券发行交易涉及操控价格、披露虚假或具有误导性的资料等扰乱境内市场秩序的市场失当行为，境内投资人可以依据《证券法》的规定，提起代表人诉讼，中国证监会可以根据新证券法赋予的长臂管辖权力开展调查。根据《内地与香港股票市场交易互联互通机制若干规定》，中国证监会与香港证券及期货事务监察委员会和其他有关国家或地区的证券监督管理机构，通过跨境监管合作机制，依法查处内地与香港股票市场交易互联互通机制相关跨境违法违规活动。

二、新证券法赋予股票发行注册制和员工持股计划

新证券法明确证券发行实行注册制，证券发行注册制的具体范围、实施步骤由国务院规定。基于科创板注册制试点经验，后续国务院、中国证监会和上海证券交易所、深圳证券交易所将根据新证券法有序推进注册制具体制度的落地。

1. 新证券法建立在公开发行证券的注册制监管体系上，非公开引进投资人属于私募股权投资的范畴，并以向特定对象融资不超过 200 人为限。

2. 新证券法正式确立了实施员工持股计划的员工人数不计算在公开发行证券的范围内，解决了企业上市过程中，因全员持股产生的股东穿透计算超过 200 人的问题。公司首次公开发行股票，可以通过有限合伙或者资管计划等合法方式实施股权激励计划，每一个合伙企业或者资管计划视为 1 人，不需要穿透计算股东人数是否超过 200 人的问题。

三、新证券法赋予股票发行市场化注册条件

新证券法赋予了股票发行注册制的市场化法律地位，5 个注册发行条件与科创板试点注册制的发行条件基本吻合，贯彻了科创板注册制试点成果。

（一）具备健全且运行良好的组织机构

公开、透明，制度化的公司治理必须建构在股东大会、董事会、监事会和独立董事等制度建设和权力制衡上。董事、监事和高管人员、核心技术和核心业务人员结构的稳定是保障组织机构健全且运行良好的基础，因此该条件成为判断企业是否具备现代企业制度的重要参考依据。中国证监会和交易所在股票发行注册规则和指引制定具体的要求，如科创板要求发行人控制权及董监高最近 2 年保持稳定，不能有重大变化等。

（二）具有持续经营能力

以持续经营能力判断企业是否具备发行上市的条件是审核制和注册制的本质区别，证券发行的注册制制度设计，其基本架构依然会参照科创板的预计市值估值体系，后续国务院、中国证监会和交易所将在科创板试点基础上，根据主板、创业板的定位和特点，制定符合资本市场现状的上市市值指标审核体系。

市值是判断企业是否具备上市的条件之一。但是，任何预计市值的估值都是建立在企业是否具备持续经营能力的基础上，参照《上海证券交易所科创板股票发行上市审核问答》（以下简称“《科创板审核问答》”）关于持续经营能力的判断，对于企业上市是否具备持续经营能力主要从以下 10 个方面进行预判。

1. 发行人所处行业受国家政策限制或国际贸易条件影响存在重大不利变化风险；

2. 发行人所处行业出现周期性衰退、产能过剩、市场容量骤减、增长停滞等情况；

3. 发行人所处行业准入门槛低、竞争激烈，相比竞争者发行人在技术、资金、规模效应方面等不具有明显优势；

4. 发行人所处行业上下游供求关系发生重大变化，导致原材料采购价格或产品售价出现重大不利变化；

5. 发行人因业务转型的负面影响导致营业收入、毛利率、成本费用及盈利水平出现重大不利变化，且最近一期经营业绩尚未出现明显好转趋势；

6. 发行人重要客户本身发生重大不利变化，进而对发行人业务的稳定性和持续性产生重大不利影响；

7. 发行人由于工艺过时、产品落后、技术更迭、研发失败等原因导致市场占有率持续下降、重要资产或主要生产线出现重大减值风险、主要业务停滞或萎缩；

8. 发行人多项业务数据和财务指标呈现恶化趋势，短期内没有好转迹象；

9. 对发行人业务经营或收入实现有重大影响的商标、专利、专有技术以及特许经营权等重要资产或技术存在重大纠纷或诉讼，已经或者未来将对发行人财务状况或经营成果产生重大影响；

10. 其他明显影响或丧失持续经营能力的情形。

（三）最近3年财务会计报告被出具无保留意见审计报告

《证券法》基于注册制的制度设计，针对发行人经营情况、财务、内控的要求，交由专业证券服务机构会计师事务所进行判断，并以是否出具保留意见的审计报告判断企业财务会计的规范程度。会计师事务所对出具的标准无保留意见的审计报告的真实性、准确性、完整性与发行人共同承担连带赔偿责任，加大了证券服务机构的职业责任和职业风险。

（四）发行人及其控股股东、实际控制人最近3年不存在贪污、贿赂、侵占财产、挪用财产或者破坏社会主义市场经济秩序的刑事犯罪

1. 根据《科创板审核问答》，最近3年一般指最近36个月；

2. 关于发行人及其控股股东、实际控制人涉及刑事犯罪，除了贪污、贿赂罪刑外，侵占财产和挪用财产罪也属于刑法分则规定的破坏社会主义市场经济秩序犯罪。刑法分则中关于破坏社会主义市场经济秩序罪是刑法分则的主体部分，该部分已确定罪名108个，根据《证券法》的规定，只有危害国家安全、危害公共安全、危害国防利益、军人违反职责4大类犯罪未纳入该条规定的范围内。

（五）经国务院批准的国务院证券监督管理机构规定的其他条件

根据《证券法》规定，证券交易所上市规则规定的上市条件，应当对发行人

的经营年限、财务状况、最低公开发行比例和公司治理、诚信记录等提出要求。

四、新证券法建立了以信息披露为核心的注册制法律体系

新证券法建立了以信息披露为核心的注册制法律体系，其本质是将选择权交给市场，政府作为扶持之手，重在事后监管。参照科创板注册制审核实践，把握以信息披露为核心的注册制要点主要有以下几个方面：

1. 如何判断信息披露充分、真实、准确、完整：

（1）发行人报送的证券发行申请文件，应当充分披露投资者作出价值判断和投资决策所必需的信息，内容应当真实、准确、完整。

（2）为证券发行出具有关文件的证券服务机构和人员，必须严格履行法定职责，保证所出具文件的真实性、准确性和完整性。

信息披露的内容真实、准确主要基于不得欺诈发行证券。但是，对于完整性，就需要发行人和证券服务机构即会计师事务所、律师事务所作出预判，是否勤勉尽职，是否需要承担对投资人损失的连带赔偿责任，需要经过专业评估是否充分披露投资者作出价值判断和投资决策所必需的信息。

2. 参考科创板关于是否充分披露投资者作出价值判断和投资决策所必需的信息，主要从以下几个方面进行预判：

（1）充分性

发行上市申请文件披露的内容是否包含对投资者作出投资决策有重大影响的信息，披露程度是否达到投资者作出投资决策所必需的水平。包括但不限于是否充分、全面披露发行人业务、技术、财务、公司治理、投资者保护等方面的信息以及本次发行的情况和对发行人的影响，是否充分揭示可能对发行人经营状况、财务状况产生重大不利影响的所有因素等事项。

（2）一致性

发行上市申请文件的内容及信息披露内容是否一致、合理和具有内在逻辑

性。包括但不限于财务数据是否勾稽合理，是否符合发行人实际情况，非财务信息与财务信息是否相互印证，保荐人、证券服务机构核查依据是否充分，能否对财务数据的变动或者与同行业公司存在的差异作出合理解释。

（3）可理解性

发行上市申请文件披露内容是否简明易懂，是否便于一般投资者阅读和理解。包括但不限于是否使用浅白语言，是否简明扼要、重点突出、逻辑清晰，是否结合企业自身特点进行有针对性的信息披露。

五、新证券法赋予企业发行上市时间的可预见性

上市的可预见性和可预期性，是判断注册制的另外一个重要的参考标准，股票发行实行注册制，在执行落地层面需要在审核问询时间上的可预见性或者可控性。新证券法规定，首次公开发行股票，审核问询以 3 个月为限，但发行人补充、修改答复反馈时间不计算在内。因此，治理规范的公司发行股票上市时间加上答复反馈的时间基本上可以控制在 6 个月左右，因此 1 年内上市将成为企业上市市场化的常态。

六、新证券法建立了严格的欺诈发行股票回购机制

新证券法规定发行人在招股说明书等证券发行文件中隐瞒重要事实或者编造重大虚假内容，已经发行并上市的，国务院证券监督管理机构可以责令发行人回购证券，或者责令负有责任的控股股东、实际控制人买回证券。

即便是发行人已经成功发行股票，但是，一旦查实上市公司存在隐瞒重要事实或重大虚假上市情况，中国证监会可以要求发行人或控股股东、实际控制人回购股票。

七、新证券法建立了规范的股票发行时间和发行失败制度

注册制在于按市场化方式发行股票，市场化发行股票，存在发行人不被投资人看好或者估值过高发行失败的可能，因此，新证券法对此作出了规定：

1. 证券的代销、包销期限最长不得超过90日；

2. 股票发行采用代销方式，代销期限届满，向投资者出售的股票数量未达到拟公开发行股票数量70%的，为发行失败。发行人应当按照发行价并加算银行同期存款利息返还股票认购人。

八、新证券法建立了规范的股票限售制度

1. 依法发行的证券，《中华人民共和国公司法》和其他法律对其转让期限有限制性规定的，在限定的期限内不得转让。

（1）关于其他法律限售规定，主要是指《公司法》第141条规定的发起人持有的本公司股份，自公司成立之日起1年内不得转让。公司公开发行股份前已发行的股份，自公司股票在证券交易所上市交易之日起1年内不得转让。

（2）公司董事、监事、高级管理人员应当向公司申报所持有的本公司的股份及其变动情况，在任职期间每年转让的股份不得超过其所持有本公司股份总数的25%；所持本公司股份自公司股票上市交易之日起1年内不得转让。上述人员离职后半年内，不得转让其所持有的本公司股份。公司章程可以对公司董事、监事、高级管理人员转让其所持有的本公司股份作出其他限制性规定。

2. 上市公司持有5%以上股份的股东、实际控制人、董事、监事、高级管理人员，以及其他持有发行人首次公开发行前发行的股份或者上市公司向特定对象发行的股份的股东，转让其持有的本公司股份的，不得违反法律、行政法规和国务院证券监督管理机构关于持有期限、卖出时间、卖出数量、卖出方式、信息披

露等规定，并应当遵守证券交易所的业务规则。

3. 在限制转让期内转让证券，或者转让股票不符合法律、行政法规和国务院证券监督管理机构规定的，责令改正，给予警告，没收违法所得，并处以买卖证券等值以下的罚款。

九、新证券法建立了证券服务机构和人员限制交易制度

新证券法将中介机构人员限制交易的对象扩大到会计师事务所和律师事务所人员：

1. 为证券发行出具审计报告或者法律意见书等文件的证券服务机构和人员，在该证券承销期内和期满后 6 个月内，不得买卖该证券。

2. 为发行人及其控股股东、实际控制人，或者收购人、重大资产交易方出具审计报告或者法律意见书等文件的证券服务机构和人员，自接受委托之日起至上述文件公开后 5 日内，不得买卖该证券。实际开展上述有关工作之日早于接受委托之日的，自实际开展上述有关工作之日起至上述文件公开后 5 日内，不得买卖该证券。

十、新证券法为新三板精选层公开发行股票和采用集合竞价交易方式确立了上位法的制度安排

新证券法明确规定公开发行的证券，应当在依法设立的证券交易所上市交易或者在国务院批准的其他全国性证券交易场所交易。证券在证券交易所上市交易，应当采用公开的集中交易方式或者国务院证券监督管理机构批准的其他方式。

十一、新证券法将股东、董监高短线交易收入归入权扩大到其配偶、父母、子女持有的账户和利用他人账户

1. 上市公司、股票在国务院批准的其他全国性证券交易场所交易的公司持有5%以上股份的股东、董事、监事、高级管理人员，将其持有的该公司的股票或者其他具有股权性质的证券在买入后6个月内卖出，或者在卖出后6个月内又买入，由此所得收益归该公司所有，公司董事会应当收回其所得收益。

2. 董事、监事、高级管理人员、自然人股东持有的股票或者其他具有股权性质的证券，包括其配偶、父母、子女持有的及利用他人账户持有的股票或者其他具有股权性质的证券。

十二、新证券法建立了募集资金使用制度，改变募集资金用途需履行股东大会程序

1. 公司对公开发行股票所募集资金，必须按照招股说明书或者其他公开发行募集文件所列资金用途使用；改变资金用途，必须经股东大会作出决议。擅自改变用途，未作纠正的，或者未经股东大会认可的，不得公开发行新股。

2. 确立了募集资金使用的基本原则，但是基于市场环境的变化，允许企业在履行了股东大会程序后变更募集资金使用的用途。

3. 擅自改变公开发行证券所募集资金的用途的，责令改正，处以50万元以上500万元以下的罚款；对直接负责的主管人员和其他直接责任人员给予警告，并处以10万元以上100万元以下的罚款。

4. 发行人的控股股东、实际控制人从事或者组织、指使从事违法改变募集资金用途的，给予警告，并处以50万元以上500万元以下的罚款；对直接负责的主管人员和其他直接责任人员，处以10万元以上100万元以下的罚款。

十三、新证券法完善了证券交易结果恒定制度及例外规则

1. 《证券法》第 111 条和第 117 条是对证券交易结果恒定原则的规定，即按照依法制定的交易规则进行的交易，不得改变其交易结果。

2. 证券交易结果恒定的例外是指人工智能时代所带来的可能在程序化交易出现的重大事件的规定，其中因不可抗力、意外事件、重大技术故障、重大人为差错等突发性事件而影响证券交易正常进行时，为维护证券交易正常秩序和市场公平，证券交易所可以按照业务规则采取技术性停牌、临时停市等处置措施，并应当及时向国务院证券监督管理机构报告。突发性事件导致证券交易结果出现重大异常，按交易结果进行交收将对证券交易正常秩序和市场公平造成重大影响的，证券交易所按照业务规则可以采取取消交易、通知证券登记结算机构暂缓交收等措施，并应当及时向国务院证券监督管理机构报告并公告。

3. 通过计算机程序自动生成或者下达交易指令进行程序化交易的，应当符合国务院证券监督管理机构的规定，并向证券交易所报告，不得影响证券交易所系统安全或者正常交易秩序。

4. 采取程序化交易影响证券交易所系统安全或者正常交易秩序的，责令改正，并处以 50 万元以上 500 万元以下的罚款。对直接负责的主管人员和其他直接责任人员给予警告，并处以 10 万元以上 100 万元以下的罚款。

十四、新证券法严惩内幕交易行为，内幕信息知情人不得泄露内幕信息或建议他人购买证券

内幕交易屡禁不止，主要是因规范内幕交易行为的上位法缺位，内幕交易概念和内幕信息知情人界定不清，惩罚力度不够。新证券法基于人工智能时代大数据分析的优势，进一步明确了内幕交易概念的内涵和外延，并且将内幕信息的知

情人扩展到上市公司董监高、持股5%以上股东及其董监高以及因职务、工作、职责关系获取内幕信息的相关人员。

1. 内幕信息是指在证券交易活动中，涉及发行人的经营、财务或者对该发行人证券的市场价格有重大影响的、尚未公开的信息，该等信息包括《证券法》规定的重大事件。

2. 内幕信息知情人包括：（1）发行人及其董事、监事、高级管理人员；（2）持有公司5%以上股份的股东及其董事、监事、高级管理人员，公司的实际控制人及其董事、监事、高级管理人员；（3）发行人控股或者实际控制的公司及其董事、监事、高级管理人员；（4）由于所任公司职务或者因与公司业务往来可以获取公司有关内幕信息的人员；（5）上市公司收购人或者重大资产交易方及其控股股东、实际控制人、董事、监事和高级管理人员；（6）因职务、工作可以获取内幕信息的证券交易场所、证券公司、证券登记结算机构、证券服务机构的有关人员；（7）因职责、工作可以获取内幕信息的证券监督管理机构工作人员；（8）因法定职责对证券的发行、交易或者对上市公司及其收购、重大资产交易进行管理可以获取内幕信息的有关主管部门、监管机构的工作人员；（9）国务院证券监督管理机构规定的可以获取内幕信息的其他人员。

3. 证券交易内幕信息的知情人和非法获取内幕信息的人，在内幕信息公开前，不得买卖该公司的证券，或者泄露该信息，或者建议他人买卖该证券。

4. 证券交易内幕信息的知情人或者非法获取内幕信息的人违反证券法规定从事内幕交易的，责令依法处理非法持有的证券，没收违法所得，并处以违法所得1倍以上10倍以下的罚款；没有违法所得或者违法所得不足50万元的，处以50万元以上500万元以下的罚款。单位从事内幕交易的，还应当对直接负责的主管人员和其他直接责任人员给予警告，并处以20万元以上200万元以下的罚款。

5. 在调查操纵证券市场、内幕交易等重大证券违法行为时，经国务院证券监督管理机构主要负责人或者其授权的其他负责人批准，可以限制被调查的当事人的证券买卖，但限制的期限不得超过3个月；案情复杂的，可以延长3个月。

6. 通知出境入境管理机关依法阻止涉嫌违法人员、涉嫌违法单位的主管人员和其他直接责任人员出境。

7. 为防范证券市场风险，维护市场秩序，国务院证券监督管理机构可以采取责令改正、监管谈话、出具警示函等措施。

十五、新证券法建立操作证券市场负面清单制度，严惩操纵证券市场行为

资本大鳄和一部分上市公司大股东、实际控制人为了获取巨大利益，通过各种方式操纵证券市场，达到自己获取暴利的目的，损害中小投资者利益。新证券法采用负面清单方式枚举操纵证券市场违法行为，对操作证券市场行为设立高额处罚进行严惩。

1. 操纵证券市场的不当行为主要包括：（1）单独或者通过合谋，集中资金优势、持股优势或者利用信息优势联合或者连续买卖；（2）与他人串通，以事先约定的时间、价格和方式相互进行证券交易；（3）在自己实际控制的账户之间进行证券交易；（4）不以成交为目的，频繁或者大量申报并撤销申报；（5）利用虚假或者不确定的重大信息，诱导投资者进行证券交易；（6）对证券、发行人公开作出评价、预测或者投资建议，并进行反向证券交易；（7）利用在其他相关市场的活动操纵证券市场；（8）操纵证券市场的其他手段。

除了兜底条款外，新证券法将操纵证券市场行为上升到基本法地位，全面规范以市值管理名义及股评家反向操作等新型操纵证券市场行为，净化市场环境。

2. 操纵证券市场的，责令依法处理其非法持有的证券，没收违法所得，并处以违法所得 1 倍以上 10 倍以下的罚款。

3. 没有违法所得或者违法所得不足 100 万元的，处以 100 万元以上 1000 万元以下的罚款。单位操纵证券市场的，还应当对直接负责的主管人员和其他直接责任人员给予警告，并处以 50 万元以上 500 万元以下的罚款。

十六、新证券法建立严惩编造、传播虚假信息或者误导信息，扰乱证券市场行为的制度

1. 禁止任何单位和个人编造、传播虚假信息或者误导性信息，扰乱证券市场。

2. 禁止证券交易场所、证券公司、证券登记结算机构、证券服务机构及其从业人员，证券业协会、证券监督管理机构及其工作人员，在证券交易活动中作出虚假陈述或者信息误导。

3. 各种传播媒介传播证券市场信息必须真实、客观，禁止误导。传播媒介及其从事证券市场信息报道的工作人员不得从事与其工作职责发生利益冲突的证券买卖。

4. 编造、传播虚假信息或者误导性信息，扰乱证券市场，给投资者造成损失的，应当依法承担赔偿责任。

5. 编造、传播虚假信息或者误导性信息，扰乱证券市场的，没收违法所得，并处以违法所得 1 倍以上 10 倍以下的罚款；没有违法所得或者违法所得不足 20 万元的，处以 20 万元以上 200 万元以下的罚款。

6. 在证券交易活动中作出虚假陈述或者信息误导的，责令改正，处以 20 万元以上 200 万元以下的罚款；属于国家工作人员的，还应当依法给予处分。

7. 传播媒介及其从事证券市场信息报道的工作人员从事与其工作职责发生利益冲突的证券买卖的，没收违法所得，并处以买卖证券等值以下的罚款。

十七、新证券法建立严禁出借账户行为制度

1. 任何单位和个人不得违反规定，出借自己的证券账户或者借用他人的证券账户从事证券交易。

2. 投资者应当使用实名开立的账户进行交易。

3. 出借自己的证券账户或者借用他人的证券账户从事证券交易的，责令改正，给予警告，可以处50万元以下的罚款。

十八、新证券法禁止投资者违规利用财政资金、银行信贷资金买卖证券

新证券法规定了禁止使用财政资金和银行信贷资金买卖证券，对于违反该规定购买的证券是否有效及如何处理，证券法并没有作出规定。主要限制国资背景的投资公司使用财政资金举牌上市以及民营企业通过嵌套或者资管计划利用信贷资金举牌上市，扰乱资本市场的行为。

十九、新证券法全面规范上市公司收购行为，对违法超比例举牌上市公司限制超比例部分36个月不得行使表决权

新证券法对举牌上市公司的收购行为作出了明确的规定，举牌上市公司以5%为界限履行报告和公告义务；每增加或减少1%的公告义务；每增加或减少5%持续报告和公告义务。对违法超比例举牌上市公司限制超比例部分36个月不得行使表决权，解决了恶意举牌上市公司的难题。

1. 通过证券交易所的证券交易，投资者持有或者通过协议、其他安排与他人共同持有一个上市公司已发行的有表决权股份达到5%时，应当在该事实发生之日起3日内，向国务院证券监督管理机构、证券交易所作出书面报告，通知该上市公司，并予公告，在上述期限内不得再行买卖该上市公司的股票，但国务院证券监督管理机构规定的情形除外。

2. 投资者持有或者通过协议、其他安排与他人共同持有一个上市公司已发行的有表决权股份达到5%后，其所持该上市公司已发行的有表决权股份比例每增加或者减少5%，应当依照前款规定进行报告和公告，在该事实发生之日起至

公告后 3 日内，不得再行买卖该上市公司的股票，但国务院证券监督管理机构规定的情形除外。

3. 投资者持有或者通过协议、其他安排与他人共同持有一个上市公司已发行的有表决权股份达到 5% 后，其所持该上市公司已发行的有表决权股份比例每增加或者减少 1%，应当在该事实发生的次日通知该上市公司，并予公告。

4. 违反规定买入上市公司有表决权的股份的，在买入后的 36 个月内，对该超过规定比例部分的股份不得行使表决权。

二十、新证券法限制倒壳卖壳行为，上市公司收购完成后 18 个月内不得转让

在上市公司收购中，收购人持有的被收购的上市公司的股票，在收购行为完成后的 18 个月内不得转让。

二十一、新证券法建立上市公司发生重大事件立即报告和公告义务制度

基于獐子岛扇贝事件、长生生物疫苗事件、新城控股实际控制人违法犯罪事件对上市公司产生的重大影响，新证券法针对该等事件发生后如何履行信息披露义务作出了明确的规定，该等重大事件发生后要求立即履行报告和公告义务。公司的控股股东或者实际控制人对重大事件的发生、进展产生较大影响的，应当及时将其知悉的有关情况书面告知公司，并配合公司履行信息披露义务。

1. 发生可能对上市公司、股票在国务院批准的其他全国性证券交易场所交易的公司的股票交易价格产生较大影响的重大事件，投资者尚未得知时，公司应当立即将有关该重大事件的情况向国务院证券监督管理机构和证券交易场所报送临时报告，并予公告，说明事件的起因、目前的状态和可能产生的法律后果。

2. 重大事件包括：（1）公司的经营方针和经营范围的重大变化；（2）公司的重大投资行为，公司在 1 年内购买、出售重大资产超过公司资产总额 30%，或者公司营业用主要资产的抵押、质押、出售或者报废一次超过该资产的 30%；（3）公司订立重要合同、提供重大担保或者从事关联交易，可能对公司的资产、负债、权益和经营成果产生重要影响；（4）公司发生重大债务和未能清偿到期重大债务的违约情况；（5）公司发生重大亏损或者重大损失；（6）公司生产经营的外部条件发生的重大变化；（7）公司的董事、1/3 以上监事或者经理发生变动，董事长或者经理无法履行职责；（8）持有公司 5% 以上股份的股东或者实际控制人持有股份或者控制公司的情况发生较大变化，公司的实际控制人及其控制的其他企业从事与公司相同或者相似业务的情况发生较大变化；（9）公司分配股利、增资的计划，公司股权结构的重要变化，公司减资、合并、分立、解散及申请破产的决定，或者依法进入破产程序、被责令关闭；（10）涉及公司的重大诉讼、仲裁，股东大会、董事会决议被依法撤销或者宣告无效；（11）公司涉嫌犯罪被依法立案调查，公司的控股股东、实际控制人、董事、监事、高级管理人员涉嫌犯罪被依法采取强制措施；（12）国务院证券监督管理机构规定的其他事项。

二十二、新证券法建立发行人及其控股股东、实际控制人、董事、监事、高级管理人员不履行承诺给投资者造成损失的，应当依法承担赔偿责任制度

1. 发行人及其控股股东、实际控制人、董事、监事、高级管理人员等作出公开承诺的，应当披露。不履行承诺给投资者造成损失的，应当依法承担赔偿责任。

2. 针对上市公司控股股东、实际控制人、董事、监事、高级管理人员公开承诺装入资产或者业绩承诺及增持股票计划等行为，因客观原因或者其他原因未履行承诺的，即使是通过股东大会审议豁免，对于未投赞成票的投资人，只要因

未履行承诺造成损失的，均可以通过诉讼主张权利。

二十三、新证券法建立保荐机构、承销机构及直接责任人、证券服务机构、发行人控股股东、实际控制人、董监高及直接责任人员与发行人因虚假上市等信批违法对投资人承担过错连带赔偿责任制度，并设立了高额的惩罚制度

1. 新证券法加大了中介机构的责任，其中保荐机构、承销机构扩大到其直接责任人员的过错连带赔偿责任，增加了律师事务所和会计师事务评估师事务所、财务顾问等证券服务机构过错连带赔偿责任；增加了发行人控股股东、实际控制人的过错连带赔偿责任；增加了发行人董监高和直接责任人员的过错连带赔偿责任。

2. 新证券法将直接震慑中介机构及直接责任人员懈怠职责行为，加重直接责任人员责任，净化证券服务市场。对于目前诟病较多的监事亦产生重大震慑作用，有利于加快监事履行职责和在上市公司的地位；另外，对于目前诟病的独立董事亦会产生重大震慑作用，独立董事薪酬由上市公司发放，且一般由上市公司控股股东、实际控制人提名，其独立性受到该等因素的限制，基于新证券法对董事承担连带赔偿责任的影响，独立董事的主力军院校教授和律师、会计师多会谨慎选择担任上市公司独立董事，相比较董事连带赔偿责任和目前微薄的薪酬津贴，权责利完全不匹配，且目前绝大多数上市公司并没有给独立董事，包括其他董监高购买责任保险。因此，未来如果上市公司不能为董监高提供履职责任保险，将直接影响该等人士继续担任董监高的意愿。

1. 信息披露义务人未按照规定披露信息，或者公告的证券发行文件、定期报告、临时报告及其他信息披露资料存在虚假记载、误导性陈述或者重大遗漏，致使投资者在证券交易中遭受损失的，信息披露义务人应当承担赔偿责任；发行人的控股股东、实际控制人、董事、监事、高级管理人员和其他直接责任人员以

及保荐人、承销的证券公司及其直接责任人员，应当与发行人承担连带赔偿责任，但是能够证明自己没有过错的除外。

2. 证券服务机构为证券的发行、上市、交易等证券业务活动制作、出具审计报告及其他鉴证报告、资产评估报告、财务顾问报告、资信评级报告或者法律意见书等文件，应当勤勉尽责，对所依据的文件资料内容的真实性、准确性、完整性进行核查和验证。其制作、出具的文件有虚假记载、误导性陈述或者重大遗漏，给他人造成损失的，应当与委托人承担连带赔偿责任，但是能够证明自己没有过错的除外。

3. 发行人因欺诈发行、虚假陈述或者其他重大违法行为给投资者造成损失的，发行人的控股股东、实际控制人、相关的证券公司可以委托投资者保护机构，就赔偿事宜与受到损失的投资者达成协议，予以先行赔付。先行赔付后，可以依法向发行人以及其他连带责任人追偿。

4. 证券服务机构违反《证券法》的规定，未勤勉尽责，所制作、出具的文件有虚假记载、误导性陈述或者重大遗漏的，责令改正，没收业务收入，并处以业务收入 1 倍以上 10 倍以下的罚款，没有业务收入或者业务收入不足 50 万元的，处以 50 万元以上 500 万元以下的罚款；情节严重的，并处暂停或者禁止从事证券服务业务。对直接负责的主管人员和其他直接责任人员给予警告，并处以 20 万元以上 200 万元以下的罚款。

5. 保荐人出具有虚假记载、误导性陈述或者重大遗漏的保荐书，或者不履行其他法定职责的，责令改正，给予警告，没收业务收入，并处以业务收入 1 倍以上 10 倍以下的罚款；没有业务收入或者业务收入不足 100 万元的，处以 100 万元以上 1000 万元以下的罚款；情节严重的，并处暂停或者撤销保荐业务许可。对直接负责的主管人员和其他直接责任人员给予警告，并处以 50 万元以上 500 万元以下的罚款。

6. 信息披露义务人未按照本法规定报送有关报告或者履行信息披露义务的，责令改正，给予警告，并处以 50 万元以上 500 万元以下的罚款；对直接负责的主管人员和其他直接责任人员给予警告，并处以 20 万元以上 200 万元以下的罚款。发行人的控股股东、实际控制人组织、指使从事上述违法行为，或者隐瞒相关事项导致发生上述情形的，处以 50 万元以上 500 万元以下的罚款；对直接负责的主管人员和其他直接责任人员，处以 20 万元以上 200 万元以下的罚款。

7. 信息披露义务人报送的报告或者披露的信息有虚假记载、误导性陈述或者重大遗漏的，责令改正，给予警告，并处以 100 万元以上 1000 万元以下的罚款；对直接负责的主管人员和其他直接责任人员给予警告，并处以 50 万元以上 500 万元以下的罚款。发行人的控股股东、实际控制人组织、指使从事上述违法行为，或者隐瞒相关事项导致发生上述情形的，处以 100 万元以上 1000 万元以下的罚款；对直接负责的主管人员和其他直接责任人员，处以 50 万元以上 500 万元以下的罚款。

二十四、新证券法建立了董事会、独立董事、股东和投资者保护机构征集股东投票权制度

新证券法建立了征集投票权制度，董事会、独立董事和持股 1% 以上股东、投资者保护机构 4 类人或机构可以征集投票权。

上市公司董事会、独立董事、持有 1% 以上有表决权股份的股东或者依照法律、行政法规或者国务院证券监督管理机构的规定设立的投资者保护机构，可以作为征集人，自行或者委托证券公司、证券服务机构，公开请求上市公司股东委托其代为出席股东大会，并代为行使提案权、表决权等股东权利。

1. 征集股东权利的，征集人应当披露征集文件，上市公司应当予以配合。

2. 禁止以有偿或者变相有偿的方式公开征集股东权利。

3. 公开征集股东权利违反法律、行政法规或者国务院证券监督管理机构有关规定，导致上市公司或者其股东遭受损失的，应当依法承担赔偿责任。

二十五、新证券法建立了投资者保护机构直接起诉董监高职务损害行为制度

发行人的董事、监事、高级管理人员执行公司职务时违反法律、行政法规或者公司章程的规定给公司造成损失，发行人的控股股东、实际控制人等侵犯公司合法权益给公司造成损失，投资者保护机构持有该公司股份的，可以为公司的利益以自己的名义向人民法院提起诉讼，持股比例和持股期限不受《中华人民共和国公司法》规定的限制。

二十六、新证券法建立了代表人诉讼制度，投资者保护机构代表诉讼制度，确立“明示退出，默示加入”原则

1. 投资者提起虚假陈述等证券民事赔偿诉讼时，诉讼标的是同一种类，且当事人一方人数众多的，可以依法推选代表人进行诉讼。

2. 可能存在有相同诉讼请求的其他众多投资者的，人民法院可以发出公告，说明该诉讼请求的案件情况，通知投资者在一定期间向人民法院登记。人民法院作出的判决、裁定，对参加登记的投资者发生效力。

3. 投资者保护机构受 50 名以上投资者委托，可以作为代表人参加诉讼，并为经证券登记结算机构确认的权利人依照前款规定向人民法院登记，但投资者明确表示不愿意参加该诉讼的除外。

二十七、新证券法建立律师事务所等从事证券业务，采用报有关主管部门备案制度

律师事务所、会计师事务所、资产评估事务所从事证券业务，采用报国务院

证券监督管理机构和国务院有关部门的备案制度。

二十八、新证券法规定证券服务机构底稿保存期限不少于 10 年

证券服务机构应当妥善保存客户委托文件、核查和验证资料、工作底稿以及与质量控制、内部管理、业务经营有关的信息和资料，任何人不得泄露、隐匿、伪造、篡改或者毁损。上述信息和资料的保存期限不得少于 10 年，自业务委托结束之日起算。

二十九、新证券法设立证券违法调查和解制度

国务院证券监督管理机构对涉嫌证券违法的单位或者个人进行调查期间，被调查的当事人书面申请，承诺在国务院证券监督管理机构认可的期限内纠正涉嫌违法行为，赔偿有关投资者损失，消除损害或者不良影响的，国务院证券监督管理机构可以决定中止调查。被调查的当事人履行承诺的，国务院证券监督管理机构可以决定终止调查；被调查的当事人未履行承诺或者有国务院规定的其他情形的，应当恢复调查。具体办法由国务院规定。

三十、新证券法设立证券违法举报奖励制度

1. 对涉嫌证券违法、违规行为，任何单位和个人有权向国务院证券监督管理机构举报。

2. 对涉嫌重大违法、违规行为的实名举报线索经查证属实的，国务院证券监督管理机构按照规定给予举报人奖励。

3. 国务院证券监督管理机构应当对举报人的身份信息保密。

三十一、新证券法建立禁止证券业务数据出境制度

境外证券监督管理机构不得在中华人民共和国境内直接进行调查取证等活动。未经国务院证券监督管理机构和国务院有关主管部门同意，任何单位和个人不得擅自向境外提供与证券业务活动有关的文件和资料。

三十二、新证券法建立证券市场禁入制度，净化证券市场环境

本次《证券法》修订正式确立了证券市场禁入制度，明确证券市场禁入分为两种情形：

1. 在一定期限内直至终身不得从事证券业务、证券服务业务，不得担任证券发行人的董事、监事、高级管理人员；

2. 一定期限内不得在证券交易所、国务院批准的其他全国性证券交易场所交易证券。

三十三、新证券法规定民事赔偿责任优先缴纳罚款、罚金、没收违法等其他违法责任所得

新证券法规定，民事赔偿责任优先缴纳罚款、罚金、没收违法等其他违法责任所得，全面建立中小投资者优先保护的证券市场制度体系。

第二节　多层次资本市场与注册制

一、中国多层次资本市场的变革时代

2019 年，上海证券交易所推出科创板并试点注册制，为中国的科技创新企业进入资本市场打开了一扇门，而 2019 年《证券法》的修订，则标志着中国证券市场注册制时代大门的正式开启。

注册制时代，中国资本市场初步建成了以上交所和深交所为主的主板、科创板、中小板、创业板以及全国股份转让系统和区域性股权转让市场的多层次资本市场①②③④：

① 截至 2018 年 12 月 1 日，国家市场监督管理总局统计口径：全国注册企业共 3474.2 万家，http：//www.samr.gov.cn/。

② 截至 2019 年 12 月 1 日，上交所上市公司 1554 家，http：//www.sse.com.cn/。

③ 截至 2019 年 12 月 1 日，深交所上市公司 2197 家，http：//www.szse.cn/。

④ 截至 2019 年 12 月 1 日，全国中小企业股份转让系统挂牌公司 9105 家，http：//www.neeq.com.cn/hierarchy/。

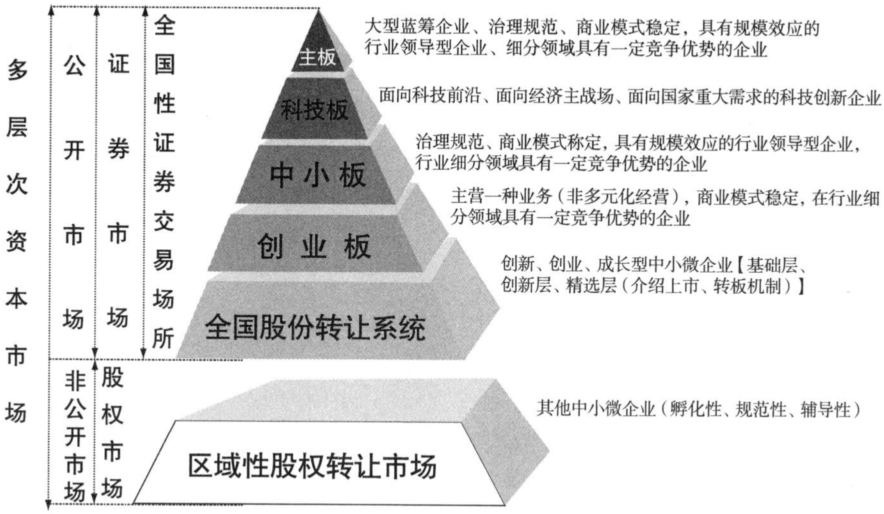

二、注册制的本质

一般地，按照市场经济理论，国家监管有三只手，掠夺之手、扶持之手与无为之手。股票发行实行审核制实质上是国家监管在用掠夺之手配置资本市场资源，但是，如果将资本市场完全交给市场，国家监管只是做个守夜人角色，国家监管又会成为无为之手，失去监管的证券市场就会演变成金融大鳄的屠宰场，金融乱象从生。因此，从国家监管的角度，注册制的本质是国家监管作为扶持之手，重在提供资本市场资源配置的制度设计和金融市场稳定的法治化、持续性、惩罚性监管环境。

从资本市场的角度看，注册制的本质是以信息披露为核心，把选择权交给市场。企业（发行人）作为信息披露第一责任人，应当诚实守信，依法充分披露投资者作出价值判断和投资决策所必需的信息。

企业申请上市应遵守市场规则、法治规则、风险规则、专业规则，信息披露要以投资人的角度换位思考，只有达到以下信息披露的要求才能真正为注册制落地夯实基础：

1. 信息披露是否达到真实、准确、完整的要求，是否符合招股说明书内容与格式准则的要求。

2. 信息披露是否包含对投资者作出投资决策有重大影响的信息，披露程度是否达到投资者作出投资决策所必需的水平。包括但不限于是否充分、全面披露发行人业务、技术、财务、公司治理、投资者保护等方面的信息以及本次发行的情况，是否充分揭示可能对发行人经营状况、财务状况产生重大不利影响的所有因素。

3. 信息披露内容是否一致、合理和具有内在逻辑性，包括但不限于财务数据是否勾稽合理，是否符合发行人实际情况，非财务信息与财务信息是否相互印证，保荐人、证券服务机构核查依据是否充分，能否对财务数据的变动或者与同行业公司存在的差异作出合理解释。

4. 信息披露是否简明易懂，是否便于一般投资者阅读和理解。包括但不限于是否使用浅白语言，是否简明扼要、重点突出、逻辑清晰，是否结合企业自身特点进行有针对性的信息披露。

交易所受理企业公开发行股票并上市的申请，审核并判断企业是否符合发行条件、上市条件和信息披露要求。审核工作主要通过提出问题、回答问题方式展开，督促发行人完善信息披露内容。

第三节　注册制之分拆子公司上市

上市公司分拆子公司境内上市将部分业务或资产，以其直接或间接控制的子公司的形式，在境内证券市场首次公开发行股票上市或实现重组上市。

2019年12月12日，中国证监会正式颁布了《上市公司分拆所属子公司境内上市试点若干规定》（证监会〔2019〕27号），上市公司分拆子公司在境内其他板块上市正式开启了资本市场多元化融资和多元化发展的一个基本导向。上市公司基于资本市场融资功能和吸引人才的便利条件，通过设计事业合伙制和跟投机制孵化更多优质企业上市，真正实现上市公司平台化和资产证券化的激励机制，分拆子公司上市制度设计，为上市公司转型升级和创新带来了新的活力。

（一）上市公司分拆子公司上市的条件

1. 上市公司股票境内上市已满3年。

2. 上市公司最近3个会计年度连续盈利，且最近3个会计年度扣除按权益享有的拟分拆所属子公司的净利润后，归属上市公司股东的净利润累计不低于6亿元人民币（净利润以扣除非经常性损益前后孰低值计算）。

3. 上市公司最近1个会计年度合并报表中按权益享有的拟分拆所属子公司的净利润不得超过归属于上市公司股东的净利润的50%；上市公司最近1个会计年度合并报表中按权益享有的拟分拆所属子公司净资产不得超过归属于上市公

司股东的净资产的 30%。

4. 上市公司不存在资金、资产被控股股东、实际控制人及其关联方占用的情形，或其他损害公司利益的重大关联交易。上市公司及其控股股东、实际控制人最近 36 个月内未受到过中国证监会的行政处罚；上市公司及其控股股东、实际控制人最近 12 个月内未受到过证券交易所的公开谴责。上市公司最近 1 年及 1 期财务会计报告被注册会计师出具无保留意见审计报告。

5. 上市公司最近 3 个会计年度内发行股份及募集资金投向的业务和资产，不得作为拟分拆所属子公司的主要业务和资产，但拟分拆所属子公司最近 3 个会计年度使用募集资金合计不超过其净资产 10% 的除外；上市公司最近 3 个会计年度内通过重大资产重组购买的业务和资产，不得作为拟分拆所属子公司的主要业务和资产。所属子公司主要从事金融业务的，上市公司不得分拆该子公司上市。

6. 上市公司董事、高级管理人员及其关联方持有拟分拆所属子公司的股份，合计不得超过所属子公司分拆上市前总股本的 10%；上市公司拟分拆所属子公司董事、高级管理人员及其关联方持有拟分拆所属子公司的股份，合计不得超过所属子公司分拆上市前总股本的 30%。

7. 上市公司应当充分披露并说明：分拆有利于上市公司突出主业、增强独立性；本次分拆后，上市公司与拟分拆所属子公司均符合中国证监会、证券交易所关于同业竞争、关联交易的监管要求，且资产、财务、机构方面相互独立，高级管理人员、财务人员不存在交叉任职，独立性方面不存在其他严重缺陷。

（二）上市公司分拆子公司上市的信披要求和决策程序

1. 充分披露信息

上市公司分拆，应当参照中国证监会、证券交易所关于上市公司重大资产重组的有关规定，充分披露对投资者决策和上市公司证券及其衍生品种交易价格可能产生较大影响的所有信息。

2. 充分披露分拆的影响、提示风险

上市公司应当根据中国证监会、证券交易所的规定，披露分拆的目的、商业合理性、必要性、可行性；分拆对各方股东特别是中小股东、债权人和其他利益相关方的影响；分拆预计和实际的进展过程、各阶段可能面临的相关风险，以及应对风险的具体措施、方案等。

3. 董事会要勤勉尽责

董事会应当就所属子公司分拆是否符合相关法律法规和本规定，是否有利于维护股东和债权人合法权益，上市公司分拆后能否保持独立性及持续经营能力，分拆形成的新公司是否具备相应的规范运作能力作出决议。

4. 股东大会应逐项审议分拆事项

股东大会应当就董事会提案中有关所属子公司分拆是否有利于维护股东和债权人合法权益、上市公司分拆后能否保持独立性及持续经营能力等进行逐项审议并表决。

5. 股东大会表决程序

上市公司股东大会就分拆事项作出决议，须经出席会议的股东所持表决权的 2/3 以上通过，且经出席会议的中小股东所持表决权的 2/3 以上通过。上市公司董事、高级管理人员在拟分拆所属子公司安排持股计划的，该事项应当由独立董事发表专项意见，作为独立议案提交股东大会表决，并须经出席股东大会的中小股东所持表决权的半数以上通过。

6. 聘请财务顾问审慎核查、持续督导

上市公司分拆的，应当聘请独立财务顾问、律师事务所、具有相关证券业务资格的会计师事务所等证券服务机构就分拆事项出具意见。独立财务顾问应在所属子公司在境内上市当年剩余时间及其后一个完整会计年度，持续督导上市公司维持独立上市地位。

（三）上市公司分拆子公司上市案例

1. 中国铁建（601186）分拆子公司中国铁建重工集团股份有限公司（铁建重工）在科创板上市

中国铁建2019年12月18日第四届董事会第三十一次会议审议通过了《关于中国铁建重工集团股份有限公司首次公开发行股票并在上海证券交易所科创板上市的议案》《关于公司所属企业分拆上市符合的议案》等议案，中国铁建拟分拆所属子公司铁建重工至上交所科创板上市。

根据《中国铁建股份有限公司关于分拆所属子公司中国铁建重工集团股份有限公司至科创板上市的预案》，本次分拆符合《上市公司分拆所属子公司境内上市试点若干规定》对上市公司分拆所属子公司在境内上市的相关要求，具备可行性，具体如下：

1. 上市公司股票境内上市已满3年。

中国铁建股票于2008年在上交所主板上市，符合"上市公司股票境内上市已满3年"的要求。

2. 上市公司最近3个会计年度连续盈利，且最近3个会计年度扣除按权益享有的拟分拆所属子公司的净利润后，归属于上市公司股东的净利润累计不低于6亿元人民币（净利润以扣除非经常性损益前后孰低值计算）。

根据安永华明会计师事务所（特殊普通合伙）为公司出具的安永华明（2017）审字第60618770_ A01号、德勤华永会计师事务所（特殊普通合伙）（以下简称"德勤"）为公司出具的德师报（审）字（18）第P01866号、德师报（审）字（19）第P01768号《审计报告》，公司2016年度、2017年度、2018年度实现归属于上市公司股东的净利润（净利润以扣除非经常性损益前后孰低值计算）分别约为129.29亿元、147.71亿元、166.95亿元，符合"最近3个会计年度连续盈利"的规定。根据公司近3年披露的年度报告，铁建重工2016年度、2017年度、2018年度的净利润分别约为9.63亿元、13.08亿元、16.44亿元。

公司最近3个会计年度扣除按权益享有的铁建重工的净利润后，归属于上市公司股东的净利润累计不低于6亿元人民币（净利润以扣除非经常性损益前后孰低值计算）。

3. 上市公司最近1个会计年度合并报表中按权益享有的拟分拆所属子公司的净利润不得超过归属于上市公司股东的净利润的50%；上市公司最近1个会计年度合并报表中按权益享有的拟分拆所属子公司净资产不得超过归属于上市公司股东的净资产的30%。

根据公司已披露的年度报告，2018年归属于公司股东的净利润约为179.35亿元；铁建重工2018年度的净利润约为16.44亿元。因此，公司最近1个会计年度合并报表中按权益享有的铁建重工的净利润未超过归属于公司股东的净利润的50%。

根据公司已披露的年度报告，2018年归属于公司股东的净资产约为1698.90亿元；铁建重工2018年度的净资产约为93.90亿元。因此，公司最近1个会计年度合并报表中按权益享有的铁建重工的净资产未超过归属于公司股东的净资产的30%。

4. 上市公司不存在资金、资产被控股股东、实际控制人及其关联方占用的情形，或其他损害公司利益的重大关联交易。上市公司及其控股股东、实际控制人最近36个月内未受到过中国证监会的行政处罚；上市公司及其控股股东、实际控制人最近12个月内未受到过证券交易所的公开谴责。上市公司最近1年及1期财务会计报告被注册会计师出具无保留意见审计报告。

公司不存在资金、资产被控股股东、实际控制人及其关联方占用的情形，不存在其他损害公司利益的重大关联交易。

公司及其控股股东、实际控制人最近36个月内未受到过中国证监会的行政处罚；公司及其控股股东、实际控制人最近12个月内未受到过证券交易所的公开谴责。

德勤为公司出具的德师报（审）字（19）第P01768号《审计报告》为标准

无保留意见的审计报告。

5. 上市公司最近3个会计年度内发行股份及募集资金投向的业务和资产，不得作为拟分拆所属子公司的主要业务和资产，但拟分拆所属子公司最近3个会计年度使用募集资金合计不超过其净资产10%的除外；上市公司最近3个会计年度内通过重大资产重组购买的业务和资产，不得作为拟分拆所属子公司的主要业务和资产。所属子公司主要从事金融业务的，上市公司不得分拆该子公司上市。

公司不存在使用最近3个会计年度内发行股份及募集资金投向的业务和资产、最近3个会计年度内通过重大资产重组购买的业务和资产作为铁建重工的主要业务和资产的情形。

铁建重工主要从事掘进机装备、轨道交通设备和特种专业装备的设计、研发、制造和销售，不属于主要从事金融业务的公司。

6. 上市公司董事、高级管理人员及其关联方持有拟分拆所属子公司的股份，合计不得超过所属子公司分拆上市前总股本的10%；上市公司拟分拆所属子公司董事、高级管理人员及其关联方持有拟分拆所属子公司的股份，合计不得超过所属子公司分拆上市前总股本的30%。

铁建重工的股东为公司及中土集团，不存在公司或铁建重工的董事、高级管理人员及其关联方持有铁建重工股份的情形。

7. 上市公司应当充分披露并说明：本次分拆有利于上市公司突出主业、增强独立性。本次分拆后，上市公司与拟分拆所属子公司均符合中国证监会、证券交易所关于同业竞争、关联交易的监管要求，且资产、财务、机构方面相互独立，高级管理人员、财务人员不存在交叉任职，独立性方面不存在其他严重缺陷。

(1) 本次分拆有利于公司突出主业、增强独立性公司的主营业务为工程承包、勘察设计咨询、工业制造、物流与物资贸易等。

铁建重工的主营业务为掘进机装备、轨道交通设备和特种专业装备的设计、研发、制造和销售。本次分拆上市后，公司及下属其他企业（除铁建重工）将继续集中发展除掘进机装备、轨道交通设备和特种专业装备的设计、研发、制造和销售之外的业务，突出公司在工程承包、勘察设计咨询等方面的主要业务优势，进一步增强公司独立性。

（2）本次分拆后，公司与拟分拆所属子公司均符合中国证监会、证券交易所关于同业竞争、关联交易的监管要求。

①同业竞争

铁建重工的主营业务为掘进机装备、轨道交通设备和特种专业装备的设计、研发、制造和销售。公司的主营业务为工程承包、勘察设计咨询、工业制造、物流与物资贸易等，其中，从事工业制造的主体为铁建重工和中国铁建高新装备股份有限公司（以下简称“铁建装备”），铁建装备主要从事大型养路机械相关业务。因此，公司（除铁建重工外）与铁建重工的主营业务不同。

目前，铁建重工全资子公司株洲中铁电气物资有限公司（以下简称“电气物资公司”）生产少量接触网支柱，该项业务于2016至2018年期间在铁建重工营业收入中占比低于2%，且呈逐年下降趋势。中铁建电气化局集团轨道交通器材有限公司（公司并表范围内子公司）也生产接触网支柱。电气物资公司尚在履行中的相关业务合同系通过招投标程序签订，若电气物资公司立即停止生产接触网支柱，将造成违约并承担违约责任，使电气物资公司遭受损失，不利于维护公司市场信誉及公司中小股东的利益。

针对上述情况，铁建重工书面承诺如下：“自本承诺作出之日，本公司将行使作为株洲中铁电气物资有限公司（以下简称‘电气物资公司’）股东的相关权利，促使并确保电气物资公司履行如下义务：1）电气物资公司不会签署任何新的接触网支柱销售合同，不会在接触网支柱领域开拓新的业务机会；2）电气物资公司将仅为履行其现行有效的接触网支柱相关合同而开展接触网支柱生产工作，除为此目的外不进行任何接触网支柱生产活动；3）电气物资公司在履行完毕所有现行有效的接触网支柱相关合同后，将停止所有接触网支柱生产工作，并不再进行接触网支柱生产等与中国铁建股份有限公司及其控制的企业（中国铁建重工集团股份有限公司及其子公司除外）构成竞争的业务。”

针对本次分拆，公司作出书面承诺如下："1）本公司承诺将中国铁建重工集团股份有限公司（以下简称'铁建重工'，包括其分支机构及控股子公司）作为本公司及本公司控制企业范围内从事掘进机装备、轨道交通设备和特种专业装备的设计、研发、制造、销售和维修的唯一平台。2）中铁建电气化局集团轨道交通器材有限公司（公司并表范围内子公司）与铁建重工全资子公司株洲中铁电气物资有限公司（以下简称'电气物资公司'）均从事接触网支柱生产业务。铁建重工已承诺其将行使作为电气物资公司股东的相关权利，促使并确保电气物资公司不会签署任何新的接触网支柱销售合同，不会在接触网支柱领域开拓新的业务机会。除上述情况外，截至本承诺函出具之日，本公司及本公司控制企业（不含铁建重工）不存在与铁建重工形成竞争的业务。3）除上述情况外，本公司承诺将尽一切合理努力保证本公司控制企业（不含铁建重工）不从事与铁建重工形成竞争的业务。本公司将对控制企业的经营活动进行监督和约束，如果本次上市后本公司控制企业（不含铁建重工）的业务与铁建重工的业务出现除现有竞争业务之外的竞争情况，本公司承诺在知悉相关情况后立即书面通知铁建重工，并在符合有关法律法规、本公司股票上市地相关证券交易所上市规则、有权监管机构的其他要求、本公司向中国铁建高新装备股份有限公司已经作出的不竞争承诺及利益相关方合法权益的前提下，尽一切合理努力采取以下措施解决本条所述的竞争情况：在必要时，本公司将减持所控制企业股权直至不再控制，或者本公司将转让所控制企业持有的有关资产和业务；在必要时，铁建重工可以通过适当方式以合理和公平的条款和条件收购本公司控制企业的股权或本公司控制企业持有的有关资产和业务；如本公司控制企业与铁建重工因同业竞争产生利益冲突，则优先考虑铁建重工的利益；及/或有利于避免和解决同业竞争的其他措施。本公司承诺不会利用本公司作为铁建重工控股股东的地位，损害铁建重工及其他股东（特别是中小股东）的合法权益。"

综上，鉴于：1）公司（除铁建重工外）的主营业务与铁建重工的主营业务领域不同；2）接触网支柱业务在铁建重工营业收入中占比较小且逐年下降，铁建重工已承诺将促使并确保电气物资公司不会签署任何新的接触网支柱销售合同，不会在接触网支柱领域开拓新的业务机会；3）公司针对铁建重工本次分拆已作出避免同业竞争的相关承诺。因此，本次分拆后，公司与铁建重工不存在实质性同业竞争，公司与铁建重工均符合中国证监会、证券交易所关于同业竞争的监管要求。

②关联交易

公司与铁建重工不存在显失公平的关联交易。本次分拆后，公司发生关联交易将保证关联交易的合规性、合理性和公允性，并保持公司的独立性，不会利用关联交易调节财务指标，损害公司利益。本次分拆后，铁建重工发生关联交易将保证关联交易的合规性、合理性和公允性，并保持铁建重工的独立性，不会利用关联交易调节财务指标，损害铁建重工利益。

因此，本次分拆后，公司与铁建重工均符合中国证监会、证券交易所关于关联交易的监管要求。

（3）上市公司与拟分拆所属子公司资产、财务、机构方面相互独立

公司和铁建重工均拥有独立、完整、权属清晰的经营性资产；建立了独立的财务部门和财务管理制度，并对其全部资产进行独立登记、建账、核算、管理，铁建重工的组织机构独立于控股股东和其他关联方；公司和铁建重工各自具有健全的职能部门和内部经营管理机构，该等机构独立行使职权，亦未有铁建重工与公司及公司控制的其他企业机构混同的情况。公司不存在占用、支配铁建重工的资产或干预铁建重工对其资产进行经营管理的情形，也不存在机构混同的情形，公司和铁建重工将保持资产、财务和机构独立。

（4）高级管理人员、财务人员不存在交叉任职

铁建重工拥有自己独立的高级管理人员和财务人员，不存在与公司的高级管理人员和财务人员交叉任职。

（5）独立性方面不存在其他严重缺陷

公司、铁建重工资产相互独立完整，在财务、机构、人员、业务等方面均保

持独立，分别具有完整的业务体系和直接面向市场独立经营的能力，在独立性方面不存在其他严重缺陷。

综上所述，公司所属的铁建重工在科创板上市符合《上市公司分拆所属子公司境内上市试点若干规定》的相关要求。

（四）注册制下上市公司分拆子公司上市审核要点

科创板试点注册以来，已有在香港上市的金山软件（03888）分拆子公司金山办公（688111）、微创医疗（00853）分拆子公司心脉医疗（688016）、石药集团（01093）分拆子公司新诺威（300765）在科创板、创业板上市，根据交易所在审核上市公司分拆子公司上市的实践，上市公司分拆子公司上市主要关注点如下：

序号	公司名称	相关反馈问题
1	金山办公	招股书披露，发行人在本次发行前需取得香港联交所就分拆上市的批复及保证配额的豁免同意函。请发行人：（1）说明中国内地及香港地区关于分拆上市公司子公司独立上市的相关法律法规及监管规则的要求，说明并披露发行人是否已经履行所有法定程序，是否符合相关法律法规和监管规则的要求；（2）说明发行人在境内分拆上市，是否取得境外证券监管机构、自律组织的许可，是否履行境外上市公司董事会或股东大会批准程序；（3）说明金山软件在香港首次公开发行股票的具体情况，包括但不限于发行时间、上市的资产业务情况与发行人的业务、资产、人员等方面的关系，申请公开发行时香港联交所关注的主要问题；（4）说明金山软件及其实际控制人、控股股东、金山软件控制的各下属企业在业务经营、信息披露、规范运作等方面是否存在违法违规行为，是否曾受到相关管理部门的处罚或监管措施；前述情况是否对本次发行构成法律障碍；（5）补充说明发行人招股说明书中涉及金山软件及下属企业、金山软件的股东和实际控制人等方面的披露内容，与金山软件在香港联交所披露的公开信息是否一致，并以列表方式详细说明。 金山软件是否与发行人有替代性及竞争性，与发行人业务不构成同业竞争的理由是否充分，是否存在为发行人承担成本费用、输送利益等情形；金山软件对业务板块划分的依据，是否清晰明确、是否持续稳定，是否能有效实施，是否存在资产、人员、财务、机构、业务混同的风险，是否会对发行人的经营产生实质不利影响；金山软件中已上市公司对前述业务划分及同业竞争的信息披露是否一致，相关避免同业竞争等承诺事项是否已经履行，及如何保障上述承诺

续 表

序号	公司名称	相关反馈问题
		能够持续履行；金山软件对于新业务在各下属上市公司之间如何划分，如何保障发行人及中小股东利益不受损。 说明发行人独立上市的必要性，是否符合行业惯例，独立开展业务的可行性和市场前景，是否对关联方存在重大依赖。 招股书披露，报告期内发行人存在较多关联交易。发行人实际控制人、一致行动人及其控制的企业对外投资情况，是否投资与发行人业务相同或相似的企业，对外投资的企业是否在发行人的客户、供应商处拥有权益，是否存在为发行人承担成本费用、输送利益等情形。
2	心脉医疗	招股说明书披露，发行人的间接控股股东为香港上市公司微创医疗。请保荐机构和发行人律师核查关于联交所上市公司分拆上市的相关法律法规及监管规则的要求，就发行人是否已履行所有法定程序，是否符合相关法律法规和监管规则的要求，是否存在对原股东的强制配售义务，控股股东及其董监高人员在上市期间是否曾受到香港证监会、联交所或相关管理部门的处罚或监管措施，是否存在违法违规的情况，发行人信息披露与微创医疗在香港的信息披露是否存在重大差异，前述情况是否对本次发行条件构成影响，并发表意见。 补充披露是否存在与微创医疗共享研发成果、受让其研发成果、利用发行人相关人员在微创医疗任职期间的职务发明或者在前述研发成果的基础上再研发的情形，如有，补充披露发行人与微创医疗对研发成果权属的约定、是否存在纠纷及双方对研发投入的划分；结合前述披露，补充披露发行人和微创医疗在研发团队、研发投入、研发技术等方面如何划分，并对比同行业研发投入情况，分析并披露发行人对微创医疗的研发体系或者研发能力是否存在依赖。 补充披露发行人销售渠道的获得和维持情况。补充披露发行人是否存在与微创医疗及其关联方共享销售渠道，或者发行人通过微创医疗及其关联方进行销售的情形；补充披露发行人客户和微创医疗客户重合情况；补充披露发行人客户拓展机制，及是否依赖微创医疗及其关联方；结合前述披露情况，充分披露发行人的营销和客户获取对微创医疗及其关联方是否存在重大依赖及依据。 请发行人补充披露与微创医疗及其关联方是否存在供应商重合的情况，并结合披露情况，说明发行人对微创医疗及其关联方的供应商网络是否存在依赖。 补充披露发行人的业务与微创医疗从事的业务的技术差异，是否存在跨越及交叉的可能性；补充披露发行人和微创医疗是否存在业务或者市场切割约定；结合前述披露情况，进一步分析并披露发行人与其直接或者间接控股股东是否存在同业竞争或者潜在同业竞争情

续 表

序号	公司名称	相关反馈问题
3	新诺威	形。根据申报材料：石药集团系香港联交所上市公司，控制公司控股股东恩必普药业100%股权。请发行人：（1）说明香港地区关于分拆上市公司子公司独立上市的相关法律法规及监管规则，说明并披露发行人是否已履行所有法定程序，是否符合相关法律法规和监管规则的要求，提供香港联交所就发行人分拆上市的同意函。（2）说明石药集团在香港上市的具体情况，包括但不限于上市方式（IPO、借壳）、上市的业务和资产范围以及与发行人业务和资产的关系、上市时联交所关注的主要问题、上市后的再融资和并购重组情况。（3）说明上市期间石药集团及其控股股东、实际控制人、董监高是否曾受到香港证监会、联交所的处罚或监管措施，是否存在违法违规情况，是否构成本次发行上市的障碍。请保荐机构和发行人律师发表核查意见，说明核查过程。 根据申报材料：实际控制人蔡东晨通过石药集团和石药控股两大控股平台控制多家企业。（1）请发行人说明实际控制人控制的所有层级公司情况，包括主营业务、主要产品、报告期内主要财务数据（资产、净资产、收入、净利润），与发行人是否构成同业竞争。（2）实际控制人控制的维生药业主营业务为维生素C原料药的生产、销售，主要产品包括维生素C原料及系列产品如维生素C纳、维生素C钙等品种。请发行人结合生产工艺差异、原材料差异、技术差异、市场及客户差异、技术及生产人员可替代性等，详细说明维生药业维生素C原料药及系列产品与发行人维生素C含片之间是否构成同业竞争业务。（3）请发行人说明关联企业与发行人是否存在共用采购及销售渠道、人员交叉任职等情形，发行人资产是否完整，业务及人员、财务、机构是否独立，是否具有完整的业务体系和直接面向市场独立经营的能力。 根据申报材料：报告期内发行人与关联方存在多种类型的关联交易。请发行人说明：（1）向关联方销售的商品具体内容、销售金额、单价、占同类交易比例，与向无关联第三方销售价格是否存在差异。（2）向关联方采购的商品具体内容、销售金额、单价、占同类交易比例，与向无关联第三方采购价格是否存在差异，发行人是否具备独立的采购渠道。（3）向关联方采购水、电、蒸汽等能源的原因，对发行人独立性的影响。（4）向中奇制药采购技术开发的内容、作价情况，发行人技术是否独立。（5）向关联方租赁房产的用途、作价情况，对独立性的影响，发行人资产是否完整。（6）与关联方之间资金拆借的用途，是否计息。（7）与关联方之间的票据兑换是否有真实交易背景，是否合法合规。（8）自关联方受让的保健食品批准证书/保健食品生产技术、商标、专利的具体内容，作价情况，关联方是否将所有相关资质、无形资产转让给发行人，是否仍保留其他与发行人业务相关的资质、无形资产，发行人资产、技术是否完整、独立。

第二章
注册制之科创板制度创新与发行上市

第一节　注册制下科创板的制度创新与上市规则

一、科创板上市合规治理体系

（一）基本法律

1.《中华人民共和国公司法》；

2.《中华人民共和国证券法》。

（二）中国证监会关于科创板上市的法规文件

1.《关于在上海证券交易所设立科创板并试点注册制的实施意见》；

2.《科创板首次公开发行股票注册管理办法（试行）》；

3.《科创板上市公司持续监管办法（试行）》；

4.《科创属性评价指引（试行）》；

5.《公开发行证券的公司信息披露内容与格式准则第 41 号——科创板公司招股说明书》；

6.《公开发行证券的公司信息披露内容与格式准则第 42 号——首次公开发行股票并在科创板上市申请文件》。

（三）上交所关于科创板上市的法规文件

1.《上海证券交易所科创板股票发行上市审核规则》；

2.《上海证券交易所科创板股票上市委员会管理办法》；

3.《上海证券交易所科技创新咨询委员会工作规则》；

4.《上海证券交易所科创板股票发行与承销实施办法》；

5.《上海证券交易所科创板股票上市规则》；

6.《上海证券交易所科创板股票交易特别规定》；

7.《上海证券交易所科创板上市保荐书内容与格式指引》；

8.《上海证券交易所科创板股票发行上市申请文件受理指引》；

9.《上海证券交易所科创板股票盘后固定价格交易指引》；

10.《上海证券交易所科创板股票交易风险揭示书必备条款》；

11.《上海证券交易所科创板企业发行上市申报及推荐暂行规定》；

12.《上海证券交易所科创板股票发行上市审核问答》；

13.《上海证券交易所科创板股票发行上市审核问答（二）》。

（四）其他法律文件

1. 国办发〔2018〕21号及其他CDR规则（红筹架构适用）；

2.《中国证券登记结算有限责任公司科创板股票登记结算业务细则（试行）》。

二、科创板的战略定位和行业定位

国家在上交所建立科创板是完善中国资本市场体系的重要举措，科创板先行试行注册制，其定位是鼓励面向世界科技前沿、面向经济主战场、面向国家重大需求，符合国家战略，拥有关键核心技术，科技创新能力突出，主要依靠核心技术开展生产经营，具有稳定的商业模式，市场认可度高，社会形象良好，具有较强成长性的企业借助资本市场做大做强。

科创板其本质上是科技创新板，区别于创业板，科创板企业首先要掌握核心科技或者具有创新性的企业，已跨过创业期的门槛，具有一定的成长性。因此，上交所在科创板定位上细化为符合以下条件的企业均可在科创板发行上市：

1. 科技创新能力突出，主要依靠核心技术开展生产经营的企业；

2. 具有稳定的商业模式，市场认可度高，社会形象良好的企业；

3. 具有较强成长性的企业。

这里的核心技术不仅仅指的是硬科技，还包括互联网企业等兼具商业模式和大数据、人工智能的综合创新企业。

上交所可以根据需要就发行人是否符合科创板定位，向科技创新咨询委员会提出咨询。

科创企业处于科技前沿，专业性较强，更新迭代和发展变化快，为在科创板相关工作中更准确地把握科创企业的行业特点，上交所设立科技创新咨询委员会，提供专业咨询、政策建议，以更好地推动科创板建设，促进科创板制度设计完善。

因此，科技创新咨询委员会主要定位为科创板建设、科创企业属性确定、科创企业上市推荐指引制定等提供咨询意见，并以适当方式参与科创板发行上市具体审核，提供审核问询意见和建议。

三、科创板的产业定位

根据《上海证券交易所科创板企业发行上市申报及推荐暂行规定》，申报科创板发行上市的发行人，应当属于下列行业领域的高新技术产业和战略性新兴产业。科创板重点支持上市的产业包括以下 7 类：

1. 新一代信息技术领域，主要包括半导体和集成电路、电子信息、下一代信息网络、人工智能、大数据、云计算、软件、互联网、物联网和智能硬件等；

2. 高端装备领域，主要包括智能制造、航空航天、先进轨道交通、海洋工程装备及相关服务等；

3. 新材料领域，主要包括先进钢铁材料、先进有色金属材料、先进石化化工新材料、先进无机非金属材料、高性能复合材料、前沿新材料及相关服务等；

4. 新能源领域，主要包括先进核电、大型风电、高效光电光热、高效储能及相关服务等；

5. 节能环保领域，主要包括高效节能产品及设备、先进环保技术装备、先进环保产品、资源循环利用、新能源汽车整车、新能源汽车关键零部件、动力电池及相关服务等；

6. 生物医药领域，主要包括生物制品、高端化学药、高端医疗设备与器械及相关服务等；

7. 符合科创板定位的其他领域。

四、科创板企业上市科创属性评价

根据《上海证券交易所科创板企业发行上市申报及推荐暂行规定》，科创属性同时符合下列 3 项指标的发行人，支持和鼓励其按照《科创属性评价指引（试行）》的规定申报科创板发行上市：

1. 最近 3 年累计研发投入占最近 3 年累计营业收入比例 5% 以上，或者最近 3 年研发投入金额累计在 6000 万元以上；其中，软件企业最近 3 年累计研发投入占最近 3 年累计营业收入比例 10% 以上；

2. 形成主营业务收入的发明专利（含国防专利）5 项以上，软件企业除外；

3. 最近 3 年营业收入复合增长率达到 20%，或者最近 1 年营业收入金额达到 3 亿元。采用《上海证券交易所科创板股票发行上市审核规则》第 22 条第 2 款第 5 项上市标准申报科创板发行上市的发行人除外。

五、科创板企业上市创新能力评价

根据《上海证券交易所科创板企业发行上市申报及推荐暂行规定》，具备下列情形之一，科技创新能力突出的发行人，不受科创板企业申报科创属性指标的限制，支持和鼓励其按照《科创属性评价指引（试行）》的规定申报科创板发行上市：

1. 拥有的核心技术经国家主管部门认定具有国际领先、引领作用或者对于国家战略具有重大意义；

2. 作为主要参与单位或者核心技术人员作为主要参与人员，获得国家自然科学奖、国家科技进步奖、国家技术发明奖，并将相关技术运用于主营业务；

3. 独立或者牵头承担与主营业务和核心技术相关的" 国家重大科技专项"项目；

4. 依靠核心技术形成的主要产品（服务），属于国家鼓励、支持和推动的关键设备、关键产品、关键零部件、关键材料等，并实现了进口替代；

5. 形成核心技术和主营业务收入相关的发明专利（含国防专利）合计50项以上。

六、科创板的科技创新性要求

企业是否具备科创性，根据交易所审核实践，应当从以下几个方面进行判断：

1. 是否掌握具有自主知识产权的核心技术，核心技术是否权属清晰、是否国内或国际领先、是否成熟或者存在快速迭代的风险。

2. 是否拥有高效的研发体系，是否具备持续创新能力，是否具备突破关键核心技术的基础和潜力，包括但不限于研发管理情况、研发人员数量、研发团队构成及核心研发人员背景情况、研发投入情况、研发设备情况、技术储备情况。

3. 是否拥有市场认可的研发成果，包括但不限于与主营业务相关的发明专利、软件著作权及新药批件情况，独立或牵头承担重大科研项目情况，主持或参与制定国家标准、行业标准情况，获得国家科学技术奖项及行业权威奖项情况。

4. 是否具有相对竞争优势，包括但不限于所处行业市场空间和技术壁垒情况，行业地位及主要竞争对手情况，技术优势及可持续性情况，核心经营团队和技术团队竞争力情况。

5. 是否具备技术成果有效转化为经营成果的条件，是否形成有利于企业持续经营的商业模式，是否依靠核心技术形成较强成长性，包括但不限于技术应用情况、市场拓展情况、主要客户构成情况、营业收入规模及增长情况、产品或服务盈利情况。

6. 是否服务于经济高质量发展，是否服务于创新驱动发展战略、可持续发展战略、军民融合发展战略等国家战略，是否服务于供给侧结构性改革。

发行人应对自身是否具备科创性进行评估，且发行人的评估应当客观。发行人的评估主要包括以下几点：

1. 所处行业及其技术发展趋势与国家战略的匹配程度；

2. 企业拥有的核心技术在境内与境外发展水平中所处的位置；

3. 核心竞争力及其科技创新水平的具体表征，如获得的专业资质和重要奖项、核心技术人员的科研能力、科研资金的投入情况、取得的研发进展及其成果等；

4. 保持技术不断创新的机制、技术储备及技术创新的具体安排；

5. 依靠核心技术开展生产经营的实际情况等。

七、科创板发行上市条件

具有一定的科技创新或者属于硬科技的科技企业，首先要论证其是否符合科创板的定位。符合科创板定位要求，只是迈过了科创板上市的第一道门槛，最终进入科创板的企业就像创新漏斗一样，上面最宽的口筛选出符合科创板定位的科技企业，而要进入科创板还需要满足《证券法》和交易所制定的发行条件和上市条件。

科创板企业

（一）发行条件

科创板试点注册制最大的亮点在于以资本市场为导向，不以盈利能力作为判断企业质量优劣的主要标准，而是以持续经营能力和规范治理能力作为判断企业能否进入科创板的主要标准。企业在科创板上市需要满足以下发行条件：

1. 组织机构健全，持续经营满 3 年；

2. 会计基础工作规范，内控制度健全有效；

3. 业务完整并具有直接面向市场独立持续经营的能力；

4. 生产经营合法合规；

5. 发行后股本总额不低于人民币 3000 万元；

6. 公开发行的股份达到公司股份总数的 25% 以上，公司股本总额超过人民币 4 亿元的，公开发行股份的比例为 10% 以上；

7. 市值及财务指标满足上交所规定的标准；

8. 上交所规定的其他上市条件。

（二）市值指标

注册制对企业进入科创板不再以持续盈利能力作为上市的审核指标，而是以是否具备持续经营能力作为企业进入科创板的审核指标。企业进入科创板可以是否具备科创板的定位，是否具备持续经营能力为重要的考量，而对企业是否具备持续经营能力主要通过 5 套预计市值标准进行综合判断。

序号	上市指标	考核因素
1	预计市值不低于人民币 10 亿元，最近两年净利润均为正且累计净利润不低于人民币 5000 万元； 或预计市值不低于人民币 10 亿元，最近 1 年净利润为正且营业收入不低于人民币 1 亿元。	预计市值 + 净利润 市值 + 净利润 + 营业收入
2	预计市值不低于人民币 15 亿元，最近 1 年营业收入不低于人民币 2 亿元，且最近 3 年研发投入占最近 3 年累计营业收入的比例不低于 15%。	预计市值 + 营业收入 + 研发占比
3	预计市值不低于人民币 20 亿元，最近 1 年营业收入不低于人民币 3 亿元，且最近 3 年经营活动产生的现金流量净额累计不低于人民币 1 亿元。	预计市值 + 营业收入 + 现金流量净额
4	预计市值不低于人民币 30 亿元，且最近 1 年营业收入不低于人民币 3 亿元。	预计市值 + 营业收入
5	预计市值不低于人民币 40 亿元，主要业务或产品需经国家有关部门批准，市场空间大，目前已取得阶段性成果。医药行业企业需至少有一项核心产品获准开展二期临床试验，其他符合科创板定位的企业需具备明显的技术优势并满足相应条件。	预计市值 + 主要业务或产品获得国家批准 + 阶段性成果 （1）医药行业特别规定 （2）其他行业需具备明显技术优势

企业申请在科创板上市，可以选择其中一套预计市值指标，也可以综合选取多套预计市值指标，只要满足任何一套预计市值指标即可。科创板股票上市委员会召开审议会议前，发行人因更新财务报告等情形导致不再符合申报时选定的上市标准，需要变更为其他标准的，应当及时向上交所提出申请，说明原因并更新相关文件；不再符合任何一项上市标准的，可以撤回发行上市申请。

八、科创板上市预计市值的评估

预计市值，指股票公开发行后按照总股本乘以发行价格计算出来的发行人股票名义总价值。

根据发行人特点、市场数据的可获得性及评估方法（市场法、收益法、成本法）的可靠性等，谨慎、合理地选用评估方法，结合发行人报告期外部股权融资情况、可比公司在境内外市场的估值情况等进行综合判断。

初步询价结束后，发行人预计发行后总市值不满足所选择的上市标准的，应当中止发行。

对于预计发行后总市值与申报时市值评估结果存在重大差异的，保荐机构应当向上交所说明相关差异情况。

（一）面向专业机构投资者询价定价方式确定预计市值

科创板首次公开发行询价对象限定在：（1）证券公司；（2）基金管理公司；（3）信托公司；（4）财务公司；（5）保险公司；（6）合格境外投资者；（7）私募基金管理人等7类专业机构投资者，并允许这些机构为其管理的不同配售对象填报不超过3档的拟申购价格。

通过初步询价确定发行价格或者在初步询价确定发行价格区间后通过累计投标询价确定发行价格。

（二）申报科创板企业预计市值的测算

1. 市场法：将评估对象与可参考企业或者在市场上已有交易案例的企业、股东权益、证券等权益性资产进行对比以确定评估对象价值。其应用前提是假设在一个完全市场上相似的资产一定会有相似的价格。

有知名投资机构参与投资的，通常按照最近一次融资时公司投后估值确定预计市值。

2. 市盈率法（P/E）——适用市值＋净利润指标企业。

预计市值＝市盈率（P/E）×净利润。

预计市值按照企业发行当年预估的市盈率来确定，市盈率按照可比上市公司行业平均市盈率来综合评估。

一般地，可比公司选择越接近，估值越精确，拟上市企业往往是细分行业内的隐形冠军，成长性更高。因此，选取可比上市公司，一般从主营业务、主要产品、资本规模、客户构成、市场环境等多个维度选取 3 家以上可比上市公司得出行业平均市盈率。

假定某个行业上市公司平均市盈率是 30 倍，如果按照科创板预计 10 亿元市值的要求，发行人上市时当年预测的净利润应当在 3300 万元左右。

相反，发行人市盈率是可以根据上市当年预测的税后净利润计算出来的。

每股税后利润的计算通常有两种方法：

（1）完全摊薄法

发行人上市当年预测全部税后利润除以发行后总股本数，直接得出每股税后利润。

（2）加权平均法

每股（年）税后利润＝发行当年预测全部税后利润÷发行当年加权平均总股本数＝发行当年预测全部税后利润÷［发行前总股本数＋本次发行股本数×（12－发行月数）/12］。

3. 市销率法（P/S）：适用于亏损企业，投资周期长，成长性高，适用市值＋营业收入指标。

预计市值＝市销率（P/S）×主营业务收入。

对于那些投资周期长，增长潜力大，但是还处于亏损阶段的企业，适合用市销率法进行估值。市销率越低，企业的投资价值越大。发行人按照当年预测的销售额乘以可比上市公司平均市销率，可比上市公司的选择与市盈率的选择相同。

假定某个行业的市销率是 5 倍，发行人上市当年全年主营业务收入预测达到

3 亿元，即满足科创板第 2 套预计市值 15 亿元的上市指标。

（三）科创板企业预计市值估值参考案例

行业	发行人全称	估值方法
新一代信息技术领域	晶晨半导体（上海）股份有限公司	结合最近 1 年外部股权转让对应的估值以及可比公司在境内市场的近期估值情况
	上海柏楚电子科技股份有限公司	参照可比公司的二级市场估值
	北京航天宏图信息技术股份有限公司	参照最近一次外部股权融资对应的估值
	山石网科通信技术股份有限公司	行业可比市盈率法和可比公司市盈率法对发行人的估值进行分析
生物医药领域	上海微创心脉医疗科技股份有限公司	最近一次股权转让对应的估值情况以及可比公司在境内市场的估值情况
	深圳微芯生物科技股份有限公司	结合最近一次外部股权融资及转让对应的估值情况以及可比公司在境内外市场的估值
新材料领域	福建福光股份有限公司	参考历史估值情况、可比上市公司估值期间最低市盈率及市净率情况
	江苏天奈科技股份有限公司	结合发行人历史估值情况、市盈率法估值情况及估值与业绩成长性匹配情况
	西安铂力特增材技术股份有限公司	企业自身规模、经营情况、盈利情况等因素综合考量
高端装备领域	交控科技股份有限公司	结合可比公司估值情况、外部股权融资情况、市场环境等因素估值
	苏州瀚川智能科技股份有限公司	结合发行人的技术水平、盈利能力和市场估值水平合理估计
新能源领域	天合光能股份有限公司	考虑 A 股行业分类与发行人相同的企业在境内市场的估值情况

续表

行业	发行人全称	估值方法
节能环保领域	无锡德林海环保科技股份有限公司	结合发行人报告期外部股权融资情况、可比公司的估值情况
	南京万德斯环保科技股份有限公司	公司根据所在行业特性及公司经营现状、同行业可比上市公司情况及外部股权融资情况，采用行业市盈率法、可比上市公司市盈率法、外部股权融资价格法

九、注册制下交易所上市委员会否决与证监会不予注册案例

（一）国科环宇

2019 年 9 月 5 日，上交所科创板股票上市委员会召开第 21 次审议会议，对北京国科环宇科技股份有限公司（下称“国科环宇”）的发行上市申请进行审议，经过合议形成了不同意国科环宇发行上市的审议意见。

上交所于 2019 年 4 月 12 日受理国科环宇科创板发行上市申请，进行了 3 轮审核问询。在审核过程中，坚持以信息披露为中心，通过公开化问询式审核，重点关注了国科环宇 3 个方面的情况：

一是发行人直接面向市场独立持续经营的能力。

发行人主要业务模式之一是重大专项承研，该类业务系基于国家有关部门的计划安排，由发行人的关联方（单位 D，根据信息披露豁免规则，发行人未披露其名称）分解、下发任务，研制经费通过有关部门、单位 A（根据信息披露豁免规则，发行人未披露其名称）逐级拨付，未签署相关合同。发行人的重大专项承研业务收入来源于拨付经费，该项业务收入占发行人最近 3 个会计年度收入的比例分别为 35.38%、25.08%、31.84%。

二是发行人会计基础工作的规范性和内部控制制度的有效性。

发行人 2019 年 3 月在北京产权交易所挂牌融资时披露的经审计 2018 年母公

司财务报告中净利润为2786.44万元，2019年4月申报科创板的母公司财务报告中净利润为1790.53万元，两者相差995.91万元。前述净利润差异的主要原因是发行人将2018年12月收到的以前年度退回企业所得税、待弥补亏损确认递延所得税资产，从一次性计入2018年损益调整为匹配计入申报期内相应的会计期间，其中调增2018年所得税费用357.51万元、递延所得税费用681.36万元，合计影响2018年净利润减少1038.87万元。发行人应收账款账龄划分和成本费用划分不够准确，导致两次申报的财务报表成本费用多个科目存在差异。两次申报时间上仅相差1个月，且由同一家审计机构出具审计报告。

三是关联交易的公允性。

发行人的业务开展对关联方单位A、单位D存在较大依赖，其中近3个会计年度与单位A的关联销售金额分别为4216.68万元、3248.98万元、6051.04万元，占销售收入的比例分别为66.82%、25.73%、32.35%。发行人未能充分说明上述关联交易定价的公允性。

上交所在3轮审核问询中，关于上述3个方面的询问问题如下：

1. 第一轮问询

“报告期内关联交易主要为向关联方单位A销售电子系统产品与服务，单位A报告期各期均为公司前两大客户之一，销售占比分别为66.82%、25.73%、32.35%。

请发行人：（1）补充披露公司与单位A的关联关系，并说明招股说明书（申报稿）未做披露的原因；（2）披露持续关联交易的背景和原因，关联交易的定价方式、依据及价格的公允性，发行人履行的审议程序，是否符合《科创板首次公开发行股票注册管理办法（试行）》第12条第1项规定的发行条件；（3）分析说明并补充披露关联交易未来是否长期存在，关联交易是否可持续，若是，请详细分析说明并补充披露关联交易对发行人独立开展业务的影响，测算关联交易对公司未来经营业绩的影响，并作风险提示；（4）补充披露报告期内关联交易占同类交易的比例；（5）参照交易所上市规则及其他业务规则的相关规定补充披露是否存在其他关联方；如存在，进一步披露报告期内与该等关联方之间是否存在交易，以及交易的标的、金额、占比。请保荐机构、发行人律师和申报会计师对上述事项核查并发表意见。请保荐机构、发行人律师和申报会计师进一步核查：(1) 发行人是否依照相关规定完整披露关联方及关联交易；(2) 报告期内关联交易发生的必要性及商业逻辑、定价依据，交易价格是否公允，是否均已履行必要、规范的决策程序，公司是否已制定并实施减少关联交易的有效措施；(3) 报告期内是否存在关联交易非关联化的情形；(4) 发行人的内部控制制度是否健全且被有效执行；(5) 报告期内是否存在严重影响独立性或者显失公平的关联交易，并发表明确核查意见。”

“媒体关注到，北京产权交易所3月15日公告显示，发行人增资项目正式挂牌，拟募集资金金额不低于1.33亿元，所募集资金除补充公司现有业务流动资金外，主要将用于航空航天专用控制芯片和嵌入式操作系统的前期研发投入，以及后续承接重大型号任务的提前投入准备金。本次增资拟征集投资方不超过两家，对应股份数不超过334万股，且增资完成后，新增股东持股比例占总股份数的10%。但该项目挂牌时间不久，便于3月29日宣告终结。根据北交所的公告，截至2018年12月31日，发行人资产总计2.20亿元，营业收入1.81亿元，净利润超2786万元。对比招股说明书，发行人资产总额、营业收入均存在一定出入，净利润差异超过1倍。

请发行人说明：(1) 增资项目在短时间内挂牌、终止的原因，是否有其他正在筹划或正在实施的增资计划；(2) 在北京产权交易所挂牌使用的财务数据是否经审计，是否由同一家审计机构出具审计报告，较短时间内财务数据存在较大出入的原因，该差异是否属于会计差错更正，是否符合《企业会计准则第28号——会计政策、会计估计变更和差错更正》的规定；(3) 在北京产权交易所挂牌增资挂牌的估值情况，与本次发行上市申请估值方法、估值参数及估值结果是否存在较大差异。请保荐机构对上述事项核查并发表明确意见。请保荐机构和申报会计师核查发行人是否存在会计基础薄弱的情况，发行人目前财务人员配备、核算系统配备和内部控制等，能否确保发行人财务数据真实、准确、完整。请详细说明核查程序、结果并发表明确意见。”

2. 第二轮问询

“招股说明书披露，发行人采取3类不同的销售模式：重大专项承研、项目销售及产品销售。主要客户A和B占发行人的收入比重合计60%以上。发行人与关联方单位A产生的业务主要为载人航天工程重大专项研制项目，报告期内占收入的比重分别为66.82%、25.73%和32.35%。

请发行人：（1）补充披露报告期各期3类销售模式下收入占比，说明未采用合同约束机制的涵义及相关权利义务关系情况、发行人与单位A的具体分工情况，结合重大专项承研模式的流程、未采用合同约束机制、发行人与单位A共同承担重大专项情况说明该等销售模式是否具备市场化运作机制、是否需依法履行相关招投标程序、是否存在法律风险、是否影响发行人的持续经营能力；（2）补充说明发行人关联交易价格的公允性；（3）说明国科天成、国科赛思的主营业务、股权结构，2018年与发行人交易金额增长的原因，以及张某从2018年12月辞任董事长的原因，是否规避关联交易的披露；（4）发行人与国科天成、单位A既有采购又有销售，请进一步说明发行人与上述客户的合作模式，单位A和国科天成提供的技术服务的具体内容，是否为核心技术，发行人是否具有独立提供的能力；（5）请发行人补充说明A和B以外客户开拓，特别是民用客户开拓的情况，是否存在对主要客户的依赖，并在此基础上进一步说明发行人是否具备持续经营能力。请保荐机构和申报会计师核查并发表明确意见。”

3. 第三轮问询

关于重大专项承研业务模式、关联交易。根据发行人及中介机构对问询函的回复，重大专项承研模式特指公司与单位A之间的载人航天重大专项相关项目的销售模式，公司与单位A之间不签订合同，而是在载人航天工程办公室明确发行人具备参与载人航天重大专项项目资格的基础上，由总体单位每年下发关于下拨研制经费的通知和关于下达研制计划的通知的方式明确发行人作为项目参与方的权利义务。发行人通过参加载人航天工程办公室组织的评比、审查流程获得的承研资格，不履行招投标程序。发行人对整个研制周期所需经费进行价格预算后，再经载人航天工程办公室组织专业机构进行审价、议价确定承研单位研制总经费。发行人与单位A按照总体单位下发的年度研制计划要求，按节点进行研发工作、产品交付与拨款工作。其中发行人主要负责空间应用系统关键电子学系统相关工作，按照验收要求交付单位A，单位A进一步将发行人提交的电子学系统结合其他单位提交的科学实验装置进行系统联调、联试、总装等工作后，交付上级总体单位。此外，发行人根据项目需求向单位A采购环境模拟试验、元器件质保服务等。承研单位向总体单位交付研发成果后，即使最终任务失败也不会要求各承研单位将所拨经费退回。该业务的收入确认原则为：公司在完成年度研制计划中的具体项目后，交付上级单位验收。在项目完成验收前，按照已经发生的开发成本金额确认开发收入，不产生利润；在取得客户确认的开发任务完成证明材料后，根据项目已拨付经费金额与原累计确认的收入金额之间的差额进行调整，形成项目验收年度利润。报告期各期，发行人对单位A的关联方预收账款分别为1228.38万元、4236.29万元和2890.97万元。发行人与单位A还存在空间、军工电子系统项目销售的关联交易，发行人通过参加单位A组织的择优遴选流程，拆解客户需求，概算项目成本并增加合理利润作为报价，并通过审价议价的流程，双方达成一致约定后确认项目价款。

请发行人披露：(1) 上级总体单位名称、单位性质，与发行人及单位A是否存在上下级隶属关系；(2) 重大专项承研的业务承接方式，发行人是否独立参加载人航天工程办公室组织的评比、审查流程获得的承研资格，是否独立报价，“项目参与方”“承研单位”具体是单位A还是发行人，拨付给发行人的经费金额由总体单位确定还是由单位A确定，拨付经费的方式是否由总体单位拨付给单位A，由单位A拨付给发行人；(3) 公司在完成年度研制计划中的具体项目后，交付的“上级单位”的具体指代，“取得客户确认的开发任务完成证明材料”的客户的具体指代，是否需取得总体单位的验收，项目完成并验收时的具体收入确认时点；（4）发行人与单位A之间的关联交易既有销售又有采购，说明业务模式是否为单位A承接项目，将其中部分任务拆解给发行人完成；（5）若最终任务失败，尚未拨付的经费是否仍会拨付；（6）若发行人无法向客户提供开发任务完成证明材料或客户不予确认的情形，是否仍能取得经费，是否存在经费取消或总额调减的可能性；（7）实际发生成本是否需客户审定，若发生成本小于原申报的预计发生成本，是否会调减经费总额；（8）报告期各期，发行人对单位A按重大专项承研和项目销售区分的收入明细、预收账款明细；（9）对于重大专项承研、空间电子系统、军工电子系统，分别披露单位A对供应商的遴选标准，是否有其他供应商可以选择，其他供应商是否与单位A有关联关系，单位A是否可以独立完成相关工作；（10）发行人与单位A是否存在同业竞争，是否会对发行人构成重大不利影响。请保荐机构和申报会计师对上述（1）－（8）核查并发表明确意见；请保荐机构和发行人律师对上述（9）、（10）核查并发表明确意见。

科创板上市委审议认为：发行人关联交易占比较高，业务开展对关联方存在较大依赖，无法说明关联交易价格公允性，重大专项承研业务模式非市场化取得，收入来源于拨付经费，发行人不符合业务完整、具有直接面向市场独立持续经营能力的要求；同时发行人首次申报时未能充分披露重大专项承研业务模式，对关联方的披露存在遗漏，未充分披露投资者对发行人作出价值判断和投资决策所必需的信息。2019年3月在北交所挂牌与本次申报财务数据存在重大差异，发行人短时间内财务数据存在重大调整，母公司报表净利润存在995.91万元的差异，反映发行人存在内控制度不健全、会计基础工作薄弱的情形。

根据相关制度安排，上交所在科创板申报企业发行上市审核中，需要基于科创板定位，审核并判断发行人是否符合发行条件、上市条件和信息披露要求。《科创板首次公开发行股票注册管理办法（试行）》规定，发行人在科创板发行上市应符合的发行条件，包括业务完整，具有直接面向市场独立持续经营的能力；会计基础工作规范，内部控制制度健全且被有效执行等。这些发行条件的理解和执行，需要结合发行人通过信息披露等方式呈现的事实情况予以把握。终止国科环宇发行上市审核，是根据发行人在招股说明书和审核问询回复中披露的情况，对发行人的业务独立性和会计基础工作规范性等事项作出审慎判断后形成的决定。

（二）泰坦科技

上海证券交易所科创板股票上市委员会2019年第25次审议会议于2019年9月26日上午召开，会议作出不同意上海泰坦科技股份有限公司发行上市的决定。

上市委会议提出问询的主要问题如下：

1. 根据申请文件，发行人定位为“基于自主核心产品的专业技术集成服务商”。发行人各期主营业务收入中近50%为采购第三方品牌产品后直接对外销售；对于自主品牌产品，发行人全部采用OEM（自主加工）方式。针对OEM生产环节，发行人目前仅有两人负责OEM厂商现场工艺指导与品质管控，部分产品由发行人提供原材料后委托OEM厂商进行分装加工，部分产品通过直接采购OEM厂商成品贴牌后对外销售。

请发行人代表补充说明：(1) 申请文件所述发行人“专业技术集成服务商”的具体内涵；(2) 申请文件所述“技术集成解决方案”在业务模式和经营成果中的体现。请保荐代表人对申请文件是否准确披露“专业技术集成”的业务模式和业务实质发表意见。

2. 根据申请文件，发行人核心技术包括生产类核心技术和技术集成服务类核心技术。对于生产类核心技术，由于产品种类繁多，核心技术并不对应单一具体产品，更多地体现在为客户提供针对性强的技术集成产品和服务方面。对于技术集成类核心技术，主要包括用户信息采集及分析、智能仓储物流技术，该等技术主要体现在发行人电子商务平台“探索平台”的运营上。

请发行人代表补充说明：(1) 上述两类技术如何在发行人主要产品和服务中使用，发行人核心生产技术如何体现在自有品牌产品销售中；(2) 外购第三方产品销售如何体现发行人的核心技术；(3) 上述两类技术先进性的具体表征和创新性，在境内外发展水平中所处的位置；（4）申请文件所披露的“核心技术相关产品和服务收入其及占比”的依据；（5）在互联网、大数据及物流技术方面不具备技术优势和技术领先性的情况下，将用户信息采集及分析等技术认定为公司核心技术的依据。

请保荐代表人：（1）以具体技术参数、研发数据等形式说明核心技术的主要内容，以揭示其具有的创新性、先进性，并结合主营业务和产品分析说明发行人的科创企业属性。（2）对发行人是否准确披露其核心技术及其先进性和主要依靠核心技术开展生产经营情况发表意见。

3. 申请文件多处采用打破国外巨头垄断、实现部分产品国产替代、进口替代类似表述。

请保荐代表人就申请文件所述下述事项发表意见：（1）市场地位相关佐证依据的客观性；（2）除发行人外，是否存在同类产品的国内厂家，如有，说明相关产品与发行人产品在质量、档次、品类、价格方面的差异；（3）发行人相关产品与国外厂商在数量上的重合能否作为其认定发行人产品实现进口替代的依据；（4）在实现自主产品进口替代情况下，技术集成第三方品牌收入占主营业务收入比重近50%的原因。

4. 根据申请文件，发行人直接销售给终端生产商的特种化学品，无论是自主品牌还是第三方品牌，均与自身核心技术——材料配方技术直接相关，而出于自身及下游生产客户的商业秘密考虑，公司未对该技术本身或具体配方申请专利。请发行人代表进一步说明采用技术秘密方式保护的材料配方核心技术与主要产品全部采用OEM模式进行生产之间的合理逻辑性，相关产品是专用产品还是通用产品，毛利率偏低的原因，第三方品牌如何使用发行人配方，配方是否存在使用公开、被反向技术破解或外泄的可能，相关技术秘密是否已进入公知领域，是否会对公司的核心竞争力和持续经营能力产生重大不利影响。

上交所在4轮审核问询中，关于上述4个方面的问询情况具体如下：

1. 第二轮问询

问题2　关于核心技术及技术先进性

(1) 关于发行人自主品牌

根据首轮问询问题7的回复，发行人以其设立阿达玛斯奖，参奖文章都是用了发行人自主品牌的试剂，获奖文章曾在其他期刊发表，还向委内瑞拉出口和经销产品等说明其市场地位。根据首轮问询问题10的回复，发行人在科研试剂和高端耗材实现了部分“卡脖子”产品进口替代。根据首轮问询第12题的回复，在国内科学服务行业“国际巨头垄断高端产品，占据市场份额主导地位”，而在招股说明书“已完成的研发项目情况表”中部分研发项目在与行业技术水平的比较中有“打破国外产品垄断”的表述。根据首轮问询第13题第（3）问的回复，“在科研试剂领域，发行人已实现70%以上的化学、生化试剂品类进口替代”，问题15回复中提到，“解决方案中第三方品牌绝大部分都是进口品牌，短时间内国内无法实现进口替代”。技术集成第三方品牌收入占主营业务收入比重接近50%。

请发行人：①说明设立奖项能否说明发行人具有研发能力，相关期刊发表者是否仅使用发行人的试剂，如是，结合市场其他同类品牌的情况，说明依据；如不是，说明相关内容是否存在误导性陈述；②详细披露“卡脖子”试剂和耗材的具体名称和功能，替代哪些进口产品，认定相关产品属于“卡脖子”产品的依据，发行人相关产品的售价及该产品占发行人收入的比例；③补充披露市场中除发行人外，是否存在同类的产品的国内厂家，是否有竞争者，如有，说明相关试剂与发行人产品在质量、档次、品类、价格方面的差异，发行人称其可以替代进口是否存在误导性陈述；④说明相关产品的国际厂家数量，国际产品的售价与发行人产品售价的差异，说明发行人的产品与国际产品在质量、档次、品类、价格方面的差异；⑤说明国内其他试剂或耗材生产厂家是否存在出口到委内瑞拉或欧美国家的情形，并据此说明该案例与发行人认为其拥有核心技术和市场地位之间的关系；⑥说明发行人已实现70%以上的化学、生化试剂品类进口替代的依据、数据来源，在已实现70%以上的化学、生化试剂品类进口替代的情况下，技术集成第三方品牌收入占主营业务收入比重接近50%的原因，为何客户对第三方品牌的需求占比仍较大。

请保荐机构对照《上海证券交易所科创板股票发行上市审核问答》及《上海证券交易所科创板企业上市推荐指引》等相关规定，就发行人是否“主要依靠核心技术开展生产经营”“核心技术是否国内或国际领先、是否成熟或存在快速迭代风险”发表明确意见。

（2）关于技术集成服务类核心技术

根据首轮问询第10题第（2）问的回复，发行人称，基于数据采集和分析的集成解决方案能力和基于智能仓储配送的运营服务能力，是公司为客户提供集成服务的基础，是公司核心竞争力的重要组成部分，故用户数据采集及分析技术和智能仓储物流技术是公司的核心技术。发行人同时披露其拥有智能云平台技术，属于核心技术之一。

请发行人：①披露相关技术的具体来源，研发投入，相关研发人员情况；②披露发行人在网络建设过程中是否使用第三方公司协助发行人实施，是否使用了第三方软件，与一般互联网企业或物流企业相比，发行人的平台和相关技术是否具有研发难度；③说明发行人建立了网络销售平台是否等于拥有先进智能云平台，是否存在误导性陈述。

请保荐机构和发行人律师对上述问题核查并发表意见；请保荐机构对照《上海证券交易所科创板股票发行上市审核问答》及《上海证券交易所科创板企业上市推荐指引》等相关规定，就发行人是否“主要依靠核心技术开展生产经营”“核心技术是否国内或国际领先、是否成熟或存在快速迭代风险”发表明确意见。

问题3　关于业务模式

（1）关于自主品牌

发行人及保荐机构对问询函第13题第（2）问的回复中认为，“发行人自主品牌的附加值主要由核心技术能力产生”。

请发行人：结合自主特种化学品毛利率较低，及与国际化学试剂生产厂商技核心技术能力的对比情况，说明发行人自主品牌的附加值主要由核心技术能力产生的原因及合理性。请保荐机构核查并发表意见。

(2) 关于技术集成第三方品牌

根据首轮问询第11题的回复，技术集成第三方品牌，与普通销售第三方品牌产品存在明显的区别，发行人不存在简单的贸易类收入，并列明第三方技术集成产品收入与流动化学技术等核心技术相对应。同时，发行人在首轮问询问题15中回复，发行人技术集成第三方品牌产品涉及高端试剂、通用试剂、特种化学品、科研设备及科研耗材。其中，通用试剂、特种化学品、科研设备及科研耗材领域自主品牌与第三方品牌定位不同，第三方品牌主要定位高端领域。

请发行人：①说明“技术集成第三方品牌”业务中对客户需求的分解、对产品属性的梳理、对行业标准的分析及向客户推荐产品和服务等环节，与营销活动中的上述环节有何差异，是否属于营销活动；②结合淘宝、京东等互联网商贸平台功能情况，说明“帮助客户实现可查询、可追溯、可管理、可统计”等功能在互联网商贸平台中销售环节的应用是否普遍，是否为发行人独有技术和服务，是否属于营销销售活动；③说明发行人对于“普通销售”的界定，淘宝、京东等互联网商贸平台的销售活动是否属于普通销售活动，并说明发行人认为“技术集成第三方品牌”并非“普通销售”而进行对比的具体可比公司对象，选择标准，是否包含淘宝、京东等互联网商贸平台，可比对象选择是否合理、全面；④如实回答技术集成第三方品牌是否属于销售活动，并在此基础上回答发行人核心竞争力是否为商贸能力，将技术集成第三方品牌收入作为与核心技术相关的产品和服务收入是否合理；⑤说明第三方技术集成产品收入与流动化学技术、金属离子去除技术、平行反应技术、不对称合成技术、手性分析检测技术的关系；⑥说明同时销售自主品牌产品和第三方品牌产品的销售模式是否为行业惯例；⑦说明销售第三方品牌产品是否直接采购自第三方品牌厂商，是否存在间接采购，发行人在第三方品牌销售渠道中的影响及占比；⑧随着自主品牌销售的增长，未来是否存在第三方品牌销售大幅下滑的情况，结合第三方品牌的毛利贡献，说明是否影响发行人持续经营能力；⑨从质量、档次、品类、价格方面对比披露高端试剂类别下发行人自主品牌与第三方品牌产品的差异。

请保荐机构、发行人律师和申报会计师：①就上述事项核查并发表意见；②核查将技术集成第三方品牌收入作为与核心技术相关的产品和服务收入是否恰当；③结合《上海证券交易所科创板企业上市推荐指引》中科创板定位要求，核查发行人在行业内研发能力所处水平是否与招股说明书业务与技术部分描述相符，是否拥有高效的研发体系，是否具备持续创新能力，是否具备突破关键核心技术的基础和潜力；④根据《上海证券交易所科创板股票发行上市审核问答》问题10，核查发行人营业收入是否主要来源于依托核心技术的产品（服务），营业收入中是否存在较多的与核心技术不具相关性的贸易等收入，核心技术能否支持公司的持续成长；发行人核心技术产品（服务）收入的主要内容和计算方法是否恰当；就发行人是否“主要依靠核心技术开展生产经营”发表意见。

问题6　关于发行人市场地位

根据首轮问询问题12的回复，国药试剂、西陇科学2018年销售额远高于发行人。并表述：“通过分析国内科学服务业已有市场公开资料，可以确认发行人是目前国内少数具备上述能力的本土科学服务企业。”

请发行人：(1) 结合国药试剂、西陇科学2018年销售额远高于发行人的情况，说明发行人处于“国内科学服务业领先位置”的结论是否合理，依据是否充分；(2)“已有市场公开资料”的来源、依据、具体数据。

请保荐机构和发行人律师核查并发表意见。

2. 第三轮问询

问题1　关于行业地位及产品市场定位

根据二轮问询问题2的回复，就“卡脖子”产品的认定依据，发行人称“卡脖子”试剂和耗材的突破更多是从产品系列、市场认可度等替代进口品牌，而非仅指单个产品的替代，基于此发行人认为其Adamas试剂从品种完备度、品质、配套服务等角度分析，是国外“卡脖子”产品进口替代的主体。就进口替代产品国内厂家在同类产品质量、档次方面的比较情况，发行人未根据二轮问询函的要求，就相关产品的质量、档次、品类及价格进行比较分析，仅称相关产品在质量与档次方面与阿拉丁、安耐吉等竞争对手各有优势、各有特色。

请发行人按照二轮问询问题2“关于发行人自主品牌”的要求，重新回答以下问题：(1) 说明发行人对“卡脖子”产品或技术的定义及认定标准是否与通常理解的“卡脖子”产品或技术的定义与认定标准一致，如不一致，请发行人在招股说明书中删除相关表述；(2) 分产品种类逐项披露解决当前“卡脖子”试剂和耗材的具体名称和功能，替代哪些进口产品，认定相关产品属于“卡脖子”产品的依据；(3) 发行人相关产品与国外厂商在数量上的重合能否作为其认定发行人产品实现进口替代的依据，相关产品在品类、性能上是否达到进口品牌同类产品的水平，能否且实际实现了进口替代，如未能实现，请发行人核查招股说明书全文，并对相关信息审慎披露；(4) 补充披露前述种类产品是否仅发行人一家国内厂商可以生产，如否，请披露国内厂商相关试剂与发行人产品在质量、档次、品类、价格方面的差异，并在此基础上说明认定发行人自主品牌试剂是国外“卡脖子”产品进口替代主体的原因及合理性，是否符合实际情况；(5) 说明高校及科研机构科研人员使用阿达玛斯试剂与相关科研成果在国际知名的高影响因子学术期刊发表文章的关系，以及前述情况与发行人产品地位及研发能力的关系，请发行人客观、审慎选择佐证其产品、服务市场地位的依据；(6) 说明相关产品出口到委内瑞拉与发行人认为其拥有核心技术和市场地位之间的关系。

请保荐机构核查并发表意见。

问题2　关于生产类核心技术

根据二轮问询问题1的回复，发行人未按要求对高端试剂产品的杂质指标、色标含量以及采用的生产工艺等方面与国内同行进行对比，与国际同行业的对比未说明具体厂商名称。发行人生产类（与产品相关）的核心技术主要包括：流动化学技术、金属离子去除技术、平行反应技术、材料配方技术、不对称合成技术及手性分析检测技术等。

请发行人：(1) 补充说明与国际对比数据的具体厂商名称并补充国内同行业对比情况；(2) 说明生产类核心技术的研发情况、技术来源，结合发行人自主品牌产品采用 OEM 的生产模式说明生产类核心技术在产品生产环节的输出和运用的途径；(3) 自主品牌产品 OEM 厂商是否自主掌握相关产品的生产类核心技术，是否将相关技术运用于非发行人自主品牌产品的生产，是否向除发行人以外的其他客户销售同类产品。

请保荐机构核查并就发行人是否主要依靠核心技术开展生产经营发表意见。

问题 3　关于技术集成服务类核心技术

根据二轮问询问题 2 的回复，发行人的用户数据采集及分析技术和智能仓储物流技术所处技术水平并不具有独特或领先特征，但仍然将该技术认定为核心技术。发行人称其技术集成服务类核心技术研发难点在于：公司将信息技术与科研服务专业领域的行业需求相结合，在产品层面完成标准化、数字化特征的体系建立，积累海量数据并持续分析，将内外信息平台应用与客户采购、结算、库存、物流等结合，构建起满足科研行业综合需求的网络，较竞争对手具有较强的先发优势。发行人的“探索平台”能够为客户在线提供采购流程云管理、实验数据云管理，满足科研人员个性化需求。

请发行人：(1) 结合竞争对手国药试剂、西陇科学、阿拉丁等的网络建设与平台开发、相关平台提供产品种类、数量、平台的浏览量情况以及仓储物流配送方式，说明发行人在上述方面较竞争对手具有较强的先发优势的具体体现；(2) 说明“探索平台”提供的采购流程云管理、实验数据云管理的具体内容，竞争对手的网络平台能否提供类似服务；(3) 说明技术集成第三方品牌业务的主要客户及客户类型；(4) 说明将技术集成第三方产品中“销售给生产商的特种化学品”收入作为“与核心技术相关的产品和服务收入”的原因及合理性。

请保荐机构结合《上海证券交易所科创板企业上市推荐指引》中科创板定位要求，核查发行人是否拥有高效的研发体系，是否具备持续创新能力，是否具备突破关键核心技术的基础和潜力并发表意见。

问题9　关于OEM模式信用期

根据发行人及保荐机构对二轮函第1题的回复，发行人未说明向OEM厂商的具体付款条件及信用期情况。

请发行人补充说明向报告期内前五大OEM厂商的具体付款条件及信用期情况。请保荐机构和申报会计师核查并发表意见。

3. 第四轮问询

问题3　关于研发费用占收入比重与毛利率的同行业对比

根据二轮问询问题15的回复，发行人研发投入占比略低于同行业可比公司，主要原因为公司存在第三方系统集成产品业务，其对应的研发投入相对自主品牌产品较少。剔除第三方集成产品收入的影响，公司自主品牌产品相关的研发投入占比与国际可比公司差异较小。根据首轮问询问题33的回复，发行人毛利率水平低于同行业可比公司水平原因为第三方产品集成毛利率较低，受到公司目前的销售结构影响，公司毛利率水平还有进一步提升空间。三轮问询回复中披露，经查阅可比公司及国内细分领域竞争对手的公开资料（年报、行业分析报告等），均未单独披露其销售第三方品牌产品的收入占比数据，因此，无法直接获取相关数据。

请发行人：(1) 说明可比公司是否存在销售第三方品牌产品业务，如是，说明认为研发投入占比低于同行业可比公司的原因是公司存在第三方系统集成产品业务是否合理；(2) 结合无法获得销售第三方品牌产品的收入占比数据的情况，说明认为受公司目前的销售结构影响发行人毛利率水平低于同行业可比公司水平是否合理，并说明公司目前的销售结构与可比公司销售结构的差异及依据；(3) 与西陇科学、聚光科技、阿拉丁的研发费用占营业收入比重及毛利率情况进行对比，并说明差异原因。

请保荐机构对上述问题进行核查，并结合《上海证券交易所科创板企业上市推荐指引》中科创板定位要求及毛利率、研发费用占收入比重低于同行业可比公司的情况，核查发行人是否拥有高效的研发体系，是否具备持续创新能力，是否具备突破关键核心技术的基础和潜力并发表意见。

问题5　关于产品进口替代

根据三轮问询问题1的回复，发行人Adamas试剂品牌与Aldrich（德国默克旗下，全球最大试剂商）进行比较，重合产品15499种，其中：通过纯度这单一指标（HPLC、GC纯度）可进行比较的产品有8804种，Adamas试剂达到Aldrich纯度指标的产品有6904种，占78%。如从该单一产品性能指标看，具备进口替代的特征。

请发行人说明衡量化学试剂性能的参考指标通常包括哪些内容，发行人选取仅以纯度作为产品性能衡量指标说明相关产品实现进口替代依据的充分性与合理性。

请保荐机构核查并发表意见。

（三）恒安嘉新

2019年8月30日，证监会对科创板申报公司恒安嘉新（北京）科技股份公司（下称“恒安嘉新”）首次公开发行股票的注册申请作出不予注册的决定。

证监会作出不予注册的决定，主要系恒安嘉新存在下述问题：

“一、发行人于2018年12月28日、12月29日签订、当年签署验收报告的4个重大合同，金额15859.76万元，2018年底均未回款且未开具发票，公司将上述4个合同收入确认在2018年。2019年，发行人以谨慎性为由，经董事会及股东大会审议通过，将上述4个合同收入确认时点进行调整，相应调减2018年主营收入13682.84万元，调减净利润7827.17万元，扣非后归母净利润由调整前的8732.99万元变为调整后的905.82万元，调减金额占扣非前归母净利润的89.63%。发行人将该会计差错更正认定为特殊会计处理事项的理由不充分，不符合企业会计准则的要求，发行人存在会计基础工作薄弱和内控缺失的情形。

二、2016 年，发行人实际控制人金红将 567.20 万股股权分别以象征性 1 元的价格转让给了刘长永等 16 名员工。在提交上海证券交易所科创板上市审核中心的申报材料、首轮问询回复、二轮问询回复中发行人都认定上述股权转让系解除股权代持，因此不涉及股份支付；三轮回复中，发行人、保荐机构、申报会计师认为时间久远，能够支持股份代持的证据不够充分，基于谨慎性考虑，会计处理上调整为在授予日一次性确认股份支付 5970.52 万元。发行人未按招股说明书的要求对上述前期会计差错更正事项进行披露。”

按照注册制上市规则和制度设计，证监会对交易所审核通过的企业进行注册登记，注册登记不是二次审核，但是具有监督的作用，对于交易所上市委员会审核通过的企业有权利通过监督程序发现问题，并决定是否给予企业上市的注册决定。证监会决定对恒安嘉新上市申请不予注册的理由在上交所的几轮问询中均有体现。

1. 第二轮问询

根据首发申请及回复材料，发行人历史代持关系较为复杂。请发行人以列表的方式，详细披露各项股权代持的形成时间、背景、代持原因、出资资金来源、代持协议的主要内容、是否通过代持规避相关法律法规、清理时间、清理方式、是否存在纠纷或潜在纠纷等。

请发行人进一步说明：(1) 刘廷宇等 16 人和刘长永等 16 人解决代持的时点是否为发行人员工；(2) 与刘廷宇等 16 人解除代持、金红将股权转让至员工持股平台等是否适用《股份支付》准则，若不适用，请详细说明原因，若适用，请详细说明对财务报表的影响；(3) 刘廷宇等 16 人和刘长永等 16 人最初入股时的入股数量、价格、款项具体支付方式，最初代持股份时是否适用《股份支付》准则，若适用，请说明对本次申报报告期期初财务报表的累计影响；(4) 对于同样原因形成的代持解决方式不同以及成本差异较大的原因，是否存在纠纷；(5) 金红以 1 元象征性价格转让给刘长永等 16 人，股权转让价格是否合理，金红是否缴纳个人所得税，是否符合税收相关法律法规的规定，是否存在补缴或被处罚的风险；(6) 2016 年 11 月引入联通创新和谦益投资时增资价格与股权转让价格差异的原因及合理性。

请保荐机构、发行人律师对上述事项进行核查，并进一步说明对于股权代持认定的具体核查过程、核查的具体内容、取得的相关资金流水等核查证据是否充分，请补充提供相应核查底稿，若存在其他能够直接或间接佐证代持行为的资料，请一并提供，并对核查底稿与相关认定编制索引。

关于收入确认时点合理性和预计负债的充分性。根据回复材料，发行人承担验收后维保责任和义务的期间为终验证书签发之日起 24 个月（部分项目为 3 年或 5 年），2018 年 12 月 28、29 日签订的 4 个合同均于 2018 年 12 月签署验收报告并确认收入，总金额约为 1.37 亿元，占 2018 年营业收入的比例约为 22%。请发行人披露：(1) 收入确认的具体时点（签署初验报告/签署终验报告），申报及回复材料所述签署验收报告时点与终验证书签发时点的时间间隔及变化情况，报告期内实际完工时点与验收报告签署时点的时间间隔及变化情况，是否存在提前或延后确认收入调节利润的情形；(2) 结合验收后维保责任和义务的内容与时间，可比公司的质保费用预计负债计提政策，进一步披露发行人对验收后维保责任和义务计提的预计负债是否充分，计提政策是否符合行业特征及自身的业务发展情况。请保荐机构、申报会计师对上述事项进行核查，并发表明确意见。

2. 第三轮问询

关于股份代持。根据回复材料，在公司发展初期，金红于 2010 年 10 月至 2011 年 7 月期间先后将其所持恒安嘉新有限股权转让给刘长永等 33 人，希望其能加入公司或者为公司发展提供规划咨询建议，帮助公司进行市场推广开拓。

请保荐机构、发行人律师核查：(1) 代持形成时，被代持的 33 人的具体身份，是否属于发行人客户或供应商的工作人员，为发行人“提供规划咨询建议、帮助公司进行市场推广开拓”的具体内容；(2) 该等 33 人是否实际出资，出资价格是否公允，是否存在利益输送。请保荐机构、发行人律师说明核查方式、核查过程、核查依据，并发表明确意见。

请保荐机构、申报会计师进一步提供认定金红对刘长永等16名员工股权转让为解除股权代持的证据材料，并结合取得的各项材料，说明不属于股份支付、不确认股份支付费用的依据是否充分，认定过程及结论是否审慎，并发表明确意见。

关于收入确认及销售合同结算条款实际执行情况。根据回复材料，发行人解决方案业务和技术开发业务在签署初验报告时确认收入；2018年12月28日、29日签订、当年签署验收报告并确认收入的4个项目基本尚未回款，与回复材料所述解决方案和技术开发业务主要合同条款之价格及款项相关内容（解决方案业务通常在完成初验后约定的累计支付比例合计占合同总额的70% -100%，技术开发业务通常在完成初验后约定的累计支付比例合计占合同总额的80%）不一致；报告期内确认收入的合同项目中单个合同金额在300万元以上的合同中，各期期末尚未终验的项目数量分别为1个、27个、99个，涉及收入金额分别为494.14万元、7201.82万元、29152.28万元。

请发行人：（1）补充披露在签署初验报告时确认收入是否符合行业惯例，与同行业可比公司的比较情况及差异原因；（2）补充披露上述4个项目收款情况与回复材料所述主要合同条款中价格及款项相关内容不一致的原因及合理性；（3）列表说明报告期各期确认收入的项目合同中金额排名前十的项目合同的合同总金额、确认收入金额、合同签订时间、合同签订时收款金额及比例、初验证书签署时间、初验证书签署时点收款金额及比例、终验证书签署时间、终验证书签署时点收款金额及比例，对于终验证书签署后未收款的合同，列明实际收款时间及金额、截至目前的收款情况；（4）补充披露解决方案业务和技术开发业务合同实际执行中的具体结算模式，是否按合同条款所述在合同签订生效、初验合格、终验合格等节点完成后收到相应款项，若否，请说明原因及合理性；若为一次性收款，具体收款时点及其与终验证书签署时点的先后情况，签署终验证书是否为客户付款的前提条件；（5）补充披露结合报告期各期确认收入的合同项目的初验、终验、当期收款、试运行期间发行人的维保义务及相关成本及期后具体回款情况，对照回复材料所述收入确认各项条件，逐项说明在签署初验证书时是否满足上述收入确认各项条件，进一步说明完成初验时确认收入的合理性；(6) 补充披露终验法下报告期各期收入、成本、利润总额、净利润相较于当前初验法下的变动情况；(7) 补充披露发行人报告期内是否曾经变更收入确认时点，若有，请说明具体变更时间、原因及对报告期财务数据的影响；(8) 对照相关合同原文进一步核实更新版招股说明书第316页“3.6 如果合同设备因卖方原因在再次终验测试时仍未能通过验收，则卖方有权终止本合同”与第318页“3.5 如果再次终验仍不合格，买方有权终止本合同”的相关表述，明确在未能通过终验时，是卖方有权终止合同，还是买方有权终止合同；(9) 补充披露报告期各期解决方案合同项目实际完工时点与验收报告签署（确认收入）时点间的平均天数、验收报告签署时点与终验证书签发时点间的平均天数，报告期内上述平均天数的变化情况及原因，是否存在期末集中发货、集中确认收入的情况。

请保荐机构和申报会计师核查上述事项，说明发行人收入确认是否审慎，是否符合《企业会计准则》的规定，是否存在提前确认收入的情形等，并发表明确意见。

3. 第四轮问询

关于重大合同的会计处理。根据回复材料，发行人在未得到客户同意之前提前开具发票，会导致客户拒收，从而导致发票作废。发行人2018年12月28－29日签订、2018年当年签署验收报告并确认收入的4个合同项目，2018年底均未回款且未开具发票，与合同相关条款不一致，未提供充分证据，且与报告期内其他项目收入确认政策差异较大。请发行人结合相关合同条款、回款比例等上述相关情况，进一步说明上述重大合同会计处理是否符合企业会计准则的规定。请保荐机构和申报会计师核查上述事项并发表明确意见。

十、注册制下交易所问询反馈撤回申报案例

企业申请科创板上市首先要自我评估是否具备科创性，并根据中介机构尽职

调查和上市论证意见后启动上市计划，交易所接受企业上市申请，由专门的审核机构审核问询，交易所问询和企业就问询问题反馈答复的过程，让资本市场投资者进一步了解注册制是如何实施以信息披露为核心的问询审核机制。企业在经过若干轮问询反馈答复后主动撤回申请，亦从另外一个方面说明，注册制的审核是实践和关注的要点。

1. 视联动力信息技术股份有限公司

序号	主要关注点	具体问询问题
1	关于销售模式、销售收入及真实性	第一轮问询： 目前，发行人客户主要集中在政府机构、运营商及大型集成商。结合行业特点，发行人采取直销模式开展业务。 请发行人披露：(1) 区分政府机构、集成商和运营商等不同客户类型，说明发行人获取上述客户的方式，发行人如何通过自有销售团队销售产品；针对集成商和运营商客户的销售，是否存在最终业主方指定发行人产品的情况，是否存在通过集成商客户向政府机构、运营商或其他企业进行销售的情况，与同行业可比公司的销售模式是否存在显著差异，发行人所采取的直销模式与通常意义上的直销模式有何异同；(2) 按非合并方式和重要性原则列示主要客户的销售金额和占销售收入的比重，并结合销售的主要产品和销售数量等分析报告期内发行人对主要客户销售额变动的原因；(3) 针对不同类型客户、不同产品的交付条件和合同约定等主要条款，披露发行人的具体收入确认政策收入确认时点、确认依据，是否符合企业会计准则的相关规定，是否与同行业可比公司存在显著差异。 请发行人说明：(1) 与运营商合作的具体经营模式；(2) 运营商以外其他主要客户的基本情况，包括但不限于成立时间、注册资本和实收资本、注册地址、实际经营所在地、主营业务、资产和销售规模、股权结构和合作历史等；(3) 获取订单或合同的方式，是否存在未签订合同确认收入的情况，如有，请说明是否符合会计准则的规定；(4) 运营商以外的其他主要客户的销售情况，包括但不限于客户名称、最终业主方（如有）、主要产品名称、发行人是否承担安装调试责任、安装调试是否构成风险报酬转移的核心要素、验收和结算政策、销售收入金额、销售收入占营业收入的比重、期末应收账款和期后回款情况等，说明以合同约定的验收凭据确认收入是否审慎；(5) 按重要性原则列示主要销售合同的具体情况，包括但不限于客户名称、最终业主方（如有）、主要产品名称、合同获取方式、验收和结算政策、质保金比例及金额、各期确认的销售收入金额、各期末应收账款

续表

序号	主要关注点	具体问询问题
		情况和回款情况；（6）报告期内收入截至性测试的情况，是否存在跨期确认收入的情形；（7）结合在手订单和下游行业应用需求规模等情况，说明发行人销售收入增长是否具有可持续性，并作充分风险揭示。 请保荐机构、申报会计师对销售收入的真实性和收入确认原则的审慎性进行核查，说明核查程序、核查范围和核查过程，并发表明确意见。 第二轮问询： 问询回复显示，发行人披露的主要销售合同的最终业主方均为各地政法委等政府部门，但中国政府采购网公开的相关信息与发行人披露的业务信息之间存在差异和矛盾，且发行人与各直接客户之间的合同获取方式、验收方式和结算政策均存在差异，发行人也未明确说明其与直接客户、最终业主方之间的业务模式及商业合理性。 请发行人披露：（1）发行人与直接客户、实施方和最终业主方的具体业务模式，采用多层销售架构的原因及合理性，同类型客户之间采用不同结算政策和验收政策的原因及合理性，发行人如何识别构成风险报酬转移的核心要素，相关的收入确认是否符合所披露的产品销售收入确认的具体方法；（2）发行人与直接客户之间的产品销售价格与最终业主方产品中标价格的比较情况及差异原因，是否符合正常的商业逻辑；（3）补充非合并口径下报告期各期前五大客户的具体销售情况和对应的最终客户并更正 2017 年度和 2018 年度披露错误的数据信息。 请发行人进一步说明：（1）多级通信运营商、广电网络所涉及项目是否为同一合同和同一最终客户并说明原因及合理性，相关项目市场开拓过程、用途、与客户原有视频通信系统关系；（2）结合最终业主方中标公告的具体信息，逐项定量分析报告期各期 500 万元以上收入项目实现的具体情况，包括但不限于多层销售架构各方的名称及权利义务安排、项目名称和内容，发行人与直接客户合同和招投标的具体情况（中标日期、合同签订时间、具体产品的中标数量和销售数量、合同总金额等）、实施方中标项目名称、中标项目中发行人产品的采购数量和金额、发行人产品的验收数量、项目中标日期和验收日期等，验收数量和发行人各期销量及收入确认之间的匹配关系，截至 2019 年 3 月 31 日的收款情况，是否存在发行人与直接客户签订合同的日期早于发行人中标日期和实施方中标日期的情形，是否存在中标公告明确指定向发行人采购产品的情形；（3）新疆博翔商贸有限公司为贸易商客户，与发行人披露的销售客户群体存在较大差异，发行人的描述是否存在误导性，说明与该客户的合作过程、合作背景和合作历史，发行人是否存在其他经销商客户，经销商客户的相关情况，是否与发行人及其关联方、发行人终

续表

序号	主要关注点	具体问询问题
		端客户及其关联方、核心经办人员之间存在关联关系、资金往来或其他利益安排等；（4）发行人应收票据与应收账款的增长幅度大大超过营业收入增长幅度的具体原因，应收账款信用政策的实际执行情况与客户结算政策差异较大的原因，是否违反合同的相关规定，是否存在放宽信用政策或放松执行力度以刺激销售的情况，请发行人结合与客户的权利义务安排、客户采购该产品的目的、最终客户的验收情况，进一步说明发行人到货验收的收入确认政策是否合理，是否符合企业会计准则的规定。 请保荐机构和申报会计师核查发行人最终实现销售的情况，包括但不限于实地走访并盘点最终业主方安装的设备数量、向最终业主方和项目实施方进行函证等，详细说明核查方式、核查比例、核查过程，并发表明确意见。 第三轮问询： 问询回复显示：（1）发行人在政府客户关系方面较其他竞争对手不存在显著优势和差异，发行人的收入来源均依赖于政府部门且多为单一来源采购；（2）发行人2018年度收入主要来源于华南地区；（3）公开资料显示，发行人生产的综治视联网系统终端设备并不面向客户直接销售，实行授权代理销售；（4）最终业主方的函证回复情况较差，中介机构以参加联合调试的方式对发行人销售的设备进行了核查；（5）发行人报告期内存在当年已实现销售但尚未连接入网的终端。 请发行人：（1）充分揭示对政府客户存在依赖和相关政府政策变化影响发行人经营和业绩的风险；（2）分析广东省综治视联网完成全覆盖后对发行人经营业绩的影响，并充分揭示收入地域集中等相关风险。 请发行人进一步说明：（1）关于最终客户直接采购模式，发行人销售产品过程中主要承担的权利义务情况、收入确认政策及依据，结合主要客户的销售情况，分析不同客户之间存在不同收入确认方式的原因及合理性；（2）关于“发行人－＞运营商（或集成商）－＞最终客户”“发行人－＞集成商－＞运营商－＞最终客户”“发行人－＞运营商－＞集成商－＞最终客户”的间接采购模式，结合主要客户的销售情况和最终客户的连接入网时间，逐项列示多层销售架构的具体情况，说明各方签订合同的情况、提供的产品或服务的内容以及权利义务安排，发行人的收入确认政策及依据，是否应取得最终客户的验收确认，分析不同客户之间存在不同收入确认方式的原因及合理性，是否存在提前确认收入的情形；（3）运营商或集成商是否为发行人的代理商，是否为买断式销售，是否为相关设备质量责任的主要责任人；（4）广东省广播电视网络股份有限公司及其下属分子公司、河北瑞普通信技术股份有限公司、江西航天云网科技有限公司等未实现最终销售的具体原因，结

续表

序号	主要关注点	具体问询问题
		合《企业会计准则第14号——收入》的相关规定，进一步说明发行人对该等客户的销售收入确认的依据及合理性；（5）区分不同产品及型号，定量分析发行人与运营商或集成商客户的产品销售价格与政府部门的产品中标价格之间的比较情况及具体差异原因、不同运营商或集成商客户之间的产品销售价格的比较情况及具体差异原因。 请保荐机构和申报会计师对上述事项进行核查并就销售收入的真实性和准确性发表明确意见，说明：（1）参与联合调试的核查方式和核查过程，各地政法委的设备安装数量、盘点数量和联调核查数量，补充提供各地政法委出具的书面说明；（2）对于未连接入网但确认收入的相关设备的核查方式、核查过程和核查比例。 请保荐机构和发行人律师对发行人主要集成商客户的股东和实际控制人的背景进行核查，结合各集成商客户的历史沿革，说明发行人集成商客户的股东、实际控制人和主要员工是否与发行人及其关联方、运营商及其核心经办人员、最终客户之间是否存在关联关系、资金往来或其他利益安排的情形，相关销售业务是否真实发生。 第四轮问询： 根据问询回复：（1）发行人对部分项目对应的中标单位与发行人回复的各方名称存在差异、发行人与直接客户合同签订日期早于政府部门的中标日期、相应中标总金额合计远低于发行人与直接客户合同总金额和收入金额的原因进行了回复；（2）保荐机构和申报会计师实地走访并参加了37个省市级政法委的视频会议联调现场，实地抽样观测了安装入网的终端设备数量；（3）保荐机构和申报会计师对最终业主方的函证发函和回函比例较低。 请发行人列表说明：（1）报告期各期各产品的销售情况与客户及其销售收入和数量、综治视联项目的建设进度的对应关系，各期新增客户和存量客户的销售收入构成，进一步分析报告期各期销售收入大幅增长的原因；（2）区分最终业主方的性质说明发行人的销售收入构成。 请保荐机构、发行人律师和申报会计师逐项说明对招投标信息与发行人披露信息存在差异的情况下履行的核查程序、核查比例、核查过程和核查结论。 请保荐机构和申报会计师结合报告期各期新增客户、销售合同和各地综治视联项目的实施情况，说明对发行人销售收入真实性采用的不同核查方式的具体内容、对应的核查金额及占比，详细说明：（1）报告期各期对直接客户发函的函证数量、具体内容、收入金额和数量及比例，直接客户的回函数量、差异金额及差异原因，对未回函的函证履行的替代程序及充分性；（2）报告

续表

序号	主要关注点	具体问询问题
		期各期对最终业主方发函的具体内容、函证数量、销售设备数量及比例，未回函的函证履行的替代程序及充分性，未获得最终业主方有效回函但能取得政法委书面说明的原因及合理性；（3）实地走访并参加联合调试的具体核查过程及内容，包括但不限于具体地点、参加核查的人员、交通方式和实地抽样观测的具体方式等，上述核查手段是否能够达到对销售收入真实性的核查目的，并请进一步实地走访并盘点销售设备的数量和使用状况。
2	关于存货	第一轮问询： 报告期各期末，公司存货净额分别为4744.49万元、10478.01万元和16548.06万元，其中库存商品和发出商品均大幅增加，存货周转率低于同行业可比公司。 请发行人：（1）结合发行人对外采购情况，披露原材料、库存商品和发出商品的主要构成和各采购产品的核算科目；（2）按存放地点披露存货各科目的金额，发行人对异地存放的存货的管理措施；（3）披露发出商品的形成原因及期后销售实现情况；（4）披露库存商品、发出商品和原材料的库龄情况，分析发行人存货跌价准备计提是否充分，与同行业可比公司相比是否存在较大差异；（5）披露2016年末和2017年末发行人存货余额高于营业成本的原因，存货周转率与可比公司存在较大差异的原因。 请发行人说明：（1）存货的会计核算和成本结转的会计处理方法；（2）存货的收发存管理、权利与义务等具体情况；（3）存货跌价准备的具体计提方法；（4）发行人与供应商对异地存放和在途运输的存货损毁灭失风险的承担约定，发行人针对存货的内部控制管理的建设和执行情况；（5）存货尤其是发出商品的盘点制度、盘点地点、盘点执行人员和盘点结果等。 请保荐机构和申报会计师就异地存放的存货的盘点情况，具体执行的核查程序、核查方法和核查范围，替代性程序是否充分进行核查，并对上述事项发表明确意见。 第二轮问询： 问询回复显示，发行人执行“以销定采”的采购业务模式，库存商品和发出商品的余额逐年增加，存货周转率显著低于苏州科达、中兴通讯和华平股份等同行业可比上市公司。 请发行人进一步说明：（1）发行人库存商品和发出商品各主要产品的订单覆盖率、对应订单的具体情况、最终业主方的中标信息，定量分析发行人库

续表

序号	主要关注点	具体问询问题
		存商品和发出商品与在手订单的匹配关系；（2）发行人最近1年及一期末发出商品的期后销售实现率较低，结合发行人在手订单、最终业主方中标项目的执行情况和设备安装周期等因素，进一步分析库存商品和发出商品期后实现销售的金额，期后销售率较低的原因及合理性；（3）发行人库龄的统计方法，1年以上库存商品和发出商品逐年上升的原因，结合项目执行的具体情况进一步说明原因；（4）定量分析存货跌价减值准备计提的具体过程，说明发行人存货跌价准备计提是否充分，与同行业可比上市公司的计提比例和计提金额是否存在显著差异；（5）发行人与同行业可比上市公司相比存货周转率较低，结合发行人与同行业公司在生产模式和销售模式等方面的异同进一步分析存货周转率较低的合理性。 请发行人及申报会计师对上述事项进行核查，说明是否对异地存放的存货进行了充分盘点及盘点比例并发表明确意见。 第三轮问询： 回复材料显示：（1）核心电路板和机箱为视联网交换服务器的核心原材料，报告期内发行人“其他领用”核心电路板分别为1个、113个、253个和2个；（2）发行人库存商品的订单覆盖率仅为32.21%，其主要构成为配套设备等；（3）发行人发出商品金额逐年增加。 请发行人说明：（1）其他领用或其他出库的具体原因及去向，其他领用中只包含核心电路板而未包含机箱的原因及合理性，如计入固定资产或费用支出，请说明配比关系；（2）交换服务器、网管服务器和融合服务器订单覆盖率较低的原因及合理性，配套设备的主要构成，订单覆盖率仅为10.25%的原因及合理性；（3）结合发行人发出商品对应在手订单的验收条款，进一步说明发出商品逐年上升的原因及合理性。 请保荐机构和申报会计师对上述事项进行核查并发表明确意见。 第四轮问询： 请发行人进一步说明报告期各期末履行的盘点情况，包括但不限于盘点程序的具体过程及数量、金额比例，包括但不限于盘点地点、盘点数量、盘点人员、盘点日期、盘点差异及原因。 请保荐机构和申报会计师结合报告期存货构成及分布情况，说明：（1）对原材料、库存商品和发出商品分别执行监盘程序的具体过程及数量、金额比例，包括但不限于监盘地点、监盘数量、监盘人员、监盘日期、监盘结果及差异原因；（2）列示报告期各期对发出商品履行函证程序的具体情况，包括

续表

序号	主要关注点	具体问询问题
		但不限于函证数量、具体内容、设备数量、金额及比例，客户的回函数量、差异数量、金额及差异原因，对未回函的函证履行的替代程序及充分性。
3	关于应收账款	第二轮问询： 招股说明书披露，发行人 2017 年营业收入、净利润分别为 34766.77 万元、6939.85 万元，2018 年营业收入、净利润分别为 115159.74 万元、47514.32 万元。同时，发行人 2017 年、2018 年应收票据与应收账款分别为 14067.81 万元、72431.03 万元。 请发行人补充披露发行人报告期各期末应收账款回款情况，定量披露预期信用损失率的确认依据和过程，结合发行人应收账款逾期情况和回款情况，进一步分析发行人应收账款坏账准备计提是否充分，是否与同行业可比公司之间存在显著差异。 请发行人进一步说明：（1）2018 年相比 2017 年，净利润的增长幅度大大超过营业收入增长幅度的具体原因，费用与成本相对减少是否重要原因之一，费用与成本的会计核算是否存在变化；（2）2018 年营业收入的大幅增长主要源于服务器和终端设备的销售增长，请发行人结合本问询函问题 6 的相关要求进一步分析发行人各主要类别产品销售增长的原因及合理性，与直接客户、最终业主方和中标项目之间的对应关系，销售收入增长是否均来源于新增客户；（3）报告期各期末主要客户应收账款的形成时间、合同规定结算周期，是否如期还款及原因、相关收入确认的具体依据，期后还款情况，各期末应收账款是否均为对新增客户的销售所致，相关客户与发行人及其实际控制人是否存在关联关系；（4）定量解释公司应收账款账龄的统计方法，1 年期以内应收账款的计提比例低于苏州科达、华平股份和中兴通讯等可比上市公司的原因和合理性。 请保荐机构和申报会计师说明对应收账款的具体核查过程、核查程序和核查范围，并发表明确意见。 第三轮问询： 请发行人补充披露截至报告期末逾期应收账款的余额和累计期后回款情况。 请发行人进一步说明：（1）集成商或运营商客户的回款是否实质上依赖于政府部门的付款，发行人应收账款的信用政策均未严格执行的原因及合理性，发行人确认收入时如何判断相关经济利益很有可能流入企业，发行人收入确认依据的充分性及合理性，结合《企业会计准则第 14 号——收入》的相关规定进一步分析发行人收入确认依据是否充分；（2）发行人应收账款周

续表

序号	主要关注点	具体问询问题
4		转率低于同行业但1年以内坏账准备计提比例低于同行业的原因及合理性；（3）同类型客户和同一客户存在显著不同的付款政策的原因及合理性，应收账款大量逾期是否违反了合同的约定，发行人销售和收款相关的内部控制制度是否健全并得到有效执行；（4）区分是否约定质保金，说明报告期各期末应收账款余额中质保金的金额及比例，并结合历史的退换货情况说明质保金的部分是否满足收入确认的原则。 第四轮问询： 发行人2018年度收入和应收账款余额均大幅上升，历史数据不足以支撑发行人预计应收账款的回款风险。请发行人按客户逐项分析并评估应收账款的回款风险，进一步说明发行人的坏账计提比例和历史损失率的确认依据是否合理，坏账准备计提金额是否充分。 请保荐机构和申报会计师对上述事项进行核查并发表明确意见，说明对应收账款履行的不同核查方式的具体内容、对应的核查金额及比例，详细列示报告期各期的函证情况，包括但不限于发函数量、具体内容、应收账款和预收账款金额及比例，回函数量、回函金额及比例、差异金额及差异原因，对未回函的函证履行的替代程序及充分性。
4	关于员工持股计划及股份支付	第二轮问询： 招股说明书披露，公司不存在正在执行的对董事、监事、高级管理人员、其他核心人员、员工实行的股权激励及其他制度安排。回复材料显示，2017年12月股东北京乾廷将其所持视联有限5%的股权以35.28万元（低于每股净资产）转让给视联力智，2018年9月11日视联力智将部分合伙企业份额转让给视联启见、视联力景、视联力均、视联力捷。 请发行人补充披露上述员工持股平台获得发行人的股份，是否适用《企业会计准则11号——股份支付》，相关会计核算是否准确并分析理由。 请保荐机构及申报会计师：（1）对发行人报告期内上述股份变动是否适用上述企业会计准则进行核查，并对权益工具的计量方法及结果是否合理；（2）是否存在与股权所有权或收益权等相关的限制性条件及相关条件是否真实、可行，服务期的判断是否准确，服务期各年/期确认的员工服务成本或费用是否准确；（3）发行人报告期内股份支付相关会计处理是否符合上述企业会计准则并发表明确意见。

续表

序号	主要关注点	具体问询问题
		第三轮问询： 回复材料显示，2017 年 12 月，北京乾廷将其所持视联有限 5% 的股权转让给视联力智，作为员工持股计划预留的股权。2018 年 7 月 27 日，4 个持股平台设立完毕；2018 年 9 月 11 日，视联力智将部分合伙企业份额转让给视联启见、视联力景、视联力均、视联力捷。上述员工持股计划实施期较长，且发行人 2018 年业绩出现大幅增长，发行人问询回复未说明持股平台受让视联力智合伙企业份额的价格情况。请发行人补充披露员工持股计划的授予日及确定依据。 请发行人进一步说明：（1）结合视联启见、视联力景、视联力均和视联力捷 4 个员工持股平台的历史沿革及历次合伙企业份额转让价格、对应视联力智的合伙企业份额和发行人的股份，进一步定量分析相关转让价格的公允性，根据《企业会计准则第 11 号——股份支付》的相关规定，进一步说明发行人未按照股份支付进行会计处理的依据是否充分；（2）评估基准日至授予日之间的发行人股权公允价值的变动情况；（3）相关出资的资金来源，是否存在由发行人及其关联方向员工提供资金支持的情形。请保荐机构和申报会计师对上述事项进行核查并发表明确意见。 第四轮问询： 根据回复材料，发行人 2018 年度前三季度收入较 2017 年度同期大幅上升且已签订了大额的销售合同，发行人 2018 年度经营业绩较 2017 年度大幅提升的情况，发行人仍按照截至 2018 年 1 月 31 日的股东权益评估价值和 2017 年净利润为基础确认股份的公允价值。 请发行人结合已签订的在手合同和当年的经营业绩波动等因素，进一步说明发行人未充分考虑评估基准日至授予日之间发行人股权的公允价值变动的原因，发行人股份支付费用公允价值确认依据的充分性，如未能提供充分证据，调整相应的股份支付费用并说明是否属于会计差错更正，是否影响发行条件。 请保荐机构和申报会计师对上述事项进行核查并发表明确意见。

续表

序号	主要关注点	具体问询问题
5	关于关联方资金拆借	第一轮问询： 报告期内发行人已经注销的关联方较多，同时存在关联资产、股权转让以及关联资金往来情形。 请发行人说明：（1）是否严格按照《公司法》《企业会计准则》及中国证监会的有关规定披露关联方和关联交易；（2）报告期内相关关联方注销的原因、合法合规性，业务、人员和资产处置情况，是否存在争议或潜在纠纷，报告期内是否存在重大违法行为；注销前1年及一期的主要财务数据；报告期内上述注销关联方与发行人之间存在的资产、业务和资金往来情况，交易公允性，是否存在为发行人承担成本费用或其他输送利益情形；（3）报告期内，发行人与关联方之间资金拆借的具体情形，包括各期初余额、期间发生额、期末余额情况、偿还资金来源及其支付方式等；发行人向关联方拆出资金的用途，是否存在流向发行人供应商、客户及其关联方的情况；是否履行了法定程序，是否收取利息费用，如未收取，是否损害发行人利益；结合报告期内对外资金拆借情况，说明是否已经建立了完善的防范对外资金拆借的制度，内部控制是否健全、有效；发行人董事和高级管理人员是否存在违反《公司法》第148条的相关情形；（4）关联方无偿转让相关专利的原因，目前的转让进度情况，发行人主要产品是否涉及使用上述专利的情况，上述专利涉及产品的销售情况；杨春晖、陆宏成等关联方是否已将与发行人业务相关的专利技术等均转移至发行人；（5）向关联方采购员工团队建设服务和常年法律顾问服务的背景和原因，采购价格的公允性，未向关联方采购上述服务后其他供应商的采购价格进行比较，说明是否存在显著差异，是否存在对发行人或关联方的利益输送，是否存在显失公平情形。 请保荐机构、申报会计师和发行人律师就公司及关联方的银行资金流水和公司的审议程序等进行核查，并就上述事项发表明确意见。 第二轮问询： 问询回复显示：（1）上海乾廷于2016年度代杨春晖分别以转让和冲抵预付款的方式偿还视联动力940万元和160万元借款本金，之后由杨春晖偿还上海乾廷上述代还款本息；（2）杨春晖、朱莹萍、王放根据公司规定在报告期内因出差、参加展会、部分办公设备采购预借的备用金，以报销形式偿还294.17万元；（3）其余关联方资金拆借偿还资金均来源于关联方的薪酬、投资及分红等所得，并以转账方式支付。

续表

序号	主要关注点	具体问询问题
		请发行人进一步说明：（1）上海乾廷代杨春晖偿还资金的原因及合理性，杨春晖偿还上海乾廷代还款本息的具体情况，相关资金来源是否为发行人支付的收购款；（2）定量列示杨春晖、朱莹萍、王放和陆宏成等关联方资金拆借的具体流向。 请保荐机构、发行人律师和申报会计师对上述事项进行核查，并发表明确意见。 第三轮问询： 问询回复显示：（1）发行人存在报告期初向关联方借款的情形，并于报告期内结清，同时还存在关联自然人以发行人拆出资金支付购车款的情形；（2）北京华辰信通系统集成技术有限公司已于2013年度停止经营，但存在向发行人拆借资金用于支付房租及物业费、施工及设备购置费用和财务人员薪酬的情形；（3）北京科恩仕科技发展有限公司已经于2014年度停止经营，但仍与发行人存在资金往来。 请发行人补充披露2016年期初关联方拆借余额及各期变动情况及期末余额。 请发行人说明：（1）逐笔列示各项资金拆出的金额、时间、形成过程和资金去向，资金拆入的金额、时间、偿还方式和资金来源；（2）发行人报告期初对北京乾廷科技有限公司、北京科恩仕科技发展有限公司、北京华辰信通系统集成技术有限公司、王放和陆宏成等关联方其他应收款的形成过程、原因及合理性，是否为真实债权；（3）最近3年及一期北京华辰信通系统集成技术有限公司、北京科恩仕科技发展有限公司和北京乾廷科技有限公司的主要财务数据并提供审计报告。 请保荐机构、发行人律师和申报会计师对上述事项进行核查并发表明确意见。 第四轮问询： 根据问询回复，实际控制人及其一致行动人与发行人存在大额资金拆借并同时与多名自然人进行资金往来的情形，存在共同借款人郑建锋。 请发行人说明上述自然人的背景和简历，相关借款的资金用途、利率及利息约定、真实性和合理性，杨春晖、陆宏成和王放均曾向郑建锋拆借资金的原因及合理性，上述自然人与发行人、供应商、客户、最终业主方及其关联方和核心经办人员是否存在关联关系、交易、资金往来和其他利益安排，请保荐机构、发行人律师和申报会计师对发行人与关联方发生资金拆借时相关制度和所履行的决策程序进行核查并对发行人内部控制的有效性发表明确意见。

2. 成都苑东生物制药股份有限公司

序号	主要关注点	具体问询问题
1	关于委外研究、共有专利和合作研发	第一轮问询： 报告期内，发行人存在合作研发的情形。 请发行人：（1）结合公司与浙江亚太签订的技术转让协议，补充披露 CX3002 技术转让收入的确认时点；（2）结合公司与浙江亚太签订的技术转让协议研发负担的情况，补充披露公司对应的开发支出的会计处理；（3）补充披露报告期内 XLP 专利使用费的会计处理；（4）补充披露目前在研项目的外部研发合作情况；（5）结合合作研发情况，披露合作研发的具体模式、合同签署、主要协议约定、研发主要项目、研发成果、研发成果所有权归属等； 请保荐人、申报会计师核查并发表意见。 第三轮问询： 根据招股说明书和问询回复，发行人在研产品中有 7 个 1 类新药，其中 2 个已进入临床试验阶段，CX3002 于 2016 年 11 月获得临床批件，2019 年 1 月开始 I 期临床；优格列汀片于 2015 年 7 月获得临床批件，目前已完成健康人单次和多次给药的安全性、耐受性、药代/药效动力学研究，拟计划开展 I/II 期研究。CX3002 片相同适应症已上市产品 3 个、处于临床阶段产品 1 个。优格列汀片相同适应症已上市产品 5 个、处于临床阶段产品 5 个。请发行人补充披露：（1）7 个在研 1 类新药的技术来源，公司是否具备相关技术储备和技术力量配备，相关产品的研发模式，是否存在合作研发，相关技术和产品的知识产权归属情况，是否存在专利纠纷等；（2）2 个已进入临床试验阶段的在研 1 类新药前期临床实验的情况，本期临床实验的主要风险。 请发行人：（1）结合 CX3002 片和优格列汀片的相同适应症已上市产品的获批情况与市场销售情况，说明发行人产品的市场前景，并对比说明发行人产品与其他相同适应症产品（包括已上市产品与处于临床阶段产品）的具体优劣势；（2）结合发行人现有核心技术的情况，说明发行人是否拥有创新药研发的关键核心技术。 请保荐机构核查并发表意见。 第四轮问询： 根据问询回复，对于新药研发的药物临床前的药理毒理评价及临床研究所需技术，公司采取委外研究的方式进行。公司在创新药的研发方面，通过

续表

序号	主要关注点	具体问询问题
		自身具备的4大核心技术平台及委外研发的方式，可满足创新药研发的整个流程中所需技术。且根据申报文件，发行人有多个专利为与其他方共同拥有；发行人存在合作研发的情形。 请发行人进一步说明：（1）委外研究项目开展和具体协议约定情况，包括但不限于委外研究的具体方式、双方的权利义务约定、费用承担分配、技术成果权利归属等；发行人委外研究与合作研发的差异；发行人核心技术对委外研究是否存在依赖，发行人持续经营能力是否依赖于委外研究或相关单位；（2）发行人与其他方关于共同拥有专利的具体安排，包括但不限于双方的权利义务、相关专利权的使用和利益分配等；发行人核心技术对共有专利是否存在依赖，发行人持续经营能力是否依赖于共有专利或相关单位；（3）发行人核心技术对合作研发是否存在依赖，发行人持续经营能力是否依赖于合作研发或相关单位。（4）上述委外研究、共有专利和合作研发事项是否存在纠纷或潜在纠纷。 请保荐机构、发行人律师核查并发表意见。
2	关于已上市产品的研发成果归属	第三轮问询： 根据招股书披露，公司成立于2009年6月1日，但多个产品在公司成立时即获得生产批件或上市，其中乌苯美司胶囊于2009年上市，富马酸比索洛尔片2008年获批，注射用复方甘草酸苷2008年上市。报告期内3个产品的化学药制剂收入占当期收入比例约60%。 请发行人：（1）说明乌苯美司胶囊、富马酸比索洛尔片、注射用复方甘草酸苷产品的生产批件及上市申请的申请人及资质所有权人，发行人是否取得上述化学药制剂的生产批件；（2）说明乌苯美司胶囊、富马酸比索洛尔片、注射用复方甘草酸苷化学药制剂的研究历程，结合实际控制人、参与研发的核心技术人员的任职经历，说明发行人取得上述产品相关的专利技术等研发成果是否合法合规，上述研发成果归属是否存在纠纷。 请保荐机构、发行人律师核查，并就发行人主要产品的资质所有权、发行人取得研发成果的合规性、研发成果归属发表明确意见。 第四轮问询： 根据问询回复，公司乌苯美司胶囊、富马酸比索洛尔片、注射用复方甘草酸苷化学药制剂系由现任公司董事长王颖，董事、副总经理袁明旭等在其任职于北京阳光期间带领研发团队研究成功。北京阳光系发行人控股股东、实际

续表

序号	主要关注点	具体问询问题
		控制人王颖所控制的公司，设立之初主要从事药品研发工作经逐步转型，目前不再从事药品研发工作。彼时北京阳光尚未具备相关药品的生产资质，故与成都倍特药业有限公司、成都诺迪康生物制药有限公司、四川科瑞德制药有限公司等企业签署合作开发协议，委托上述企业进行上述主要产品的药品注册批件注册工作；在公司具备了相应生产资质后，通过签订转移协议，将上述产品转移至公司名下。目前公司系上述产品的药品注册批件的资质所有人。 （1）请发行人进一步说明：北京阳光主营业务的情况；王颖控制的公司（如：北京阳光等）的主营业务与发行人相比是否具有替代性、竞争性、是否有利益冲突，报告期内是否与发行人存在人员、技术、业务或资金往来，销售渠道、主要客户及供应商是否存在重叠。请保荐机构和发行人律师对上述事项进行核查，并就王颖控制的公司是否与发行人构成重大不利影响的同业竞争发表明确核查意见。 （2）请发行人结合乌苯美司胶囊、富马酸比索洛尔片、注射用复方甘草酸苷化学药制剂的研发和药品注册批件取得过程，进一步说明：招股说明书关于“公司主要产品中应用的核心技术来自于自主研发”的依据是否充分；发行人取得上述药品注册批件的过程是否合法合规；相关研发成果的权利归属情况，是否存在纠纷。请保荐机构、发行人律师核查并发表意见。 （3）根据申报文件，发行人与成都天台山和普德药业的合作产品经营模式形成的原因是在产品的研发与注册阶段，公司尚无对应的生产线，而公司合作方当时拥有通过 GMP 认证的对应产品生产线，且产能充足，因此，在公司的技术支持下由合作方取得该药品的生产批件。请发行人进一步说明：均因尚未具备相关药品的生产资质而委托其他方先行取得药品批件的情况下，发行人与成都天台山和普德药业的合作产品未与乌苯美司胶囊等三类药品一样，在发行人具备了相应生产资质后，将相关药品批件转至发行人名下的原因。请保荐机构、发行人律师核查并发表意见。

续表

序号	主要关注点	具体问询问题
3	关于经营业绩和销售收入	第一轮问询： 招股说明书披露，发行人主营业务收入主要由化学原料药及化学制剂的销售、技术转让、技术使用费等构成。报告期内，公司营业收入分别为33880.18万元、47426.96万元和76795.98万元。公司主营业务收入2017年较2016年增加39.98%，2018年较2017年增加了61.92%。 请发行人：（1）充分披露报告期内公司产品受两票制规范的具体情况，包括主要产品、受“两票制”规范的时间、规范前后的产品价格；（2）披露报告期内各主要产品的销售价格，结合市场上同类型产品的价格变动及市场规模，披露各类产品报告期各期销售均价和数量变动的原因及合理性；（3）披露各类产品销售规模与市场整体规模、可比公司同类产品销售收入变动情况的比较情况，如存在差异，请详细分析解释原因及合理性；（4）披露报告期内分产品的推广配送经销商和配送经销商的销售收入规模、销售价格、销售数量、毛利率等；（5）披露公司报告期各期新增客户数量、贡献收入金额及占比、新增客户中贡献收入较大客户情况等。 请发行人：（1）说明是否存在销售返利，如存在，请披露主要产品的销售返利情况，及其会计处理；（2）结合主要产品核心技术专利的取得时间、相关药品注册时间，以及市场上同类型产品的情况，说明报告期内营业收入大幅增加的原因，是否符合行业惯例；公司是否有延迟确认收入的情形；（3）说明报告期各期发行人是否存在销售收入结算回款（包括但不限于银行汇款、应收账款转回、应收票据转让等形式）来自于非签订合同的销售客户相关账户的情况，如有，请说明具体金额、占比、原因，对应应收账款和收入是否真实；（4）说明公司是否存在客户与供应商重叠或受同一实际控制人控制的情况，如存在，详细说明具体交易模式、交易价格形成机制、会计核算方法、依据及合规性；（5）说明由于价格“高开”导致的销售收入增长是否具有可持续性，是否对投资者造成误导。 请保荐机构、申报会计师核查，并说明针对收入的核查情况，包括但不限于核查方式、各方式下核查客户家数、标的选择方法、核查收入占比、核查结果，并发表意见。

续表

序号	主要关注点	具体问询问题
		第二轮问询： 报告期收入利润持续增长，尤其最后1年收入利润大幅增加；报告期应收账款增加，而存货未明显增加。报告期内新增客户较多。公司选取可比公司以主要适应症产品为选取标准。 请发行人：(1) 补充说明公司对新增客户销售的毛利率情况，是否存在高毛利客户等异常情况，结合新增客户的采购与对应终端市场情况、产品销售情况等，说明报告期大量新增客户的主要原因及合理性；(2) 补充说明公司毛利率与以仿制药为主业的上市公司的比较情况及差异原因；公司在与同行业可比公司毛利率的比较分析部分说明，公司毛利率高于同行平均水平原因之一是由于公司实行“两票制”，请保荐机构和会计师核查公司选取的同行业公司是否均没有受“两票制”影响，该理由是否能够成立，若分析有不完整的地方，请发行人补充披露；(3) 补充说明公司两票制前后的产品销售价格差异与同行业的比较情况；公司毛利率高，而净利率低，主要原因似为销售费用高，请说明此种经营状况是否与以仿制药为主业的同行业公司一致，是否与行业政策及其导向相一致；(4) 说明行业主管部门的主要政策及导向、对公司经营的影响，公司采取的应对措施；“两票制”、带量采购主要意图似为降低药品采购价格，而公司产品毛利率反而上升的原因，是否存在与行业政策及其导向相背离的情况及其原因；(5) 2018年收入大幅增长，存货反而略有下降，请结合公司库存管理政策，说明出现上述情形的原因及合理性。 请保荐机构、核查会计师并发表意见。 第二轮问询： 招股书披露，报告期内公司的营业收入分别为33880.18万元、47426.96万元、76795.98万元，营业收入增长率分别为40.75%、40.59%、61.39%；净利润同比增长12.30%、109.77%，扣非归母净利润同比增长16.46%、74.64%。毛利率分别为79.62%、85.04%、88.64%，销售费用率分别为42.91%、46.93%、53.60%，销售净利率分别为16.92%、13.51%、17.56%。 同时，根据公开资料显示，2013－2015年公司的营业收入分别为16249.99万元、20874.41万元、24071.79万元，毛利率分别为42.46%、50.45%、55.30%，销售净利率分别为9.07%、14.00%、15.63%，销售费用率分别为10.74%、13.73%、13.91%，2014－2015年营业收入增长率分别为28.46%、15.32%。

续表

序号	主要关注点	具体问询问题
		请发行人：(1) 补充说明扣除“两票制”导致销售价格提高因素，报告期内营业收入增长较报告期前3年营业收入增长大幅增加的原因及合理性；(2) 说明2018年发行人净利润和扣非归母净利润的增长远高于营业收入的增长（扣除价格因素）的原因；从各相关因素量化分析，说明净利润大幅增长的原因及合理性；(3) 说明扣除价格因素，报告期内公司的毛利率与报告期前3年的比较差异及原因；说明（营业毛利－销售费用）/营业收入该项指标较报告期前3年是否有显著提高，说明该指标提高的原因；(4) 说明报告期内销售净利率较报告期前3年销售净利率升高的原因及合理性；(5) 报告期内应收账款周转率分别为13.46%、9.68%、10.80%；同行业可比上市公司平均值分别为7.04、5.32、5.48；主要系公司对大部分的经销商采用的是款到发货的政策；根据上述情况说明公司对大部分的经销商采用款到发货的政策是否符合行业惯例；结合公司的市场地位，说明报告期内公司应收账款周转率大幅高于同行业公司的合理性；(6) 报告期内经销商由规模较小的推广配送经销商换成规模较大的配送商，说明报告期内2018年应收账款周转率较2017年上升的原因，是否符合商业逻辑。 请保荐机构、申报会计师核查并发表意见。 第四轮问询： 报告期内乌苯美司胶囊、富马酸比索洛尔片、注射用复方甘草酸苷、伊班膦酸钠注射液等产品销售数量大幅增加的同时，市场份额数据并未大幅变动。根据问询回复，发行人认为米内网在统计市场规模数据时采用的是对样本医院或医疗机构抽样，然后根据抽样数据按照一定的计算规则来估算市场规模，因此和实际的市场规模数据可能会存在一定的偏差。所以用米内网市场规模和市场份额数据去计算相应产品的销量时也会存在一定的偏差。 保荐机构及申报会计师对经销商实地走访，并从各期的前十大经销商各随机抽取2－3家终端医院客户进行走访，走访了解并确认该经销商向该终端客户销售情况。 请发行人：(1) 详细说明乌苯美司胶囊、富马酸比索洛尔片、注射用复方甘草酸苷、伊班膦酸钠注射液报告期内销售数量增加的原因；(2) 发行人各产品对应米内网市场规模数据、市场份额数据的计算规则，是否权威、准确；根据米内网市场规模和市场份额数据计算相应产品的销量时偏差的具体情况；发行人招股书中关于市场份额、市场地位的披露信息是否准确；(3) 说明报告期主要产品经销商采购及最终销售情况，分析报告期各年公

续表

序号	主要关注点	具体问询问题
4		立和民营医院的销售情况，并按三甲或非三甲医院分类，披露各等级主要医院家数及占比情况、向主要医院销售的产品数量或金额及占比；（4）说明与终端销售相关的信息管理制度和产品跟踪制度是否健全并有效执行。 请保荐机构、申报会计师补充说明：（1）执行走访程序时，走访的经销商数量，经销商向终端医院的核查的销售量覆盖发行人报告期各期销售量的具体比例；（2）走访的终端医院数量，终端医院具体核查方法，能否获取可靠的销售数据；核查的终端医院销售量占发行人报告期各期销售量的具体比例；（3）走访所获取的终端销售数据、经销商终端销售核查数据以及终端医院销售核查数据，三方面数据是否存在较大差异，如果存在，请说明原因及合理性；上述较大差异涉及报告期内前五大经销商的，应单独列出差异情况，并说明原因及合理性；（4）保荐机构及申报会计师认为，报告期内经销商最终销售及库存情况正常。结合终端医院的核查选取标准，实地走访核查覆盖比例、终端销售穿透核查情况、发行人与终端销售相关的信息管理和产品跟踪的内控健全有效性、上述第4项差异情况等，说明是否足以支持得出“报告期内经销商最终销售及库存情况正常”的结论。
4	关于市场推广服务	第一轮问询： 招股说明书披露，报告期内发行人销售费用 14537.42 万元、22356.67 万元和 41205.40 万元，占营业收入比重分别为 42.91%、46.93%和 53.60%。销售费用中推广服务费分别为 12959.97 万元、20165.26 万元、38486.79 万元，占销售费用比重分别为 89.15%、90.20%、93.40%；职工薪酬分别为 1067.19 万元、1310.33 万元、1645.57 万元，占营业收入比重分别为 7.34%、5.86%、3.99%。 请发行人：（1）结合公司报告期各期销售人员人数、构成，披露各期销售人员人均工作变动情况，与同行业可比公司销售人员规模、人均工资比较情况及差异原因；（2）披露报告期内推广服务费大幅增加的原因；（3）披露推广服务商的选取标准、选择程序、推广服务的主要内容，及主要支付对象及付费标准；（4）披露公司对会议推广合规性的内控控制及执行情况。 请发行人说明：（1）报告期内前五大市场推广商的情况，是否存在因商业贿赂、不正当竞争等原因被行政处罚或其他诉讼纠纷等；（2）报告期内公司的销售费用率逐年增加，是否符合同行业上市公司的行业趋势；公司销售费用率高于同行业上市公司的原因及合理性；（3）发行人或推广服务商举

续表

序号	主要关注点	具体问询问题
		办的会议情况，包括会议内容、会议议程、会议地点、会议参加人员、讲师的劳务报酬、会议相关费用的发生及支付情况、相应的会计核算方法；(4) 推广服务费中是否存在销售返利，相应的会计处理是否符合《企业会计准则》的规定。 请保荐机构、申报会计师核查公司会议推广费合规性内控及执行的有效性，并说明对发行人报告期内销售费用真实性、准确性的核查过程、结论；就"两票制"后公司销售收入和销售费用会计处理是否符合《企业会计准则》规定发表明确意见。 请保荐机构、发行人律师核查是否存在商业贿赂，并发表意见。 第二轮问询： 请发行人：(1) 说明学术推广会议相关会议费用会计核算的依据是否充分，报销手续是否完备，支出是否合法合规；(2) 说明报告期内配送商模式销售金额与相关的外包推广费用的配比情况；说明若将两票制后销售模式改变导致的推广服务费的影响冲减销售收入后的毛利率情况；并与两票制前的毛利率进行比较；(3) 说明发行人对相关经销商是否支付推广费用，如是，说明相关金额与经销商销售金额的对应关系；(4) 结合上述情况，并与仿制药为主业的上市公司的销售费用率的比较，说明公司的业务增长是否依赖于业务推广，"研发创新驱动"的披露是否准确。 请保荐机构核查并说明：(1) 报告期，推广服务费金额较大的原因，是否符合商业模式和行业惯例；(2) 在营销活动中是否存在给予过相关医生、医务人员、医药代表或客户回扣、账外返利、礼品，是否存在承担上述人员或其亲属境内外旅游费用等变相商业贿赂行为；(3) 有关支出是否存在直接汇入自然人或无商业往来第三方账户的情形；(4) 自主学术推广会议相关组织和支出情况，包括召开频次、召开内容、平均参与人次、费用报销情况等；(5) 针对推广服务费，发行人是否建立并完善了相关的内控制度，报告期内控制度的执行情况。 请保荐机构发表核查意见，并说明核查过程和方法。 第三轮问询： 根据公开资料及问询回复情况，发行人报告期内的主要推广服务商成立时间与发行人起始合作时间均非常接近。发行人的推广服务商嘉付宝（北京）信息技术有限公司沈阳分公司曾于 2017－2018 年 2 次因发票违法受到辽宁省法库县国家税务局行政处罚。

续表

序号	主要关注点	具体问询问题
		请保荐机构进一步核查并说明：（1）报告期内主要推广服务商的成立时间，结合主要推广服务商的成立时间及与发行人起始合作时间，说明推广服务商是否专门成立，专为发行人服务，说明推广服务商的具体服务内容及服务费用支付情况及支付对象；（2）推广服务商是否与发行人存在关联关系，是否存在发行人员工在推广服务商担任股东或重要管理人员的情形，推广服务商是否存在为发行人代垫成本费用的情形；（3）推广服务商学术推广会议相关组织和支出情况，包括召开频次、召开内容、平均参与人次、费用报销情况等；（4）推广服务商在营销活动中是否存在给予过相关医生、医务人员、医药代表或客户回扣、账外返利、礼品，是否存在承担上述人员或其亲属境内外旅游费用等变相商业贿赂行为；（5）上述发票违法行为是否与发行人相关，推广服务商在承担发行人产品的推广服务过程中，是否存在违法违规受到行政处罚；（6）发行人针对推广服务商的日常营销活动合规性的监督机制。 第四轮问询： 根据问询回复，公司的主要推广服务商大多成立于 2016 年至 2017 年，随着“两票制”政策在全国的逐步施行，部分经销商逐步转型专注于市场推广服务工作。保荐机构检查发行人推广服务费主要推广服务商的相关发票及活动成果证明材料、资金支付凭证；抽查报告期内金额较大的市场推广服务费，调取相应凭证。 请发行人：（1）进一步说明经销商逐步转型专注于市场推广服务工作后，需要专门新设立公司的原因，经销商新设立的市场推广业务的公司与前公司主体业务的区别；（2）说明报告期内主要推广服务商来源于发行人的推广服务收入占其总收入的比例；（3）说明推广服务商与发行人是否存在实质或潜在的关联关系，报告期内是否存在发行人员工（含离职员工）及其关系密切的家庭成员、发行人股东及董监高及其关系密切的家庭成员在推广服务商持股或任职情况；（4）说明报告期各期发行人向推广服务商支付推广服务费情况，包括支付时间、支付金额及支付对象；（5）推广服务商提供推广服务费报销凭证时，发行人是否要求推广服务商提供向第三方支付费用的凭证，如否，请发行人说明如何监督推广服务商在日常营销活动中的合规性。 请保荐机构、律师对以上事项进行核查并发表意见；并分析说明若推广服务商在营销推广活动中存在商业贿赂及其他不合规情形，发行人是否应承担法律责任，并分析对发行人生产经营及持续经营能力是否产生重大不利影响。

续表

序号	主要关注点	具体问询问题
5	关于带量采购政策对公司的具体影响	第一轮问询： 招股说明书披露，2019 年 1 月，国务院正式发布了国家带量采购试点方案，进一步明确了未来集中采购试点的规则，并且对于后续的回款、药品使用以及保证医院积极性等方面做了进一步安排。 请发行人：(1) 披露目前公司药品品种纳入集中采购目录的药品情况，包括药品名称、采购区域及采购数量；(2) 披露公司已中标集中采购的药品情况，包括药品名称、中标价格及数量、中标价格与集采前价格的变动情况；(3) 结合实行集中采购的区域、各地的条件及程序，补充披露发行人产品能否持续获取订单，能否保障销售价格稳定；(4) 披露报告期内通过招投标方式获取的收入金额及占比，报告期内发行人是否存在应履行招投标程序而未履行的情形。 请保荐机构、发行人律师核查，并发表意见。 第二轮问询： 请发行人：(1) 进一步说明与公司主要产品相同适应症、疗效的其他品种纳入带量采购目录的情况；(2) 说明 4 +7 带量采购对发行人未来经营的具体影响，结合发行人产品的同类药物较多，发行人市场无产品占据绝对优势市场份额的情况，以及发行人参与招投标的情况，中标价的有关情况，补充披露未来是否可能出现中标价接近或低于发行人生产成本的情形，发行人是否存在业绩大幅下滑的风险，是否对发行人的持续经营能力产生重大不利影响。 请保荐机构核查并发表意见。 第三轮问询： 目前，公司未有产品被纳入集中采购目录；与公司主要产品相同适应症、疗效的其他品种暂时没有被纳入带量采购目录的情况。公司目前销售的化学药制剂产品全部需要参与招投标，根据公司目前产品的中标价格和第一批纳入带量采购产品价格平均降幅测算，公司主要产品纳入带量采购后，依然可以获得一定的利润。考虑带量采购保证了采购量，提升产品销售量；企业无需投入大量人力物力进行市场推广活动，中标带量采购对公司业绩造成负面影响的可能性较小。 请发行人进一步说明带量采购政策对发行人未来经营的具体影响和相关测算依据；结合发行人产品的同类药物较多、发行人无产品占据绝对优势市场份额以及发行人参与招投标的情况和中标价的有关情况，进一步说明未来是否

续表

序号	主要关注点	具体问询问题
		可能出现中标价接近或低于发行人生产成本的情形，若中标价低于公司生产成本或者产品未中标对公司的影响，发行人是否存在业绩大幅下滑的风险，是否对发行人的持续经营能力产生重大不利影响；若存在前述风险，请完善相关风险披露与重大事项提示。 请保荐机构核查并发表意见。 第四轮问询： 请保荐机构就带量采购政策对发行人生产经营和持续经营能力的影响进行核查，并发表明确核查意见。
6	关于合作模式	第一轮问询： 公司的盐酸纳美芬等产品采用合作经营的模式。在“两票制”政策实施前，合作方将生产出来的产品向公司销售，公司再将产品向经销商销售，公司的利润通过二者之间的差价实现；而在“两票制”政策实施后，为符合政策规定，合作方作为药品生产企业，将其生产出来的产品直接销售给配送经销商，再由配送经销商销售到最终医院，因此在“两票制”政策实施后，公司对于合作产品只能通过向合作方销售原料约或收取技术使用费的方式实现利润。 请发行人补充披露：（1）“两票制”导致合作方式发生变化对发行人收入和利润的具体影响；（2）合作产品的收入、成本金额及占比；（3）技术使用费的收费方式与计费依据，交易价格是否公允；（4）同行业可比公司是否存在类似合作方式，发行人及其实际控制人、董事、监事、高级管理人员等与成都天台山等合作方是否存在关联关系，发行人是否通过合作方式进行利益输送或收入利润调节，发行人合作产品的经营模式是否合法合规；（5）合作方的业务资质，补充提供相关依据资料。 请发行人：（1）说明是否存在合作生产方代垫成本费用的情形；（2）“两票制”前后公司的业务实质是否发生变化，结合业务实质，说明“两票制”前后变更会计处理是否合适；（3）从货物流、资金流、承担的责任和风险等方面分析在两票制前合作产品按总额法确认收入的合理性；（4）结合合作方的内控制度，分析合作产品的质量控制，报告期内是否存在合作产品的质量问题。 请保荐机构、申报会计师核查，结合发行人业务实质说明合作业务收入确认是否符合《企业会计准则》的规定，并发表意见。

续表

序号	主要关注点	具体问询问题
		第二轮问询： 发行人对针剂采用技术服务的方式实现销售。报告期内，因发行人不具有部分产品的 GMP 认证，采取技术服务授权生产的情形，报告期内相关收入 2000 多万元；发行人披露两票制前，相关产品由发行人购回并实现销售，两票制后由生产方直接销售。 请发行人：（1）披露报告期内在发行人改变模式前后，发行人与相关技术对应的产量变化情况；（2）披露相关企业除发行人产品外，其他针剂的生产情况，是否以发行人的产品为主，是否具有独立的销售渠道，相关模式改变后，相关企业如何实现销售，是否需要借助发行人的销售渠道。 请发行人结合上述情况说明发行人技术服务收入的公允性，并进一步说明合作模式在两票制前后的业务实质是否发生变化，会计处理与业务实质是否相符。 请保荐机构、律师核查并发表意见。 第四轮问询： 请保荐机构、发行人律师对发行人与成都天台山等的合作模式进行核查，并对同行业可比公司是否存在类似合作方式，发行人及其实际控制人、董事、监事、高级管理人员等与成都天台山等合作方是否存在关联关系，发行人是否通过合作方式进行利益输送或收入利润调节，发行人合作产品的经营模式是否合法合规，合作方是否具备相关业务资质等事项发表明确核查意见。
	关于 GMP 证书到期	第一轮问询： 招股说明书披露，编号为 CN20140186 的 GMP 证书已于 2019 年 4 月 9 日到期，编号为 SC20140045 的 GMP 证书将于 2019 年 9 月 15 日到期，另外有 4 项药品生产批件也将于 2019 年 7 月和 11 月到期。 请发行人补充披露：（1）是否已取得生产经营所必需的相关许可、资质、认证，产品是否取得了全部必需的批文，是否满足所必需的国家、行业及地方标准规范，并披露其具体情况及有效期，是否合法有效；（2）发行人部分即将到期的资质许可是否存在续期障碍，如存在，分析披露是否会对发行人的业务经营产生不利影响；（3）发行人境外经营是否满足相应的资质、认证、标准规范等要求；（4）发行人经销商是否具有药品经营资质；（5）发行人产品质量是否符合国家相关规定，是否因产品质量问题受到主管机关处罚、警告或调查，是否存在产品质量纠纷。 请保荐人、发行人律师核查，并发表意见。

续表

序号	主要关注点	具体问询问题
		第四轮问询： 根据申报文件，编号为CN20140186的GMP证书已于2019年4月9日到期，编号为SC20140045的GMP证书于2019年9月15日到期，另外有4项药品生产批件也于2019年7月和11月到期。请发行人进一步说明：已到期GMP证书的重新申请情况，是否已获得新的GMP证书，是否对发行人生产经营存在影响；即将到期的GMP证书和药品生产批件的重新申请情况和最新进展，是否存在申请无法获批的风险，及无法获批对发行人生产经营的影响；请按重要性原则完善相关风险揭示。请保荐机构、发行人律师核查并发表意见。

3. 深圳市贝斯达医疗股份有限公司

序号	主要关注点	具体问询问题
1	关于3.0T磁共振成像系统的销售情况	第一轮问询： 报告期内，公司营业收入波动主要反映在以下方面：（1）2018年磁共振成像系统销售收入比2017年增长了6623.85万元，招股说明书披露主要是因为新产品3.0T超导型磁共振成像系统产品成功注册并量产，导致收入增加；（2）2016年至2017年，彩色超声诊断系统呈明显上升趋势，销售数量增幅达到202.60%；（3）报告期内，公司保修及服务收入分别为1945.93万元、1945.88万元和2918.72万元，2018年上升较快。 请发行人说明：（1）2018年3.0T超导型磁共振成像系统产品的具体销售情况，包括主要客户、销售金额和占比、直销或经销，并核查最终销售情况；（2）2017年彩色超声诊断系统的具体销售情况，包括主要客户、销售金额和占比、直销或经销，并核查最终销售情况；（3）2018年保修服务收入对应的已销产品情况，包括产品的销售时间、合同约定的保修期长短、保修收入的确认和支付。 请保荐机构、申报会计师核查以上内容，并发表意见。 第二轮问询： 根据首轮问询回复，发行人在2018年1月取得3.0T超导磁共振成像系统产品的注册证书，2018年总共销售4台，对应的终端医院分别为重庆骑士医院、

续表

序号	主要关注点	具体问询问题
		沂水县颐年园医院、华南理工大学医学院和大名县人民医院，前两家为直销，后两家为经销。 请发行人进一步说明（1）重庆骑士医院、沂水县颐年园医院、大名县人民医院和华南理工大学医学院的情况，包括医院等级、医疗条件、就诊规模、医疗水平、人员配置、日均就诊人数等，分析购买3.0T核磁共振产品的原因，是否需要办理大型医用设备配置许可证，相应产品投入使用的具体情况；（2）对应的经销商广州市巴克信息科技有限公司、河北鸿康医疗器械有限公司的情况，包括成立时间、股权结构、股东简况、与发行人的合作背景、销售的发行人及其他企业的产品，是否与发行人及其关联方存在关联关系，是否与发行人的股东存在资金业务往来；（3）截至目前，3.0T核磁共振产品的期后回款情况，坏账计提方法、金额及比例、目前余额；（4）结合前述问题和3.0T核磁共振产品的具体作用、使用场景和性价比，进一步论证相关设备的销售实现情况及其合理性；（5）列表说明4项设备销售的收入确认金额、合同约定销售价格、未实现融资收益确认金额、折现率选取、款项收取日期，分析收入金额计算及会计处理的合理性。 请保荐机构核查以上情况，说明是否实地走访以上4家客户，结合走访的具体情况、获得的证据说明产品最终销售的真实性，并发表意见。 第三轮问询： 《大型医用设备配置与使用管理办法（试行）》规定，购买大型医疗设备应当先批后买。发行人披露，3.0T超导磁共振成像系统对医院销售3台，均未履行报备程序。沂水县颐年园医院、大名县人民医院相关程序尚在准备中，且设备的回款比例较低。 请发行人：（1）结合重庆骑士医院、沂水县颐年园医院、大名县人民医院的实际医疗水平、收支水平、整体医疗设备配置水平、相关设备具体使用科室、相关科室的人员配置、一般患者的就医需求、发行人设备的购入时间和累次、每月具体使用次数情况等列举对应的病例，详细说明相关医院购买发行人设备的必要性及合理性；（2）补充披露《大型医用设备配置与使用管理办法（试行）》的相关规定，结合行业一般规律以及主要医院一般执行先批后买程序的情况，以及相关申请程序的便捷性、成功率等，补充披露上述医院，特别是沂水县颐年园医院、大名县人民医院购买相关设备后，仍在准备相关文件的原因；发行人的上述设备是否实现了对相关医院的销售，说明相关销售合同的主要内容，以及是否存在其他形式的利益安排；

续表

序号	主要关注点	具体问询问题
		（3）补充披露发行人及其实际控制人、实际控制人的关联方、发行人的高级管理人员、主要股东等，与上述4家客户及相关负责人，相关经销商及其实际控制人、主要股东之间是否存在资金往来；（4）说明一级医院购买1.5T设备的主要客户或经销商对于《大型医用设备配置与使用管理办法（试行）》的具体执行情况，是否存在未履行程序采购的情形；（5）说明3.0T产品销售发票开具情况，包括开具日期、开具金额、发票抬头，发票开具时间是否与合同约定、货物转移、收入确认时点一致；（6）在第二轮问询回复第10页销售情况表格中增加合同约定回款节点、约定回款金额及占比、实际收款日期对应的回款金额。 请保荐机构、发行人律师和申报会计师逐项详细说明核查过程、核查依据，发表明确意见，不得出具未发现等结论。
2	关于北京健禾辉达	第一轮问询： 经查询，发行人的主要客户，北京福善科技有限公司和北京健禾辉达科技有限公司为同一家公司，北京福善科技有限公司为曾用名。报告期内，两家公司销售标的均为BTH－100plus彩超仪器，3年来合同约定价格均为30万元。2017年和2018年健禾辉达为发行人第一人客户，销售占比5%左右。 请发行人充分披露：（1）北京福善科技有限公司和北京健禾辉达科技有限公司每年向发行人大量采购彩色超声诊断系统的原因，最终销售情况，两家公司是否均获得了医疗器械经营许可证，报告期内发行人彩色超声诊断系统的收入增长是否均为该公司贡献；（2）两家公司的简要情况，包括但不限于基本情况、合作历史和期限、主营业务、经营规模等，发行人不作为同一客户合并列示的原因；（3）发行人及其实际控制人同这两家公司是否存在除购销关系外的其他关系。 第二轮问询： 北京健禾辉达是发行人彩色超声诊断系统产品的主要客户，报告期内发行人对其销售金额分别为923.08万元、2358.97万元和2374.89万元。请发行人进一步说明： （1）结合北京健禾辉达的股权结构、人数和实际控制人的简历，说明同发行人合作业务的背景，基层医院的具体名称；（2）报告期内北京健禾辉达采购发行人彩色超声系统占同类产品的比例情况，各年北京健禾辉达彩超系统的最终销售情况（明确到终端医院），包括终端客户名称、终端销售数量、

续表

序号	主要关注点	具体问询问题
		销售时间等；（3）各年采购超声系统的前五大客户情况，包括客户名称、采购金额和同类占比情况；（4）结合彩超系统的升级换代情况分析报告期内保持销售价格持续不变的原因。请保荐机构、申报会计师核查以上情况并发表意见，说明走访北京健禾辉达的核查程序和内容。 第三轮问询： 北京健禾辉达是2016年设立的企业，成立后成为发行人的最大彩超代理商，销售收入占发行人的相关产品收入的一半。 请发行人说明：（1）北京健禾辉达的准确人数和人员构成，说明实际控制人的完整简历，曾任职企业以及其他主要控制的企业、其他主要持股公司情况，以及相关企业与发行人的关系；北京健禾辉达的客户资源积累过程，该公司的员工是否包括发行人的离职员工或发行人现任员工的关联方；（2）北京健禾辉达的主要客户是否为北京健禾辉达引入的全新客户，相关客户2013年以来是否曾经为发行人的直接客户，或发行人其他经销商代理的客户，如是，说明相关交易金额、其他经销商情况，详细说明更换销售渠道的原因；（3）北京健禾辉达是否为发行人的独家代理，是否与发行人的其他主要经销商、宁波健信等发行人的主要供应商存在关联关系或资金业务往来；（4）发行人彩超产品 BTH－100Plus 从开始销售以来的历史销售情况，包括各年销售数量、金额、销售给第三方客户的价格，各年销售中北京健禾辉达收入占比情况；（5）北京健禾辉达采购的 BTH－100Plus 产品的生产工艺、流程、发行人提供的技术附加值、产品的性能指标，销售价格与同性能国内竞品的比较，北京健禾辉达报告期采购的所有产品是否均实现了最终销售，销售发票开具时间及金额；（6）北京健禾辉达报告期内各年的应收款项情况及期后回款情况，包括具体回款日期和金额，是否按照合同约定付款，差异及原因，如有逾期情况也请具体说明；（7）北京健禾辉达是否存在从发行人及关联方获得资金等资金往来情形。 请保荐机构、发行人律师和申报会计师：（1）说明对北京健禾辉达终端销售的核查情况，包括走访、访谈、函证客户数量和金额占比等；（2）对以上事项进行核查并发表明确意见，详细说明核查过程以及核查过程是否足以支持相应的核查结论。

续表

序号	主要关注点	具体问询问题
3	关于永磁型设备	第一轮问询： 根据中国医学装备协会统计，发行人磁共振成像系统产品2017年销量国产品牌市场排名第二位，市场保有量排名国产品牌第二位，其中公司永磁型MRI设备销量在市场全部品牌中排名第一位。 请发行人充分披露：（1）中国医学装备协会基本情况、市场排名的数据来源、统计范围；（2）永磁型MRI设备对比超导型MRI设备，除磁场强度差异外，主要的劣势及缺点，境外GE、西门子、飞利浦主流厂商是否已停止永磁型MRI产品的研发和生产；（3）MRI技术发展趋势，永磁型MRI产品是否存在近年被超导型产品或者国际、国内市场上其他产品替代或淘汰的风险。 请保荐机构对上述事项进行核查，就市场排名数据是否公开、是否专门为本次发行上市准备以及发行人是否为此支付费用或提供帮助发表明确意见。 第二轮问询： 根据首轮问询回复，未定级医院占发行人收入的比例较高；发行人披露，其永磁型MRI设备销量在市场全部品牌中排名第一位，境外GE、西门子、飞利浦主流厂商在境内已停止永磁型MRI产品的研发和生产，认为在未来可预见的一段较长的时期内，超导型产品不会完全替代和淘汰永磁型产品。同时，发行人报告期内的设备单价呈上涨趋势。 请发行人进一步说明：（1）最终客户中未定级医院的具体构成，县级以下医院的比例，结合公立和私立医疗机构配备大型医用设备相关制度、审批备案程序等，详细论证规模以下医院购买发行人1.5T、3.0T设备（如有）的实用性及合理性；（2）超导型1.5T、0.7T、0.5T和永磁型0.5T等各类型产品报告期内销售数量和金额，结合目前下游医院机构的设备整体采购趋势，分析1.5T、0.7T、0.5T产品的销售单价变化和数量变化情况，如均价上涨，特别是0.7T、0.5T产品均价上涨，请详细分析原因，是否存在明显高于均价采购的客户；（3）“超导型产品不会完全替代和淘汰永磁型产品”是指增量或存量，是否对增量存在较强替代性，如是，说明相关排名的意义，是否可能对投资者造成误导；（4）区分永磁型、1.5T、3.0T超导型核磁共振产品、彩超产品，列示发行人产品均价与进口产品、国内龙头企业相应竞品的价格差异，优劣势对比；注明发行人的主要高盈利型号产品是否为发行人的高单价、高性能产品；如不是，请说明原因；（5）结合上述情况分析“两票制”对发行人生产经营的可能影响。请保荐机构核查并发表明确意见。

续表

序号	主要关注点	具体问询问题
4		第三轮问询： 发行人的设备单价变化幅度较大，同时，发行人披露 GE、西门子、飞利浦等主流厂商停止永磁型的生产，同时披露永磁型不会被超导型产品替代。除永磁型设备外，发行人的产品售价显著低于同业国内龙头企业产品售价。 请发行人：（1）说明 2018 年销售的 9 台永磁型设备中的最高售价的 3 台永磁型 0.5T 产品的销售单价和采购对象情况，以及相关设备的最终使用情况；（2）结合目前产品更新换代情况，中小医院、主要经销商对于超导型产品、永磁型的需求，补充披露发行人说明“超导型产品不会完全替代和淘汰永磁型产品”中“不会完全”的具体含义，量化分析并披露相关替代情况和风险，发行人的永磁型产品是否存在销量持续下滑的风险；在招股说明书中补充披露发行人在回复中认为在存量和增量市场“超导型产品不会完全替代和淘汰永磁型产品”的内容和依据；结合上述情况，补充披露发行人披露关于永磁型排名第一的意义，是否存在误导性陈述。（3）结合发行人除永磁型产品售价外，产品售价整体不高的情形，进一步对比并说明发行人除永磁型设备外，其他主要产品和最新上市产品与同行业公司相比的核心数据差异，以及发行人在国内具体行业地位。 请保荐机构核查上述情况，说明核查过程和核查依据，发表明确意见，并对发行人的相关回复和信息披露内容是否真实、准确、完整发表明确意见。
4	关于向宁波健信采购磁体	第一轮问询： 招股说明书多处披露，发行人获得国家多项嘉奖。经查，2016 年中国机械工业科学技术奖一等奖“高磁场核磁共振成像系统关键技术与成套设备”的第一完成单位为中国科学院电工研究所，发行人、第一大供应商宁波健信均为参与完成单位。2017 年国家技术发明奖二等奖“构造强磁共振系统的关键技术与成像方法”的第一完成单位亦为中国科学院电工研究所，宁波健信也参与完成。募投项目达产后产品包括 1.5T、3.0T 等超导磁体，年产量为 100 台。 请发行人充分披露：（1）公司与宁波健信共同参与获奖项目的背景与原因，公司及宁波健信承担的具体角色和主要工作内容，相关奖励是否归公司所有；（2）宁波健信及其实际控制人许建益的基本情况，公司与宁波健信的合作历史、向其采购磁体的原因、报告期内采购磁体的型号、数量、单价，同类型磁体国内市场的替代产品，是否与其他供货商价格存在差异，对宁波

续表

序号	主要关注点	具体问询问题
		健信是否存在重大依赖，是否为定制化采购；（3）报告期内公司所用磁体是否均为外购，除宁波健信外，是否向其他供应商采购磁体，其他供应商的名称、采用磁体的型号、数量、单价等信息；（4）公司拟生产的1.5T和3.0T超导磁体的具体性能及其技术规格，如磁场稳定度、液氦挥发率、室温孔径等，与目前采购的磁体产品在性能、规格等方面的异同；（5）公司是否独立掌握生产相应超导磁体的核心技术，相关技术的主要内容及其先进性水平，公司获得该技术的来源，是否与中国科学院、宁波健信或者其他单位存在技术权属方面的争议或潜在纠纷，对于公司共同完成的技术或发明的使用是否取得共同完成单位的许可；（6）公司为实施高性能医疗设备关键部件研发及产业化项目，在技术、人员方面的具体准备情况，是否存在执行障碍；（7）在可预见的3年内，特别是募投项目达产后，公司与宁波健信的后续采购安排，是否会对发行人生产经营产生影响。 请保荐机构核查并发表明确意见。 第二轮问询： 根据首轮问询回复，除宁波健信外，发行人存在磁体的其他供应商；募投项目完成后会适当减少从宁波健信的磁体采购量，但仍保持合作关系，发行人认为不会对其生产造成重大不利影响。 请发行人结合发行人对宁波健信及其他磁体供应商的预付款情况，以及目前发行人上游磁体行业的竞争激烈程度，货源充足度、是否有市场公允价值等，补充披露发行人需要支付大量预付款的原因，采购价格公允性，发行人对磁体的采购价格与整体核磁共振设备行业发展态势之间的匹配关系。 请发行人进一步说明：（1）发行人与宁波健信之间交易占各自同类采购或销售的比例，是否存在相互依赖关系；（2）磁体的市场供给情况，包括主要供给主体、磁体类型与价格差异、市场供给是否充足等，若主要供应商出现变化是否可能对公司产生重大不利影响；（3）同行业公司的主要采购情况，包括磁体在内的核心部件为自主生产还是外部采购；与同行业公司相比，发行人核心部件是否存在严重对外依赖；（4）宁波健信销售给第三方的价格区间范围太大，同发行人采购宁波健信磁体的采购均价没有可比性，请结合采购磁体的定制化要求、发行人不同的磁体需求，缩小可比价格区间，进一步分析采购价格可比性。 请保荐机构核查并发表明确意见。

续表

序号	主要关注点	具体问询问题
		第三轮问询： 宁波健信为发行人的主要供应商，销售磁体，采购量占发行人采购成本的80%，发行人对其支付大额预付款。该公司曾与发行人共同从事研发，关系较为密切。反馈回复显示，磁体产品市场供应充足，比较容易更换供应商。 请发行人：（1）补充披露，报告期内发行人对其他5家磁体供应商销售是否需持续支付预付款，如是，说明相关预付款支付比例；（2）说明宁波健信与其他客户发生交易时预付款政策及比例情况；（3）结合上述情况，以发行人采购各类磁体的一般市场价格，行业产品供应充足的情形，详细分析并补充披露发行人购买磁体支付大比例预付款是否具有商业合理性，是否符合行业其他从业企业惯例以及相关依据；（4）说明宁波健信对发行人销售的产品，其他供应商的售价情况；（5）详细说明宁波健信及其实际控制人等是否从事或控制其他与发行人业务相同或上下游的公司，是否与发行人及其实际控制人等存在其他资金业务往来。 请保荐机构说明核查过程，发表明确意见。
5	关于向鞍山合驰采购磁体	第三轮问询： 鞍山合驰机械设备制造有限公司为发行人的6家磁体供应商之一，整体规模较小，但发行人也需向其支付预付款。资料显示，该公司2017年的股东与发行人实际控制人存在合作关系。 请发行人说明：（1）该公司实际从事的业务、业务规模、注册资本、主要产品和人数，发行人的收入占其收入的比例，该公司是否有其他磁体销售情况，是否收取预收款；（2）鞍山合驰历史中相关股东的股权结构基本情况，该股东及其股东控制的企业，与公司以及发行人主要经销商之间的关系，该股东及其股东持股或控制的企业是否与发行人及其关联方、宁波健信、北京健禾等发行人主要客户、供应商存在资金业务往来。 请保荐机构、发行人律师核查并发表意见。
6	关于应收账款	第一轮问询： 公司根据客户的资金规模、业务量金额、应收款项逾期记录等维度将客户细分4个等级，一级客户为信用条件最好、等级最高的客户，四级客户为信用条件最差、等级最低客户。 请发行人充分披露：（1）4个等级下，每一等级客户的资金规模、业务量金额、应收款项逾期记录等维度的具体标准，每一等级的首付款比例及分期

续表

序号	主要关注点	具体问询问题
		期间的具体信用政策；（2）结合不同的销售模式（直销和经销）、不同的产品（业务分类产品）和不同的收款模式（一年内收款和分期收款模式）下实际合同约定的收款方式的具体情况，包括主要付款节点、主要节点付款金额和比例、合同约定收款周期、大部分款项回收的平均周期、达到第一笔款项收款条件后的账龄分布情况、核算的具体收款科目等，分析具体信用政策制定是否同模式和产品特点相匹配；（3）结合报告期实际收款周期情况，分析是否与信用政策存在较大差异，说明信用政策是否得到有效执行，是否存在延长收款期限或随意改变收款比例的情形，是否存在放松信用政策刺激销售的情况；（4）针对一年内到期的非流动资产，结合既往款项回收周期、各期回收比例等，分析是否应当设置单独的坏账计提政策；坏账计提政策谨慎与应收账款笔录比较做好测算；（5）请发行人将重要销售合同按照一年内收款模式和分期收款模式予以分类，按照年份和合同金额大小予以排序整理，并制作目录后作为更新文件随问询函回复提交；（6）一年内收款、分期收款模式、融资租赁模式的差异、划分原则。 请保荐机构、申报会计师核查以上内容，并发表明确意见。 第二轮问询： 根据首轮问询回复，4个等级的客户首付款比例区间均为10%－30%，没有差异化的付款政策。报告期内，发行人实际收款周期，即应收款项的周转天数分别为707.49天、697.48天、696.02天，与发行人合同约定的收款周期有一定差异，且报告期内公司按单项计提坏账准备的比例较小。在长期应收款实际较大金额逾期未收回的情况下，发行人坏账准备计提金额较小。 请发行人补充披露：（1）发行人主要采用分期收款方式的原因，是否与同行业公司情况一致；若不一致，请准确描述由此引发的特殊风险，并作风险提示；（2）应收账款坏账计提比例确定的依据及合理性，结合长期应收款的分期回收的风险，分析相关坏账计提比例是否合适，是否与逾期信用损失风险相匹配；（3）发行人产品销售后是否提供持续服务，是否能够及时掌握产品使用情况，是否为保证后续收款而保留一定控制权或其他风险防范措施，是否制定了切实的措施能够有效控制应收款项回收风险。 请发行人进一步说明：（1）4个等级的客户首付款比例是否无差异，如有，请缩小比例区间以显示付款政策的差异情况；（2）是否存在实际已坏账但尚未核销的金额；（3）在较长的收款期内及时获取客户偿还能力信息的方法以及应对措施，是否要求客户提供担保、抵押等，以提高其偿还可能性；

续表

序号	主要关注点	具体问询问题
		（4）按照报告期各年逾期金额大小，从大到小列表分析逾期情况，包括主要客户、逾期金额及占比、逾期时长、逾期原因、坏账计提情况等，分析对于长期逾期的应收款项，发行人是否均按照单项金额重大计提了坏账准备；（5）在逾期款项较大的情况下，是如何确定预计未来现金流量，以及如何保证应收款项减值准备计提的充分性；（6）对于陕西健达医疗科技有限公司，其报告期末可变现净值的金额，报告期各年计提坏账准备的情况。 请保荐机构、申报会计师核查以上情况并发表意见。 第三轮问询： 根据问询回复，发行人针对已经逾期的应收款项，会结合对方实际经营情况，签订还款协议。 请发行人进一步说明：（1）还款协议通常约定的主要内容，包括平均约定的还款期限、最长还款期限、主要节点的还款比例、是否考虑折现率影响、违约责任等；（2）应收账款逾期多久，发行人会考虑签订还款协议，公司内部是否存在相关规章制度、内控规范及申报审批流程，如有请简单介绍并说明执行情况，如果没有请说明决策程序；（3）还款协议签订后，发行人是否存在根据还款协议重新计算应收款项账期的情况，如有请说明是否符合《企业会计准则》的规定。 请保荐机构、申报会计师进行核查并发表意见。
7	其他	根据回复材料，发行人向洪亮福、胡军等人进行股权激励，相应股份锁定期为上市后1年，并约定获得股权之日起5年内不得离职。请发行人进一步说明：（1）根据协议约定，洪亮福、胡军等人若提前离职，相应的违约责任是什么，是否与发行人、实际控制人存在特殊权利约定，是否存在利益输送等行为；请保荐机构核查并发表明确意见；（2）请发行人、中介机构继续回答二轮问询关于研发人员薪资与同行业比较的问题；（3）请保荐机构核查说明发行人是否存在客户、经销商及其实际控制人持有发行人股份、是否存在经销商实际控制人系发行人员工或与发行人存在关系的情况，如有，分析相应事项对本次发行上市的影响；（4）从回复材料看，发行人又继受取得多项发明专利，请发行人进一步说明继受取得专利的原因、具体过程，相应专利是否应用于生产经营及其对应的业务产出，请保荐机构结合上述情况，进一步说明发行人是否掌握具有自主知识产权的核心技术，是否权属清晰，是否具备持续创新能力；（5）关于发行人的医疗信息化软件收入。请

续表

序号	主要关注点	具体问询问题
		发行人说明相关产品的销售模式，对应的主要直销或经销客户，是否为发行人的设备使用者，相关客户的采购背景及其合理性以及交易公允性，请保荐机构核查并发表意见；（6）请发行人补充披露发行人的主要产品和产品中的领先产品在核心数据及其与同行业竞争对手的主要产品和领先产品的技术性能比较，结合相关差异，说明发行人的产品与同行业竞争对手的产品单价差异，并结合有关情况说明发行人的产品主要竞争优势，请保荐机构核查并发表意见；（7）请发行人提供2019年一季度的未经审计的经营数据，并作为本次问询函的附件予以提交；（8）请发行人提供截至本问询函回复之日的在手订单情况，并进行简单分析后作为本次问询函的附件予以提交。

4. 北京海天瑞声科技股份有限公司

序号	主要关注点	具体问询问题
1	关于核心技术	第一轮问询： 招股说明书披露，海天瑞声是全球领先的人工智能数据资源服务商，为人工智能全产业链中的企业及科研机构提供数据资源产品和服务。 请发行人披露：我国智能语音产业中市场份额前十名的企业名称、主营业务，是否为发行人的竞争对手，如是，进一步结合该等企业的经营情况、市场地位、技术实力和关键业务指标等，分析发行人的竞争优势和劣势以及市场地位。 请发行人说明：（1）“产品线已包含全球130余个主要语种及方言”“我国智能语音产业中市场份额前十名的企业”“唯一入围的数据资源服务企业”“目前公司客户累计数量近400家，基本覆盖了主要的大型科技公司、人工智能企业及科研机构”“拥有超过500个自主知识产权可授权使用数据”“向下游客户提供了累计2000余个定制数据资源库及相关服务”“已应用于智能助理、智慧交通、智能搜索、智能家居、自动驾驶等16类应用领域”等相关数据和信息的来源或判断依据；（2）发行人在人工智能产业链所处的具体位置，所在细分行业的技术壁垒和专业门槛，发行人产品或服务所涉及的智能语音、计算机视觉和自然语言领域的需求规模、竞争状况和发展趋势，业务增长是否可持续；（3）发行人在未取得任何专利的情况下，

续表

序号	主要关注点	具体问询问题
		如何构建技术壁垒和专业门槛，如何有效应对新竞争对手进入，如何体现发行人的竞争优势，如何保证发行人对目标客户的议价能力，发行人的核心技术是否存在被快速迭代的风险；（4）发行人基于人工智能数据资源开发的核心技术与发行人销售产品或提供定制服务、软件著作权和专利之间的关系，Appen、慧听科技和标贝科技的专利及著作权的情况，发行人未取得任何专利的情形是否属于行业惯例；（5）核心技术与数据资源定制服务和数据库产品之间的关系，如何将相关技术应用于数据库设计、生数据采集、标注和质量检测等生产经营过程中，是否存在将通用技术认定为核心技术的情形；（6）结合数据资源产品情况，说明目前发行人拥有的数据资源产品的迭代关系，各代产品之间的区别和改进点，各代数据资源产品的客户开拓情况。 请保荐机构核查上述事项并发表明确意见。 招股说明书披露，人工智能数据资源的开发主要涉及数据库设计、数据采集、数据处理、质量控制、数据安全管理等过程。发行人的核心技术涉及数据库设计、数据采集、数据处理和质量控制环节。 请发行人以浅白、易于理解的方式披露：（1）多模态数据库设计技术的具体定义，如何通过该技术设计出复杂的采集和处理方案，发行人掌握该技术的具体方式，是否申请了专利或软件著作权；（2）多模态多通道数据采集技术是否为通用技术，发行人如何通过部署多台设备实现多通道和多数据资源的采集工作；（3）发行人采取何种方式实现多台设备数据的同步，发行人自主研发的同步技术是否申请了专利或软件著作权；（4）大数据驱动的高效数据处理技术如何实现高效率的数据处理工作，包括处理设备的结构方式、处理时间和空间的分布方式、处理的工作方式，定量描述数据处理的能力和数据处理效率；（5）分布式高性能集群系统的具体构成和使用情况，是否存在对外采购核心设备和核心技术的情形，发行人的算法在集群系统的作用及实现的具体功能，定量描述数据校验的处理能力；（6）发行人同行业竞争对手掌握文本正则化技术等类似技术的情况，该等技术是否为通用技术或开源技术；（7）区分人工智能数据资源开发的各环节，补充披露核心技术、技术名称和技术保护措施及其对应关系，发行人具体业务模式。 请保荐机构进行核查并发表明确意见。 第二轮问询： 回复材料显示，发行人掌握和积累的核心技术主要应用或服务于数据资源设

续表

序号	主要关注点	具体问询问题
		计、采集、处理（标注）、质检等人工智能数据资源开发相关的内部环节。发行人注重在相关领域的核心技术积累构建及核心技术保护，但并不单纯依赖以申请专利的形式对核心技术进行保护。 请发行人说明：（1）同行业公司或上下游行业是否能较易突破上述核心技术，相关技术是否有较高的技术壁垒及相对竞争优势；（2）发行人及其子公司目前尚未拥有专利是否与公司的技术先进性相矛盾；（3）公司并不单纯依赖以申请专利的形式对核心技术进行保护，是否符合行业惯例，以及公司核心技术积累和保护的具体途径；（4）公司相关技术是否成熟或存在快速迭代的风险，下游市场空间是否接近饱和或存在“天花板”情形；（5）回复材料称发行人入围《中国智能语音产业发展白皮书 2017 - 2018》的中国智能语音企业市场份额排行的智能语音企业共 8 家，前三大企业合计 78.9%，而海天瑞声位居第 7 名仅占 2.00%，“是唯一入围的数据资源服务企业”的表述是否合适，上述企业是否在生产经营过程中均自主开发数据资源，上述市场份额的具体计算依据及合理性，是否可能误导投资者。 请保荐机构核查并发表明确意见。 第三轮问询： 回复材料称，发行人的核心技术具备较高技术壁垒、较难为同行业公司或上下游行业突破。发行人注重在相关领域的核心技术积累构建及核心技术保护，但并不单纯依赖以申请专利的形式对核心技术进行保护。 请发行人说明：（1）发行人已提交的 8 项发明专利申请的主要内容、发明人及截至目前所处的阶段，与发行人核心技术的关系，是否与“并不单纯依赖以申请专利的形式对核心技术进行保护”相矛盾；（2）进一步说明发行人的核心技术具备较高技术壁垒、较难为同行业公司或上下游行业突破的依据；（3）与澳大利亚上市公司 Appen 等可比公司的可比业务在市场地位、技术实力、衡量核心竞争力的关键业务数据、主要财务指标的比较分析；（4）列表说明发行人设计的数据库较同行业竞争对手或下游客户自身的训练数据库之间的差异，如何体现发行人数据库设计的优势；（5）以主要类型项目为例，说明发行人提供定制服务和数据库开发的业务流、数据流和财务流的流转情况。 请保荐机构核查并发表明确意见。 第四轮问询： 回复材料显示，发行人的核心技术具备较高壁垒、难为同行业公司或上下游

续表

序号	主要关注点	具体问询问题
		突破。发行人注重在相关领域的核心技术积累构建及核心保护，但并不单纯依赖以申请专利的形式对核心技术进行保护。 请发行人区分数据库产品开发和基础研发两类补充披露研发费用的内容构成、金额及占比。 请发行人：（1）用浅白语言说明发行人与同行业竞争对手相比的竞争优势以及较难为同行业公司或上下游行业突破的理由；（2）进一步说明发行人的核心技术未采取发明专利形式进行保护的理由，是否属于行业惯例；（3）发行人的核心技术是否为通用技术，是否具备新颖性；（4）发行人在数据库设计领域的全面性、专业性优势的衡量指标为发行人有能力设计覆盖多语种/方言、多场景、多领域的，采集方案更为复杂的数据库产品，说明上述衡量指标是否合理以及具体的语种、场景、领域、方案的复杂性及其相应的技术难度；（5）结合公司某些典型的产品举例说明发行人在语音语言学基础研究、多语种多模态数据库设计技术、数据同步技术、大数据驱动的高效数据处理技术、分布式高性能自动校验技术等核心技术方面的运用及技术壁垒；（6）说明各类人工智能训练数据的数据库结构，与发行人的数据库结构比较差异情况，发行人提供定制服务所涉及的数据库是否为发行人所设计并提供相关依据；（7）说明与纳税申报表中“加计扣除”研发费用之间的差异情况并逐项解释原因；（8）分析基础研发工作对核心技术尤其是数据库设计技术上的贡献并说明相关依据。 请保荐机构核查并发表明确意见。
2	关于募集资金用途	第二轮问询： 说明拟使用募集资金20863万元购置场地和装修、8218万元购买硬件设备和6241万元购买数据服务的合理性及必要性，募集资金支出项目是否与发行人目前的资产规模及管理能力相匹配，未选取A股上市公司中“软件和信息技术服务业”企业进行比较的原因，是否具有误导性。 第四轮问询： 发行人本次拟募集资金7.2亿元，募投项目的实施地点为北京市海淀区，公司拟在北京市海淀区中关村、上地区域附近购置房产用于各项目的研发和办公场地。 请发行人：（1）区分场地费、人员薪酬、数据购置和开发费等类别量化说明募集资金的具体细分用途及合理性，并结合周边土地价格、人员工资水平、

续表

序号	主要关注点	具体问询问题
		工时等量化分析募集资金金额的合理性；（2）结合购置房产等募集资金使用后的情况预测房产折旧、员工薪酬等对发行人未来成本、利润的具体影响；（3）说明募集资金数额和投资项目与企业现有生产经营规模、财务状况、技术水平和管理能力、在手订单及未来订单获取能力等是否相适应及依据，并对公司募集大额资金后的管理和消化能力做风险提示；（4）募集资金中用于扩大现有产品产能的部分，结合现有各类产品在报告期内的产能、产量、销量、产销率、销售区域，项目达产后各类产品新增的产能、产量，以及本行业的发展趋势、有关产品的市场容量、主要竞争对手等情况对项目的市场前景进行详细的分析论证；募集资金中用于新产品开发生产的，发行人应结合新产品的市场容量、主要竞争对手、行业发展趋势、技术保障、项目投产后新增产能情况，对项目的市场前景进行详细的分析论证；（5）说明募集资金投资中场地购置费用、场地费用的用途区别，结合目前公司场地费用情况说明其合理性；（6）说明如何准确区分募集资金投资金额用于“天籁”自主研发产品扩建项目、一体化技术支撑平台建设项目等项目的同类费用；（7）发行人于2018年末的资产总额为2.1亿元，本次拟募集资金7.2亿元远大于公司资产总额和收入规模，进一步说明公司募集资金总额的合理性，并对上述事项做针对性风险揭示及重大事项提示。 请保荐机构核查并发表明确意见。
3	关于采购业务	第一轮问询： 报告期内，发行人注销或转让的关联方较多。2016年度，发行人存在与实际控制人控制的企业进行采购服务和销售产品或服务的情形。 请发行人披露：（1）通过关联企业SpeechOcean Ltd. 采购数据服务的商业背景和原因，交易的具体内容，包括但不限于相关服务的最终提供方名称、服务具体内容、定价依据、毛利和毛利率等，与独立第三方采购价格进行比较，分析采购价格是否公允；（2）通过关联企业SpeechOcean Ltd. 销售服务和商品的商业背景和原因，交易的具体内容，包括但不限于最终客户名称、产品或服务的具体内容、定价依据、发行人毛利率、关联企业对外销售的金额、关联企业毛利和毛利率等，是否最终实现销售，销售价格是否公允；（3）SpeechOcean Ltd. 注销前一年及一期的主要财务数据，是否存在为发行人代垫成本或费用的情形，公司注销后的人员安排、客户资源和业务转移的具体情况。

续表

序号	主要关注点	具体问询问题
		请发行人说明：（1）未收购 SpeechOcean Ltd. 而重新成立相关子公司的原因；（2）SpeechOcean Ltd. 的历史沿革、出资来源，是否合法合规；（3）除与发行人进行交易外，是否与其他关联方或第三方有业务往来，是否存在与发行人供应商或客户重合的情况；（4）报告期内注销或转让的关联企业的主要财务指标，与发行人客户和供应商之间是否存在交易、资金往来或其他利益安排，是否存在代垫成本或费用的情形；（5）发行人与 SpeechOcean Ltd. 的日常性关联交易是否履行了必要的决策程序。 请保荐机构、发行人律师及申报会计师分别对上述事项进行核查并发表明确意见。 第二轮问询： 回复材料显示，Speech Ocean Ltd. 实际无员工，其客户资源和业务亦来源于发行人，其注销后不涉及人员安排、客户资源和业务转移的情况；2015 年度发行人因存在与 Speech Ocean Ltd. 的关联交易，导致对 2016 年期初应收账款和应付账款进行了相应的调整。请发行人说明：（1）报告期期初发行人对 Speech Ocean Ltd. 的应收账款和应付账款余额构成，2015 年度发行人对 Speech Ocean Ltd. 的采购额和销售收入的具体构成，包括但不限于最终客户或供应商的名称、产品或服务类型、采购或销售收入金额、毛利率等，相关客户或供应商是否仍持续合作；（2）2016 年度发行人通过 Speech Ocean Ltd. 对外销售的最终客户后续合作情况，是否持续合作，最终客户的基本情况；（3）Speech Ocean Ltd. 向发行人收取 10% 的代理销售费用的必要性、公允性和合理性，是否属于变相非经营性资金占用，2016 年和 2017 年亏损的原因及合理性；（4）发行人对 Speech Ocean Ltd. 销售收入的 716. 94 万元与 Speech Ocean Ltd. 对外销售收入的 796. 60 万元以及回复材料披露的该公司主要财务数据不一致，请核实相关数据的真实性和准确性。 请保荐机构和申报会计师：（1）对报告期期初和 2016 年度与关联方企业 Speech Ocean Ltd. 之间的应收账款、应付账款以及销售和采购业务进行核查，包括但不限于实地走访或函证其最终客户或供应商等，说明具体的走访比例和发函相关情况，并对期初应收账款和应付账款的真实性和准确性发表明确意见；（2）逐项说明对发行人注销或转让的关联企业进行核查的核查程序、核查过程和核查结论，关于转让的关联企业说明受让方的基本情况，核查受让方是否为发行人、发行人实际控制人的关联方，转让后与发行人客户和供应商之间是否存在业务或资金往来；（3）说明报告期内实际控制人

续表

序号	主要关注点	具体问询问题
		及其配偶、公司总经理控制、担任董事或高级管理人员、具有重大影响的企业（包括注销或转让的）最近3年的主要财务数据，是否存在为发行人代垫成本或费用的情形。 请保荐机构和发行人律师：（1）对 Speech Ocean Ltd. 注销的事项进行核查，说明核查程序及核查结论；（2）核查报告期内上述关联企业是否存在违法违规的情形。 第三轮问询： 回复材料显示：（1）发行人为被采集人关系网络或发行人员工的人际关系网络寻找合适的境外数据被采集人，采集完成后通过 Speech Ocean Ltd. 向境外数据被采集人支付数据服务费用；（2）对于境内数据服务提供商，根据组织和管理被采集人员、标记人员的数量规模和管理难度，发行人与供应商分别约定采用10% -11.5%的服务费率，采购定价具有公允性和合理性，处于境内同类公司的市场报价区间；（3）北京零点、北京天创共盈科技发展有限公司、北京中惠商客科技有限公司由北京博睿、恩泽尔实际控制人王驰受托统一进行经营管理，信阳市晨曦电子科技有限公司由信阳联智实际控制人洪琪受托统一进行经营管理；（4）发行人通过一体化人工智能数据处理技术支持平台对标注服务实施管理。 请发行人：（1）说明报告期内发行人寻找境外数据采集人的方式及供应商的具体名称、采购金额和被采集人的具体情况，该等的供应商的服务费率与 SpeechOcean 的毛利率的比较情况及差异原因；（2）发行人报告期各期前五大劳务服务企业的服务费率及变动情况，结合采购额变化、人员数量规模和各采集项目的具体情况，进一步说明发行人如何确定相关的服务费率，发行人如何量化劳务服务企业的管理难度并反映在服务费率中；（3）进一步说明报告期内是否出现返工的情况，发行人与劳务服务企业的服务费用调整机制，因返工而导致的服务费用调整金额、原因和依据；（4）发行人向同一人控制或管理的多家劳务服务企业进行采购的原因及合理性，发行人未直接向王驰和洪琪直接持股的企业进行采购劳务服务的原因及合理性。 请保荐机构和申报会计师提供发行人主要的业务信息系统的情况，对发行人一体化人工智能数据处理技术支持平台等核心业务系统进行信息系统专项核查并出具专项核查报告，对系统控制、运营日志和运营数据的真实性、准确性和完整性进行核查、对财务数据和业务数据的衔接和是否存在运营数据缺失或被违规修改的情形进行核查，并对与信息系统相关的内部控制有效性发

续表

序号	主要关注点	具体问询问题
		表明确意见。 请保荐机构和申报会计师对上述事项进行核查并发表明确意见。 第四轮问询： 根据专项核查报告，2016 年及 2017 年发行人未保留业务数据，2018 年发行人仅保留了部分业务数据，中介机构对采购框架合同、采购订单资料、经双方盖章确认的验收结算单、收到的发票、支付采购结算款项的银行回单进行了核查并对劳务公司进行了函证。 请发行人补充披露各类业务经营过程中采购和销售业务的定价方式和过程。 请发行人说明：（1）结合与客户的保密条款约定，说明发行人未保留业务数据的原因及合理性，发行人是否保存了与经营业务相关的日志数据，如何保证生产经营过程可追溯，进一步说明发行人与财务报表相关的内部控制是否健全并有效执行；（2）发行人对劳务公司提供服务的人数和工作量如何进行复核和确认，定量分析实际服务人数和工作量与结算数据的对比情况、结算调整及差异原因，验收结算确认单中相关结算信息的依据和来源，如何保证实际采购业务与财务信息一致。 请保荐机构和申报会计师对上述事项进行核查并发表明确意见，说明：（1）在没有保存业务数据的情况下如何对发行人数据服务费支出进行核查，如何保证核查结论的合理和准确；（2）对劳务公司提供服务的真实性进行核查的过程、程序和范围，包括但不限于核查个人的身份登记记录、个人提供服务后确认的签字凭证、劳务公司向个人付款的相关凭证和完税凭据等。

5. 和舰芯片制造（苏州）股份有限公司

序号	主要关注点	具体问询问题
1	关于同业竞争	第一轮问询： 招股说明书披露，（1）发行人与最终控股股东联华电子及其控制的部分其他企业存在业务相同或类似情形，双方拟通过市场区域划分、支付代理费、签署《避免同业竞争的协议》等形式避免或减少同业竞争。联华电子及其控制的其他企业市场区域为中国台湾地区、日本、韩国、北美洲、新加坡、欧洲市场，发行人除大陆市场外，还涵盖联华电子市场区域之外所有区域，双方进入对方市场均需要支付代理费或服务费；（2）发行人存在利用竞争

续表

序号	主要关注点	具体问询问题
		方营销网络拓展客户、维系客户关系的情形；（3）发行人控股股东联华电子持股15.87%的三重富士通的主营业务为晶圆制造，联华电子收购三重富士通股权事项已于2018年9月26日通过中国台湾地区主管机关核准，目前还尚待其他相关主管机关的核准。此项收购完成后，联华电子将持有其100%股权；（4）联华电子在发行人市场地区销售晶圆金额从2016年的176171.35万元快速下降到2018年的103304.73万元，降幅41.36%，而发行人在联华电子市场区域销售晶圆金额从2016年的98988.42万元，增加到2018年的177987.68万元，增幅高达79.81%。 请保荐机构、发行人律师核查以下事项并发表明确意见：（1）是否简单以产品销售地域不同、产品的具体细分领域的不同来认定“同业”；结合相关企业历史沿革、资产、人员、主营业务（包括但不限于产品的具体特点、技术、商标商号、客户、供应商等）等方面与发行人的关系，以及业务是否有替代性、竞争性，是否有利益冲突等，判断是否构成竞争；（2）报告期内，竞争双方在大陆、中国台湾地区、日本、韩国、北美洲、新加坡、欧洲市场等主要市场的销售收入及对比情况，销售变动原因及合理性；（3）报告期内竞争双方客户、供应商的重合情况，对重合客户、供应商的销售、米购金额占各自销售、采购金额的比例，竞争双方对重合客户、供应商的销售、采购价格的确定依据及公允性，与非重合客户、供应商相比是否存在差异，如存在，差异原因及合理性，是否存在通过重合客户、供应商进行利益输送的情形；（4）晶圆制造厂的主要客户是芯片设计公司，在美国占据芯片设计公司销售额的69%、中国台湾地区占16%，中国大陆只占12%的情况下，通过市场区域划分方式，将拥有更多芯片设计公司的地区划归联华电子及其控制的其他企业，是否会对发行人产生重大不利影响，是否会影响发行人自主拓展相关市场；在主要市场均属于竞争方的情形下，发行人拓展属于发行人市场区域的海外市场的可行性，相关市场空间大小；（5）报告期内，双方进入对方市场领域所支付代理费或服务费的金额、定价依据及其公允性，通过支付代理费或服务费能否有效避免同业竞争；（6）发行人通过竞争方营销网络进行销售的原因及必要性、合理性，是否建立了完整的业务体系，业务及人员、机构是否独立，是否具有直接面向市场独立持续经营的能力，是否符合《科创板首次公开发行股票注册管理办法（试行）》的相关规定，是否构成本次发行上市的障碍；（7）竞争双方各自市场区域内生产的晶圆产品是否存在通过第三方转售至对方市场区域的情形，相关措施及其有效

续表

序号	主要关注点	具体问询问题
		性；（8）竞争方与发行人关于市场区域划分、支付代理费或者服务费、《避免同业竞争的协议》的签署是否经过了各自法定的审批程序，是否合法、有效；（9）发行人与竞争方关于《避免同业竞争协议》的有效期，以及到期后的续约安排；（10）报告期内联华电子及其控制的其他企业生产销售12英寸、8英寸以及所有英寸（含12英寸和8英寸）晶圆（含各种制程）产生的收入和毛利，及其占发行人生产销售12英寸、8英寸以及所有英寸晶圆收入和毛利的比例；完成对三重富士通收购后，上述收入和毛利金额及其相关占比情况，结合三重富士通制造晶圆的类型，说明收购完成后是否会进一步扩大与发行人的同业竞争；竞争方是否存在IC设计服务业务或者存在相关规划安排，如存在，占发行人同类业务收入和毛利的比例，是否属于同业竞争；竞争方报告期内在发行人市场地区销售金额快速下降而发行人在竞争方市场地区销售快速上升的原因；（11）结合与（10）相关的比例，竞争方与发行人的经营地域、产品或服务的定位，竞争方报告期内在发行人市场地区销售金额快速下降而发行人在竞争方市场地区销售快速上升等，说明竞争双方关于市场划分的协议是否切实、有效，同业竞争是否会导致发行人与竞争方之间的非公平竞争、是否会导致发行人与竞争方之间存在利益输送、是否会导致发行人与竞争方之间相互或者单方让渡商业机会的情形，以及对发行人未来发展的潜在影响，是否对发行人构成重大不利影响，是否符合《科创板首次公开发行股票注册管理办法（试行）》《上海证券交易所科创板股票发行上市审核问答》的相关规定，是否构成本次发行上市的障碍。 第二轮问询： 发行人与其控股股东联华电子从事完全相同业务。联华电子及其控制的其他企业市场区域为中国台湾地区、日本、韩国、北美洲、新加坡、欧洲市场，发行人除中国大陆市场外，还涵盖联华电子市场区域之外的所有区域，双方进入对方市场均需要支付代理费或服务费。 请发行人：（1）结合报告期内发行人与最终控股股东及其关联方在相关产品产能、产量、产销量、毛利率等方面及其变化情况，客户、供应商重叠的具体情况，进一步说明在核心制程工艺受制于控股股东，相关代理费或服务费金额相对销售收入金额占比很小的情形下，通过市场区域划分方式解决同业竞争的措施是否切实可行、有效，是否会对发行人自主拓展市场、持续经营产生重大不利影响；（2）在竞争方的同类收入或毛利占发行人该类业务

续表

序号	主要关注点	具体问询问题
		收入或毛利的比例达30%以上的情况下，认定对发行人不构成重大不利影响的依据是否充分，补充提供相关证据，并结合证据论证发行人是否符合《科创板首次公开发行股票注册管理办法（试行）》规定的发行条件；（3）说明美国联电收取的代理费与日本联电收取的代理费差异较大的原因及合理性，定价依据及其公允性。 请发行人披露以地域、细分产品划分解决同业竞争问题的做法是否符合相关监管要求。请进一步提出解决同业竞争的切实可行的方案，避免给发行人带来重大不利影响。 请保荐机构、发行人律师对上述事项进行核查，并发表明确意见。 第三轮问询： 根据问询回复，联华电子于2019年5月22日出具承诺函，联华电子将采取合法措施，保证在2020年12月31日前在和舰芯片的市场区域内联华电子的同类收入占和舰芯片该类业务收入的比例降至30%以下；在厦门联芯连续盈利年度的次年起，在和舰芯片的市场区域内联华电子的同类业务毛利占和舰芯片该类业务毛利的比例降至30%以下。 报告期内，发行人在联华电子市场区域内的销售金额大幅增加，从2016年的98988.42万元，增加到2018年的177987.68万元，增幅79.81%；联华电子在发行人市场区域内的销售金额大幅降低，从2016年的176171.35万元下降到2018年的103304.73万元，降幅41.36%。 请发行人说明：（1）联华电子所采取“合法措施”的具体内容及其有效性；（2）上述承诺的有效性，是否经过了法定的审批程序，是否需要在台交所和纽交所履行信息披露义务；（3）报告期内发行人在联华电了销售区域销售金额大幅增长的原因及合理性，大幅增长主要来源于哪些客户，与联华电子及其关联方客户的重合情况，联华电子及其关联方报告期内对上述客户销售金额变动情况及合理性；报告期内联华电子在发行人市场区域内销售金额大幅降低的原因及合理性，主要是哪些客户的采购金额减少，该等客户与发行人客户的重合情况，发行人销售收入的增长是否主要来源于上述客户，联华电子及其关联方是否存在通过让渡商业机会对发行人进行利益输送的情形；（4）通过承诺及限定细分产品与细分市场领域的方式解决同业竞争是否符合相关监管要求。 请保荐机构、发行人律师对上述事项进行核查，说明核查手段、核查方式，并发表明确意见。

续表

序号	主要关注点	具体问询问题
2	关于独立性	第二轮问询： 发行人0.13um、28nm、40nm、55nm、80nm及90nm制程晶圆制造技术均来自联华电子授权使用，且非独占、排他的许可方式。根据联华电子出具的确认函，授权技术到期后如经相关政府部门核准同意续展使用期限，将免费供发行人使用。根据回复材料：发行人已经完全掌握28nm、40nm等先进制程技术，已对控股股东技术不存在重大依赖，技术授权协议到期后继续授权是为了避免被第三方起诉而引起不必要的知识产权纠纷。发行人对中国台湾地区、日本、北美洲等主要市场的销售要通过控股股东联华电子及其关联方进行，发行人与联华电子及其关联方之间存在较多关联交易。 请发行人披露：（1）报告期各类产品涉及主要技术的取得方式，发行人向联华电子支付技术授权费用的确定依据，包括但不限于联华电子对应相关产品的开发总成本、分摊的依据、一定利润的具体水平、制程权利金占使用该制程所创造之收入比例的具体水平，是否公允、合理；（2）联华电子如将相关技术授权其他主体使用，对发行人的具体影响，是否会与发行人形成新的竞争；（3）授权技术到期后续展需要哪些政府部门核准，充分披露如果无法核准对发行人的影响；（4）公司已经完全掌握了28nm、40nm等先进制程技术，已对控股股东技术不存在重大依赖是否符合企业的实际情况，如果已完全掌握，能否在不依赖于授权技术的情况下独立研发、生产；技术协议到期后如果无法继续授权，会引起与哪些第三方的知识产权纠纷，涉及哪些知识产权；（5）公司是否具备“研发－制造－销售”的一体化完备的产业链条，是否具备自我创新驱动发展的动能和持续的盈利能力，公司是否是真正拥有自主知识产权的产业化公司，是否符合《科创板首次公开发行股票注册管理办法（试行）》“发行人业务完整，具有直接面向市场独立持续经营的能力”的要求；（6）公司未对境外股权、业务进行重组的原因，有无将芯片相关核心技术及研发平台均从境外转移到发行人，以提高自主创新能力和独立性的方案；（7）结合报告期内发行人通过联华电子及其关联方代销产品金额占收入总额的比例，说明在发行人对中国台湾地区、日本、北美洲等主要市场的销售要通过控股股东联华电子及其关联方进行的情况下，回复材料认为发行人拥有完整独立的销售服务体系是否符合企业实际情况；（8）联华电子对下属晶圆制造厂与发行人在管理上的异同，发行人是否实质上属于联华电子的生产基地，在产供销和技术上对联华电子是否存在重大依赖，发行人是否具备独立经营和开拓市场的能力，是否构成本次发行上市障碍。

续表

序号	主要关注点	具体问询问题
		请发行人说明，若不能取得联华电子的技术授权，对发行人生产经营的具体影响，并结合该影响说明是否对联华电子存在技术依赖。 请保荐机构、发行人律师对上述事项进行核查，并发表明确意见。
3	关于客户、供应商重合	第一轮问询： 报告期内竞争双方客户、供应商的重合情况，对重合客户、供应商的销售、采购金额占各自销售、采购金额的比例，竞争双方对重合客户、供应商的销售、采购价格的确定依据及公允性，与非重合客户、供应商相比是否存在差异，如存在，差异原因及合理性，是否存在通过重合客户、供应商进行利益输送的情形。 第三轮问询： 根据问询回复，发行人与最终控股股东及其关联方的客户、供应商存在重合。其中报告期内，发行人对重合客户的销售占比为93.86%、94.21%和95.76%，对重合供应商的采购占比为33.54%、27.86%和25.59%。发行人在美国、日本通过美国联电、日本联电进行销售。 请发行人说明：（1）重合客户、供应商的名称，发行人与最终控股股东及其关联方对重合客户、供应商销售、采购占比，销售、采购产品名称，销售晶圆产品在层数、制程工艺、应用领域等方面的具体差异；（2）发行人与最终控股股东及其关联方与上述客户、供应商的合作情况，包括合作历史、具体结算模式、付款、回款方式等；（3）发行人与最终控股股东及其关联方关于客户的划分原则；（4）发行人与最终控股股东及其关联方对重合客户、供应商的销售、采购价格及其公允性，是否存在通过重合客户、供应商进行利益输送的情形；（5）发行人在美国、日本获取客户的方式及相关证据，是发行人自行确定客户后通过美国联电、日本联电进行销售还是由美国联电、日本联电为发行人寻找客户或合作机会，发行人为何不在美国、日本建立独立的销售团队，美国联电、日本联电在为发行人销售过程中，如何协调与自身销售产品的冲突；发行人通过美国联电、日本联电进行销售时相关合同的签署方式，补充提供相关合同。 请保荐机构、发行人律师和申报会计师对上述事项进行核查，说明核查手段、核查方式，并发表明确意见。

续表

序号	主要关注点	具体问询问题
4	关于持续盈利能力	第一轮问询： 招股说明书披露，发行人尚未盈利及最近一期存在未弥补亏损。请发行人：(1) 按照《上海证券交易所科创板股票发行上市审核问答》第 2 条规定进行信息披露，中介机构按照上述规定进行核查并发表核查意见；(2) 在发行人尚未盈利的情况下，发行保荐书中认为“发行人具有持续盈利能力，财务状况良好”的判断依据；(3) 按照《公开发行证券的公司信息披露内容与格式准则第 41 号——科创板公司招股说明书》（以下简称招股说明书准则）第 33 条规定，充分揭示尚未盈利及存在累计未弥补亏损的风险。 第二轮问询： 报告期各期末，公司资产负债率远远高于可比公司中芯国际和华虹半导体的规模，报告期内利息保障倍数均为负数，但公司在招股说明书中认为自身具备较强的偿债能力。 请发行人进一步说明相关认定的依据和理由是否充分适当。 请保荐机构结合报告期内的经营情况及财务数据，进一步就发行保荐书中认为“发行人具有持续盈利能力，财务状况良好”是否符合企业实际情况进行核查，说明核查依据、方式和过程，并发表明确意见。 第三轮问询： 发行人报告期内连续 3 年扣非后均为亏损。 请保荐机构、申报会计师进一步就“发行人具有持续盈利能力”是否符合企业实际情况进行核查，说明核查依据、方式和过程，并发表明确意见。
5	关于对厦门联芯的控制	第一轮问询： 招股说明书披露，发行人控股股东联华电子的全资子公司联华微芯持有厦门联芯 50.72% 股权、厦门金圆持有其 29.47% 股权、发行人持有其 14.49% 股权、福建电子创业投资持有其 5.31% 股权。2016 年 12 月，上述 4 名股东签署了《合资合营合同》，厦门金圆、福建电子创业投资出资的资本金，从资本金到账后第 7 年开始，由联华微芯、发行人按 60%、20%、20% 的比例分 3 次在连续 3 年完成全部回购。回购价格为实际投入的资本金加 10% 的固定收益。厦门金圆、福建电子创业投资不参与厦门联芯的具体经营。发行人基于：(1) 联华电子出具确认函确认将表决权委托给发行人行使；(2) 报告期内厦门联芯 2/3 的董事由发行人委派，认定发行人对厦门联芯具有控制权，并纳入合并报表范围。请保荐机构、发行人律师核查以下事项并发表明

续表

序号	主要关注点	具体问询问题
		确意见：（1）厦门联芯历次出资，尤其是实缴出资的时间是否符合章程约定和相关法律、法规规定；厦门联芯原有国资股东的退出是否履行了法定审批程序，是否存在国有资产流失情形；（2）结合《合资合营合同》关于盈亏承担、回购出资等约定，核查4名股东是否按照出资比例进行分红或承担亏损，厦门金圆、福建电子创业投资所持厦门联芯股权是否为“明股实债”，《合资合营合同》相关条款是否符合《公司章程》、外商投资、金融监管等相关法律法规的规定，是否存在被宣告无效的风险，相关“股东”之间是否存在纠纷或者潜在的法律纠纷及对厦门联芯持续经营的影响；（3）发行人关于厦门联芯的信息披露与联华电子在中国台湾地区证券交易所的信息披露是否存在差异、差异原因；（4）联华电子透过联华微芯与发行人采取一致行动的具体原因、背景，一致行动协议的主要内容、期限，是否可撤销；（5）结合各方持股比例、公司章程约定以及厦门联芯股东大会、董事会、监事会、经营管理等实际运作情况，进一步核查论证：在发行人持股比例远低于联华微芯、发行人所提名董事均来自联华电子及其关联方的情况下，以一致行动协议方式认定发行人对厦门联芯拥有控制权是否合理，是否符合企业的实际情况，是否符合相关法律法规规定及发行监管要求；（6）厦门联芯如果持续巨额亏损，是否可能会资不抵债及相关应对措施，是否进行了充分的风险提示。（7）请保荐机构及申报会计师：①按照实质重于形式的原则，核查发行人是否控制以及如何控制厦门联芯，发行人在持股比例仅14.49%的情况下将厦门联芯纳入发行人合并报表范围是否符合《企业会计准则》的规定；②若核查发现发行人无法将厦门联芯纳入合并报表范围，请说明该情况对发行人财务状况的影响，及发行人是否仍然符合发行上市条件。 第二轮问询： 招股说明书及问询回复中披露了以下事项：（1）厦门金圆、福建电子创业投资所持厦门联芯股权的回购义务由联华电子或通过其子公司联华微芯履行，回购义务不涉及发行人及其子公司厦门联芯；（2）发行人拟尽快将产能提高到5万片/月，通过规模效应降低单位成本，早日实现扭亏为盈，而5万片完全达产预计还需要投资生产设备约155元亿人民币；（3）联华电子出具确认函：确认联华微芯作为厦门联芯的股东，其表决权不可撤销地全权委托发行人行使；（4）董事会是厦门联芯的最高权力机构，决定厦门联芯的一切重大问题，厦门联芯董事会一共9名董事，其中2/3由发行人委派，故发行人能控制厦门联芯董事会，报告期内，发行人委派至厦门联芯的董事

续表

序号	主要关注点	具体问询问题
		包括：尤朝生、简山杰、林俊宏、王文杰、廖木良（2017年2月离任）、陈进双、许志清、黄柏文（2018年11月离任）8人。根据联华电子在中国台湾地区证券交易所披露的股东会年报显示，除尤朝生之外，其余7人都在联华电子或其关联方任职。 请发行人披露：（1）对厦门联芯达到满产5万片/月需要增加的约155亿元投资资金来源及预计投资的具体时间安排，追加设备投资后预计产生的折旧摊销情况，并量化分析对发行人未来业绩的具体影响；（2）需要追加的155亿元资金投入是否由联华电子对厦门联芯进一步追加，发行人在厦门联芯的股权比例是否会因此被进一步稀释，是否会影响厦门联芯的生产经营决策机制；（3）联华电子或联华微芯对厦门金圆、福建电子创业投资所持厦门联芯股权的回购义务预计完成时间，回购完成后厦门联芯的股权结构，并结合回购完成后的联华电子持股比例进一步提高的情况，说明联华电子对厦门联芯的控制力是否将进一步增强；（4）厦门联芯的进一步投资是否依赖联华电子的资金投入，并结合厦门联芯主要制程技术都来源于联华电子授权的情况，分析并披露厦门联芯是否依赖于联华电子；结合芯片制造为资金和技术密集型的行业、联华电子内部对发行人以及厦门联芯具体管理方式，分析并披露发行人在厦门联芯生产经营中所起的作用，以及是否为关键作用，是否能主导厦门联芯的生产经营决策，发行人是否作为联华电子的代理或授权代理，管理厦门联芯，发行人在厦门联芯承担的责任与最终可以取得的收益是否能够匹配；（5）报告期内，简山杰、林俊宏、王文杰、廖木良（2017年2月离任）、陈进双、许志清、黄柏文（2018年11月离任）七人在联华电子及其关联公司内的具体任职和领薪情况；（6）发行人对厦门联芯派驻董事人选如何确定，是否出于联华电子的授意，发行人在厦门联芯委派董事是否为名义由其委派，实际由联华电子或其关联方委派或控制，请补充提供相关内部决策文件；结合派驻在厦门联芯的6名董事中的5名都主要在联华电子任职并领薪，特别是部分董事在联华电子内部的职级明显高于发行人委派至厦门联芯董事长尤朝生的情况，分析发行人如何能实质上控制厦门联芯的董事会；（7）结合联华电子将表决权不可撤销地委托给发行人，但实际派驻厦门联芯的董事主要为联华电子员工的情形，分析相关授权的实际执行情况；（8）结合以上事项以及《企业会计准则》中关于控制的定义，说明公司将厦门联芯纳入合并报表范围是否符合《企业会计准则》的要求。 请保荐机构、申报会计师对上述事项进行核查，说明核查手段、核查方式和

续表

序号	主要关注点	具体问询问题
		过程，并结合发行人持有厦门联芯股份比例不足15%，厦门联芯董事主要为联华电子员工等情况，对发行人是否控制厦门联芯及将厦门联芯纳入合并报表是否依据充分发表明确意见。 请发行人律师结合上述情况，对发行人是否对厦门联芯构成控制发表明确意见，如认为控制，请提供类似案例等充分证据证明。 请保荐机构、发行人律师对厦门联芯董事会成员是否主要由发行人委派进行核查，说明核查手段、核查方式，是否做到勤勉尽责。 第三轮问询： 根据问询回复，根据申报材料及回复材料：（1）发行人作为联华电子的子公司统一经营管理联华电子在中国大陆芯片的制造产业；（2）在富拉凯咨询2018年5月入股发行人之前，发行人为联华电子全资孙公司；（3）报告期内，厦门联芯主要董事会成员都在联华电子任职并领薪。 请发行人对母公司单体财务报表主要数据包括但不限于收入、成本、毛利率、应收款项、应收票据及应收账款、存货、固定资产、在建工程、递延所得税资产、短期借款、应付票据及应付账款、递延收益、期间费用等进行分析并做相应披露。 请发行人进一步说明：（1）联华电子在中国大陆芯片制造产业由发行人统一经营管理是联华电子何时做出的安排，是否履行了相应的程序；（2）联华电子通过联华微芯而不是发行人持有厦门联芯超过50%的股份的原因及合理性，是否符合上述安排；（3）发行人聘请上述与发行人无直接关系的人员担任厦门联芯董事的原因及合理性；（4）结合上述人员均在联华电子任职领薪的背景，说明厦门联芯董事是否实际由联华电子委派或受其影响，从而影响发行人通过董事会对厦门联芯进行控制。 请保荐机构、发行人律师对上述事项进行核查，从中国大陆与中国台湾地区对撤销表决权授权相关的法律法规的角度详细评估联华电子撤销授予给发行人的厦门联芯表决权是否存在法律或其他方面的障碍，分析发行人对厦门联芯控制权的稳定性，并发表明确意见。 请保荐机构、申报会计师结合上述情形，从实质重于形式的角度，就发行人报告期内能够控制厦门联芯并将其纳入合并报表范围的依据是否充分，认定是否谨慎，是否符合《企业会计准则》的要求，发表明确意见。

续表

序号	主要关注点	具体问询问题
6	关于研发领料	第一轮问询： 招股说明书等申请文件多处涉及研发技术人员数量，具体人数前后多处披露不一致；报告期内研发支出合计数与研发支出加计扣除金额按相关税务规定换算金额差异较大；目前在研项目分配的研发人员数量与发行人目前披露的研发人员数量差异较大。请保荐机构、申报会计师核查以下事项并发表明确意见：（1）研发技术人员的界定标准及各处披露研发人数数量不一致的原因，若数据有误，请统一并修改相关披露文件；（2）报告期内各研发项目开发周期、成果及配备的研发人员情况，目前未被安排研发项目的剩余研发人员工作安排的情况，目前发行人研发人员是否超过研发需求；（3）结合不同的研发项目，按人工、耗用材料、折旧摊销等核查各项目研发支出的构成情况，主要耗用材料的名称、数量、具体用途、最终去向及最终去向在各期财务报表中的反映情况；（4）结合研发人员的界定依据，核查是否存在研发人员从事非研发活动的情形，若存在，核查研发支出中划分计入研发活动的人工支出与计入生产活动的人工支出的标准，及该划分是否合理以及相关会计处理；（5）结合研发项目与生产经营及专利取得等情况，核查确定高明正、蔡佩源、华寿崧等 3 人为核心技术人员的原因及合理性。 第二轮问询： 根据申报材料及问询回复，发行人报告期内研发支出中的材料支出主要是其他材料支出，报告期内各期其他材料支出分别为 8402.22 万元、10961.68 万元、11953.06 万元，占材料支出比重分别为 70.31%、62.62%、59.37%，材料最终去向主要是研发测试后报废。 请发行人说明：（1）其他材料的主要内容，是否与研发活动直接相关；（2）材料研发测试后报废后具体处理方式，涉及销售相关废品的，说明各期相关废品销售收入情况，涉及支付费用请第三方处理相关废品的，说明各期处理数量及处理费用金额。 请保荐机构、申报会计师对上述事项进行核查，并发表明确意见。 第三轮问询： 根据回复材料，报告期各期发行人研发费用材料费用中包括折旧费用金额 6038.26 万元、10145.40 万元、9627.79 万元，检测费 2026.80 万元、346.60 万元、1906.63 万元，以及少量人工支出。 请发行人进一步说明：（1）将折旧费用、检测费、人工费用等归入材料费用核算的原因及合理性，相关会计核算是否准确；（2）上述折旧费用对应

续表

序号	主要关注点	具体问询问题
		的机器设备的原值及折旧年限，各期折旧计入生产活动和研发活动的金额，相关折旧费用在生产活动和研发活动之间分配的具体标准，分配是否准确，是否存在将不应列入研发费用的支出列入研发费用核算的情况；（3）发行人在向主管税务机关申报的研发支出与本次申报数据是否存在差异，将折旧费用等列入材料费一并向税务机关申报是否得到税务机关的认可；（4）是否存在因虚报研发费用而被税务机关处罚的风险。 请保荐机构、申报会计师对上述事项 1－3 进行核查，说明核查方式、核查过程、核查结论，发行人研发费用核算是否准确，是否存在会计基础薄弱的情况，并发表明确意见。 请保荐机构、发行人律师对上述事项 4 进行核查，并发表明确意见。
7	关于会计政策与会计估计变更	第一轮问询： 发行人原始报表与申报报表差异情况报告显示，2016 年及 2017 年发行人原始报告与申报报表所有科目均存在差异，且多数科目差异金额较大，其中净利润差异金额分别为 2.51 亿元和 4 亿元；差异报告还显示，发行人存在调整坏账准备及代联氨精密气体（厦门）有限公司垫付电费 577.47 万元的情形。请保荐机构、申报会计师核查以下事项并发表明确意见：（1）除了《企业会计准则》发布及法规变化要求以外，报告期内是否存在会计政策变更或会计估计变更的情况；（2）联氨精密气体（厦门）有限公司及其股东与发行人及控股股东间是否存在关联关系或其他利益安排，及发行人代联氨精密气体（厦门）有限公司垫付电费的原因及业务背景，是否存在关联方资金占用；（3）发行人是否存在会计基础薄弱情形，财务相关内控的整改过程，整改持续时间，相关内控制度是否完善并得到有效执行。 第二轮问询： 问询回复问题 42 中，发行人回复报告期内变更了部分会计政策及核算方法，但在保荐机构及申报会计师核查意见中认定，除了《企业会计准则》发布及法规变化要求以外，报告期内不存在会计政策变更或会计估计变更的情况。 请保荐机构、申报会计师对以上事项进行核查，并发表明确意见。 第三轮问询： 根据回复材料，发行人首轮问询回复时认为报告期内发生了会计政策和会计估计变更的情况，首轮和二轮问询中保荐机构、申报会计师认为发行人除《企业会计准则》发布及法规变化要求以外，报告期内不存在会计政策变更

续表

序号	主要关注点	具体问询问题
		或会计估计变更的情况，表述存在矛盾。 请发行人进一步明确除《企业会计准则》发布及法规变化要求以外，报告期内会计政策与会计估计是否发生变更，若发生变更，进一步说明变更具体内容及变更对财务报表各科目数据的具体影响，若变更为重大变更的，请按《公开发行证券的公司信息披露内容与格式准则第 41 号——科创板公司招股说明书》第 71 条要求补充披露相关信息。 请保荐机构、申报会计师对上述事项进行核查，并就发行人报告期内是否变更了会计政策和会计估计以及相关变更是否为重大变更发表明确意见。
8	关于本次发行上市决策程序	第一轮问询： 发行人最终控股股东联华电子系台交所和纽交所上市公司。请保荐机构、发行人律师核查以下事项并发表明确意见：（1）发行人在境内上市是否符合相关监管要求、是否依法履行有关程序；（2）发行人各级控股股东关于发行人股份锁定、减持、稳定股价、避免同业竞争等以及其他承诺是否履行了完备的法律程序，相关信息披露是否一致，是否符合相关监管要求；（3）发行人、控股股东是否严格按照《关于进一步推进新股发行体制改革的意见》，作出关于欺诈发行上市的股份购回承诺，包括上市前和上市后的股份购回，并说明相关承诺是否已经履行法定程序，是否合法、有效；（4）中介机构是否严格《关于进一步推进新股发行体制改革的意见》要求作出承诺。 发行人最终控股股东联华电子于 1985 年在中国台湾地区证券交易所上市，2000 年在纽约证券交易所挂牌上市。请保荐机构、发行人律师就联华电子在台交所和纽交所的公开信息与本次申请文件和财务报告所披露内容是否存在差异，差异原因及合理性进行核查，并发表明确意见。 第二轮问询： 发行人最终控股股东为中国台湾地区上市公司联华电子。请发行人说明披露公司选择大陆上市是否符合中国台湾地区证券监管法规要求，是否履行了相应的决策、信息披露程序。公司在大陆上市是否需要取得并已经取得了中国台湾地区陆委会的相关意见。 第三轮问询： 发行人控股股东联华电子于 2000 年在纽约证券交易所挂牌上市。请发行人说明披露公司选择大陆上市是否符合美国证券监管法规要求，是否履行了相应的决策、信息披露程序。 请保荐机构、发行人律师对上述事项进行核查，并发表明确意见。

6. 北京木瓜移动科技股份有限公司

序号	主要关注点	具体问询问题
1	关于首轮问询未落实问题	请发行人、保荐机构、发行人律师及申报会计师对首轮问询及其回复中以下问题予以进一步核查：（1）首轮问询问题11第1问，公司回复表示未从事广告内容制作相关业务。但发行人核心技术中自动化素材设计人机互动方案为在线素材编辑系统，帮助客户成批制作广告素材。请发行人进一步说明上述表述存在矛盾的原因并如实披露是否存在广告内容制作相关业务，是否需要具备相关广告业务资质。（2）首轮问询问题11第5问，请发行人补充披露在海外营销中是否需要遵守相关投放地的法律法规要求以及公司的应对措施，公司是否存在违反投放地法律法规的情形。（3）首轮问询问题12，请发行人补充披露境内行业主管部门能否对发行人通过香港子公司开展业务实施有效监管，说明公司营业税金及附加金额、应交增值税金额较低的原因，是否存在违反税务规定的情形。（4）首轮问询问题14，按照供应商及客户分别说明报告期的返利政策及金额、预提计算方式、年末返利确认方式、对账差异、相关返利支付是否与客户及供应商签约主体一致、是否存在第三方回款或者支付的情况。（5）首轮问询问题23第3问，进一步说明并核实报告期向个人购买流量的金额、采购主体、个人及其背景、采购原因、最终的流量提供方，请发行人补充说明向同行业可比公司蓝色光标采购媒体资源的原因以及蓝色光标是否为媒体资源的最终提供方。（6）首轮问询问题27，发行人服务器及相关租赁费用的账务处理方式，结合租用的服务器数量、时长、吞吐量等情况量化分析服务器费用与收入变动不一致的原因及商业合理性。（7）首轮问询问题37，说明搜索展示类和效果类的营业成本划分出现错误的原因，修正后2016年搜索展示类毛利率大幅下降的原因。（8）首轮问询问题38，收入确认中“合同约定的结算标准”确认收入的具体内涵。（9）首轮问询问题42，管理费用中服务费与收入变动不一致的原因、主要支付对象及金额、主要服务内容，2017年租赁费较大的原因。（10）首轮问询问题45，说明移动奇异报告期利润变化的原因、2017年母公司所得税费用金额占利润总额的比重与税率不符的原因。（11）首轮问询问题54，结合款项具体性质说明向供应商收取的保证金确认为其他应付款而不是预收账款的原因，是否具有借款性质，MOB NET TECHNOLOGY COMPANY股东、主营业务、交易背景、收取保证金时点、收入确认时点及金额。（12）首轮问询问题56，结合期初期末应收及应付账款金额、流量采购金额、收入，说明销售商品提供劳务收到的现金与购买商品接受劳

续表

序号	主要关注点	具体问询问题
		务支付的现金的合理性测试过程。（13）首轮问询问题57，现金流中大额的往来款项的交易对手方、交易背景及金额，2016年支付的个人借款760万元的背景。 请发行人严格按照问询问题进行披露或说明，请保荐机构和相关证券服务机构对问询事项进行核查并发表明确核查意见，说明核查过程、方法和发表意见的依据，核查范围应包括发行人及其重要子公司。 请保荐机构和发行人律师的内核部门就未正面回复问询问题的情况出具专项说明。
2	关于核心业务系统	根据首轮问询回复，发行人的核心业务系统对于财务报表中收入有重大影响。 请发行人补充披露：（1）核心业务系统对财务重要性，如何确保系统设计及运行的有效性，是否存在因控制制度不健全、系统运行故障而导致的经营风险；（2）核心业务系统的基本情况，汇总的数据类型，是否由发行人独立自主研发，是否存在与外部系统对接的情况；（3）核心业务系统与财务系统的对接情况（自动对接/人工对接），财务系统引用业务系统数据的流程及关键控制环节，业务系统数据的及时性和准确性对收入和成本确认时点、计量金额的影响；（4）发行人对核心业务系统的控制情况，包括但不限于系统开发、变更权限、运维、安全、备份、逻辑访问；（5）是否存在相关人员授意、指示或强令系统维护人员伪造、变造、删除、篡改系统数据或系统日志的情形、是否存在导致数据异常的重大事故，是否对财务数据构成重大影响；（6）核心业务系统变更记录，是否通过审批、是否对财务数据产生重大影响及相关金额；（7）核心业务系统与财务系统，对接差错或错报的发现及解决过程；（8）是否存在发行人与客户关于计费内容或结果的意见不一致或纠纷及其解决情况。 请保荐机构和申报会计师对发行人的信息系统（包括但不限于核心业务系统、财务系统等）出具专项核查报告。专项核查报告应当详细说明对发行人信息系统的核查方法、核查人员、核查范围、核查内容、核查过程及核查结论，并对发行人业务系统是否真实、准确、完整地记录发行人的经营活动，发行人财务系统所引用的业务系统数据是否真实、准确、完整，发行人业务系统的运营数据和财务系统的财务数据是否真实、准确、完整，与信息系统运行相关的关键内部控制的有效性发表明确意见。

续表

序号	主要关注点	具体问询问题
3	关于业务模式	根据首轮问询问题12的回复，公司的内部交易主要是发行人及境内子公司因向香港子公司木瓜集团等境外主体的客户提供营销推广服务，而向境外主体收取的技术服务费。发行人收入主要来自于香港子公司，结算主要以香港子公司与媒体资源方和广告主进行结算，结算货币主要为美元，但发行人主要利润来源于国内母公司。 请发行人补充说明：（1）境内主体与境外主体之间的具体内部交易过程，相关营销推广服务费的计算方式、金额、结算过程及结算金额；（2）结合发行人业务，说明发行人境内主体及境外主体主要涉及的活动，包括主营业务活动开展、客户的签约主体、应收应付款项的结算、服务器的租用、办公场所的租用以及人员的聘用；（3）公司母公司营业收入的构成，现金流量表中销售商品提供劳务收到的现金与收入存在较大差异的原因；（4）主要结算方式，如银行、票据、第三方支付平台及对应的占比；（5）请采取适当措施保证公司有足够的分红能力实现投资者回报。 请申报会计师就发行人不同结算方式下大额资金往来进行核查，对相关货币资金的函证程序予以说明，并说明核查及函证的结果。 请保荐机构、发行人律师及申报会计师核查并发表明确意见。
4	关于技术先进性	根据首轮问询问题9的回复，发行人在大数据营销产业价值链中参与的环节是DSP+DMP，并表示行业内公司所追求的普遍结果，不同企业采用不同的技术手段和实现方式。在技术先进性对比方面，发行人选取人均主营业务收入、净利润/毛利、用户刻画数据维度等项目与同为全球大数据营销行业DSP+DMP的可比公司Criteo和Sizmek进行对比。此外，发行人技术优势主要体现在高吞吐量、数据标签库及毫秒级快速响应。请发行人补充披露：（1）通过该等项目比较技术水平的合理性，该等项目是否为行业公认的评价要素及其依据；（2）国内主要从事上述业务的公司及基本情况；（3）发行人DSP+DMP行业的竞争情况、行业发展前景、面临的主要风险，结合国内出海公司需求等披露公司市场占有率及行业排名；（4）发行人租用亚马逊云作为服务器的租用主体，高吞吐量、毫秒级的响应与公司技术及服务器的关系、公司技术水平在吞吐量及响应方面是否能够发挥主要作用，是否存在将相关服务器的水平作为自身技术水平的体现；（5）应对网络延迟、高并发计算、海量数据分析的技术及具体的先进性表现；（6）报告期来自核心技术的收入及占比。 请保荐机构和发行人律师核查并发表意见。

续表

序号	主要关注点	具体问询问题
5	关于大数据来源	根据首轮问询问题16的回复，发行人每通过一次广告投放，公司的投放决策系统都会得到投放的效果反馈信息（均为脱敏信息，比如用户是否点击某个广告，是否下单购买等），根据这些效果数据，公司积累了自己的投放数据资源。由于发行人积累的投放数据直接跟广告投放效果有关，而这些信息通常媒体方无法获得，因此发行人比媒体方拥有更有价值的营销成效数据，能帮助发行人准确预测用户面对广告时的行为。具体来说，发行人出价策略主要通过展示价值评估、出价策略预估结合实现。媒体方的展示竞价请求包括媒体信息、展示位置信息和用户信息3种。此外，发行人并不占有展示请求数据。 请发行人补充披露：(1) 经营所使用的大数据是否来源于“脸书”“谷歌”等媒体，发行人开展生产经营主要依靠自身长期积累的数据还是“脸书”“谷歌”等媒体提供的数据，发行人拥有的具体大数据内容；(2) 营销成效数据的来源和获取方式、获得的有效营销结果数据量、营销结果数据与展示请求数据的差异；(3) 发行人比媒体方拥有更有价值的营销成效数据论断依据、相关价值的主要体现、发行人上述数据能够实现的具体作用、相比同行业企业而言数据壁垒体现形式；(4) 媒体方的展示竞价请求所包含的信息是否无条件、无差别地向所有竞价方提供，是否可以通过支付额外的成本获取更多的信息，并进一步说明媒体方提供的竞价请求信息对竞价决策的重要性，发行人对相关信息是否存在依赖，如是，请对相关风险予以提示；(5) 展示请求的具体竞价要求及标准、以示例说明自身积累的数据在实时竞价交易决策中发挥的作用、公司核心技术主要应用场景，并提供证据或者行业指标说明发行人数据在决策中的优势；(6) 积累的营销成效数据在两个评估程序中的作用，展示价值评估中相关价格的形成主要依赖自身数据基础还是媒体方提供的数据。 请保荐机构和发行人律师核查并发表意见。
6	关于信息披露豁免	发行人申请豁免披露：(1) 首轮问询问题17中，与脸书及谷歌之间的合同条款等；(2) 首轮问询问题21中，同为营销服务提供商或者其他代理公司的最终广告受益人的交易信息。 鉴于发行人对“脸书”存在重大依赖，与“脸书”的交易情况可能严重影响投资者的决策判断；同为营销服务商的最终广告受益人对判断公司服务能力属于重要信息。

续表

序号	主要关注点	具体问询问题
		请发行人补充披露：（1）与脸书合作协议的主要条款及计费方式、定价依据、结算方式、合同订立双方及结算双方等具体情况；（2）报告期通过脸书及谷歌分别实现的营业收入及毛利率；（3）百度、360、字节跳动、阿里、网易、腾讯的广告投放分别属于搜索展示类及效果类的收入；（4）上述客户是通过代理公司还是直接投放，如通过代理公司投放，发行人是否为其指定的广告投放商，如是其指定代理商请披露相关销售金额及占收入比重；（5）上述客户如不是其指定代理商，将知名互联网企业作为公司客户及服务能力证明的合理性；（6）报告期通过代理公司进行投放的广告主中，指定公司为投放主体及非指定投放对应的收入金额及比重，指定投放主要涉及的代理商名称及对应金额。 请发行人补充说明与谷歌合作协议的主要条款及计费方式、定价依据、结算方式、合同订立双方及结算双方等具体情况。 请保荐机构、发行人律师和申报会计师核查并发表明确意见。
7	关于发行人流量采购	根据首轮问询问题 17 及问题 23 回复，发行人对脸书的流量采购占比高是由于脸书在移动互联网的寡头垄断地位造成，不会影响综合性投放广告业务的承接。与脸书之间的付款违约条款包含，如在发出通知后仍未收到款项，脸书可中止任何广告。2016 年四季度，公司集中精力扩大搜索展示类业务，向脸书采购 9356.51 万元，应付账款余额 9753.41 万元。2016 年发行人搜索展示类业务前五大供应商采购金额合计为 2.36 亿元，第一名为脸书，第二名 MeetSocial（HongKong）Digital Marketing Co.，Limited（以下简称 MeetSocial），采购 7448.67 万元。 请发行人进一步说明：（1）根据重大合同，部分合同存在指定脸书投放渠道的要求，发行人提供的投放渠道选项仅包含 3 项脸书、谷歌及推特。请发行人结合移动互联网市场竞争格局、在手合同主要约定、实际业务承接中相关流量方的约定、主要客户在其他渠道是否存在投放说明发行人对脸书的流量采购占比是否会影响综合性投放广告业务的承接；（2）发行人与脸书、谷歌之间采购金额、付款金额、信用期及报告期平均结算时长、应付账款余额、函证程序、函证及回函金额；（3）2016 年搜索展示类业务前 5 名采购额合计数大于搜索展示类业务成本的原因；（4）MeetSocial 的背景、股东、主营业务，与公司及董监高是否存在关联关系、任职关系、共同投资关系或者其他应该披露的关系，2016 年向其采购的主要流量、时点及主要投放的

续表

序号	主要关注点	具体问询问题
8		广告主，2017 年后采购额下滑的原因。 请发行人补充披露：（1）依据公开资料，脸书的官方代理商还包括猎豹移动、飞书互动、蓝色光标、英宝通、易诺、熊猫新媒、荟萃网络、GatherOne 等，请发行人补充说明脸书提供给其他代理商的流量资源与公司是否存在差异，上述代理商的业务模式与公司是否存在差异，以及未将上述代理商列为同行业可比公司的原因；（2）脸书是否存在调整合作策略的风险，就与脸书之间的付款及中止广告投放对公司的业务及持续经营能力的影响予以风险提示；（3）对发行人流量采购及业务依赖脸书的风险予以明确、有针对性的提示；（4）2016 年发行人具体采购脸书流量的时点、主要投放的广告主、在 2016 年四季度与脸书之间的合作开始并持续走高的原因进行具体明确的分析，如存在相关风险请予以说明。 请保荐机构核查并发表明确意见。
8	关于发行人收入及相关核查	根据首轮问询回复，公司主要客户为国内有出海需求的企业，一般采用香港或其他境外子公司作为结算主体，实际经营主体为国内公司。因此，公司主要以香港子公司与媒体资源方和广告主进行结算，结算货币主要为美元。报告期，公司收入 56488.83 万元、227938.04 万元和 432820.90 万元，营业收入同比增长 303.51%、89.89%，年复合增长率为 176.80%。此外，发行人现金流入及流出规模较大。 请发行人进一步说明：（1）发行人针对主要客户收入、相关变动趋势，以及公司客户的留存率；（2）汇聚国际为汇量科技（HK.1860）设立的境外结算平台，汇量科技主营业务之一为广告程序化购买，根据年报其最大供应商采购量占比为 8%，以成本估算约为 1.85 亿元，但发行人对汇聚国际 2018 年的销售额为 2.52 亿元。请说明上述差异的原因、发行人毛利率低于汇量科技的原因及合理性、未将汇量科技作为同行业可比公司的原因及合理性；（3）公司对点点互动 2018 年销售额为 5.60 亿元，点点互动为世纪华通子公司，根据世纪华通年报，其前五大供应商中无发行人。请说明上述差异原因；（4）根据公开信息查询，公司前五大客户中多数成立于 2015 年，部分公司实缴资本低于 50 万元，缴纳社保人数低于 20 人，存在被标注为小微企业的情形。请发行人以列表方式说明首轮及本次问询涉及的客户成立时间、注册资本、实缴资本、股东及实际控制人、主营业务、应收账款及收入、信用期及回款、是否存在第三方回款情况、函证程序、函证及回函金额，

续表

序号	主要关注点	具体问询问题
		并对相关信息予以必要的分析说明；（5）发行人及其董监高、发行人主要股东与上述客户是否存在关联关系、任职、共同投资或者其他需要说明的关系；（6）根据公开信息查询，发行人客户北京点开法定代表人一直从事 DSP 等研发，请说明北京点开采购公司业务的原因及必要性；（7）发行人提供的重大销售合同签订日期为 2019 年 1 月 1 日，请提供报告期主要客户合同。请保荐机构、发行人律师及申报会计师核查并发表明确意见。
9	关于来自代理及游戏行业收入等财务信息对比	公司业务分为搜索展示类业务及效果类业务。报告期，公司对代理公司应收账款占对其收入的比重分别为 97.59%、27.61% 及 36.31%，而对游戏行业公司的应收账款占对其收入的比重分别为 77.42%、20.43% 及 8.53%，代理客户应收账款占收入比重明显高于游戏公司。同时，公司毛利率分别为 20.31%、6.24%、4.38%，发行人来自于游戏公司的毛利率分别为 16.37%、2.30% 及 1.89%；来自于代理公司的毛利率分别为 7.71%、5.02% 及 6.05%。 请发行人补充披露：（1）按照搜索展示类业务及效果类业务，说明分别来自于直接客户（直接客户按照游戏、电子商务、媒体资讯及其他予以细分）及代理公司的按季度收入、毛利率、应收账款、信用期及平均信用期、期后回款的金额，并予以必要的分析；（2）公司对于代理公司及直接客户之间是否存在应收账款的信用期差异，并予以具体说明；（3）搜索展示类业务前十大客户名称、收入金额及占比、应收账款、信用期及期后回款情况；（4）代理公司应收账款占收入比重高于游戏行业及公司平均值的原因，是否存在放宽信用期刺激销售的情况，是否存在年末突击销售的情况，并对上述情况予以具体详细说明；（5）公司针对游戏公司及代理公司的定价策略，代理公司毛利率与其他行业公司差异的原因，是否存在流量通道业务，是否存在因信用期不同或其他差异而收取相关流量采购垫资费用的情况。 请发行人进一步说明：（1）报告期搜索展示类及效果类中来自游戏行业的前五大客户名称、成立时间、确认收入时间及金额、期末应收账款；（2）来自于游戏行业的毛利率大幅下滑的原因，毛利率低于公司整体毛利率的原因及合理性；（3）不同终端行业成本构成情况、不同行业服务器成本分担的原则及依据，是否符合会计准则的要求。 请保荐机构、申报会计师核查并发表明确意见。

续表

序号	主要关注点	具体问询问题
10	关于公司毛利率下滑	报告期，公司毛利率分别为20.31%、6.24%、4.38%，逐步下滑。其中最主要的计费方式CPM报告期平均单价分别为19.53元/千次、14.96元/千次及14.75元/千次。此外，公司表示未主动采用低价竞争策略，2018年搜索展示类毛利率有所下滑，是由客户广告投放实时竞价结果造成的。 请发行人补充披露：（1）结合同行业公司及行业发展情况，按照不同业务类别分别说明发行人毛利率与可比公司毛利率差异的合理性，报告期搜索展示类毛利率下滑的原因；（2）“未主动采用低价竞争策略”的具体含义，报告期各类业务价格下降或波动的原因，发行人是否存在低价竞争的情况；（3）针对相关价格下降对公司的毛利及净利润的影响予以敏感性测试；（4）是否存在实时竞价导致搜索展示类业务毛利率为负的情况；（5）对公司毛利率及净利率报告内持续下滑以及实时竞价对于毛利率的影响予以风险提示；（6）效果类业务前五大客户中主营业务为数字营销广告的客户占比越来越高的原因，单体客户销售额逐渐下滑的原因，效果类业务是否存在业绩拓展乏力、竞争力下滑的情况。 请保荐机构、申报会计师核查并发表明确意见。
11	关于应收账款	报告期内公司应收账款余额分别为25303.94万元、75733.36万元、101507.13万元，金额较大，应收账款坏账风险对公司影响较大。 请发行人进一步说明：（1）量化分析报告期各期末应收账款快速增长的原因，与同行业公司是否存在较大差异；（2）结合同行业公司坏账准备计提比例及金额、下游客户的还款能力说明对坏账准备计提的充分性予以进一步分析；（3）对于账龄在1年以上、期末单独计提坏账准备的应收账款，说明对应的客户、主营业务、股东及实际控制人、收入金额、信用期限、形成收入的具体时点、相关业务属于搜索展示类还是效果类、未能结算的原因，相关坏账准备是否计提充分；（4）针对1年以上应收账款占比持续上升予以风险提示；（5）发行人对于Leo Network（HK）limited、AppcoachS Co.，Limited及CocoBear Technology Limited作为单项金额重大并单独计提坏账的方式予以核算；请说明坏账准备减值测试方法，并结合期后回款等说明坏账准备计提的充分性。 请保荐机构及申报会计师核查并发表明确意见。

续表

序号	主要关注点	具体问询问题
12	关于销售费用	根据首轮问题40的回复，报告期，发行人客户数量分别为430家、960家及1093家。其中，合同规模500万元以上的客户数量为24家、78家及100家；合同规模在100万元到500万元的客户数量为44家、118家及129家。发行人开拓客户方式为公司商务人员通过参加展会、上门拜访、老客户介绍等方式开发新客户，随着公司业务规模的扩大及知名度的提升，客户主动联系的案例也日益增多。发行人销售费用中员工薪酬分别为1449.32万元、2037.43万元及2062.23万元，除员工薪酬外其他销售费用分别为260.37万元、209.24万元及183.64万元，持续下滑。 请发行人进一步说明：（1）结合报告期营销人员数量，说明平均薪酬金额及变化原因；（2）公司按照直接客户（直接客户按照游戏、电子商务、媒体资讯及其他予以细分）及代理公司对报告期内不同合同规模的客户家数予以细分，并说明相关客户数量变化的原因；（3）结合同行业公司情况，对公司销售费用占营业收入比重较低的合理性予以说明；（4）主要的客户拓展方式、相关方式下主要销售费用形式，说明在客户规模大幅上升的情况下除员工薪酬外的销售费用持续下滑的原因及合理性。 请保荐机构及申报会计师核查并发表明确意见。
13	其他	报告期内，公司经营活动现金流入金额累计为64.32亿元，经营活动现金流出金额累计为61.93亿元，其中2018年经营活动现金流入为41.59亿元，现金流出为39.40亿元，随着发行人收入规模扩大，现金流入及流出规模持续上升。请保荐机构、发行人律师和申报会计师核查公司是否涉及洗钱风险，资金收付管理制度是否符合反洗钱的相关规定和要求，并发表明确意见，说明核查过程、方法和发表意见的依据。 请发行人说明中美贸易摩擦事件对公司营业收入、未来业务开展、公司获得海外流量等方面的影响。

注：因北京木瓜移动科技股份有限公司在两次问询后即主动撤回申报，上表所列问题为第二次问询中的主要问题。

十一、注册制下交易所问询反馈要点

根据科创板上市的第一批企业问询反馈的问题看，交易所对申报科创板的企业问询主要针对以下6个方面展开：

序号	问题类型	涉及企业数量	占比
1	发行人股权结构、董监高等基本情况	35	100.00%
2	发行人核心技术及核心技术人员	31	88.57%
3	发行人业务模式及经销商客户情况	30	85.71%
4	公司治理与独立性	28	80.00%
5	财务会计信息与税务核算	29	82.86%
6	重大违法违规行为等其他事项	26	74.29%

通过进一步分析交易所上述6个方面的关注点，我们系统地梳理了交易所问询关注的31个问题，详见下表：①

序号	问题类型	涉及企业数量	占比
1	知识产权等无形资产的核查	31	88.57%
2	核心技术及核心技术人员的核查	30	85.71%
3	公司设立、股改、增资及股权转让中的各类问题核查	29	82.86%
4	关联方及关联交易的核查	28	80.00%
5	土地房屋问题的核查	27	77.14%
6	期权计划及员工持股计划（平台）的核查	25	71.43%
7	是否存在三类股东、股权是否清晰的核查	24	68.57%
8	实际控制人认定问题的核查	21	60.00%
9	董监高任职情况的核查	21	60.00%

① 本书按照占比超过20%确定为交易所重点关注问题。

续表

序号	问题类型	涉及企业数量	占比
10	境外业务是否合法合规、是否会受贸易摩擦影响的核查	20	57.14%
11	环保问题的核查	20	57.14%
12	对赌协议的核查	18	51.43%
13	私募基金股东的穿透核查	18	51.43%
14	引用第三方数据的核查	17	48.57%
15	税务各类合规问题的核查	16	45.71%
16	业务模式及客户的核查	16	45.71%
17	同业竞争问题的核查	16	45.71%
18	申报前1年内新增股东的核查	15	42.86%
19	重大违法违规行为的核查	14	40.00%
20	业务资质证书的核查	14	40.00%
21	财务数据情况的核查	13	37.14%
22	募投项目的核查	12	34.29%
23	对外投资情况的核查	12	34.29%
24	各项承诺的核查	11	31.43%
25	产品质量及安全事故的核查	10	28.57%
26	已注销或转让的子公司情况核查	10	28.57%
27	同行业可比公司/竞争对手的核查	9	25.71%
28	信息披露及风险揭示的核查	8	22.86%
29	诉讼仲裁案件的核查	8	22.86%
30	供应商及供应原料的核查	7	20.00%
31	社保与住房公积金问题的核查	7	20.00%

交易所审核关注重点问题案例

1. 关于核心技术人员问题的核查

【案例公司】晶晨半导体（上海）股份有限公司

【问题内容】招股说明书披露，公司现有 Michael Yip（迈克尔·叶）、潘某荣、钟某尧、石某4名核心技术人员。请发行人：(1) 按照《上海证券交易所科创板股票发行上市审核问答》(上证发〔2019〕29号) 的要求，披露核心技术人员的认定依据，核心技术人员在公司研发、取得专利、集成电路布图设计专有权、软件著作权、非专利技术等方面发挥的具体作用。(2) 结合公司研发部门主要成员、主要专利发明人、主要研发项目参与人、员工持股数量及变化等情况，披露核心技术人员的认定是否恰当。(3) 披露报告期内核心技术人员的变化情况，最近2年内是否发生重大不利变化。请保荐机构及发行人律师对上述事项进行核查并发表明确意见。

2. 公司设立、股改、增资及股权转让中的各类问题核查

【案例公司】烟台睿创微纳技术股份有限公司

【问题内容】申报材料显示，发行人曾经为国有控股公司，国有股东烟台开发区国资公司增资时未履行评估程序。请保荐机构及发行人律师核查以下事项并发表明确意见：(1) 国有股东的股权管理方案是否取得主管部门的批复，申报文件中是否依法对国有股东进行标识；(2) 烟台开发区国资公司对发行人增资扩股时，前两次增资均未进行评估的原因，并结合当时有效的法律法规，分析说明上述增资行为的法律依据是否充分，履行程序是否合法以及对发行人的影响；(3) 发行人历史上是否存在收购国有资产的情形，烟台开发区国资公司转让发行人股权时，是否依法履行资产评估、公开交易等程序；(4) 相关主管部门是否就上述增资程序的合法性，是否造成国有资产流失等事项出具明确意见。

3. 关联方及关联交易的核查

【案例公司】浙江杭可科技股份有限公司

【问题内容】请发行人说明：(1) 招股说明书是否严格按照《公司法》《企业会计准则》及中国证监会有关规定披露关联方，合肥国轩高科动力能源有限公司等客户是否应当认定为关联方；(2) 合肥国轩高科动力能源有限公司等客户与西藏国轩、合肥国轩的关系，该等客户与发行人、发行人的实际控制人是否存在利益安排，是否存在其他发行人客户直接或间接持有发行人股份的情形；

(3) 上述交易的合理性及公允性，以及相关交易的交易内容、交易金额、交易背景、相关交易与发行人主营业务之间的关系。请结合可比市场公允价格、第三方市场价格、关联方与其他交易方的价格等，说明相关交易的公允性……

请保荐机构、发行人律师对上述事项进行核查，说明核查方式、过程及依据，并就发行人是否存在严重影响独立性或显失公平的关联交易发表明确意见。

4. 土地房屋问题的核查

【案例公司】交控科技股份有限公司

【问题内容】发行人在成都购买的房屋产权证书尚未取得，发行人与成都重投九华实业有限公司就上述2处房屋分别签署E1－2－081号、E1－2－082号《四川省商品房买卖合同》，房屋产权证书目前正在办理过程中。请发行人补充披露：(1) 发行人及其下属企业生产经营用房及相关土地使用权的具体情况，是否均已办理权属登记，实际用途与证载用途或规划用途是否相符，是否存在违法违规情形，是否存在受到行政处罚的法律风险；(2) 未办证房产取得权属证书是否存在法律障碍，是否存在被要求拆除的法律风险，对发行人正常生产经营是否存在不利影响；(3) 前述事项是否影响发行人的资产完整性和独立持续经营能力，是否构成本次发行上市的法律障碍。请保荐机构和发行人律师核查并发表明确意见。

十二、科创板表决权差异安排的制度设计（同股不同权）[①]

（一）表决权差异安排的制度设计

对于科技创新企业，尤其是在创业阶段即引进战略投资人的科技创新企业，核心管理团队因多轮引入战略投资人而稀释股权，此种情况下，为了保证核心管

① 九号机器人有限公司是第一家设置“同股不同权”制度的申报科创板企业。其中，A类普通股持有人每股可投1票，B类普通股持有人每股可投5票。

理团队对公司的控制权，可以考虑设置表决权差异的同股不同权制度安排。

表决权差异安排，是指发行人（公司）依照《公司法》第131条的规定，在一般规定的普通股份之外，发行拥有特别表决权的股份。每一特别表决权股份拥有的表决权数量大于每一普通股份拥有的表决权数量，其他股东权利与普通股份相同。

特别表决权股份一经转让，应当恢复至与普通股份同等的表决权。公司发行特别表决权股份的，应当在公司章程中规定特别表决权股份的持有人资格、特别表决权股份拥有的表决权数量与普通股份拥有的表决权数量的比例安排、持有人所持特别表决权股份能够参与表决的股东大会事项范围、特别表决权股份锁定安排及转让限制等事项。

（二）表决权差异的基本要求

根据上交所上市规则的要求，安排表决权差异的应当满足以下要求：

1. 表决权差异安排的市值要求

存在表决权差异安排的发行人申请股票或者存托凭证首次公开发行并在科创板上市的，其表决权安排等应当符合《上海证券交易所科创板股票上市规则》等规则的规定；发行人应当至少符合下列上市标准中的一项：

（1）预计市值不低于人民币100亿元；

（2）预计市值不低于人民币50亿元，且最近1年营业收入不低于人民币5亿元。

2. 资格要求

（1）持有特别表决权股份的股东应当为对上市公司发展或业务增长等作出重大贡献，并且在公司上市前及上市后持续担任公司董事的人员或者该等人员实际控制的持股主体；

（2）持有特别表决权股份的股东在上市公司中拥有权益的股份合计应当达到公司全部已发行有表决权股份10%以上。

3. 表决权差异限制

上市公司章程应当规定每份特别表决权股份的表决权数量。

（1）每份特别表决权股份的表决权数量应当相同，且不得超过每份普通股份的表决权数量的10倍；

（2）除公司章程规定的表决权差异外，普通股份与特别表决权股份具有的其他股东权利应当完全相同；

（3）上市公司股票在上交所上市后，除同比例配股、转增股本情形外，不得在境内外发行特别表决权股份，不得提高特别表决权比例。

上市公司因股份回购等原因，可能导致特别表决权比例①提高的，应当同时采取将相应数量特别表决权股份转换为普通股份等措施，保证特别表决权比例不高于原有水平。

4. 普通表决权保障

上市公司应当保证普通表决权比例不得低于10%；单独或者合计持有公司10%以上已发行有表决权股份的股东有权提议召开临时股东大会；单独或者合计持有公司3%以上已发行有表决权股份的股东有权提出股东大会议案。

普通表决权比例，是指全部普通股份的表决权数量占上市公司全部已发行股份表决权数量的比例。

5. 特别表决权股票不得上市交易

特别表决权股份不得在二级市场进行交易，但可以按照上交所有关规定进行转让。

6. 永久转换

发行人安排了特别表决权的，如出现下列情形之一的，特别表决权股份应当按照1：1的比例转换为普通股份：

（1）持有特别表决权股份的股东不再符合规定的资格和最低持股要求，或

① 特别表决权比例，是指全部特别表决权股份的表决权数量占上市公司全部已发行股份表决权数量的比例。

者丧失相应履职能力、离任、死亡；

（2）实际持有特别表决权股份的股东失去对相关持股主体的实际控制；

（3）持有特别表决权股份的股东向他人转让所持有的特别表决权股份，或者将特别表决权股份的表决权委托他人行使；

（4）公司的控制权发生变更。

控制权发生变更的，上市公司发行的全部特别表决权股份均应当转换为普通股份。

7. 特定情形转换

上市公司股东对下列事项行使表决权时，每一特别表决权股份享有的表决权数量应当与每一普通股份的表决权数量相同：

（1）对公司章程作出修改；

（2）改变特别表决权股份享有的表决权数量；

（3）聘请或者解聘独立董事；

（4）聘请或者解聘为上市公司定期报告出具审计意见的会计师事务所；

（5）公司合并、分立、解散或者变更公司形式。

上市公司章程应当规定，股东大会对前款第 2 项作出决议，应当经过不低于出席会议的股东所持表决权的 2/3 以上通过。

（三）首家科创板“同股不同权”过会企业——优刻得科技股份有限公司

2019 年 9 月 27 日，科创板上市委审议同意了优刻得科技股份有限公司（下称“优刻得”）的科创板首发上市申请，优刻得成为首家通过科创板上市委审核的“同股不同权”企业。根据优刻得的招股说明书，优刻得“同股不同权”制度设计的主要内容如下：

1. 特别表决权的基本方案

2019 年 3 月 17 日，优刻得召开 2019 年第一次临时股东大会，表决通过《关于〈优刻得科技股份有限公司关于设置特别表决权股份的方案〉的议案》，并修改公司章程，设置特别表决权。

根据特别表决权设置安排，优刻得共同实际控制人季昕华、莫显峰及华琨持有的A类股份每股拥有的表决权数量为其他股东（包括本次公开发行对象）所持有的B类股份每股拥有的表决权的5倍。季昕华、莫显峰及华琨对优刻得的经营管理以及对需要股东大会决议的事项具有绝对控制权。

优刻得为首次公开发行股票并在科创板上市而发行的股票，及优刻得在二级市场进行交易的股票，均属于B类股份。

本次发行前，季昕华、莫显峰及华琨合计直接持有优刻得26.8347%的股份，根据优刻得现行有效的公司章程，通过设置特别表决权持有优刻得64.7126%的表决权，具体情况如下表所示：

序号	股东名称	持股数（股）	股权比例（%）	表决权数量（票）	表决权比例（%）
1	季昕华	50,831,173	13.9633	254,155,865	33.6726
2	莫显峰	23,428,536	6.4357	117,142,680	15.5200
3	华琨	23,428,536	6.4357	117,142,680	15.5200
4	其他现有股东	266,343,919	73.1653	266,343,919	35.2874
5	公众股东	–	–	–	–
合计	364,032,164	100.0000	754,785,144	100.0000	

优刻得本次拟发行不超过12140万股，按照本次可能发行的最多股数（不含采用超额配售选择权发行的股票数量）计算，季昕华、莫显峰及华琨在本次发行完成后将合计持有优刻得20.1239%的股份及55.7463%的表决权。优刻得发行后的表决权情况如下表所示（不考虑优刻得现有股东参与认购的情况，下同）：

序号	股东名称	持股数（股）	股权比例（%）	表决权数量（票）	表决权比例（%）
1	季昕华	50,831,173	10.4713	254,155,865	29.0071
2	莫显峰	23,428,536	4.8263	117,142,680	13.3696
3	华琨	23,428,536	4.8263	117,142,680	13.3696

续表

序号	股东名称	持股数（股）	股权比例（%）	表决权数量（票）	表决权比例（%）
4	其他现有股东	266,343,919	54.8674	266,343,919	30.3982
5	公众股东	121,400,000	25.0087	121,400,000	13.8555
合计	485,432,164	100.0000	876,185,144	100.0000	

若在本次发行中，按照本次可能发行的最多股数（含全额行使超额配售选择权，即采用超额配售选择权发行股票数量为首次公开发行股票数量的15%）计算，季昕华、莫显峰及华琨在本次发行完成后将合计直接持有优刻得19.3964%的股份及54.6113%的表决权。优刻得发行后的股本及表决权情况如下表所示：

序号	股东名称	持股数（股）	股权比例（%）	表决权数量（票）	表决权比例（%）
1	季昕华	50,831,173	10.0928	254,155,865	28.4165
2	莫显峰	23,428,536	4.6518	117,142,680	13.0974
3	华琨	23,428,536	4.6518	117,142,680	13.0974
4	其他现有股东	266,343,919	52.8835	266,343,919	29.7792
5	公众股东	139,610,000	27.7201	139,610,000	15.6095
合计	503,642,164	100.0000	894,395,144	100.0000	

2. 持有人所持有特别表决权股份能够参与表决的股东大会事项范围

根据《优刻得公司章程》的规定，A类股份及B类股份持有人就所有提交优刻得股东大会表决的决议案进行表决时，A类股份持有人每股可投5票，而B类股份持有人每股可投1票。尽管有前述安排，优刻得股东对下列事项行使表决权时，每一A类股份享有的表决权数量应当与每一B类股份的表决权数量相同：

（1）对《公司章程》作出修改；

（2）改变A类股份享有的表决权数量；

（3）聘请或者解聘公司的独立董事；

（4）聘请或者解聘为公司定期报告出具审计意见的会计师事务所；

（5）公司合并、分立、解散或者变更公司形式。

股东大会对上述第（2）项作出决议，应当经过不低于出席会议的股东所持表决权的2/3以上通过，但根据《上海证券交易所科创板股票上市规则》的规定，将相应数量A类股份转换为B类股份的不受前述需要2/3表决权以上通过的约束。

3. 锁定安排及转让限制

（1）不得增发A类股份

优刻得股票在交易所上市后，除同比例配股、转增股本情形外，不得在境内外发行A类股份，不得提高特别表决权比例。优刻得因股份回购等原因，可能导致特别表决权比例提高的，应当同时采取将相应数量A类股份转换为B类股份等措施，保证特别表决权比例不高于原有水平。

（2）A类股份的转让限制

A类股份不得在二级市场进行交易，但可以按照证券交易所有关规定进行转让。

（3）A类股份的转换

出现下列情形之一的，A类股份应当按照1：1的比例转换为B类股份：

①持有A类股份的股东不再符合《上海证券交易所科创板股票上市规则》及《优刻得科技股份有限公司关于设置特别表决权股份的方案》规定的资格和最低持股要求，或者丧失相应履职能力、离任、死亡；

②实际持有A类股份的股东失去对相关持股主体的实际控制；

③持有A类股份的股东向他人转让所持有的A类股份，或者将A类股份的表决权委托他人行使；

④公司的控制权发生变更。

发生前款第④项情形的，优刻得已发行的全部A类股份均应当转换为B类股份。发生上述第①项情形的，A类股份自相关情形发生时即转换为B类股份，相关股东应当立即通知优刻得，优刻得应当及时披露具体情形、发生时间、转换为 B 类股份的 A 类股份数量、剩余 A 类股份数量等情况。

4. 保护中小股东利益的具体措施

优刻得已建立了包括《股东大会议事规则》《董事会议事规则》《监事会议事规则》《信息披露管理制度》《控股股东和实际控制人行为规则》《独立董事工作制度》等在内的一系列内控制度，完善优刻得治理，保障中小股东的合法权益。

根据《公司章程》《公司章程（草案）》及相关内部控制制度的规定，优刻得采取如下具体措施保护中小股东利益：

（1）充分保障中小股东分红权益；

（2）设置独立董事；

（3）符合一定条件的股东有权提名公司董事；

（4）符合一定条件的股东有权提议召开董事会临时会议；

（5）公司设置监事会，其对表决权差异安排的相关事项出具专项意见；

（6）建立健全信息披露制度；

（7）拓展投资者沟通渠道等。

5. 上交所问询关注的相关问题

上交所主要在第 2 轮问询中询问了特别表决权的相关事项，具体如下：

“问题 1：关于特别表决权

根据回复材料，发行人特别表决权设置于 2019 年 3 月。

请发行人：（1）进一步说明表决权设置运行时间较短，如何保证公司治理结构的稳定及公司治理有效；（2）结合优刻得（开曼）层面季昕华、莫显峰、华琨的特别表决权安排及本次的特别表决权安排差异，说明本次表决权数量设置的合理性；（3）说明自终止红筹架构协议至发行人本次表决权设置的时间间隔，以及在此期间公司与优刻得（开曼）层面表决权具体安排及实际运行情况；（4）结合公司表决权的历次安排，进一步说明公司最近 2 年内控制权是否稳定、实际控制人是否发生重大变更；（5）季昕华、莫显峰、华琨的一致行动协议安排与特别表决权安排是否挂钩，若3人解除一致行动安排是否会导致特别表决权安排发生改变；（6）结合公司发行前后3人的具体表决权比例，说明其他股东对公司股东大会议案的影响程度，对中小股东权益可能的具体影响，以及公司保护中小股东利益的具体措施；（7）公司设置特别表决权是否需要办理工商登记备案等程序及进展情况。

请发行人在招股说明书显要位置对以下事项作重大事项提示：季昕华、莫显峰、华琨的特别表决权设置时间、发行前后的具体表决权比例、特别表决权对股东大会议案的影响、对中小股东权益可能的具体影响以及保护中小股东利益的具体措施等。

请保荐机构和发行人律师核查并发表明确意见。”

十三、科创板红筹企业上市的制度设计①

根据上交所的上市规则，符合《国务院办公厅转发证监会关于开展创新企业境内发行股票或存托凭证试点若干意见的通知》（国办发〔2018〕21号）规定的红筹企业，可以申请发行股票或存托凭证并在科创板上市。红筹企业发行存托凭证的，按国家有关税收政策执行。

1. 红筹企业指注册地在境外，主要经营活动在境内的企业。

2. 试点企业是符合国家战略、掌握核心技术、市场认可度高，属于互联网、大数据、云计算、人工智能、软件和集成电路、高端装备制造、生物医药等高新技术产业和战略性新兴产业，且达到相当规模的创新企业。

3. 红筹企业境内发行股票或存托凭证试点分为两种情况：

（1）已在境外上市的大型红筹企业，市值不低于2000亿元人民币；

---

① 九号机器人有限公司，注册地位于开曼群岛，采用VIE架构，是第一家在科创板申报发行CDR的红筹企业。

（2）尚未在境外上市的创新企业（包括红筹企业和境内注册企业），最近1年营业收入不低于30亿元人民币且估值不低于200亿元人民币，或者营业收入快速增长，拥有自主研发、国际领先技术，同行业竞争中处于相对优势地位。

根据《上海证券交易所科创板股票上市规则》第2.1.3条规定，营业收入快速增长，拥有自主研发、国际领先技术，同行业竞争中处于相对优势地位的尚未在境外上市红筹企业，申请在科创板上市的，市值及财务指标应当至少符合下列标准之一：

①预计市值不低于人民币100亿元；

②预计市值不低于人民币50亿元，且最近1年营业收入不低于人民币5亿元。

4. 红筹企业架构

（1）非限制外资投资企业的红筹架构

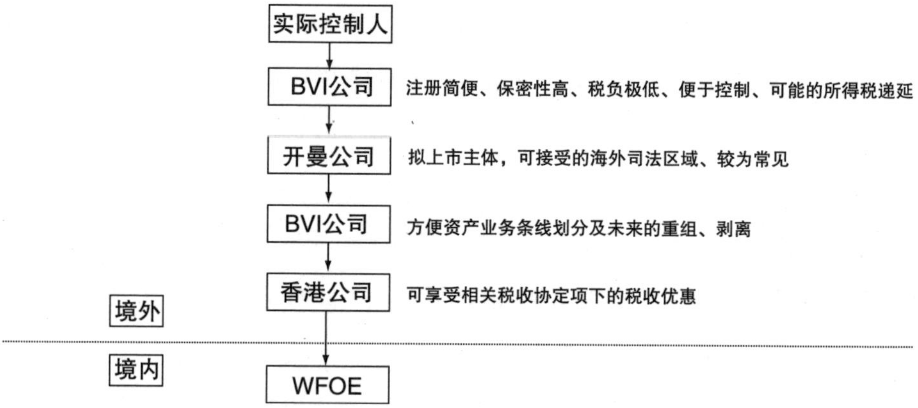

（2）限制外资投资的 VIE 模式

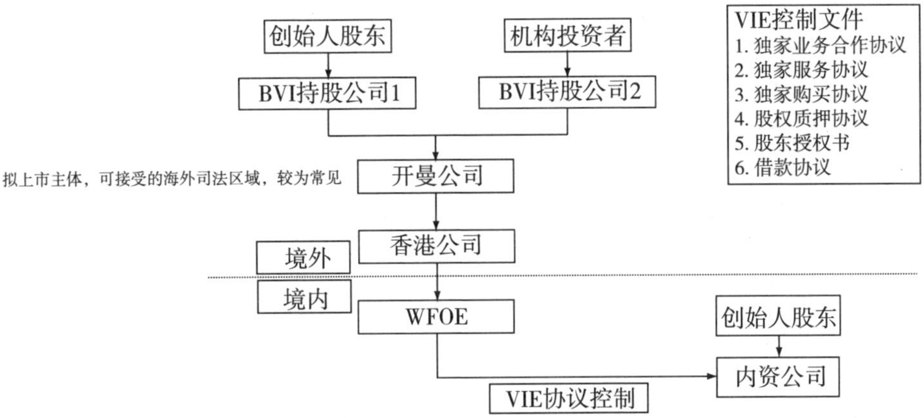

十四、科创板对发行人财务、内控的要求

科创板对财务、内控的要求如下：

1. 内控健全，并且有效执行；

2. 财务状况、经营成果和现金流量可以准确计量和披露，勾稽关系可靠；

3. 提供近 3 年（完整会计年度）无保留意见审计报告。

十五、科创板对发行人独立性、关联交易和同业竞争的要求

科创板要求发行人实现五独立，五分开，资产完整，业务及人员、财务、机构独立，与控股股东、实际控制人及其控制的其他企业间不存在对发行人构成重大不利影响的同业竞争，以及严重影响独立性或者显失公平的关联交易。同业竞争主要考虑是否为重大不利，重大不利是判断是否构成同业竞争的标准。根据《上海证券交易所科创板股票发行上市审核问答》第 4 条，竞争方的同类收入或毛利占发行人该类业务收入或毛利的比例达 30% 以上的，如无充分相反证据，原则上应认定为构成重大不利影响。关联交易主要考虑是否影响独立性，是否显

失公平，是否影响独立性和定价是否公允是判断关联交易是否影响上市的标准。

十六、科创板对发行人主营业务、控制权、管理团队和核心技术人员的要求

科创板要求发行人主营业务、控制权、管理团队和核心技术人员稳定，最近2年内主营业务和董事、高级管理人员及核心技术人员均没有发生重大不利变化；控股股东和受控股股东、实际控制人支配的股东所持发行人的股份权属清晰，最近2年实际控制人没有发生变更，不存在导致控制权可能变更的重大权属纠纷。

科创板相对于主板，增加了核心技术人员最近2年内不能有重大变化。一般情形下，因为股份公司改制、管理层岗位调整、人员的增加均不会认定有重大变化，但是对董事、高级管理人员和核心技术人员每年离职达到1/3以上的，需要重点关注是否构成重大变化。根据《上海证券交易所科创板股票发行上市审核问答》第6条，对发行人的董事、高级管理人员及核心技术人员是否发生重大不利变化的认定，应当本着实质重于形式的原则，综合两方面因素分析：一是最近2年内的变动人数及比例，在计算人数比例时，以上述人员合计总数作为基数；二是上述人员离职或无法正常参与发行人的生产经营是否对发行人生产经营产生重大不利影响。

最近3年内，发行人及其控股股东、实际控制人不存在贪污、贿赂、侵占财产、挪用财产或者破坏社会主义市场经济秩序的刑事犯罪，不存在欺诈发行、重大信息披露违法或者其他涉及国家安全、公共安全、生态安全、生产安全、公众健康安全等领域的重大违法行为。根据《上海证券交易所科创板股票发行上市审核问答》第3条，下列行为原则上被视为重大违法行为：被处以罚款等处罚且情节严重；导致严重环境污染、重大人员伤亡、社会影响恶劣等。

董事、监事和高级管理人员不存在最近3年内受到中国证监会行政处罚，或

者因涉嫌犯罪被司法机关立案侦查或者涉嫌违法违规被中国证监会立案调查，尚未有明确结论意见等情形。

十七、科创板对发行人重大权属纠纷及持续经营风险的要求

科创板要求发行人不存在主要资产、核心技术、商标等的重大权属纠纷，重大偿债风险，重大担保、诉讼、仲裁等或有事项，经营环境已经或者将要发生的重大变化等对持续经营有重大不利影响的事项。

十八、科创板对发行人尚未盈利企业的信批要求

根据《上海证券交易所科创板股票发行上市审核问答》，申报科创板的企业应当根据自身特点，有针对性地披露行业特点、业务模式、公司治理、发展战略、经营政策、会计政策，充分披露科研水平、科研人员、科研资金投入等相关信息，并充分揭示可能对公司核心竞争力、经营稳定性以及未来发展产生重大不利影响的风险因素。

（一）申请科创板上市的企业尚未盈利或最近一期存在累计未弥补亏损的情形，应按照以下 5 个方面进行披露：

1. 原因分析

尚未盈利或最近一期存在累计未弥补亏损的发行人，应结合行业特点分析并披露该等情形的成因，如：产品仍处研发阶段，未形成实际销售等。发行人还应说明尚未盈利或最近一期存在累计未弥补亏损是偶发性因素，还是经常性因素导致。

2. 影响分析

发行人应充分披露尚未盈利或最近一期存在累计未弥补亏损对公司现金流、业务拓展、人才吸引、团队稳定性、研发投入、战略性投入、生产经营可持续性

等方面的影响。

3. 趋势分析

尚未盈利的发行人应当披露未来是否可实现盈利的前瞻性信息，对其产品、服务或者业务的发展趋势、研发阶段以及达到盈亏平衡状态时主要经营要素需要达到的水平进行预测。

4. 风险因素

尚未盈利或最近一期存在累计未弥补亏损的发行人，应充分披露相关风险因素，包括未来一定期间无法盈利或无法进行利润分配的风险等。未盈利状态持续存在或累计未弥补亏损继续扩大的，应分析触发退市条件的可能性，并充分披露相关风险。

5. 投资者保护措施及承诺

尚未盈利或最近一期存在累计未弥补亏损的发行人，应当披露依法落实保护投资者合法权益规定的各项措施；还应披露本次发行前累计未弥补亏损是否由新老股东共同承担以及已履行的决策程序。尚未盈利企业还应披露其控股股东、实际控制人和董事、监事、高级管理人员、核心技术人员按照相关规定作出的关于减持股份的特殊安排或承诺。

（二）依靠核心技术开展生产经营的信披要求

1. 报告期内通过核心技术开发产品（服务）的情况，报告期内核心技术产品（服务）的生产和销售数量，核心技术产品（服务）在细分行业的市场占有率；

2. 报告期内营业收入中，发行人依靠核心技术开展生产经营所产生收入的构成、占比、变动情况及原因等。

（三）股改时存在累计未弥补亏损的情形的信披要求

发行人应在招股说明书中充分披露其由有限责任公司整体变更为股份有限公司的基准日未分配利润为负的形成原因，该情形是否已消除，整体变更后的变化情况和发展趋势，与报告期内盈利水平变动的匹配关系，对未来盈利能力的影响，整体变更的具体方案及相应的会计处理、整改措施（如有），并充分揭示相关风险。

（四）研发支出资本化情形的信披要求

1. 与资本化相关研发项目的研究内容、进度、成果、完成时间（或预计完成时间）、经济利益产生方式（或预计产生方式）、当期和累计资本化金额、主要支出构成，以及资本化的起始时点和确定依据等内容；

2. 与研发支出资本化相关的无形资产的预计使用寿命、摊销方法、减值等情况，并说明是否符合相关规定。发行人还应结合研发项目推进和研究成果运用时可能发生的内外部不利变化、与研发支出资本化相关的无形资产规模等因素，充分披露相关无形资产的减值风险及其对公司未来业绩可能产生的不利影响。

（五）科研项目相关政府补助情形的信披要求

发行人应结合国家科技创新发展规划、公司承担科研项目的内容、技术创新水平、申报程序、评审程序、实施周期和补助资金来源等，说明所承担的科研项目是否符合国家科技创新规划。发行人应在招股说明书中披露所承担科研项目的名称、项目类别、实施周期、总预算及其中的财政预算金额、计入当期收益和经常性损益的政府补助金额等内容。

（六）国家秘密、商业秘密信披要求

发行人拟披露的信息属于国家秘密、商业秘密，披露后可能导致其违反国家有关保密的法律法规或者严重损害公司利益的，发行人及其保荐机构可以向上交所申请豁免披露。发行人应在豁免申请中逐项说明需要豁免披露的信息，认定国家秘密或商业秘密的依据和理由，并说明相关信息披露文件是否符合招股说明书准则及相关规定要求，豁免披露后的信息是否对投资者决策判断构成重大障碍。

第二节 科创板发行上市的问询审核机制

一、科创板发行上市的基本流程

上交所负责科创板发行上市审核，并报经中国证监会注册。

（一）申报

由保荐人保荐并通过上交所发行上市审核业务系统报送申请文件，交易所收到注册申请文件后，5 个工作日内作出是否受理的决定。

（二）上交所审核

上交所设立独立的审核部门，负责审核发行人公开发行并上市申请，并在 3 个月内形成审核意见。若上交所审核意见为同意，则报证监会履行发行注册程序；若上交所审核意见为不同意，则作出终止发行上市审核决定。

（三）证监会注册

在交易所发行上市审核工作的基础上，证监会履行发行注册程序，并在 20 个工作日内作出同意注册或者不予注册的决定。

二、上交所审核机构审核与上市委员会审议

（一）上交所审核机制

1. 发行上市审核机构

组成	上交所专职
运作	1. 按照发行上市申请文件受理的先后顺序审核； 2. 自受理之日起20个工作日内，通过保荐人向发行人提出首轮审核问询； 3. 在首轮审核问询发出后，发行人及其保荐人对审核问询存在疑问的，可以通过审核业务系统进行沟通；确需当面沟通的，可以通过审核业务系统预约； 4. 首轮审核问询后，存在发现新的需要问询事项，或首轮未回复的，审核机构收到发行人回复后10个工作日内可以继续提出审核问询。

2. 上市委员会

组成	委员30－40人，主要由上交所以外的专家和上交所相关专业人员组成。 1. 熟悉股票发行上市相关业务及有关证券法律、行政法规、部门规章和本所业务规则； 2. 熟悉所从事行业的专业知识，在所从事领域内有较高声誉。
运作	1. 按照发行上市申请文件受理的先后顺序审核； 2. 自受理之日起20个工作日内，通过保荐人向发行人提出首轮审核问询； 3. 在首轮审核问询发出后，发行人及其保荐人对审核问询存在疑问的，可以通过审核业务系统进行沟通；确需当面沟通的，可以通过审核业务系统预约； 4. 首轮审核问询后，存在发现新的需要问询事项，或首轮未回复的，审核机构收到发行人回复后10个工作日内可以继续提出审核问询。

3. 科技创新咨询委员会

组成	委员40－60人，由从事科技创新行业的科学研究、企业经营、投资管理、政策制定等相关工作，熟悉相关方面的产业政策、前沿技术、发展前景、竞争态势等，在所在领域取得突出成就，享有较高社会声望的权威专家、知名企业家、资深投资专家组成，所有委员均为兼职。根据科技创新企业行业相关性，咨询委员会中设立不同咨询组别。

续表

运作	1. 发行人是否具备科技创新属性、符合科创板定位； 2. 发行上市申请文件中与发行人业务和技术相关的问题； 3. 国内外科技创新及产业化应用的发展动态。

（二）上交所审核流程

上交所应自受理注册申请文件之日 3 个月内形成审核意见，具体审核流程如下图所示：

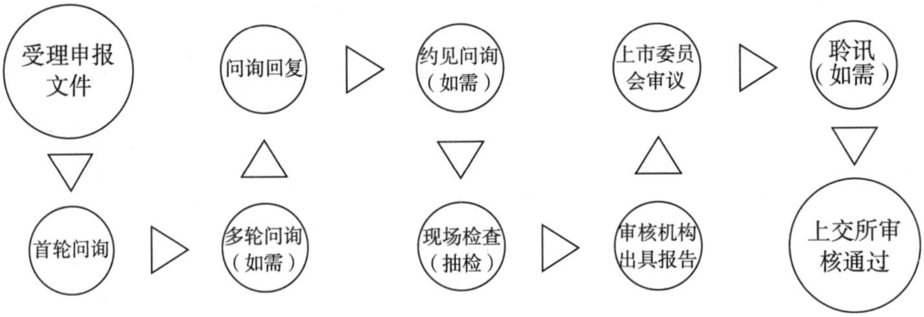

（三）上交所审核内容与审核方式

1. 发行条件的审核

发行人申请股票首次发行上市的，应当符合《注册办法》规定的发行条件。

2. 上市条件的审核

发行人申请股票首次发行上市的，应当符合上交所规定的上市条件。

3. 信息披露的审核

（1）充分性

重点关注发行上市申请文件披露的内容是否包含对投资者作出投资决策有重大影响的信息，披露程度是否达到投资者作出投资决策所必需的水平。包括但不限于是否充分、全面披露发行人业务、技术、财务、公司治理、投资者保护等方面的信息以及本次发行的情况和对发行人的影响，是否充分揭示可能对发行人经营状况、财务状况产生重大不利影响的所有因素等事项。

（2）一致性

重点关注发行上市申请文件的内容及信息披露内容是否一致、合理和具有内在逻辑性。包括但不限于财务数据是否勾稽合理，是否符合发行人实际情况，非财务信息与财务信息是否相互印证，保荐人、证券服务机构核查依据是否充分，能否对财务数据的变动或者与同行业公司存在的差异作出合理解释。

（3）可理解性

审核重点关注发行上市申请文件披露内容是否简明易懂，是否便于一般投资者阅读和理解。包括但不限于是否使用浅白语言，是否简明扼要、重点突出、逻辑清晰，是否结合企业自身特点进行有针对性的信息披露。

（四）上交所审核的具体方式

1. 问询式审核

上交所对发行上市申请文件进行审核问询，将根据需要进行一轮或多轮问询。审核问询均通过书面形式进行，发行人及中介机构要及时、逐项回复，并通过发行上市审核业务系统提交。

2. 电子化审核

上交所建立发行上市审核业务系统，发行上市的申请、受理、问询、回复等事项通过发行上市审核业务系统进行电子化办理。

3. 分行业审核

考虑到科创板行业特征明显，上交所将对科创板申报企业探索实施分行业审核，结合发行人的具体行业特征和行业主要风险，进行有针对性的审核。

（五）上交所审核程序

1. 预沟通

在提交发行上市申请文件前，对于重大疑难、无先例事项等涉及上交所业务规则理解与适用的问题，发行人及保荐人可以通过上交所发行上市审核业务系统进行咨询；确需当面咨询的，可以通过上交所发行上市审核业务系统预约。

2. 申请与受理

（1）发行人应当通过保荐人以电子文档形式向上交所提交发行上市申请文

件，发行上市申请文件一经受理，发行人及其控股股东、实际控制人、董事、监事和高级管理人员，以及与本次股票发行上市相关的保荐人、证券服务机构及其相关人员即须承担相应的法律责任。

（2）根据收到发行上市申请文件的先后顺序，上交所在核对后 5 个工作日内决定是否受理。

3. 审核机构审核

（1）上交所设立发行上市审核机构，对发行人的发行上市申请文件进行审核。上交所发行上市审核机构按照受理顺序开始审核，自受理之日起 20 个工作日内提出审核问询。

在首轮审核问询发出后，发行人及其保荐人对上交所审核问询存在疑问的，可以通过上交所发行上市审核业务系统进行沟通；确需当面沟通的，可以通过上交所发行上市审核业务系统预约。

（2）首轮审核问询后，存在下列情形之一的，上交所发行上市审核机构收到发行人回复后 10 个工作日内可以继续提出审核问询：

①首轮审核问询后，发现新的需要问询事项；

②发行人及其保荐人、证券服务机构的回复未能有针对性地回答上交所发行上市审核机构提出的审核问询，或者上交所就其回复需要继续审核问询；

③发行人的信息披露仍未满足中国证监会和上交所规定的要求；

④上交所认为需要继续审核问询的其他情形。

（3）上交所在发行上市审核中，可以根据需要，约见问询发行人的董事、监事、高级管理人员、控股股东、实际控制人以及保荐人、证券服务机构及其相关人员，调阅发行人、保荐人、证券服务机构与发行上市申请相关的资料。

（4）上交所在发行上市审核中，发现发行上市申请文件存在重大疑问且发行人及其保荐人、证券服务机构回复中无法作出合理解释的，可以对发行人及其保荐人、证券服务机构进行现场检查；上交所收到发行人及其保荐人、证券服务机构对上交所审核问询的回复后，认为不需要进一步审核问询的，将出具审核报告并提交上市委员会审议。

4. 上市委审议

（1）上交所设立科创板股票上市委员会，通过会议对发行上市审核机构出具的审核报告及发行上市申请文件进行审议。上市委员会审议时，参会委员就审核报告的内容和发行上市审核机构提出的初步审核意见发表意见，通过合议形成同意或者不同意发行上市的审议意见。每次审议会议由 5 名委员参加，其中会计、法律专家至少各 1 名。

（2）上市委员会进行审议时要求对发行人及其保荐人进行现场问询的，发行人代表及保荐代表人应当到会接受问询，回答委员提出的问题。

5. 报送同意的审核意见或作出终止发行的决定

上交所结合上市委审议意见，出具同意发行上市的审核意见的，连同发行上市申请文件和相关审核资料报送中国证监会履行注册程序。中国证监会按照规定进行注册，中国证监会进一步提出反馈意见的，上交所将反馈意见告知发行人及中介机构。上交所审核不通过的，作出终止发行上市审核的决定。

6. 审核时限原则上为 6 个月

原则上上交所受理之日起 6 个月内出具同意的审核意见或者作出终止发行上市审核的决定，上交所审核时间不超过 3 个月，发行人及中介机构回复问询的时间总计不超过 3 个月。

7. 不予受理和终止审核可以提请复审

发行人可以在收到上交所不予受理或终止审核的决定文件后 5 个工作日内，向上交所申请复审，上交所在收到复审申请后 20 个工作日内召开上市委员会复审会议，复审期间原决定的效力不受影响。

（六）上交所中止、终止审核

1. 中止审核事项

发行人及其控股股东、实际控制人涉嫌规定类型的犯罪或者重大违法行为被立案调查或被立案侦查，发行人的中介机构及相关人员涉嫌违法违规被立案调查或司法侦查，中介机构被限制业务活动、责令停业整顿，中介机构相关人员被市场禁入、限制证券从业资格，中介机构及其人员被上交所“冷淡对待”，发行人提交的文件已过期或主动要求中止审核等情形，上交所可以中止审核。中止审核时间最长不超过3个月，规定时限内中止审核情形未消除的，终止审核。

2. 终止审核事项

发行上市申请文件内容存在重大缺陷，发行人撤回发行上市申请或保荐人撤销保荐，发行人未在规定时限内回复上交所审核问询或者未对发行上市申请文件作出解释说明、补充修改，发行上市申请文件存在造假，发行人阻碍或者拒绝检查，以不正当手段严重干扰审核，法人资格终止，规定时限内中止审核情形未消除，上交所审核不通过等，上交所将终止审核。

三、证监会同意科创板企业上市注册

（一）证监会注册流程

中国证监会同意注册的决定自作出之日起1年内有效，具体流程如下图所示：

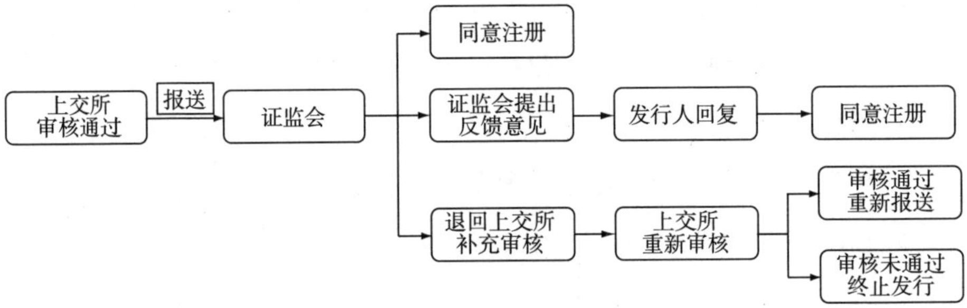

（二）证监会撤销注册的情形

1. 中国证监会作出注册决定后、发行人股票上市交易前，发现可能影响本次发行的重大事项的，中国证监会可以要求发行人暂缓或者暂停发行、上市；相关重大事项导致发行人不符合发行条件的，可以撤销注册。

2. 中国证监会撤销注册后，股票尚未发行的，发行人应当停止发行；股票已经发行尚未上市的，发行人应当按照发行价并加算银行同期存款利息返还股票持有人。

（三）证监会及交易所监管安排

1. 再次申报时间限制

明确上交所审核不通过作出终止发行上市审核的决定或者证监会作出不同意注册决定的，发行人 6 个月后方可再报。保荐人报送的发行上市申请在 1 年内累计 2 次被上交所不予受理的，自第二次收到上交所相关文件之日起 3 个月后方可向上交所报送新的发行上市申请。

2. 未达盈利预测的处分

利润实现数未达到盈利预测 80% 的，除因不可抗力外，交易所可以对发行人及其董事长、总经理、财务负责人给予通报批评、公开谴责或者 1 年内不接受发行人提交的发行上市申请文件的纪律处分。

利润实现数未达到盈利预测 50% 的，除因不可抗力外，交易所可以对发行人及其董事长、总经理、财务负责人给予公开谴责或者 3 年内不接受发行人提交的发行上市申请文件的纪律处分。

四、科创板上市现场检查

中国证监会和上交所可以对发行人进行现场检查，可以要求保荐人、证券服务机构对有关事项进行专项核查并出具意见。

上交所在发行上市审核中，若发现发行上市申请文件存在重大疑问且发行人及其保荐人、证券服务机构回复中无法作出合理解释的，可以对发行人及其保荐人、证券服务机构进行现场检查。

第三节　科创板企业上市发行承销与交易

一、科创板发行与承销

（一）战略配售、高管员工参与配售

科创板降低了向战略投资者配售条件的要求，引入了发行人高管与核心员工认购安排。

1. 战略配售

（1）首次公开发行股票数量在1亿股以上的，战略投资者获得配售的股票总量原则上不得超过本次公开发行股票数量的30%，超过的应当在发行方案中充分说明理由。

（2）首次公开发行股票数量不足1亿股的，战略投资者获得配售的股票总量不得超过本次公开发行股票数量的20%。

2. 高管员工参与配售

发行人的高级管理人员与核心员工可以设立专项资产管理计划参与发行战略配售。前述专项资产管理计划获配的股票数量不得超过首次公开发行股票数量的10%，且应当承诺获得本次配售的股票持有期限不少于12个月。

（二）面向专业机构投资者询价定价

首次公开发行股票，应当向证券公司、基金管理公司、信托公司、财务公司、保险公司、合格境外机构投资者和私募基金管理人等专业机构投资者询价确定股票发行价格。

参与询价的专业机构投资者可以为其管理的不同配售对象账户分别填报一个报价，每个报价应当包含配售对象信息、每股价格和该价格对应的拟申购股数。同一网下投资者全部报价中的不同拟申购价格不超过 3 个。

定价完成后，如发行人总市值无法满足其在招股说明书中明确选择的市值与财务指标上市标准的，将中止发行，与境外成熟资本市场的发行上市规定相一致。

（三）披露发行报价平均水平信息

科创板沿用现行报价后剔除拟申购总量中报价最高部分的规定，并要求网上申购前披露剔除最高报价部分后有效报价的中位数和平均数，以及公开募集方式设立的证券投资基金和其他偏股型资产管理产品、全国社会保障基金和基本养老保险基金的报价中位数和加权平均数等信息。

如果发行定价超过前述中位数、平均数，主承销商与发行人应当至少在申购前一周发布投资风险特别公告，为投资者留有研判时间、提供决策信息。

（四）提高网下发行配售数量占比

科创板将网下初始发行比例调高 10%，并降低网下初始发行量向网上回拨的力度，回拨后网下发行比例将不少于 60%，有利于引导各类投资者理性参与，也对引导个人投资者通过公募产品参与科创板股票发行具有积极作用。

网下发行比例具体规定如下：

1. 公开发行后总股本不超过 4 亿股的，网下初始发行比例不低于本次公开发行股票数量的 70%。

2. 公开发行后总股本超过 4 亿股或者发行人尚未盈利的，网下初始发行比例不低于本次公开发行股票数量的 80%。

3. 应当安排不低于本次网下发行股票数量的50%优先向公募产品、社保基金、养老金、根据《企业年金基金管理办法》设立的企业年金基金和符合《保险资金运用管理办法》等相关规定的保险资金配售。

4. 公募产品、社保基金、养老金、企业年金基金和保险资金有效申购不足安排数量的，发行人和主承销商可以向其他符合条件的网下投资者配售剩余部分。

5. 对网下投资者进行分类配售的，同类投资者获得配售的比例应当相同。公募基金、社保基金、养老金、企业年金基金和保险资金的配售比例应当不低于其他投资者。

6. 安排向战略投资者配售股票的，应当扣除向战略投资者配售部分后确定网下网上发行比例。

（五）回拨机制调整

网上投资者有效申购倍数超过50倍且不超过100倍的，应当从网下向网上回拨，回拨比例为本次公开发行股票数量的5%；网上投资者有效申购倍数超过100倍的，回拨比例为本次公开发行股票数量的10%；回拨后无限售期的网下发行数量原则上不超过本次公开发行股票数量的80%。

（六）降低网上投资者申购单位

科创板保留“持有1万元以上沪市流通市值的投资者方可参与网上发行”的有关规定，并将现行1000股/手的申购单位降低为500股/手，每一个申购单位对应市值要求相应降低5000元，提升科创板网上投资者申购新股的普惠度。

（七）券商投行业务升级

允许发行人的保荐机构依法设立的相关子公司或者实际控制该保荐机构的证券公司依法设立的其他相关子公司，参与发行战略配售，并设置一定的限售期。

路演推介时主承销商的证券分析师应出具投资价值研究报告，承销股票的证券公司应当向通过战略配售、网下配售获配股票的投资者收取经纪佣金。

为加强对股票减持行为集中监管，发行人股东持有的首发前股份托管于保荐机构处。

（八）绿鞋机制

允许科创板发行人和主承销商普遍采用超额配售选择权，采用超额配售选择权发行股票数量不得超过首次公开发行股票数量的 15%；取消首次公开发行股票数量在 4 亿股以上的限制，促进科创板新股上市后股价稳定。

绿鞋，也称绿鞋机制或绿鞋期权，或超额配售选择权。 绿鞋机制起源于美国，因美国波士顿绿鞋制造公司于 1963 年 IPO 时率先使用而得名。	绿鞋机制是企业 IPO 的一项特殊条款，指发行人允许承销商向投资者出售比发行人原计划更多的股票，在股票上市后的一段时间内，承销商有权根据市场情况选择从二级市场购买发行人股票，或者要求发行人增发股票，分配给对此超额发售部分提出认购申请的投资者。 绿鞋机制属于承销商的“托市”行为之一，即在首发上市的一段时间里，新股价格容易出现大起大落，承销商为了减缓股价的较大幅度的上涨或下跌而主动介入股票交易。

绿鞋机制操作参考图示：

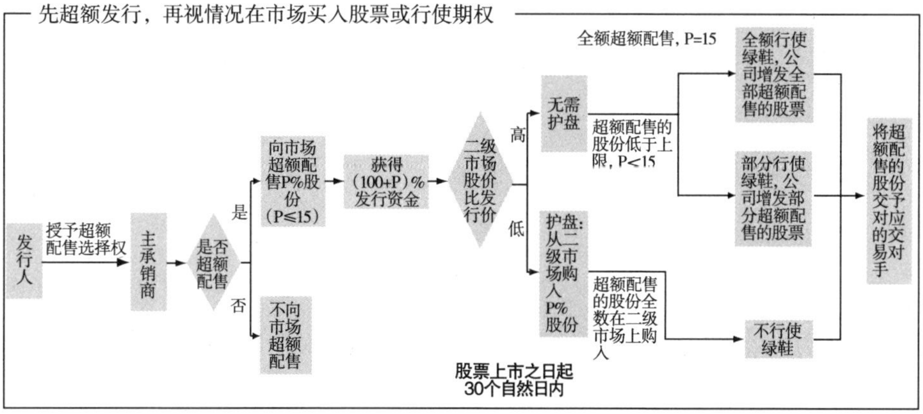

高慧律师智库

二、上市股票交易特别规定

（一）引入盘后固定价格交易

盘后固定价格交易指在收盘集合竞价结束后，上交所交易系统按照时间优先顺序对收盘定价申报进行撮合，并以当日收盘价成交的交易方式。盘后固定价格交易是盘中连续交易的有效补充，不仅可以满足投资者在竞价撮合时段之外以确定性价格成交的交易需求，也有利于减少被动跟踪收盘价的大额交易对盘中交易价格的冲击。

（二）优化融券交易机制

为了提高市场定价效率，着力改善“单边市”等问题，科创板将优化融券制度。科创板股票自上市首个交易日起可作为融资融券标的，且融券标的证券选择标准将与A股有所差别。

（三）新增两种市价申报方式

为便于投资者参与交易，降低现有的两种市价申报方式下投资者的成交风险，借鉴境内外证券交易所的做法，科创板新增两种本方最优价格申报和对手方最优价格申报市价申报方式。

本方最优价格申报，即该申报以其进入交易主机时，集中申报簿中本方最优报价为其申报价格。

对手方最优价格申报，即该申报以其进入交易主机时，集中申报簿中对手方最优报价为其申报价格。

（四）放宽涨跌幅限制

考虑到科创企业具有投入大、迭代快等固有特点，股票交易价格容易出现较大波动。在总结现有股票交易涨跌幅制度实施中的利弊得失基础上，科创板股票的涨跌幅限制放宽至20%。此外，为尽快形成合理价格，新股上市后的前5个交易日不设涨跌幅限制。

(五)调整单笔申报数量

为提高市场流动性，科创板不再要求单笔申报数量为100股及其整倍数。通过限价申报买卖科创板股票的，单笔申报数量应当不小于200股，且不超过10万股；通过市价申报买卖的，单笔申报数量应当不小于200股，且不超过5万股。卖出时，余额不足200股的部分，应当一次性申报卖出。

(六)可以根据市场情况调整微观交易机制

上交所可以对有效申报价格范围和盘中临时停牌情形作出另行规定，以防止过度投机炒作，维护正常交易秩序；可以决定实施差异化的最小价格变动单位，即依据股价高低，实施不同的申报价格最小变动单位，以降低低价股的买卖价差，提高高价股每个档位的订单深度，提升市场流动性。

(七)调整交易信息公开指标

科创板股票的交易公开信息同主板A股现行做法基本一致。由于科创板股票实行不同的涨跌幅限制，对股票异常波动的个别参数进行了调整。

(八)交易行为监督

科创板明确了投资者参与交易的审慎、分散化原则，避免自身交易行为影响股票交易价格正常形成机制；强化了会员对客户异常交易行为的管理责任。

三、科创板对投资者适当性要求(个人投资者的限制)

个人投资者参与科创板股票交易，应当符合下列条件：

1. 申请权限开通前20个交易日证券账户及资金账户内的资产日均不低于人民币50万元(不包括该投资者通过融资融券融入的资金和证券)；

2. 参与证券交易24个月以上；

3. 上交所规定的其他条件。

第四节　科创板上市公司持续监管

一、信息披露

（一）信息披露一般规定

1. 信息披露基本原则

上市公司和相关信息披露义务人应当披露所有可能对上市公司股票交易价格产生较大影响或者对投资决策有较大影响的事项（简称“重大事件”或者“重大事项”）。出现下列情形之一的，上市公司和相关信息披露义务人应当及时披露重大事项：

（1）董事会或者监事会已就该重大事项形成决议；

（2）有关各方已就该重大事项签署意向书或者协议；

（3）董事、监事或者高级管理人员已知悉该重大事项；

（4）其他发生重大事项的情形。

上市公司筹划的重大事项存在较大不确定性，立即披露可能会损害公司利益或者误导投资者，且有关内幕信息知情人已书面承诺保密的，公司可以暂不披露，但最迟应当在该重大事项形成最终决议、签署最终协议、交易确定能够达成时对外披露。相关信息确实难以保密、已经泄露或者出现市场传闻，导致公司股票交易价格发生大幅波动的，公司应当立即披露相关筹划和进展情况。

2. 信息披露一般要求

上市公司应当披露能够充分反映公司业务、技术、财务、公司治理、竞争优势、行业趋势、产业政策等方面的重大信息，充分揭示上市公司的风险因素和投资价值，便于投资者合理决策。上市公司应当对业绩波动、行业风险、公司治理等相关事项进行针对性信息披露，并持续披露科研水平、科研人员、科研资金投入、募集资金重点投向领域等重大信息。

上市公司出现下列情形的，上交所可以视情况决定公司股票的停牌和复牌：

（1）严重违反法律法规、本规则及上交所其他规定，且在规定期限内拒不按要求改正；

（2）定期报告或者临时公告披露存在重大遗漏或者误导性陈述，但拒不按照要求就有关内容进行解释或者补充；

（3）在公司运作和信息披露方面涉嫌违反法律法规、本规则或者上交所其他规定，情节严重而被有关部门调查；

（4）无法保证与上交所的有效联系，或者拒不履行信息披露义务；

（5）其他上交所认为应当停牌或者复牌的情形。

上市公司被要约收购的，要约收购期限届满至要约收购结果公告前，公司股票应当停牌。公司股票应当于要约结果公告日复牌。上市公司筹划重大事项或者具有其他上交所认为合理的理由，可以按照相关规定申请对其股票停牌与复牌。

3. 信息披露监管方式

上交所通过审阅信息披露文件、提出问询等方式，进行信息披露事中事后监管，督促信息披露义务人履行信息披露义务，督促保荐机构、证券服务机构履行职责。信息披露涉及重大复杂、无先例事项的，上交所可以实施事前审核。

上交所经审核认为信息披露文件存在重大问题，可以提出问询。上市公司和相关信息披露义务人应当在规定期限内如实答复，并披露补充或者更正公告。上市公司或者相关信息披露义务人公告屡次出现虚假记载、误导性陈述或者重大遗漏等情形的，上交所可以决定对其暂停适用信息披露直通车业务。

4. 信息披露管理制度

上市公司应当建立信息披露事务管理制度，经董事会审议通过并披露。上市公司应当建立内幕信息管理制度。上市公司及其董事、监事、高级管理人员和其他内幕信息知情人在信息披露前，应当将内幕信息知情人控制在最小范围。内幕信息知情人在内幕信息公开前，不得买卖公司股票、泄露内幕信息或者建议他人买卖公司股票。上市公司应当建立与投资者的有效沟通渠道，保障投资者合法权益。

（二）定期报告

1. 定期报告编制和披露要求

上市公司应当在每个会计年度结束之日起 4 个月内披露年度报告，在每个会计年度的上半年结束之日起 2 个月内披露半年度报告，在每个会计年度前 3 个月、9 个月结束之日起 1 个月内披露季度报告。第一季度季度报告的披露时间不得早于上一年度年度报告的披露时间。上市公司预计不能在规定期限内披露定期报告的，应当及时公告不能按期披露的原因、解决方案以及预计披露的时间。

上市公司未在规定的期限内披露季度报告，公司股票应当于报告披露期限届满当日停牌一天，届满日为非交易日的，于次一交易日停牌一天。公司未在规定期限内披露年度报告或者半年度报告的，公司股票应当于报告披露期限届满日起停牌，直至公司披露相关定期报告的当日复牌。公告披露日为非交易日的，则在公告披露后的第一个交易日复牌。公司因未披露年度报告或者半年度报告的停牌期限不超过 2 个月。停牌期间，公司应当至少发布 3 次风险提示公告。公司未披露季度报告的同时存在未披露年度报告或者半年度报告情形的，公司股票应当按照前款有关规定停牌与复牌。

上市公司财务会计报告因存在重大会计差错或者虚假记载，被中国证监会责令改正但未在规定期限内改正的，公司股票应当停牌，直至公司披露改正后的财务会计报告当日复牌。公告披露日为非交易日的，则在公告披露后的第一个交易日复牌。公司因未按要求改正财务会计报告的停牌期限不超过 2 个月。停牌期间，公司应当至少发布 3 次风险提示公告。

2. 业绩预告和业绩快报

上市公司预计年度经营业绩将出现下列情形之一的，应当在会计年度结束之日起 1 个月内进行业绩预告：

（1）净利润为负值；

（2）净利润与上年同期相比上升或者下降 50% 以上；

（3）实现扭亏为盈。

上市公司预计半年度和季度业绩出现前述情形之一的，可以进行业绩预告。上市公司股票被实施退市风险警示的，应当于会计年度结束之日起 1 个月内预告全年营业收入、净利润、扣除非经常性损益后的净利润和净资产。上市公司披露业绩预告后，预计本期业绩与业绩预告差异幅度达到 20% 以上或者盈亏方向发生变化的，应当及时披露更正公告。

上市公司可以在定期报告披露前发布业绩快报，披露本期及上年同期营业收入、营业利润、利润总额、净利润、总资产、净资产、每股收益、每股净资产和净资产收益率等主要财务数据和指标。上市公司预计不能在会计年度结束之日起 2 个月内披露年度报告的，应当在该会计年度结束之日起 2 个月内披露业绩快报。定期报告披露前，上市公司发现业绩快报与定期报告财务数据和指标差异幅度达到 10% 以上的，应当及时披露更正公告。

（三）应当披露的交易

1. 重大交易

（1）上市公司发生的交易（提供担保除外）达到下列标准之一的，应当及时披露：

①交易涉及的资产总额（同时存在账面值和评估值的，以高者为准）占上市公司最近一期经审计总资产的 10% 以上；

②交易的成交金额占上市公司市值的 10% 以上；

③交易标的（如股权）的最近一个会计年度资产净额占上市公司市值的10%以上；

④交易标的（如股权）最近一个会计年度相关的营业收入占上市公司最近一个会计年度经审计营业收入的10%以上，且超过1000万元；

⑤交易产生的利润占上市公司最近一个会计年度经审计净利润的10%以上，且超过100万元；

⑥交易标的（如股权）最近一个会计年度相关的净利润占上市公司最近一个会计年度经审计净利润的10%以上，且超过100万元。

（2）上市公司发生的交易（提供担保除外）达到下列标准之一的，应当提交股东大会审议：

①交易涉及的资产总额（同时存在账面值和评估值的，以高者为准）占上市公司最近一期经审计总资产的50%以上；

②交易的成交金额占上市公司市值的50%以上；

③交易标的（如股权）的最近一个会计年度资产净额占上市公司市值的50%以上；

④交易标的（如股权）最近一个会计年度相关的营业收入占上市公司最近一个会计年度经审计营业收入的50%以上，且超过5000万元；

⑤交易产生的利润占上市公司最近一个会计年度经审计净利润的50%以上，且超过500万元；

⑥交易标的（如股权）最近一个会计年度相关的净利润占上市公司最近一个会计年度经审计净利润的50%以上，且超过500万元。

（3）上市公司发生日常经营范围内的交易，达到下列标准之一的，应当及时进行披露：

①交易金额占上市公司最近一期经审计总资产的50%以上，且绝对金额超过1亿元；

②交易金额占上市公司最近一个会计年度经审计营业收入或营业成本的

50% 以上，且超过 1 亿元；

③交易预计产生的利润总额占上市公司最近一个会计年度经审计净利润的 50% 以上，且超过 500 万元；

④其他可能对上市公司的资产、负债、权益和经营成果产生重大影响的交易。

（4）上市公司提供担保的，应当提交董事会或者股东大会进行审议，并及时披露。上市公司下列担保事项应当在董事会审议通过后提交股东大会审议：

①单笔担保额超过公司最近一期经审计净资产 10% 的担保；

②公司及其控股子公司的对外担保总额，超过公司最近一期经审计净资产 50% 以后提供的任何担保；

③为资产负债率超过 70% 的担保对象提供的担保；

④按照担保金额连续 12 个月累计计算原则，超过公司最近一期经审计总资产 30% 的担保；

⑤上交所或者公司章程规定的其他担保。

对于董事会权限范围内的担保事项，除应当经全体董事的过半数通过外，还应当经出席董事会会议的 2/3 以上董事同意；前款第 4 项担保，应当经出席股东大会的股东所持表决权的 2/3 以上通过。

（5）上市公司购买、出售资产交易，涉及资产总额或者成交金额连续 12 个月内累计计算超过公司最近一期经审计总资产 30% 的，除应当披露并进行审计或者评估外，还应当提交股东大会审议，并经出席会议的股东所持表决权的 2/3 以上通过。

2. 关联交易

关联交易，是指上市公司或者其合并报表范围内的子公司等其他主体与上市公司关联人之间发生的交易，包括购买或者出售资产性质的交易和日常经营范围内发生的可能引致资源或者义务转移的事项。上交所可以根据实质重于形式的原则，将上市公司与相关方的交易认定为关联交易。

（1）上市公司与关联人发生的交易（提供担保除外）达到下列标准之一的，应当及时披露：

①与关联自然人发生的成交金额在30万元以上的交易；

②与关联法人发生的成交金额占上市公司最近一期经审计总资产或市值0.1%以上的交易，且超过300万元。

（2）上市公司与关联人发生的交易金额（提供担保除外）占上市公司最近一期经审计总资产或市值1%以上的交易，且超过3000万元，应当提供评估报告或审计报告，并提交股东大会审议。与日常经营相关的关联交易可免于审计或者评估。

（3）上市公司为关联人提供担保的，应当具备合理的商业逻辑，在董事会审议通过后及时披露，并提交股东大会审议。上市公司为控股股东、实际控制人及其关联方提供担保的，控股股东、实际控制人及其关联方应当提供反担保。

（4）上市公司拟进行须提交股东大会审议的关联交易，应当在提交董事会审议前，取得独立董事事前认可意见。独立董事事前认可意见应当取得全体独立董事的半数以上同意，并在关联交易公告中披露。

（5）上市公司董事会审议关联交易事项的，关联董事应当回避表决，并不得代理其他董事行使表决权。董事会会议应当由过半数的非关联董事出席，所作决议须经非关联董事过半数通过。出席董事会会议的非关联董事人数不足3人的，公司应当将交易事项提交股东大会审议。上市公司股东大会审议关联交易事项时，关联股东应当回避表决，并不得代理其他股东行使表决权。

（6）上市公司与关联人发生的下列交易，可以免予按照关联交易的方式审议和披露：

①一方以现金方式认购另一方公开发行的股票、公司债券或企业债券、可转换公司债券或者其他衍生品种；

②一方作为承销团成员承销另一方公开发行的股票、公司债券或企业债券、可转换公司债券或者其他衍生品种；

③一方依据另一方股东大会决议领取股息、红利或者薪酬；

④一方参与另一方公开招标或者拍卖，但是招标或者拍卖难以形成公允价格的除外；

⑤上市公司单方面获得利益的交易，包括受赠现金资产、获得债务减免、接受担保和资助等；

⑥关联交易定价为国家规定；

⑦关联人向上市公司提供资金，利率水平不高于中国人民银行规定的同期贷款基准利率，且上市公司对该项财务资助无相应担保；

⑧上市公司按与非关联人同等交易条件，向董事、监事、高级管理人员提供产品和服务；

⑨上交所认定的其他交易。

（四）应当披露的行业信息和经营风险

1. 行业信息

（1）上市公司应当主动披露对股票交易价格或者投资者决策有重大影响的行业信息。具体包括：

①所处行业的基本特点、主要技术门槛，报告期内新技术、新产业、新业态、新模式的发展情况和未来发展趋势；

②核心竞争优势，核心经营团队和技术团队的竞争力分析，以及报告期内获得相关权利证书或者批准文件的核心技术储备；

③当期研发支出金额及占销售收入的比例、研发支出的构成项目、费用化及资本化的金额及比重；

④在研产品或项目的进展或阶段性成果；研发项目预计总投资规模、应用前景以及可能存在的重大风险；

⑤其他有助于投资者决策的行业信息。

（2）上市公司开展与主营业务行业不同的新业务，或者进行可能导致公司业务发生重大变化的收购或资产处置等交易，应当及时披露下列信息：

①原因及合理性，包括现有业务基本情况及重大风险，新业务与上市公司主营业务是否具备协同性等；

②公司准备情况，包括在业务、资金、技术、人才等方面的储备，以及开展新业务对公司财务状况、现有业务的影响；

③新业务的行业情况，包括所依赖的技术水平、研发进展、商业化情况、市场成熟度、政策环境及市场竞争等；

④新业务的管理情况，包括开展新业务后，公司实际控制人对公司的控制情况是否发生变化，公司能否控制新业务；

⑤新业务审批情况，包括已经取得或者尚待有关部门审批的说明（如适用）；

⑥新业务的风险提示，包括上市公司经营风险、财务风险、新业务风险等；

⑦独立董事、监事会对公司开展新业务的意见；

⑧上交所或公司认为应当披露的其他重要内容。

2. 经营风险

（1）未盈利公司的风险披露

上市公司尚未盈利的，应当在年度报告显著位置披露公司核心竞争力和经营活动面临的重大风险。上市公司应当结合行业特点，充分披露尚未盈利的原因，以及对公司现金流、业务拓展、人才吸引、团队稳定性、研发投入、战略性投入、生产经营可持续性等方面的影响。

（2）业绩大幅下滑的风险披露

上市公司年度净利润或营业收入与上年同期相比下降50%以上，或者净利润为负值的，应当在年度报告中披露下列信息：

①业绩大幅下滑或者亏损的具体原因；

②主营业务、核心竞争力、主要财务指标是否发生重大不利变化，是否与行业趋势一致；

③所处行业景气情况，是否存在产能过剩、持续衰退或者技术替代等情形；

④持续经营能力是否存在重大风险；

⑤对公司具有重大影响的其他信息。

（3）重大不利变化的风险披露

①国家政策、市场环境、贸易条件等外部宏观环境发生重大不利变化；

②原材料采购价格、产品售价或市场容量出现重大不利变化，或者供销渠道、重要供应商或客户发生重大不利变化；

③核心技术人员离职；

④核心商标、专利、专有技术、特许经营权或者核心技术许可丧失、到期或者出现重大纠纷；

⑤主要产品、业务或者所依赖的基础技术研发失败或者被禁止使用；

⑥主要产品或核心技术丧失竞争优势；

⑦其他重大风险事项。

（4）重大事故或负面事件的风险披露

出现下列重大事故或负面事件的，应当及时披露具体情况及其影响：

①发生重大环境、生产及产品安全事故；

②收到政府部门限期治理、停产、搬迁、关闭的决定通知；

③不当使用科学技术或违反科学伦理；

④其他不当履行社会责任的重大事故或负面事件。

（5）重大风险事项的信息披露

上市公司出现下列重大风险事项之一，应当及时披露具体情况及其影响：

①可能发生重大亏损或者遭受重大损失；

②发生重大债务或者重大债权到期未获清偿；

③可能依法承担重大违约责任或者大额赔偿责任；

④计提大额资产减值准备；

⑤公司决定解散或者被有权机关依法吊销营业执照、责令关闭或者被撤销；

⑥预计出现股东权益为负值；

⑦主要债务人出现资不抵债，公司对相应债权未提取足额坏账准备；

⑧主要资产被查封、扣押、冻结或者被抵押、质押；

⑨主要银行账户被查封、冻结；

⑩主要业务陷入停顿；

⑪董事会会议无法正常召开并形成决议；

⑫被控股股东及其关联方非经营性占用资金或违规对外担保；

⑬控股股东、实际控制人或者上市公司因涉嫌违法违规被有权机关调查，或者受到重大行政、刑事处罚；

⑭实际控制人、公司法定代表人或者经理无法履行职责，董事、监事、高级管理人员、核心技术人员因涉嫌违法违纪被有权机关调查或者采取强制措施，或者受到重大行政、刑事处罚；

⑮上交所或者公司认定的其他重大风险情况。

（五）应当披露的其他重要事项

1. 异常波动和传闻澄清

上市公司股票交易出现上交所业务规则规定或者上交所认定的异常波动的，上交所可以根据异常波动程度和监管需要，采取下列措施：

（1）要求上市公司披露股票交易异常波动公告；

（2）要求上市公司停牌核查并披露核查公告；

（3）向市场提示异常波动股票投资风险；

（4）上交所认为必要的其他措施。

2. 股权质押高风险情形披露

上市公司控股股东应当审慎质押所持公司股份，合理使用融入资金，维持上市公司控制权和生产经营稳定。上市公司控股股东及其一致行动人质押股份占其所持股份的比例达到50%以上，应全面披露质押股份的基本情况、质押金额的用途、自身财务状况、控股股东质押对控制权的影响等；出现平仓风险的，控股股东及其一致行动人应及时通知上市公司，并披露是否可能导致公司控制权变更、拟采取的措施及面临的风险。

二、股票限售及减持

（一）科创板股票限售及减持

科创板现有相关规定中，对于股票限售及减持应当注意以下几点：

1. 自公司股票上市之日起36个月内，上市公司控股股东、实际控制人不得转让或者委托他人管理其直接和间接持有的首发前股份，也不得提议由上市公司回购该部分股份；转让双方存在控制关系或者受同一实际控制人控制的，自发行人股票上市之日起12个月后可豁免遵守该约定。

根据《上海证券交易所科创板股票发行上市审核问答（二）》第6条规定，对于发行人没有或难以认定实际控制人的，为确保发行人股权结构稳定、正常生产经营不因发行人控制权发生变化而受到影响，要求发行人的股东按持股比例从高到低依次承诺其所持股份自上市之日起锁定36个月，直至锁定股份的总数不低于发行前A股股份总数的51%。位列上述应予以锁定51%股份范围的股东，符合下列情形之一的，不适用上述锁定36个月的规定：员工持股计划；持股5%以下的股东；非发行人第一大股东且符合一定条件的创业投资基金股东。其中，“符合一定条件的创业投资基金股东”是指符合《私募基金监管问答——关于首发企业中创业投资基金股东的认定标准》的创业投资基金。对于存在刻意规避股份限售期要求的，上交所将按照实质重于形式的原则，要求相关股东参照控股股东、实际控制人的限售期进行股份锁定。

2. 自公司股票上市之日起12个月内和离职后6个月内，上市公司核心技术人员不得转让本公司首发前股份；自所持首发前股份限售期满之日起4年内，上市公司核心技术人员每年转让的首发前股份不得超过上市时所持公司首发前股份总数的25%，减持比例可以累积使用。

3. 公司上市时未盈利的，在公司实现盈利前，控股股东、实际控制人自公司股票上市之日起3个完整会计年度内，不得减持首发前股份；自公司股票上市之日起第 4 个会计年度和第 5 个会计年度内，每年减持的首发前股份不得超过公司股份总数的 2%，并应当符合《上海证券交易所上市公司股东及董事、监事、高级管理人员减持股份实施细则》关于减持股份的相关规定。

公司上市时未盈利的，在公司实现盈利前，董事、监事、高级管理人员及核心技术人员自公司股票上市之日起 3 个完整会计年度内，不得减持首发前股份；在前述期间内离职的，应当继续遵守本款规定。

（二）科创板股票限售及减持与其他板块的对比

对比项	科创板	A 股其他板块
锁定期	控股股东、实际控制人自股票上市之日起 36 个月内，不转让或者委托他人管理其所持股份，也不得由发行人回购核心技术人员股份锁定期为 1 年，期满后每年可以减持 25% 的首发前股份。	控股股东和实际控制人自股票上市之日起 36 个月内，不得转让或者委托他人管理其所持股份，也不得由发行人回购。
减持	公司上市时未盈利的，在公司实现盈利前，控股股东、实际控制人自公司股票上市之日起 3 个完整会计年度内，不得减持首发前股份；自公司股票上市之日起第 4 个会计年度和第 5 个会计年度内，每年减持的首发前股份不得超过公司股份总数的 2%。 公司上市时未盈利的，在公司实现盈利前，董事、监事、高级管理人员及核心技术人员自公司股票上市之日起 3 个完整会计年度内，不得减持首发前股份；在前述期间内离职的，应当继续遵守本款规定。 公司实现盈利后，前两款规定的股东可以自当年年度报告披露后次日起减持首发前股份，科创板股份减持的其他安排仍按照现行减持制度执行，特定股东可以通过非公开转让、配售方式转让首发前股份，具体事项将由交易所另行规定，报中国证监会批准后实施。	大股东减持或者特定股东减持，采取集中竞价交易方式的，在任意连续 90 日内，减持股份的总数不得超过公司股份总数的 1%。 持有上市公司非公开发行股份的股东，通过集中竞价交易减持该部分股份的，除遵守前款规定外，自股份解除限售之日起 12 个月内，减持数量不得超过其持有该次非公开发行股份数量的 50%。 大股东减持或者特定股东减持，采取大宗交易方式的，在任意连续 90 日内，减持股份的总数不得超过公司股份总数的 2%。 受让方在受让后 6 个月内，不得转让所受让的股份。

三、重大资产重组

（一）实施注册制

科创板公司发行股份购买资产、合并、分立，由上交所审核，上交所经审核同意科创公司发行股份购买资产的，报证监会履行注册程序。证监会收到上交所报送的审核意见等相关文件后，在5个交易日内对科创公司注册申请作出同意或者不予注册的决定。

对科创公司不涉及股份发行的重组上市申请，由上交所审核，审核通过的，作出同意重组上市的决定；审核不通过的，作出不同意重组上市的决定。

（二）科创公司重大资产重组的认定

科创公司及其控股或者控制的公司购买、出售资产，达到下列标准之一的，构成重大资产重组：

1. 购买、出售的资产总额占上市公司最近一个会计年度经审计的合并财务会计报告期末资产总额的比例达到50%以上；

2. 购买、出售的资产在最近一个会计年度所产生的营业收入占科创公司同期经审计的合并财务会计报告营业收入的比例达到50%以上，且超过5000万元人民币；

3. 购买、出售的资产净额占上市公司最近一个会计年度经审计的合并财务会计报告期末净资产额的比例达到50%以上，且超过5000万元人民币。

科创公司实施重大资产重组或者发行股份购买资产的，标的资产应当符合科创板定位，所属行业应当与科创公司处于同行业或者上下游，且与科创公司主营业务具有协同效应。

协同效应，是指科创公司因本次交易而产生的超出单项资产收益的超额利益，包括下列一项或者多项情形：

（1）增加定价权；

（2）降低成本；

（3）获取主营业务所需的关键技术、研发人员；

（4）加速产品迭代；

（5）产品或者服务能够进入新的市场；

（6）获得税收优惠；

（7）其他有利于主营业务发展的积极影响。

（三）发行股份的价格

科创公司发行股份的价格不得低于市场参考价的 80%。市场参考价为本次发行股份购买资产的董事会决议公告日前 20 个交易日、60 个交易日或者 120 个交易日的公司股票交易均价之一。

（四）标的资产对应经营实体

科创公司实施重组上市的，标的资产对应的经营实体应当是符合《科创板首次公开发行股票注册管理办法（试行）》规定的相应发行条件的股份有限公司或者有限责任公司，具体如下：

1. 发行人是依法设立且持续经营 3 年以上的股份有限公司，具备健全且运行良好的组织机构，相关机构和人员能够依法履行职责。

有限责任公司按原账面净资产值折股整体变更为股份有限公司的，持续经营时间可以从有限责任公司成立之日起计算。

2. 发行人会计基础工作规范，财务报表的编制和披露符合企业会计准则和相关信息披露规则的规定，在所有重大方面公允地反映了发行人的财务状况、经营成果和现金流量，并由注册会计师出具标准无保留意见的审计报告。

发行人内部控制制度健全且被有效执行，能够合理保证公司运行效率、合法合规和财务报告的可靠性，并由注册会计师出具无保留结论的内部控制鉴证报告。

3. 发行人业务完整，具有直接面向市场独立持续经营的能力：

（1）资产完整，业务及人员、财务、机构独立，与控股股东、实际控制人及其控制的其他企业间不存在对发行人构成重大不利影响的同业竞争，不存在严重影响独立性或者显失公平的关联交易。

（2）发行人主营业务、控制权、管理团队和核心技术人员稳定，最近2年内主营业务和董事、高级管理人员及核心技术人员均没有发生重大不利变化；控股股东和受控股股东、实际控制人支配的股东所持发行人的股份权属清晰，最近2年实际控制人没有发生变更，不存在导致控制权可能变更的重大权属纠纷。

（3）发行人不存在主要资产、核心技术、商标等的重大权属纠纷，重大偿债风险，重大担保、诉讼、仲裁等或有事项，经营环境已经或者将要发生重大变化等对持续经营有重大不利影响的事项。

4. 发行人生产经营符合法律、行政法规的规定，符合国家产业政策。

最近3年内，发行人及其控股股东、实际控制人不存在贪污、贿赂、侵占财产、挪用财产或者破坏社会主义市场经济秩序的刑事犯罪，不存在欺诈发行、重大信息披露违法或者其他涉及国家安全、公共安全、生态安全、生产安全、公众健康安全等领域的重大违法行为。

董事、监事和高级管理人员不存在最近3年内受到中国证监会行政处罚，或者因涉嫌犯罪被司法机关立案侦查或者涉嫌违法违规被中国证监会立案调查，尚未有明确结论意见等情形。

除上述条件外，科创企业重组上市标的资产对应的经营实体还应符合下列条件之一：

1. 最近两年净利润均为正且累计不低于人民币5000万元；

2. 最近1年营业收入不低于人民币3亿元，且最近3年经营活动产生的现金流量净额累计不低于人民币1亿元。

前款所称净利润以扣除非经常性损益前后的孰低者为准，所称净利润、经营活动产生的现金流量净额均指经审计的数值。

科创企业重组上市标的资产对应的经营实体存在表决权差异安排的，其表决权安排等应当符合《上海证券交易所科创板股票上市规则》等的规定，并符合下列条件之一：

1. 最近1年营业收入不低人民币于5亿元，且最近2年净利润均为正且累计不低于人民币5000万元；

2. 最近1年营业收入不低人民币于5亿元，且最近3年经营活动产生的现金流量净额累计不低于人民币1亿元。

科创公司实施重组上市，标的资产对应的经营实体尚未盈利的，本次交易实施完毕后的控股股东、实际控制人除应遵守《上市公司重大资产重组管理办法》关于股份转让的相关规定外，在科创公司重组上市后首次实现盈利前，自所取得股份不得转让期限届满后24个月内，每12个月转让的该股份不得超过科创公司股份总数的2%。

四、退市制度

科创板的退市制度聚焦两类目标公司。一类是存在财务欺诈等重大违法行为的公司，另一类是丧失持续经营能力且恢复无望的主业“空心化”公司。

（一）退市标准和程序：“宽进严出”

1. 退市标准

科创板的退市标准包括重大违法强制退市、交易类强制退市、财务类强制退市、规范类强制退市、主动终止上市等情形。

相比其他板块，科创板丰富和优化了退市指标体系，重大违法情形方面，吸收最新退市改革成果，列明了信息披露重大违法和公共安全重大违法等两类重大违法退市情形；市场指标方面，构建成交量、股票价格、股东人数和市值4个类型；财务指标方面，设置4类主业“空心化”定性标准和扣非前后净利润为负且主营收入未达到一定规模、净资产为负等定量标准，准确反映丧失持续经营能力企业的经营和财务特征，不再采用单一的连续亏损退市指标。其他合规指标方面，在现有未按期披露财务报告、被出具无法表示意见或否定意见审计报告等退市指标的基础上，增加信息披露或者规范运作存在重大缺陷等合规性退市指标。

2. 重大违法强制退市

（1）重大违法退市情形

上市公司存在欺诈发行、重大信息披露违法或者其他严重损害证券市场秩序的重大违法行为，且严重影响上市地位，其股票应当被终止上市的情形。

上市公司存在涉及国家安全、公共安全、生态安全、生产安全和公众健康安全等领域的违法行为，情节恶劣，严重损害国家利益、社会公共利益，或者严重影响上市地位，其股票应当被终止上市的情形。

（2）重大违法退市具体标准

①信息披露重大违法

1）上市公司首次公开发行股票申请或者披露文件存在虚假记载、误导性陈述或重大遗漏，被中国证监会依据《证券法》第184条作出行政处罚决定，或者被人民法院依据《刑法》第160条作出有罪生效判决；

2）上市公司发行股份购买资产并构成重组上市，申请或者披露文件存在虚假记载、误导性陈述或者重大遗漏，被中国证监会依据《证券法》第184条作出行政处罚决定，或者被人民法院依据《刑法》第160条作出有罪生效判决；

3）上市公司披露的年度报告存在虚假记载、误导性陈述或者重大遗漏，根据中国证监会行政处罚决定认定的事实，导致其相关财务指标已实际触及本规则规定的退市标准；

4）交易所根据上市公司违法行为的事实、性质、情节及社会影响等因素认定的其他严重损害证券市场秩序的情形。

②公共安全重大违法

1）上市公司或其主要子公司被依法吊销营业执照、责令关闭或者被撤销；

2）上市公司或其主要子公司被依法吊销主营业务生产经营许可证，或者存在丧失继续生产经营法律资格的其他情形；

3）交易所根据上市公司重大违法行为损害国家利益、社会公共利益的严重程度，结合公司承担法律责任类型、对公司生产经营和上市地位的影响程度等情形，认为公司股票应当终止上市的。

（二）简化退市环节

科创板取消了暂停上市、恢复上市环节，退市程序更加快捷、简明。触及财务类退市指标的公司，第一年实施退市风险警示，第二年仍触及即退市；衔接注册制安排，不再设置专门的重新上市环节，已退市企业如果符合科创板上市条件的，可以按照股票发行上市注册程序和要求提出申请、接受审核，但因重大违法强制退市的，不得提出新的发行上市申请，永久退出市场。

（三）从严执行退市标准

如果上市公司营业收入主要来源于与主营业务无关的贸易业务或者不具备商业实质的关联交易收入，有证据表明公司已经明显丧失持续经营能力，将按照规定的条件和程序启动退市。

（四）退市整理期

保留退市整理期，对于各类退市情形，均给予投资者30个交易日的退出窗口期，并完善听证和复核程序，充分保障上市公司的申辩权利。

为此，本书将主板、创业板及科创板的退市制度进行了详细比较，方便读者理解注册制下，科创板退市制度与主板、创业板的区别。

类型	主板	创业板	科创板
终止上市程序	主板具有退市风险警示、暂停上市环节，符合条件可恢复上市，若不符合条件或者未在规定时间恢复上市则进入终止上市环节。	创业板有暂停上市环节，符合条件可恢复上市，若不符合条件或者未在规定时间恢复上市则进入终止上市环节。	科创公司触及终止上市标准的，股票直接终止上市，不再适用暂停上市、恢复上市、重新上市程序。

续表

类型	主板	创业板	科创板
重大违法行为退市	同科创板	同科创板	（一）上市公司存在欺诈发行、重大信息披露违法或者其他严重损害证券市场秩序的重大违法行为； （二）上市公司存在涉及国家安全、公共安全、生态安全、生产安全和公众健康安全等领域的违法行为，情节恶劣，严重损害国家利益、社会公共利益。
信息披露退市	关于未在规定期限内依法如实披露的退市指标。公司在证券交易所规定的期限内，未改正财务会计报告中的重大差错或者虚假记载的，证券交易所应当终止其股票上市交易。法定期限届满后，公司在证券交易所规定的期限内，依然未能披露年度报告或者半年度报告的，证券交易所应当终止其股票上市交易。公司因净利润、净资产、营业收入、审计意见类型或者追溯重述后的净利润、净资产、营业收入等触及规定标准，其股票被暂停上市交易，不能在法定期限内披露最近一个会计年度的年度报告的，应终止其股票交易。		（一）上市公司首次公开发行股票申请或者披露文件存在虚假记载、误导性陈述或重大遗漏，被中国证监会依据《证券法》第 184 条作出行政处罚决定，或者被人民法院依据《刑法》第 160 条作出有罪生效判决； （二）上市公司发行股份购买资产并构成重组上市，申请或者披露文件存在虚假记载、误导性陈述或者重大遗漏，被中国证监会依据《证券法》第 184 条作出行政处罚决定，或者被人民法院依据《刑法》第 160 条作出有罪生效判决； （三）上市公司披露的年度报告存在虚假记载、误导性陈述或者重大遗漏，根据中国证监会行政处罚决定认定的事实，导致其相关财务指标已实际触及本规则规定的退市标准； （四）本所根据上市公司违法行为的事实、性质、情节及社会影响等因素认定的其他严重损害证券市场秩序的情形。

续表

类型	主板	创业板	科创板
交易退市	上市公司股票流动性严重不足，已经不再适合公开交易，证券交易所应当及时终止其上市交易。关于股票市值的退市指标。公司股票连续20个交易日（不含停牌交易日）每日收盘价均低于股票面值的，证券交易所应当终止其上市交易。社会公众持股比例不足公司股份总数25%的上市公司，或者股本总额超过人民币4亿元，社会公众持股比例不足公司股份总数10%的上市公司，在证券交易所规定的期限内仍不能达到上市条件的，证券交易所应当终止其股票上市交易。		上市公司出现下列情形之一的，决定终止其股票上市： （一）通过本所交易系统连续120个交易日实现的累计股票成交量低于200万股； （二）连续20个交易日股票收盘价低于股票面值； （三）连续20个交易日股票市值低于3亿元； （四）连续20个交易日股东数量低于400人； （五）本所认定的其他情形。 前款规定的交易日，不包含公司股票停牌日和公司首次公开发行股票上市之日起的20个交易日。
财务退市	关于公司净利润、净资产、营业收入、审计意见类型的退市指标。上市公司因净利润、净资产、营业收入、审计意见类型或者追溯重述后的净利润、净资产、营业收入等触及暂停上市规定标准，其股票被暂停上市交易后，公司披露的最近一个会计年度经审计的财务会计报告存在扣除非经常性损益前后的净利润孰低者为负值、期末净资产为负值、营业收入低于证券交易所规定数额或者被会计师事务所出具保留意见、无法表示意见、否定意见的审计报告等情形之一的，证券交易所应当终止其股票上市交易。		上市公司出现下列情形之一，明显丧失持续经营能力，达到本规则规定标准的，本所将对其股票启动退市程序： （一）主营业务大部分停滞或者规模极低； （二）经营资产大幅减少导致无法维持日常经营； （三）营业收入或者利润主要来源于不具备商业实质的关联交易； （四）营业收入或者利润主要来源于与主营业务无关的贸易业务； （五）其他明显丧失持续经营能力的情形。

续表

类型	主板	创业板	科创板
财务退市警示与暂停上市	退市风险警示：(1)最近2个年度经审计净利润连续为负值；(2)最近1个会计年度经审计期末净资产为负值；(3)最近1个会计年度经审计营业收入低于1000万元；(4)最近1个会计年度的财务会计报告被出具无法表示意见或者否定意见；(5)未在法定期限内披露年度报告或者半年度报告，且股票已停牌两个月；(6)因财务会计报告存在重大会计差错或者虚假记载，被中国证监会责令改正但未在规定期限内改正，且公司股票已停牌两个月；(7)因欺诈发行受到中国证监会行政处罚，或者因涉嫌欺诈发行罪被依法移送公安机关；(8)因重大信息披露违法受中国证监会行政处罚。 暂停上市：符合(1)(2)(3)(4)风险警示条件后，首个年度仍有相同情形；	暂停上市：(1)最近3年经审计净利润连续亏损；(2)最近1个年度的年末经审计净资产为负；(3)最近2个年度的财务会计报告均被注册会计师出具否定或者无法表示意见的审计报告；(4)在法定披露期限届满之日起两个月内仍未披露年度报告或者半年度报告；(5)因财务会计报告存在重要的前期差错或者虚假记载，被中国证监会责令改正但未在规定期限内披露改正后的财务会计报告和审计报告，并在规定期限届满之日起4个月内仍未改正；(6)构成欺诈发行强制退市情形；(7)构成重大信息披露违法等强制退市情形。	上市公司出现下列情形之一的，本所对其股票实施退市风险警示： (一)最近1个会计年度经审计的扣除非经常性损益之前或者之后的净利润(含被追溯重述)为负值，且最近1个会计年度经审计的营业收入(含被追溯重述)低于1亿元； (二)最近1个会计年度经审计的净资产(含被追溯重述)为负值； (三)本所认定的其他情形。 上市公司营业收入主要来源于与主营业务无关的贸易业务或者不具备商业实质的关联交易，公司明显丧失持续经营能力的，本所可以提交上市委员会认定在计算前款规定的营业收入指标时是否扣除前述收入，并通知上市公司。

续表

类型	主板	创业板	科创板
	符合（5）（6）风险警示条件，两个月内仍未整改；符合（7）（8）风险警示条件的 30 个交易日期届满。		
研发退市警示	无	无	研发型上市公司主要业务、产品或者所依赖的基础技术研发失败或者被禁止使用，且公司无其他业务或者产品符合本规则第 2.1.2 条第 5 项规定要求的，本所将对其股票实施退市风险警示。 (2.1.2 条规定：预计市值不低于人民币 40 亿元，主要业务或产品需经国家有关部门批准，市场空间大，目前已取得阶段性成果。医药行业企业需至少有一项核心产品获准开展二期临床试验，其他符合科创板定位的企业需具备明显的技术优势并满足相应条件）

第五节　科创板上市审核问答要点

一、科创板实际控制人认定

（一）认定规则一

1. 实际控制人的认定：实际控制人的认定应当根据股权结构、董事和高级管理人员的提名任免以及其他内部治理情况，客观、审慎地认定控制权归属。

2. 构成控制：具有下列情形之一的，构成控制：

（1）持有上市公司股份数量最多，但是有相反证据的除外；

（2）直接或者间接行使的表决权数量最多；

（3）能够决定董事会半数以上成员的任免；

（4）实际控制人的配偶、直系亲属，直接或间接持有上市公司5%以上股份或者担任公司董事、高级管理人员的，应当被认定为共同实际控制人，但是有相反证据的除外。

（二）认定规则二

实际控制人以发行人自身的认定为主，由发行人股东予以确认。

核查要点：公司章程、协议或其他安排以及发行人股东大会（股东出席会议情况、表决过程、审议结果、董事提名和任命等）、董事会（重大决策的提议和表决过程等)、监事会及发行人经营管理的实际运作情况。

发行人股权较为分散但存在单一股东控制比例达到30%的情形的，若无相反的证据，原则上应将该股东认定为控股股东或实际控制人。

存在下列情形之一的，关注是否通过实际控制人认定而规避发行条件或监管：

（1）公司认定存在实际控制人，但其他股东持股比例较高，与实际控制人持股比例接近的，且该股东控制的企业与发行人之间存在竞争或潜在竞争的；

（2）第一大股东持股接近30%，其他股东比例不高且较为分散，公司认定无实际控制人的。

（三）代持关系

1. 实际控制人认定中涉及股权代持情况的，发行人、相关股东应说明存在代持的原因，并提供支持性证据。

2. 对于存在代持关系但不影响发行条件的，发行人应在招股说明书中如实披露。如经查实，股东之间知晓代持关系的存在，且对代持关系没有异议、代持的股东之间没有纠纷和争议，则应将代持股份还原至实际持有人。

3. 通常不应以股东间存在代持关系为由，认定公司控制权未发生变动。对于以表决权让与协议、一致行动协议等方式认定实际控制人的，比照代持关系进行处理。

二、共同实际控制人

1. 法定或约定形成的一致行动关系并不必然导致多人共同拥有公司控制权的情况。

2. 通过一致行动协议主张共同控制的，无合理理由的（如第一大股东为纯财务投资人），一般不能排除第一大股东为共同控制人。实际控制人的配偶、直系亲属，如其持有公司股份达到5%以上或者虽未超过5%但是担任公司董事、高级管理人员并在公司经营决策中发挥重要作用，除非有相反证据，原则上应认定为共同实际控制人。

3. 共同实际控制人签署一致行动协议的，应当在协议中明确发生意见分歧或纠纷时的解决机制。对于作为实际控制人亲属的股东所持的股份，应当比照实际控制人自发行人上市之日起锁定36个月。

三、实际控制人变动的特殊情形

1. 实际控制人为单名自然人或有亲属关系多名自然人，实际控制人去世导致股权变动，股权受让人为继承人的，通常不视为公司控制权发生变更。

2. 其他多名自然人为实际控制人，实际控制人之一去世的，应结合股权结构、去世自然人在股东大会或董事会决策中的作用、对发行人持续经营的影响等因素综合判断。

四、科创板控股股东、实际控制人位于国际避税区且持股层次复杂

1. 核查要点：

设置此类架构的原因、合法性及合理性、持股的真实性、是否存在委托持股、信托持股、是否有各种影响控股权的约定、股东的出资来源等问题。

2. 需要说明的事项：

（1）发行人控股股东和受控股股东、实际控制人支配的股东所持发行人的股份权属是否清晰。

（2）发行人如何确保其公司治理和内控的有效性。

五、科创板对董事、高级管理人员及核心技术人员的要求

（一）核心技术人员

核心技术人员通常包括公司技术负责人、研发负责人、研发部门主要成员、主要知识产权和非专利技术的发明人或设计人、主要技术标准的起草者等。

（二）最近2年内董事、高级管理人员及核心技术人员均没有发生重大不利变化

认定原则：实质重于形式。

1. 最近2年内的变动人数及比例，在计算人数比例时，以上述人员合计总数作为基数。

2. 上述人员离职或无法正常参与发行人的生产经营是否对发行人生产经营产生重大不利影响。

（1）变动后新增的上述人员来自原股东委派或发行人内部培养产生的，原则上不构成重大不利变化。发行人管理层因退休、调任等原因发生岗位变化的，原则上不构成重大不利变化，但发行人应当披露相关人员变动对公司生产经营的影响。

（2）如果最近2年内发行人上述人员变动人数比例较大或上述人员中的核心人员发生变化，进而对发行人的生产经营产生重大不利影响的，应视为发生重大不利变化。

六、对重大违法行为的认定

1. 最近3年内，发行人及其控股股东、实际控制人在国家安全、公共安全、生态安全、生产安全、公众健康安全等领域，存在以下违法行为之一的，原则上视为重大违法行为：

（1）被处以罚款等处罚且情节严重；

（2）导致严重环境污染、重大人员伤亡、社会影响恶劣等。

2. 有以下情形之一且中介机构出具明确核查结论的，可以不认定为重大违法：

（1）违法行为显著轻微、罚款数额较小；

（2）相关规定或处罚决定未认定该行为属于情节严重；

（3）有权机关证明该行为不属于重大违法。

但违法行为导致严重环境污染、重大人员伤亡、社会影响恶劣等并被处以罚款等处罚的，不适用上述情形。

七、同业竞争问题

结合竞争方与发行人的经营地域、产品或服务的定位，判断同业竞争是否构成重大不利影响：

1. 同业竞争是否会导致发行人与竞争方之间的非公平竞争；

2. 是否会导致发行人与竞争方之间存在利益输送；

3. 是否会导致发行人与竞争方之间相互或者单方让渡商业机会的情形；

4. 对未来发展的潜在影响等。

竞争方的同类收入或毛利占发行人该类业务收入或毛利的比例达 30% 以上的，如无充分相反证据，原则上应认定为构成重大不利影响。

八、研发投入

（一）研发投入的认定

1. 研发投入为企业研究开发活动形成的总支出，通常包括研发人员工资费用、直接投入费用、折旧费用与长期待摊费用、设计费用、装备调试费、无形资产摊销费用、委托外部研究开发费用、其他费用等。

2. 本期研发投入为本期费用化的研发费用与本期资本化的开发支出之和。

（二）相关要求

1. 发行人应制定并严格执行研发相关内控制度，明确研发支出的开支范围、标准、审批程序以及研发支出资本化的起始时点、依据、内部控制流程。

（1）建立研发项目的跟踪管理系统，有效监控、记录各研发项目的进展情况；

（2）建立与研发项目相对应的人财物管理机制；

（3）建立研发支出审批程序。

2. 按照研发项目设立台账归集核算研发支出。

3. 发行人应审慎制定研发支出资本化的标准，并在报告期内保持一致。

4. 披露研发投入的确认依据、核算方法、最近 3 年研发投入的金额、明细构成、最近 3 年累计研发投入占最近 3 年累计营业收入的比例及其与同行业可比上市公司的对比情况。

九、研发支出资本化

（一）会计处理要求

1. 按照《企业会计准则——基本准则》《企业会计准则第 6 号——无形资产》等规定进行确认和计量。

2. 研究阶段的支出，应于发生时计入当期损益；开发阶段的支出，应按规定在同时满足会计准则列明的条件时，才能确认为无形资产。

3. 在初始确认和计量时，发行人应结合研发支出资本化相关内控制度的健全性和有效性，对照会计准则规定的相关条件，逐条具体分析进行资本化的开发支出是否同时满足上述条件。

在后续计量时，相关无形资产的预计使用寿命和摊销方法应符合会计准则规定，按规定进行减值测试并足额计提减值准备。

（二）其他要求

1. 合理划分研究阶段和开发阶段并明确划分的依据，如与研发活动的流程相联系，遵循了正常研发活动的周期及行业惯例，并一贯运用等；

2. 明确与资本化相关研发项目的研究内容、进度、成果、完成时间（或预计完成时间）、经济利益产生方式（或预计产生方式）、当期和累计资本化金额、主要支出构成，以及资本化的起始时点和确定依据等内容；

3. 明确与研发支出资本化相关的无形资产的预计使用寿命、摊销方法、减值等情况，并说明是否符合相关规定；

4. 发行人应结合研发项目推进和研究成果运用时可能发生的内外部不利变化、与研发支出资本化相关的无形资产规模等因素，充分披露相关无形资产的减值风险及其对公司未来业绩可能产生的不利影响。

十、依靠核心技术开展生产经营的企业

（一）主要依靠核心技术开展生产经营

是指企业的主要经营成果来源于依托核心技术的产品或服务：

1. 发行人能够坚持科技创新，通过持续的研发投入积累形成核心技术。

2. 发行人主要的生产经营能够以核心技术为基础，将核心技术进行成果转化，形成基于核心技术的产品（服务）。如果企业核心技术处于研发阶段，其主要研发投入均应当围绕该核心技术及其相关的产品（服务）。

3. 核心技术的判断主要结合发行人所处行业的国家科技发展战略和政策、整体技术水平、国内外科技发展水平和趋势等因素，综合判断。

（二）相关要求

1. 发行人的研发投入是否主要围绕核心技术及其相关产品（服务），要求发

行人说明报告期内通过核心技术开发产品（服务）的情况，核心技术产品（服务）的生产和销售数量，核心技术产品（服务）在细分行业的市场占有率。

2. 发行人营业收入是否主要来源于依托核心技术的产品（服务），营业收入中是否存在较多的与核心技术不具有相关性的贸易等收入，核心技术能否支持公司的持续成长，发行人应说明依靠核心技术开展生产经营所产生收入的构成、占比、变动情况及原因等。收入的主要内容与计算方法应适当，非偶发性收入，非来源于显失公平的关联交易。

十一、科研项目相关政府补助

（一）会计处理要求

1. 发行人将科研项目政府补助计入当期收益的，应结合补助条件、形式、金额、时间及补助与公司日常活动的相关性等说明。

2. 相关会计处理是否符合《企业会计准则第 16 号——政府补助》的规定。

（二）非经常性损益列报要求

发行人应结合承担科研项目是否符合国家科技创新发展规划、相关政府补助的会计处理方法、补助与公司正常经营业务的相关性、补助是否具有持续性等，说明将政府补助相关收益列入经常性损益，而未列入非经常性损益是否符合《公开发行证券的公司信息披露解释性公告第 1 号——非经常性损益》的规定。

（三）发行人信息披露要求

1. 发行人应结合国家科技创新发展规划、公司承担科研项目的内容、技术创新水平、申报程序、评审程序、实施周期和补助资金来源等，说明所承担的科研项目是否符合国家科技创新规划。

2. 发行人应在招股说明书中披露所承担科研项目的名称、项目类别、实施周期、总预算及其中的财政预算金额、计入当期收益和经常性损益的政府补助金额等内容。

十二、科研项目相关政府补助是否应该计入非经常性损益案例

案例：中微半导体设备（上海）股份有限公司

发行人未能将与科研任务相关的政府补助计入经常性损益提供充分的依据。

（1）公司获得科研任务相关的政府补助，是否与企业经营活动的产量或销量相关，是否按照一定标准定额或定量持续享受，计入经常性损益是否符合《公开发行证券的公司信息披露解释性公告第 1 号——非经常性损益》的规定；（2）政府补助的会计处理，包括将其作为与资产相关还是与收益相关处理的判断；（3）相关补助未被计入非经常性损益的具体原因；（4）结合政府补助项目的补助主体、具体内容及对公司生产经营的影响，说明相关政府补助是否与公司正常经营业务密切相关，是否符合国家政策规定，是否按照一定标准定额或定量持续享受的政府补助，公司将其计入经常性损益是否符合《公开发行证券的公司信息披露解释性公告第 1 号——非经常性损益》的规定；（5）结合同行业公司关于政府补助的会计处理，说明公司将政府补助计入经常性损益是否符合行业惯例；（6）与科研项目相关的政府补助的具体内容；回复材料显示“公司按科研项目进展过程中相关支出的产生进度确认收益相关政府补助，随相应资产折旧摊销，确认计入当期损益的资产相关政府补助”，说明“确认计入当期损益的资产相关政府补助”的含义，公司将科研项目相关的补助确认为与收益相关的依据，是否对应具体的资产；（7）南昌高新开发区补贴的政府补助 2018 年度为 6915 万元，说明上述政府补助的具体内容，期后是否仍旧获得该项补助，相关补助计入经常性损益是否合理，报告期内是否存在类似政府补助未计入经常性损益的情形。

公司在前三轮问询中已对科研项目相关的政府补助与公司正常经营业务密切相关，符合国家政策规定、按照一定标准定额或定量持续享受等逐项严格进行了

比对分析，结合本轮问询中关于与企业经营活动的产量或销量的相关性，对前三轮回复“按照一定标准定额或定量持续享受”进行了进一步复核分析，鉴于国家或地方重大科研项目立项与预算等环节具有特殊性，对前述条件的估计仍存在一定的不确定性，且该等政府补助与公司经营活动中的实际产量、销量不存在直接相关性，公司经过审慎判断，将报告期内科研任务相关的政府补助修订计入非经常性损益，并对前三轮问询回复和招股说明书及其他申请文件的相关内容进行相应修订。

十三、有限责任公司整体变更为股份有限公司前存在累计未弥补亏损

（一）整改方式

发行人可以依照发起人协议，履行董事会、股东会等内部决策程序后，以不高于净资产金额折股，通过整体变更设立股份有限公司的方式解决以前累计未弥补亏损，持续经营时间可以从有限责任公司成立之日起计算。整体变更存在累计未弥补亏损，或者因会计差错更正追溯调整报表而致使整体变更时存在累计未弥补亏损的，发行人可以在完成整体变更的工商登记注册后提交发行上市申请文件，不受运行36个月的限制。

（二）披露要求

发行人应在招股说明书中充分披露其由有限责任公司整体变更为股份有限公司的基准日未分配利润为负的形成原因，该情形是否已消除，整体变更后的变化情况和发展趋势，与报告期内盈利水平变动的匹配关系，对未来盈利能力的影响，整体变更的具体方案及相应的会计处理、整改措施（如有），并充分揭示相关风险。

十四、工会、职工持股会持股问题

1. 发行人控股股东或实际控制人存在职工持股会或工会持股情形的，应当予以清理。

2. 对于间接股东存在职工持股会或工会持股情形的，如不涉及发行人实际控制人控制的各级主体，发行人不需要清理，但应予以充分披露。

3. 对于工会或职工持股会持有发行人子公司股份，经保荐机构、发行人律师核查后认为不构成发行人重大违法违规的，发行人不需要清理，但应予以充分披露。

十五、历史上自然人股东人数较多的问题

1. 历史上自然人股东入股、退股（含工会、职工持股会清理等事项）是否按照当时有效的法律法规履行了相应程序。

2. 入股或股权转让协议、款项收付凭证、工商登记资料等法律文件是否齐备。

3. 自然人股东股权变动是否真实、是否存在委托持股或信托持股情形、是否存在争议或潜在纠纷、相关纠纷是否对发行人控股权权属清晰稳定存在影响。

4. 发行人以定向募集方式设立股份公司的，重点关注有权部门就发行人历史沿革的合规性，是否存在争议或潜在纠纷等事项的意见。

十六、申报前新增股东

（一）核查要点

1. 主要关注申报前一年新增的股东，关注新股东的基本情况、产生新股东的原因、股权转让或增资的价格及定价依据，有关股权变动是否是双方真实意思

表示，是否存在争议或潜在纠纷，新股东与发行人其他股东、董事、监事、高级管理人员、本次发行中介机构负责人及其签字人员是否存在亲属关系、关联关系、委托持股、信托持股或其他利益输送安排，新股东是否具备法律、法规规定的股东资格。

2. 如新股东为法人，应披露其股权结构及实际控制人；如为自然人，应披露其基本信息；如为合伙企业，应披露合伙企业的基本情况及普通合伙人的基本信息。

3. 最近 1 年末资产负债表日后增资扩股引入新股东的，申报前须增加一期审计。

（二）锁定期

1. 控股股东和实际控制人持有的股份上市后锁定 3 年。

2. 申报前 6 个月内进行增资扩股的，新增股份自发行人完成增资扩股工商变更登记手续之日起锁定 3 年。

3. 在申报前 6 个月内从控股股东或实际控制人处受让的股份，应比照控股股东或实际控制人所持股份进行锁定。控股股东和实际控制人的亲属所持股份应比照该股东本人进行锁定。

十七、申报后新增股东

1. 原则上应当撤回发行上市申请，重新申报。

2. 但股权变动未造成实际控制人变更，未对发行人控股权的稳定性和持续经营能力造成不利影响，且同时符合下列情形的除外：

（1）新股东产生系因继承、离婚、执行法院判决或仲裁裁决、执行国家法规政策要求或由省级及以上人民政府主导。

（2）新股东承诺其所持股份上市后 36 个月之内不转让、不上市交易（继承、离婚原因除外）。

十八、历史上存在出资瑕疵或者改制瑕疵

（一）历史上出资瑕疵

1. 历史上存在出资瑕疵的，应当在申报前依法采取补救措施。发行人应当充分披露存在的出资瑕疵事项、采取的补救措施。

2. 重点关注出资瑕疵事项的影响及发行人或相关股东是否因出资瑕疵受到过行政处罚，是否构成重大违法行为及本次发行的法律障碍，是否存在纠纷或潜在纠纷。

（二）历史上改制瑕疵

1. 对于发行人是国有企业、集体企业改制而来的或历史上存在挂靠集体组织经营的企业，若改制过程中法律依据不明确、相关程序存在瑕疵或与有关法律法规存在明显冲突，原则上发行人应在招股说明书中披露有权部门关于改制程序的合法性，是否造成国有或集体资产流失的意见。

2. 国有企业、集体企业改制过程不存在上述情况的，关注有关改制行为是否经有权机关批准、法律依据是否充分、履行的程序是否合法以及对发行人的影响等。

十九、发行人的部分资产来自上市公司

1. 发行人取得上市公司资产的背景、所履行的决策程序、审批程序与信息披露情况，是否符合法律法规、交易双方公司章程以及证监会和证券交易所有关上市公司监管和信息披露要求，是否存在争议或潜在纠纷。

2. 发行人及其关联方的董事、监事和高级管理人员在上市公司及其控制公司的历史任职情况及合法合规性，是否存在违反竞业禁止义务的情形；上述资产转让时，发行人的董事、监事和高级管理人员在上市公司的任职情况，与上市公司及其董事、监事和高级管理人员是否存在亲属及其他密切关系。如存在上述关

系，在相关决策程序履行过程中，上述人员是否回避表决或采取保护非关联股东利益的有效措施。

3. 资产转让完成后，发行人及其关联方与上市公司之间是否就上述转让资产存在纠纷或诉讼。

4. 发行人及其关联方的董事、监事、高级管理人员以及上市公司在转让上述资产时是否存在损害上市公司及其中小投资者合法利益的情形。

5. 发行人来自上市公司的资产置入发行人的时间，在发行人资产中的占比情况，对发行人生产经营的作用。

6. 境内外上市公司分拆子公司在科创板上市，是否符合相关规定。

二十、从控股股东、实际控制人处租赁或授权使用资产

存在以下两种情况时：

1. 生产型企业的发行人，其生产经营所必需的主要厂房、机器设备等固定资产系向控股股东、实际控制人租赁使用；

2. 发行人的核心商标、专利、主要技术等无形资产是由控股股东、实际控制人授权使用。

需关注是否对发行人资产完整和独立性构成重大不利影响：

1. 核查相关资产的具体用途；

2. 对发行人的重要程度；

3. 未投入发行人的原因；

4. 租赁或授权使用费用的公允性；

5. 是否能确保发行人长期使用；

6. 今后的处置方案等。

二十一、发行人与关键人员共同设立公司

（一）公司基本情况

发行人如存在与其控股股东、实际控制人、董事、监事、高级管理人员及其亲属直接或者间接共同设立公司情形：

1. 应当披露相关公司的基本情况，包括但不限于公司名称、成立时间、注册资本、住所、经营范围、股权结构、最近一年又一期主要财务数据及简要历史沿革。

2. 重点关注共同设立公司的背景、原因和必要性，发行人出资是否合法合规、出资价格是否公允。

（二）关联交易

1. 如发行人与共同设立的公司存在业务或资金往来的，还应当披露相关交易的交易内容、交易金额、交易背景以及相关交易与发行人主营业务之间的关系。

2. 关注关联交易的真实性、合法性、必要性、合理性及公允性，是否存在损害发行人利益的行为。

3. 关注关联交易是否存在董事、高级管理人员未经股东会或者股东大会同意，利用职务便利为自己或者他人谋取属于公司的商业机会，自营或者为他人经营与所任职公司同类的业务。

二十二、三类股东问题

1. 确认公司控股股东、实际控制人、第一大股东不属于“三类股东”。

2. 确认发行人的“三类股东”依法设立并有效存续，已纳入国家金融监管部门有效监管，并已按照规定履行审批、备案或报告程序，其管理人也已依法注

册登记。

3. 发行人应根据《关于规范金融机构资产管理业务的指导意见》披露“三类股东”相关过渡期安排，以及相关事项对发行人持续经营的影响。

4. 核查控股股东、实际控制人，董事、监事、高级管理人员及其近亲属，本次发行确认“三类股东”已作出合理安排，可确保符合现行锁定期和减持规则要求的中介机构及其签字人员是否直接或间接在“三类股东”中持有权益。

5. 确认“三类股东”已作出合理安排，可确保符合现行锁定期和减持规则要求。

二十三、对赌协议

PE（市盈率）、VC（风险投资）等机构在投资时约定估值调整机制的，原则上要求发行人在申报前清理对赌协议。

同时满足以下要求的对赌协议可以不清理：

1. 对赌协议不存在严重影响发行人持续经营能力或者其他严重影响投资者权益的情形；

2. 发行人不作为对赌协议当事人；

3. 对赌协议不存在可能导致公司控制权变化的约定；

4. 对赌协议不与市值挂钩。

发行人应当在招股说明书中披露对赌协议的具体内容、对发行人可能存在的影响等，并进行风险提示。

二十四、同一控制下企业合并

发行人应严格遵守相关会计准则规定，详细披露合并范围及相关依据，对特殊合并事项予以重点说明：

1. 发行人企业合并行为应按照《企业会计准则第 20 号——企业合并》相关规定进行处理。其中，同一控制下的企业合并，参与合并的企业在合并前后均受同一方或相同的多方最终控制且该控制并非暂时性的。

（1）“同一方”指对参与合并企业在合并前后均实施最终控制的投资者。

（2）“相同的多方”通常指根据投资者之间的协议约定，在对被投资单位的生产经营决策行使表决权时发表一致意见的两个或两个以上的投资者。

（3）“控制并非暂时性”是指参与合并的各方在合并前后较长的时间内受同一方或相同的多方最终控制。较长的时间通常指 1 年以上（含 1 年）。

2. 通常情况下，同一控制下的企业合并是指发生在同一企业集团内部企业之间的合并。

3. 在对参与合并企业在合并前控制权归属认定中，如存在委托持股、代持股份、协议控制（VIE 模式）等特殊情形，发行人应提供与控制权实际归属认定相关的充分事实证据和合理性依据。

二十五、红筹企业协议控制下合并报表编制

1. 充分披露协议控制架构的具体安排，包括协议控制架构涉及的各方法律主体的基本情况、主要合同的核心条款等。

2. 分析披露被合并主体设立目的、被合并主体的相关活动以及如何对相关活动作出决策、发行人享有的权利是否使其目前有能力主导被合并主体的相关活动、发行人是否通过参与被合并主体相关活动而享有可变回报、发行人是否有能力运用对被合并主体的权利影响其回报金额、投资方与其他各方的关系。

3. 结合上述情况和会计准则规定，分析披露发行人合并依据是否充分，详细披露合并报表编制方法。

二十六、客户集中度较高

（一）重点关注

1. 客户集中的合理性；

2. 客户的稳定性；

3. 业务的持续性。

（二）不同行业

1. 非特殊行业：

对于非因行业特殊性、行业普遍性导致客户集中度偏高的，明确该单一大客户是否为关联方或者存在重大不确定性客户；该集中是否可能导致其未来持续经营能力存在重大不确定性。

2. 特殊行业：

对于发行人由于下游客户的行业分布集中而导致的客户集中具备合理性的特殊行业（如电力、电网、电信、石油、银行、军工等行业）：

（1）发行人应与同行业可比上市公司进行比较，充分说明客户集中是否符合行业特性，是否存在下游行业较为分散而发行人自身客户较为集中的情况及其合理性；

（2）发行人客户在其行业中的地位、透明度与经营状况，是否存在重大不确定性风险；

（3）发行人与客户合作的历史、业务稳定性及可持续性，相关交易的定价原则及公允性；

（4）发行人与重大客户是否存在关联关系，发行人的业务获取方式是否影响其独立性，发行人是否具备独立面向市场获取业务的能力。

（三）重大不利影响

同时符合以下条件，可以认为客户集中不对发行人的持续经营能力构成重大不利影响：

1. 客户本身不存在重大不确定性；

2. 发行人已与其建立长期稳定的合作关系；

3. 客户集中具有行业普遍性；

4. 发行人在客户稳定性与业务持续性方面没有重大风险。

二十七、持续经营能力

发行人存在以下情形的，应重点关注是否影响发行人持续经营能力：

1. 发行人所处行业受国家政策限制或国际贸易条件影响存在重大不利变化风险；

2. 发行人所处行业出现周期性衰退、产能过剩、市场容量骤减、增长停滞等情况；

3. 发行人所处行业准入门槛低、竞争激烈，相比竞争者发行人在技术、资金、规模效应等方面不具有明显优势；

4. 发行人所处行业上下游供求关系发生重大变化，导致原材料采购价格或产品售价出现重大不利变化；

5. 发行人因业务转型的负面影响导致营业收入、毛利率、成本费用及盈利水平出现重大不利变化，且最近一期经营业绩尚未出现明显好转趋势；

6. 发行人重要客户本身发生重大不利变化，进而对发行人业务的稳定性和持续性产生重大不利影响；

7. 发行人多项业务数据和财务指标呈现恶化趋势，短期内没有好转迹象；

8. 发行人由于工艺过时、产品落后、技术更迭、研发失败等原因导致市场占有率持续下降，重要资产或主要生产线出现重大减值风险，主要业务停滞或萎缩；

9. 对发行人业务经营或收入实现有重大影响的商标、专利、专有技术以及特许经营权等重要资产或技术存在重大纠纷或诉讼，已经或者未来将对发行人财务状况或经营成果产生重大影响；

10. 其他明显影响或丧失持续经营能力的情形。

二十八、财务内控不规范的处理

（一）财务内控不规范情形

1. 为满足贷款银行受托支付要求，在无真实业务支持情况下，通过供应商等取得银行贷款或为客户提供银行贷款资金走账通道（简称“转贷”行为）；

2. 为获得银行融资，向关联方或供应商开具无真实交易背景的商业票据，进行票据贴现后获得银行融资；

3. 与关联方或第三方直接进行资金拆借；

4. 因外销业务结算需要，通过关联方或第三方代收货款（内销业务应自主独立结算）；

5. 利用个人账户对外收付款项；

6. 出借公司账户为他人收付款项等。

（二）发行人整改要求

1. 发行人在财务内控方面存在不规范情形的，应通过中介机构上市辅导完成整改或纠正（如收回资金、结束不当行为等措施）和相关内控制度建设，达到与上市公司要求一致的财务内控水平。

2. 首次申报审计截至日前报告期内存在的财务内控不规范情形，中介机构应根据有关情形发生的原因及性质、时间及频率、金额及比例等因素，综合判断是否构成对内控制度有效性的重大不利影响，是否属于主观故意或恶意行为并构成重大违法违规。

3. 已完成整改的，需确认整改后的内控制度是否已合理、正常运行并持续有效。

4. 首次申报审计截至日后，发行人原则上不能再出现内控不规范和不能有效执行情形。

5. 发行人的销售结算应自主独立，内销业务通常不应通过关联方或第三方代收货款，外销业务如确有必要通过关联方或第三方代收货款且能够充分提供合理性证据的，最近 1 年（期）收款金额原则上不应超过当年营业收入的 30%。

6. 重点关注发行人财务核算是否真实、准确，与相关方资金往来的实际流向和使用情况，是否通过体外资金循环粉饰业绩等。

二十九、第三方回款

第三方回款，通常是指发行人收到的销售回款的支付方（如银行汇款的汇款方、银行承兑汇票或商业承兑汇票的出票方式或背书转让方）与签订经济合同的往来客户不一致的情况。

（一）第三方回款应当符合的条件

1. 与自身经营模式相关，符合行业经营特点，具有必要性和合理性，例如境外客户指定付款等；

2. 第三方回款的付款方不是发行人的关联方；

3. 第三方回款与相关销售收入勾稽一致，具有可验证性，不影响销售循环内部控制有效性的认定，申报会计师已对第三方回款及销售确认相关内部控制有效性发表明确核查意见；

4. 能够合理区分不同类别的第三方回款，相关金额及比例处于合理可控范围，最近一期通常不高于当期收入的 15%。

（二）可以不纳入第三方回款统计的情形

1. 客户为个体工商户或自然人，其通过家庭约定由直系亲属代为支付货款，经中介机构核查无异常的。

2. 客户为自然人控制的企业，该企业的法定代表人、实际控制人代为支付货款，经中介机构核查无异常的。

3. 客户所属集团通过集团财务公司或指定相关公司代客户统一对外付款，经中介机构核查无异常的。

4. 政府采购项目指定财政部门或专门部门统一付款，经中介机构核查无异常的。

5. 通过应收账款保理、供应链物流等合规方式或渠道完成付款，经中介机构核查无异常的。

（三）第三方回款的核查要求

1. 第三方回款的真实性，是否存在虚构交易或调节账龄情形；

2. 第三方回款形成收入占营业收入的比例；

3. 第三方回款的原因、必要性及商业合理性；

4. 发行人及其实际控制人、董监高或其他关联方与第三方回款的支付方是否存在关联关系或其他利益安排；

5. 境外销售涉及境外第三方的，其代付行为的商业合理性或合法合规性；

6. 报告期内是否存在因第三方回款导致的货款归属纠纷；

7. 如签订合同时已明确约定由其他第三方代购买方付款，该交易安排是否具有合理原因；

8. 资金流、实物流与合同约定及商业实质是否一致。

三十、报告期存在会计政策、会计估计变更或会计差错更正

（一）总体要求

1. 应当符合《企业会计准则第 28 号——会计政策、会计估计变更和会计差错更正》和相关审计准则的规定，并保证发行人提交首发申请时的申报财务报表能够公允地反映发行人的财务状况、经营成果和现金流量。

2. 报告期内发行人会计政策和会计估计应保持一致性，不得随意变更，若

有变更应符合企业会计准则的规定，有充分、合理的证据表明变更的合理性，履行了必要的审批程序。

3. 发行人应披露重要会计政策、会计估计变更或会计差错更正情形及其原因。

（二）首发材料申报后变更、更正的具体要求

1. 发行人对首次提交的财务报告进行审计调整或补充披露，相关变更事项应符合专业审慎原则，与同行业上市公司不存在重大差异，不存在影响发行人会计基础工作规范性及内控有效性情形。发行人应提交更新后的财务报告。

2. 首发材料申报后，发行人如出现会计差错更正事项，应充分考虑差错更正的原因、性质、重要性与累积影响程度；是否存在故意遗漏或虚构交易、事项或者其他重要信息，滥用会计政策或者会计估计，操纵、伪造或篡改编制财务报表所依据的会计记录等情形；是否存在会计基础工作薄弱和内控缺失；相关更正信息是否已恰当披露。

（三）视为发行人在会计方面不符合发行条件的情形

首发材料申报后，如发行人同一会计年度内因会计基础薄弱、内控不完善、必要的原始资料无法取得、审计疏漏等原因，除特殊会计判断事项外，导致会计差错更正累积净利润影响数达到当年净利润的20%以上（如为中期报表差错更正则以上一年度净利润为比较基准）或净资产影响数达到当年（期）末净资产的20%以上，以及滥用会计政策或者会计估计以及因恶意隐瞒或舞弊行为导致重大会计差错更正的，应视为发行人在会计基础工作规范及相关内控方面不符合发行条件。

第三章
企业上市之发行 CDR

第一节　CDR 法律规则体系

法规导航：

1.《关于开展创新企业境内发行股票或存托凭证试点的若干意见》；

2.《存托凭证发行与交易管理办法（试行）》；

3.《创新企业境内发行股票或存托凭证上市后持续监管实施办法（试行）》；

4.《保荐创新企业境内发行股票或存托凭证尽职调查工作实施规定》；

5.《存托凭证存托协议内容与格式指引（试行）》；

6.《公开发行证券的公司信息披露编报规则第 23 号——试点红筹企业公开发行存托凭证招股说明书内容与格式指引》；

7.《关于试点创新企业实施员工持股计划和期权激励的指引》；

8.《关于试点创新企业整体变更前累计未弥补亏损、研发费用资本化和政府补助列报等会计处理事项的指引》。

第二节 试点企业发行 CDR 核心要点

存托凭证（Chinese Depository Receipt）是指由存托人签发、以境外证券为基础在中国境内发行、代表境外基础证券权益的证券。

1. 基础证券，是指存托凭证代表的由境外基础证券发行人在境外发行的证券。

2. 存托凭证的交易可以按照有关规定采取做市商交易方式。

3. 存托凭证的交易模式如图所示：

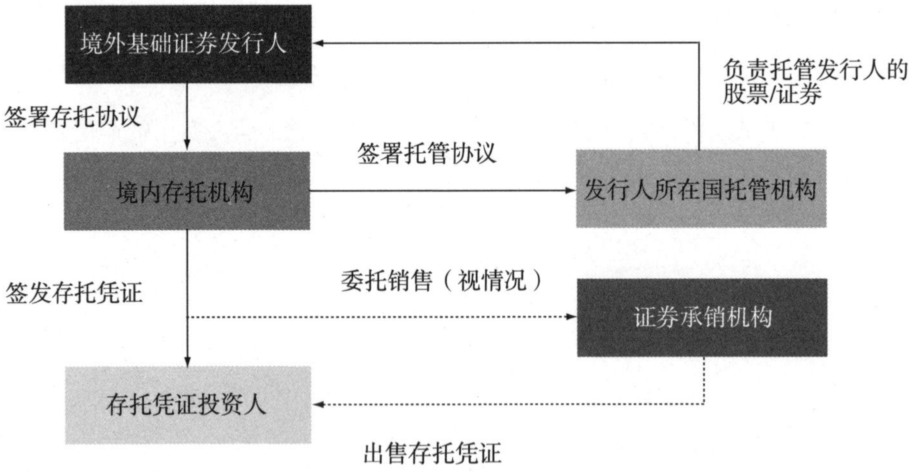

一、CDR 发行主体

CDR 的发行主体为试点企业中的红筹企业。

（一）试点企业（创新企业）

CDR 的发行主体需符合国家战略、科技创新能力突出并掌握核心技术、市场认可度高，属于互联网、大数据、云计算、人工智能、软件和集成电路、高端装备制造、生物医药等高新技术产业和战略性新兴产业，达到相当规模，社会形象良好，具有稳定的商业模式和盈利模式，对经济社会发展有突出贡献，能够引领实体经济转型升级的创新企业。

（二）红筹企业

红筹企业是指注册地在境外、主要经营活动在境内的企业，包括已在境外上市的红筹企业和未在境外上市的红筹企业。

1. 已在境外上市的红筹企业：市值①不低于 2000 亿元人民币。

2. 尚未在境外上市的企业应符合下列标准之一：

（1）最近 1 年经审计的主营业务收入不低于 30 亿元人民币，且企业估值不低于 200 亿元人民币；

（2）拥有自主研发、国际领先、能够引领国内重要领域发展的知识产权或专有技术，具备明显的技术优势的高新技术企业，研发人员占比超过 30%，已取得与主营业务相关的发明专利 100 项以上，或者取得至少一项与主营业务相关的一类新药药品批件，或者拥有经有权主管部门认定具有国际领先和引领作用的核心技术；

3. 依靠科技创新与知识产权参与市场竞争，具有相对优势的竞争地位，主要产品市场占有率排名前三，最近 3 年营业收入复合增长率 30% 以上，最近 1 年

---

① 按照试点企业提交纳入试点申请日前 120 个交易日平均市值计算，汇率按照人民银行公布的申请日前 1 日中间价计算。上市不足 120 个交易日的，按全部交易日平均市值计算。

经审计的主营业务收入不低于10亿元人民币，且最近3年研发投入合计占主营业务收入合计的比例10%以上。

4. 对国家创新驱动发展战略有重要意义，且拥有较强发展潜力和市场前景的企业除外。

二、CDR审核流程

CDR的审核和IPO流程基本一样，CDR的审核工作流程分为受理、反馈会、初审会、发审会、封卷、核准发行等主要环节。

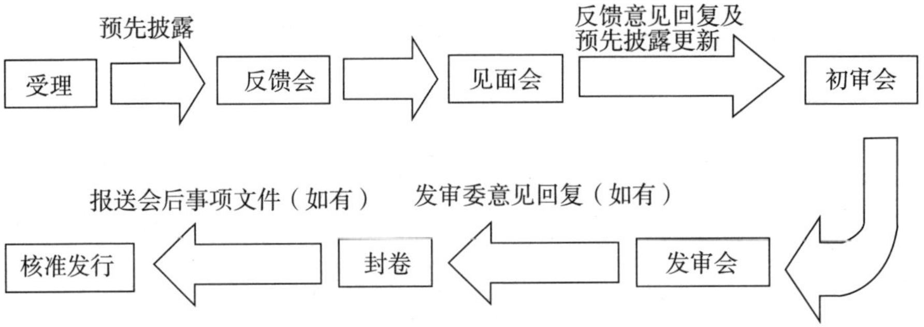

CDR与企业首次发行股票的不同点在于由中国证监会科技创新咨询委员会甄选试点企业，综合考虑商业模式、发展战略、研发投入、新产品产出、创新能力、技术壁垒、团队竞争力、行业地位、社会影响、行业发展趋势、企业成长性、预估市值等因素，对申请企业进行全面分析，对申请企业是否纳入试点范围作出初步判断。

三、CDR 发行、交易和存托管等基础制度

（一）参与主体

1. 基础证券发行人

2. 存托人

与境外基础证券发行人签署存托协议，并根据存托协议约定协助完成存托凭证的发行上市的境内机构。

3. 存托凭证持有人

其依法享有存托凭证代表的境外基础证券权益，并按照存托协议约定，通过存托人行使其权利。

（二）存托凭证的发行

1. 境外基础证券发行人应当符合下列条件：

（1）《证券法》第 12 条第 1 项至第 3 项关于股票公开发行的基本条件；

（2）为依法设立且持续经营 3 年以上的公司，公司的主要资产不存在重大权属纠纷；

（3）最近 3 年内实际控制人未发生变更，且控股股东和受控股股东、实际控制人支配的股东持有的境外基础证券发行人股份不存在重大权属纠纷；

（4）境外基础证券发行人及其控股股东、实际控制人最近 3 年内不存在损害投资者合法权益和社会公共利益的重大违法行为；

（5）会计基础工作规范、内部控制制度健全；

（6）公司的董事和高级管理人员应当具备注册地法律规定的要求，且最近 3 年内不存在因重大违规受到监管部门处罚的情形；不存在因涉嫌犯罪被司法机关立案侦查或者涉嫌违法违规被中国证监会立案调查，尚未有明确结论意见的情形；

（7）中国证监会规定的其他条件。

2. 审核

（1）报请中国证监会核准。

（2）对于仅面向符合适当性管理要求的合格投资者公开发行存托凭证的，可以简化核准程序，具体程序由中国证监会另行规定。

3. 发行类型

（1）申请存托凭证公开发行并上市的，应聘请具有保荐资格的机构担任保荐人。

（2）公开发行存托凭证的，应由证券公司承销，但投资者购买以非新增证券为基础证券的存托凭证以及中国证监会规定无需由证券公司承销的其他情形除外。

（三）存托凭证的上市和交易

（1）依法公开发行的存托凭证应当在中国境内证券交易所上市交易。

（2）存托凭证的交易，应当遵守中国法律法规的规定。境外基础证券发行人的收购及相关股份权益变动活动、实施重大资产重组、发行存托凭证购买资产，应当遵守中国法律法规的规定。

（3）境外基础证券发行人不得通过发行存托凭证在中国境内重组上市。

（四）存托凭证的信息披露

1. 需要披露的信息

（1）招股说明书

充分披露境外注册地公司法律制度及其公司章程或者章程性文件的主要规定与《中华人民共和国公司法》等法律制度的主要差异，以及该差异对存托凭证在中国境内发行、上市和对投资者保护的影响。

境外基础证券发行人具有股东投票权差异、企业协议控制架构或者类似特殊安排的，应当在招股说明书等公开发行文件显要位置充分、详细披露相关情况特别是风险、公司治理等信息，并以专章说明依法落实保护投资者合法权益规定的各项措施。

存在投票权差异的，相关安排应当符合证券交易所拟上市的相关规定，并应明确维持特殊投票权的前提条件，特殊投票权不得随相关股份的转让而转让，以及除境内公开发行前公司章程已有合理规定外，境内公开发行后不得通过任何方式提高特殊投票权股份的数量及其代表投票权的比例。

（2）定期报告和临时报告

按时披露定期报告，及时就可能对基础证券、存托凭证及其衍生品种交易价格产生较大影响的重大事件披露临时报告。

①定期报告：境外基础证券发行人具有股东投票权差异、企业协议控制架构或者类似特殊安排的，应当在定期报告中披露相关情形及其对中国境内投资者带来的重大影响和风险。

②临时报告

发生以下情形之一的，境外基础证券发行人应当及时进行披露：

1）存托人、托管人发生变化；

2）存托的基础财产发生被质押、挪用、司法冻结或者发生其他权属变化；

3）对存托协议作出重大修改；

4）对托管协议作出重大修改；

5）对股东投票权差异、企业协议控制架构或者类似特殊安排作出重大调整；

6）中国证监会规定的其他情形。

2. 信息披露要求

境内境外市场信息同步披露，且应保持一致。披露时应当使用中文，且若发生冲突，以中文文件为准。

3. 免予披露的情形

中国证监会、证券交易所对已在境外上市的基础证券发行人及其控股股东、实际控制人等信息披露义务人，可对其信息披露事项作出具体规定。

除此之外，境外基础证券发行人及其控股股东、实际控制人等信息披露义务人有其他需要免予披露或者暂缓披露相关信息的特殊情况的，可以根据相关规定免予披露或者暂缓披露相关信息，但应当说明原因，并聘请律师事务所就上述事项出具法律意见，该法律意见应及时披露。

4. 信息披露机构

发行人应在中国境内设立证券事务机构，聘任信息披露境内代表，负责存托凭证上市期间的信息披露与监管联络事宜。

（五）存托凭证的存托和托管

1. 存托人包括：

（1）中国证券登记结算有限责任公司及其子公司；

（2）经国务院银行业监督管理机构批准的商业银行；

（3）证券公司。

2. 存托人的资质条件：

（1）组织机构健全，内部控制规范，风险管理有效；

（2）财务状况良好，净资产或者资本净额符合规定；

（3）信誉良好，最近3年内无重大违法行为；

（4）拥有与开展存托业务相适应的从业人员、机构配置和业务设施；

（5）法律、行政法规和规章规定的其他条件。

3. 存托人的职责：

（1）与境外基础证券发行人签署存托协议，并根据存托协议约定协助完成存托凭证的发行上市；

（2）安排存放存托凭证基础财产，可以委托具有相应业务资质、能力和良好信誉的托管人管理存托凭证基础财产，并与其签订托管协议，督促其履行基础财产的托管职责，存托凭证基础财产因托管人过错受到损害的，存托人承担连带赔偿责任；

（3）建立并维护存托凭证持有人名册；

（4）办理存托凭证的签发与注销；

（5）按照中国证监会规定和存托协议约定，向存托凭证持有人发送通知等文件；

（6）按照存托协议约定，向存托凭证持有人派发红利、股息等权益，根据存托凭证持有人意愿行使表决权等权利；

（7）境外基础证券发行人股东大会审议有关存托凭证持有人权利义务的议案时，存托人应当参加股东大会并为存托凭证持有人权益行使表决权；

（8）中国证监会规定和存托协议约定的其他职责。

4. 存托协议

境外基础证券发行人、存托人和存托凭证持有人通过存托协议明确存托凭证所代表权益和各方权利义务。投资者持有存托凭证即成为存托协议当事人，视为其同意并遵守存托协议约定。

（1）存托协议的条款包括：

①境外基础证券发行人、存托人的名称、注册地、成立所依据的法律和主要经营场所；

②基础证券的种类；

③发行存托凭证的数量安排；

④存托凭证的签发、注销等安排；

⑤基础财产的存放和托管安排；

⑥境外基础证券发行人的权利和义务；

⑦存托人的权利和义务；

⑧存托凭证持有人的权利和义务；

⑨基础证券涉及的分红权、表决权等相应权利的具体行使方式和程序；

⑩存托凭证持有人的保护机制；

⑪存托凭证涉及的收费标准、收费对象和税费处理；

⑫约定事项的变更方式；

⑬存托凭证终止上市的安排；

⑭违约责任；

⑮解决争议的方法；

⑯存托协议适用中国法律；

⑰诉讼管辖法院为中国境内有管辖权的人民法院；

⑱其他重要事项。

（2）存托协议的修改

修改存托协议的，应由境外基础证券发行人提前以公告形式通知存托凭证持有人，并及时向中国证监会报告。

（3）权利的行使

存托人行使境外基础证券相应权利，应当按照存托协议约定的方式事先征求存托凭证持有人的意愿并按其意愿办理。

5. 托管

存托人可以委托境外金融机构担任托管人。存托人委托托管人的，应当在存托协议中明确基础财产由托管人托管。

（1）托管人的职责

①托管基础财产；

②按照托管协议约定，协助办理分红派息、投票等相关事项；

③向存托人提供基础证券的市场信息；

④中国证监会规定和托管协议约定的其他职责。

（2）托管协议的内容

①协议当事人的名称、注册地和主要经营场所；

②基础证券种类和数量；

③存托人指令的发送、确认和执行的程序；

④基础财产不得作为托管人破产财产或者清算财产，及相关资产隔离措施；

⑤托管人的报酬计算方法与支付方式；

⑥基础财产托管及解除托管的程序；

⑦约定事项的变更方式；

⑧违约责任；

⑨解决争议的方法；

⑩其他重要事项。

（3）托管协议的修改

托管协议为发行申请文件。托管协议修改的，存托人应当及时告知境外基础证券发行人，并由境外基础证券发行人向中国证监会报告。

6. 其他要求

存托人应当为存托凭证基础财产单独立户，将存托凭证基础财产与其自有财产有效隔离、分别管理、分别记账。

存托人不得买卖其签发的存托凭证，不得兼任其履行存托职责的存托凭证的保荐人。

（六）投资者保护

1. 投资者适当性

向投资者销售存托凭证或者提供相关服务的机构，应当遵守投资者适当性管理的规定。

2. 境内外投资者权益相当

境外基础证券发行人应当确保存托凭证持有人实际享有的权益与境外基础证券持有人权益相当。境外基础证券发行人不得做出任何损害存托凭证持有人合法权益的行为。

3. 中证中小投资者服务中心有限责任公司

该公司可以购买最小交易份额的存托凭证，依法行使存托凭证持有人的各项权利。可以接受存托凭证持有人的委托，代为行使存托凭证持有人的各项权利。可以支持受损害的存托凭证持有人依法向人民法院提起民事诉讼。

4. 不得损害存托凭证持有人等投资者的合法权益，否则应当改正，并依法承担损害赔偿责任

5. 终止上市后对投资者的保护

存托凭证出现终止上市情形的，存托人应当根据存托协议的约定，为存托凭证持有人的权利行使提供必要保障。存托凭证终止上市的，存托人应当根据存托协议的约定卖出基础证券，并将卖出所得扣除税费后及时分配给存托凭证持有人。基础证券无法卖出的，境外基础证券发行人应当在存托协议中作出合理安排，保障存托凭证持有人的合法权益。

6. 纠纷的处理

存托凭证持有人与境外基础证券发行人、存托人、证券服务机构等主体发生纠纷的，可以向中证中小投资者服务中心有限责任公司及其他依法设立的调解组织申请调解。

7. 基金投资存托

投资者通过证券投资基金投资存托凭证的，基金管理人应当制定严格的投资决策流程和风险管理制度，做好制度、业务流程、技术系统等方面的准备工作。基金管理人应当合理控制基金投资存托凭证的比例，在基金合同、招募说明书中明确投资存托凭证的比例、策略等，并充分揭示风险。基金托管人应当加强对基金投资存托凭证的监督，切实保护基金份额持有人的合法权益。

已经获得中国证监会核准或者准予注册的公开募集证券投资基金投资存托凭证，应当遵守以下规定：

（1）基金合同已明确约定基金可投资境内上市交易的股票的，基金管理人可以投资存托凭证；

（2）基金合同没有明确约定基金可投资境内上市交易的股票的，如果投资存托凭证，基金管理人应当召开基金份额持有人大会进行表决。公开募集证券投资基金投资存托凭证的比例限制、估值核算、信息披露等依照境内上市交易的股票执行。

（七）关于减持等特殊安排

境外存量股票在境内减持退出的要求如下：

1. 试点红筹企业不得在境内公开发行的同时出售存量股份，或同时出售以发行在外存量基础股票对应的存托凭证。

2. 试点红筹企业境内上市后，境内发行的存托凭证与境外发行的存量基础股票原则上暂不安排相互转换。

试点红筹企业发行存托凭证的，实际控制人应承诺境内上市后 3 年内不主动放弃实际控制人地位。

（八）募集资金的使用

试点企业募集的资金可以人民币形式或购汇汇出境外，也可留存境内使用。试点企业募集资金的使用、存托凭证分红派息等应符合我国外资、外汇管理等相关规定。

第三节　试点企业发行 CDR 的尽职调查

一、尽调对象

中介机构应将其境内运营实体作为主要调查对象。

二、增加对企业特殊情况和相关风险的尽职调查要求

1. 公司治理：增加中介机构对协议控制架构、不同投票权结构、投票协议或其他公司治理特殊安排的尽职调查要求。

中介机构应通过与红筹企业实际控制人、主要股东（包括存托凭证持有人）、董事、高管和协议控制架构涉及的各方法律主体进行谈话，核查相关合同、协议及其履行情况，查阅境内外相关法律法规，查阅创新企业章程、内部制度和股东大会、董事会、监事会有关文件，咨询中介机构等方式，调查红筹企业协议控制架构、不同投票权结构、投票协议或其他公司治理特殊安排的具体情况和相关风险。

2. 存托凭证发行：增加中介机构对存托托管安排和对存托凭证持有人权益

保护安排、存托人对基础证券及其相关财产的安全保障安排、托管人资格资质情况及其他与存托凭证发行上市相关事项的尽职调查要求。

对拟在境内发行存托凭证的创新企业，中介机构应通过查阅存托协议和托管协议，查阅基础股票上市地相关法律法规，查阅创新企业章程、内部制度和股东大会、董事会、监事会有关文件，与创新企业实际控制人、董事、高管谈话，走访相关机构，咨询中介机构等方式，调查创新企业存托托管安排和对存托凭证持有人权益保护安排、存托人和托管人对基础财产的资产隔离等安全保障安排，托管人资质情况及其他与存托凭证发行上市相关的事项。

3. 风险因素：增加中介机构对境内外法律制度差异、公司治理特殊安排、基础股票变动等因素导致的风险的尽职调查要求。

中介机构在调查创新企业风险因素时，除应遵守《保荐人尽职调查工作准则》（以下简称《尽调准则》）第 70 条的规定外，对于红筹企业，还应调查境内外法律制度、监管环境差异可能引发的风险；对于存在不同投票权结构、协议控制架构、投票协议或其他公司治理特殊安排的创新企业，还应调查创新企业因此类安排可能导致的管理风险、经营风险、法律风险等；对拟在境内发行存托凭证的创新企业，还应调查存托凭证持有人在分红派息、行使表决权等方面的特殊安排可能引发的风险，境内外市场交易规则差异、基础股票价格波动等因素造成存托凭证市场价格波动的风险，增发基础股票可能导致存托凭证持有人权益被摊薄的风险。

4. 投资者保护：增加中介机构对于投资者权益保护的总体安排是否不低于境内法律要求的尽职调查要求。

5. 对境外违法违规情况、境内证券事务机构设立情况等的尽职调查：调查境内证券事务机构设立和境内证券事务负责人任职资格等情况。

三、简化部分对创新企业不适用、不必要的尽职调查要求

1. 对不存在改制等环节的创新企业，豁免了中介机构对相关情况的尽职调查要求。

中介机构对创新企业同业竞争情况的调查，如创新企业不存在改制环节，不适用《尽调准则》第 24 条关于取得企业改制方案的规定。

2. 对红筹企业，简化了对改制设立、历史沿革、发起人等情况和境外市场募集资金情况的尽职调查要求。

中介机构在调查红筹企业改制与设立、历史沿革、发起人与股东（包括存托凭证持有人）的出资情况时，如不适用《尽调准则》第 9 条、第 10 条和第 11 条的规定，可按照下列要求履行调查程序：查阅红筹企业注册登记文件、公司章程、股东登记名册（存托凭证持有人名册）、审计报告、验资报告、年度财务报告和股东大会、董事会、监事会有关决议等文件，走访相关政府部门和中介机构等。

3. 对符合规定的创新企业，简化了对本次募集资金情况的尽职调查要求。

对已在境外上市的红筹企业，其境内历次募集资金的运用情况，中介机构应按照《尽调准则》第 67 条的规定进行调查；其境外历次募集资金的运用情况，保荐人可通过查阅相关文件、访谈等方式了解历次募集资金的金额和使用情况。

对发行人募集资金使用情况，若创新企业确实无法事先确定募集资金投资项目的，保荐人应对募集资金的投资方向进行调查，分析募集资金数量是否与创新企业规模、主营业务、实际资金需求、资金运用能力及业务发展目标相匹配，分析募集资金对企业财务状况及经营成果的影响。

四、完善对部分创新企业的尽职调查方法

对已在境外上市的红筹企业，中介机构可以通过查阅红筹企业境外招股说明

书、年度财务报告等具有法律效力的公开披露文件、利用境外中介机构出具的专业意见等方式进行尽职调查。

中介机构应对前述公开披露文件和专业意见进行必要的审慎核查，存有疑义的，应当进一步调查、复核，并可自行聘请相关专业机构提供专业服务。

中介机构依法应承担的责任不因其利用公开披露文件或专业意见而免除或减轻。

第四节 试点企业发行 CDR 案例：九号智能

九号智能是首家申请发行 CDR 的科创板申报企业。根据《九号机器人有限公司公开发行存托凭证并在科创板上市招股说明书（申报稿）》，九号智能发行 CDR 的基本架构如下：

一、发行概况

根据公司 2019 年 4 月 2 日召开的董事会及股东大会审议通过的《关于公司申请公开发行存托凭证并在上海证券交易所科创板上市的议案》，公司拟发行不超过 7040917 股 A 类普通股股票，作为发行 CDR 的基础股票，占 CDR 发行后公司总股本的比例不低于 10%，基础股票与 CDR 之间的转换比例按照 1 股/10 份 CDR 的比例进行转换，本次拟公开发行不超过 70409170 份 CDR。

二、公司治理

（一）公司内部治理架构

公司成立时，根据开曼群岛法律制定了公司章程，建立了股东大会、董事会等基础性制度，形成了规范的公司治理结构。开曼群岛法律不要求公司设立监事会。

此外，公司聘任了 4 名专业人士担任公司独立董事，参与决策和监督，增强董事会决策的客观性、科学性。

1. 股东会的运行情况

根据开曼群岛法律，公司章程规定了股东大会的职权，并针对股东大会的召开程序作出了详细规则。

2. 董事会的运行情况

公司设董事会，董事会由 11 名董事组成，其中独立董事 4 名，设董事长 1 名。董事会下设立战略委员会、审计委员会、薪酬与考核委员会、提名委员会。

3. 监事会的运行情况

公司系在开曼群岛设立的受豁免的有限责任公司，未设立监事会。

4. 设立证券事务办公室

公司依照《存托凭证发行与交易管理办法（试行）》《上海证券交易所科创板股票上市规则》的相关规定，在境内设立证券事务办公室，并聘任已通过境内董事会秘书资格考试的相关人员在本次发行上市完成之日起负责存托凭证上市期间的信息披露与监管联络事宜，承担境内上市公司董事会秘书的相关职责。

（二）上市章程与境内《公司法》等法律制度的主要差异

1. 股权结构

《开曼群岛公司法》允许发行人发行普通股、优先股、可赎回股等多种类别的股份，并且可以设置特殊投票权，即每一股可以拥有多份表决权。

根据发行人《公司章程》（草案），发行人股份分为 A 类普通股股份（普通股份）和 B 类普通股股份（特别表决权股份）。每份 B 类普通股股份具有 5 份表决权，每份 B 类普通股股份的表决权数量相同。

中国《公司法》不允许特殊投票权的存在。《公司法》第 103 条规定，股份公司股东，所持每一股份有一表决权。

发行人采用的特殊投票权的股权结构与《公司法》的法律制度存在明显差异。

本次发行的存托凭证对应的基础证券为A类普通股。B类普通股仅由发行人的实际控制人高某峰及王某持有。上述特殊投票权结构的引入系为了保证发行人的实际控制人对公司整体的控制权，从而确保发行人不会因实际控制权变化对生产经营产生重大不利影响，从而保护发行人全体股东的利益。

发行人B类普通股股东作为公司的管理团队能够集中公司表决权，从而能够使公司治理效率提升，进而使公司能够在市场竞争中提高管理效能并进一步提高竞争力。

在设定特殊投票权的同时，《公司章程》（草案）也对B类普通股及其特殊投票权进行了多方面的限制，确保上市后B类普通股在公司全部股份的投票权中比例不会进一步增加，不会进一步摊薄A类普通股的投票权比例。

另外，根据《公司章程》（草案），公司应保证A类普通股股份的表决权数量占公司全部已发行股份表决权数量的比例不低于10%，保障A类股东有权提议召开股东大会。

此外，公司股东对下列事项行使表决权时，每一B类普通股股份享有的表决权数量仍与每一A类普通股股份的表决权数量相同：

（1）对公司章程作出修改；

（2）改变B类普通股股份享有的表决权数量；

（3）聘请或者解聘独立董事；

（4）聘请或者解聘为公司定期报告出具审计意见的会计师事务所；

（5）公司合并、分立、解散或者变更公司形式。

2. 组织机构

《开曼群岛公司法》要求设置股东大会和董事会，但不要求设置监事会。除个别事项外，《开曼群岛公司法》不存在法定需要由股东大会审议的事项，与公司经营相关的事项，包括利润分配、资产处置等，均属于董事会权限。

中国《公司法》通过列举方式规定了需要由股东大会和董事会审议的事项。

根据《公司法》第 37 条，股东大会行使下列职权：

（1）决定公司的经营方针和投资计划；

（2）选举和更换非由职工代表担任的董事、监事，决定有关董事、监事的报酬事项；

（3）审议批准董事会的报告；

（4）审议批准监事会或者监事的报告；

（5）审议批准公司的年度财务预算方案、决算方案；

（6）审议批准公司的利润分配方案和弥补亏损方案；

（7）对公司增加或者减少注册资本作出决议；

（8）对发行公司债券作出决议；

（9）对公司合并、分立、解散、清算或者变更公司形式作出决议；

（10）修改公司章程；

（11）公司章程规定的其他职权。

根据《公司法》第 46 条，董事会行使下列职权：

（1）召集股东大会会议，并向股东大会报告工作；

（2）执行股东大会的决议；

（3）决定公司的经营计划和投资方案；

（4）制订公司的年度财务预算方案、决算方案；

（5）制订公司的利润分配方案和弥补亏损方案；

（6）制订公司增加或者减少注册资本以及发行公司债券的方案；

（7）制订公司合并、分立、解散或者变更公司形式的方案；

（8）决定公司内部管理机构的设置；

（9）决定聘任或者解聘公司经理及其报酬事项，并根据经理的提名决定聘任或者解聘公司副经理、财务负责人及其报酬事项；

（10）制定公司的基本管理制度；

（11）公司章程规定的其他职权。

3. 利润分配

《开曼群岛公司法》针对发行人利润分配没有限制性规定。

我国《公司法》第166条规定，公司分配当年税后利润时，应当提取利润的10%列入公司法定公积金。公司法定公积金累计额为公司注册资本的50%以上的，可以不再提取。公司的法定公积金不足以弥补以前年度亏损的，在依照前款规定提取法定公积金之前，应当先用当年利润弥补亏损。公司从税后利润中提取法定公积金后，经股东大会或者股东大会决议，还可以从税后利润中提取任意公积金。公司弥补亏损和提取公积金后所余税后利润，有限责任公司依照本法第34条的规定分配；股份有限公司按照股东持有的股份比例分配，但股份有限公司章程规定不按持股比例分配的除外。

因此，《开曼群岛公司法》的利润分配制度比我国《公司法》更加灵活。

4. 公司合并、分立、增资、减资

《公司章程》（草案）规定，公司合并、分立、增资、减资应当经不低于出席会议的股东所持表决权的2/3以上通过，与中国《公司法》保持一致。

《开曼群岛公司法》进一步规定，公司减资时需要开曼法院确认；公司合并时需要在开曼公司注册处登记。中国《公司法》未有针对上述事项的类似规定，但该等事项属于行政管理类的规定，不实质损害存托凭证持有人参与发行人重大事项决策的权利。

另外，《开曼群岛公司法》规定，开曼公司被收购时，如果90%以上股东接受要约，剩余10%的股东将有义务出售其股份，除非有欺诈或者恶意行为发生。

5. 解散和清算

《开曼群岛公司法》允许公司通过特别决议进行清算，公司的清算资产将用于清偿公司的债务，剩余资产将分配给股东。《开曼群岛公司法》与中国《公司法》对公司剩余财产的分配原则不存在实质差异。

6. 检查权

《开曼群岛公司法》没有赋予股东法定的审阅公司账簿的权利。但《开曼群岛公司法》赋予了股东申请法院任命调查员（Inspectors）去调查公司的权利。根据《开曼群岛公司法》，持有 1/5 以上股份的股东即可以向法院申请任命调查员调查公司，而且调查的范围包括公司的账册等资料。

《公司章程》（草案）规定，公司董事有权决定在何等范围内，以及于何时何地及根据任何条件或规则的情况下，向并非董事的股东公开公司的账目及账簿以供他们查阅。

《公司法》第 33 条规定，股东有权查阅、复制公司章程、股东会会议记录、董事会会议决议、监事会会议决议和财务会计报告。股东可以要求查阅公司会计账簿。股东要求查阅公司会计账簿的，应当向公司提出书面请求，说明目的。公司有合理根据认为股东查阅会计账簿有不正当目的，可能损害公司合法利益的，可以拒绝提供查阅，并应当自股东提出书面请求之日起 15 日内书面答复股东并说明理由。公司拒绝提供查阅的，股东可以请求人民法院要求公司提供查阅。

尽管《开曼群岛公司法》以及《公司章程》（草案）针对股东查阅发行人账簿的制度与《公司法》存在差异，但《开曼群岛公司法》赋予了股东申请法院任命调查员去调查公司的权利。

（三）投票权差异及其安排

1. 投票权差异或类似安排下的股权种类、每股所具有的投票权数量及上限。

根据 2019 年 4 月 2 日公司审议通过的《公司章程》（草案），公司股份分为 A 类普通股股份（普通股份）和 B 类普通股股份（特别表决权股份），公司每份 B 类普通股股份具有 5 份表决权，每份 B 类普通股股份的表决权数量相同，除表决权差异外，A 类普通股股份与 B 类普通股股份具有的其他股东权利完全相同。

2. 不适用投票权差异或类似安排下的表决机制的特殊事项。

根据 2019 年 4 月 2 日公司审议通过的《公司章程》（草案）规定：

“出现下列情形之一的，B 类普通股股份应当按照 1:1 的比例转换为 A 类普通股股份：

1. 持有B类普通股股份的股东不再符合规定的资格和低持股要求，或者丧失相应履职能力、离任、死亡；

2. 实际持有B类普通股股份的股东失去对相关持股主体的实际控制；

3. 持有B类普通股股份的股东向他人转让所持有的B类普通股股份，或者将B类普通股股份的表决权委托他人行使；

4. 公司的控制权发生变更。

发生第1款第4项情形的，公司已发行的全部B类普通股股份均应当转换为A类普通股股份。

发生第1款情形的，B类普通股股份自相关情形发生时即转换为A类普通股股份，相关股东应当立即通知公司，公司应当及时披露具体情形、发生时间、转换为A类普通股股份的B类普通股股份数量、剩余B类普通股股份数量等情况并立即将股份变化情况登记在公司的股东名册上。”

3. 投票权差异或类似安排对存托凭证持有人在提名和选举公司董事、参与公司决策等方面的限制和影响。

根据2019年4月2日公司审议通过的《公司章程》（草案）规定：

“公司股东对下列事项行使表决权时，每一B类普通股股份享有的表决权数量与每一A类普通股股份的表决权数量相同：

1. 对公司章程作出修改；

2. 改变B类普通股股份享有的表决权数量；

3. 聘请或者解聘独立董事；

4. 聘请或者解聘为公司定期报告出具审计意见的会计师事务所；

5. 公司合并、分立、解散或者变更公司形式。

公司股东大会对上述第2项作出决议，应当经过不低于出席会议的股东所持表决权的2/3以上通过，但根据本章程第11.4条、第11.7条的规定，将相应数量B类普通股股份转换为A类普通股股份的除外。”

4. 拥有特殊投票权的股东因存在利益冲突而损害公司或其他股东合法权益的风险。

公司采用特殊投票权结构，根据公司的说明以及《公司章程》（草案）的安排，对于提呈公司股东大会的决议案（除上述“3. 投票权差异或类似安排对存托凭证持有人在提名和选举公司董事、参与公司决策等方面的限制和影响”的特殊情况除外），A 类普通股持有人每股可投 1 票，而 B 类股份持有人则每股可投 5 票。目前，高某峰、王某分别控制公司 13.25%、15.40% 的股份，为公司全部已发行的 B 类普通股，双方合计控制公司表决权的比例达到 66.75%，高某峰和王某对公司的经营管理以及所有需要股东大会批准的事项具有重大影响。在上述情况下，高某峰和王某将对公司的事务施加重大影响，并能够影响股东大会表决结果，中小股东的决策能力将受到严重限制。在特殊情况下，高某峰和王某的利益可能和公司其他股东的利益不一致，可能因此损害中小股东的利益。

5. 投票权差异结构下保护存托凭证持有人合法权益的保障性措施，例如在公司章程中限制转让具有特殊投票权的股份，出现控制权变更、创始人退休等情形时，特殊投票权股份自动转换为普通投票权股份的情形等。

6. 境外基础证券发行人关于在境内公开发行存托凭证后不通过任何方式提高特殊投票权股份比重及其所代表投票权比重的安排，境内公开发行存托凭证前公司章程已有约定的除外。

根据 2019 年 4 月 2 日公司审议通过的《公司章程》（草案）规定：

“公司上市后，除同比例配股、转增股本情形外，不发行 B 类普通股股份，不提高特别表决权比例。

公司因股份回购等原因，可能导致特别表决权比例提高的，将同时采取将相应数量 B 类普通股股份转换为 A 类普通股股份等措施，保证特别表决权比例不高于原有水平。

前款所称特别表决权比例，是指全部 B 类普通股股份的表决权数量占公司全部已发行股份表决权数量的比例。”

（四）协议控制结构

公司进行A轮融资时搭建了协议控制架构（VIE架构），当时考虑到境外融资的便利性，并且科创板相关政策尚未出台。

公司下属中国境内运营实体（即VIE公司）及其工商登记的股东（即VIE公司股东）均分别与相应的外商独资企业（即WFOE）签署了《独家咨询与服务协议》《独家购买权协议》《股权质押协议》《股东表决权委托协议》及《配偶同意函》。

三、存托凭证发行

（一）存托托管安排

2019年4月16日，公司与中国工商银行股份有限公司签署了《存托协议》，委托中国工商银行股份有限公司作为本次发行存托凭证的存托人。2019年4月16日，中国工商银行股份有限公司与工商银行（亚洲）签署了《托管协议》，委托工商银行（亚洲）作为存托凭证的境外基础证券托管人。

（二）存托人义务

1. 根据本协议约定，协助发行人完成存托凭证的发行上市；

2. 安排存放存托凭证基础财产，可以委托具有相应业务资质、能力，诚实信用的托管人管理存托凭证基础财产并与其签署《托管协议》，督促其履行基础财产的托管职责，存托凭证基础财产因托管人过错受到损害的，存托人承担连带赔偿责任；

3. 建立并维护存托凭证持有人名册；

4. 办理存托凭证的签发与注销；

5. 按照中国证监会和证券交易所的相关规定和协议的约定，向存托凭证持有人发送通知等相关文件；

6. 按照协议约定，向持有人派发红利、股息等权益，根据持有人意愿行使表决权等权利；

7. 发行人召开股东大会审议有关存托凭证持有人权利义务的议案时，存托人应当参加股东大会并为存托凭证持有人权益行使表决权；

8. 按照《存托协议》的约定，采用安全、经济、便捷的网络或其他方式为存托凭证持有人行使权利提供便利；

9. 在变更境外托管人或者调整、修改《托管协议》时，应当及时告知发行人，以便发行人履行信息披露义务；

10. 存托人不得买卖其签发的存托凭证，不得兼任其履行存托职责的存托凭证的保荐人；

11. 法律法规及中国证监会规定的和协议约定的其他义务。

（三）存托凭证持有人权利

存托凭证持有人应当符合证监会关于投资者适当性管理规定要求。根据相关法律法规及《存托协议》的规定，存托凭证持有人权利主要如下：

1. 依法享有存托凭证代表的境外基础证券权益；存托凭证持有人实际享有的资产收益、参与重大决策、剩余财产分配等权益与境外基础证券持有人权益相当；

2. 按照本协议约定，通过存托人行使对基础证券的股东权利，包括但不限于：获取现金分红、股份分红及其他财产分配，行使配股权，行使表决权等；

3. 法律法规及中国证监会规定的和协议约定的其他权利。

（四）存托凭证持有人权益保护

存托人作为公司的登记股东，享有公司章程（草案）以及适用的法律中规定的 A 类普通股股东权利。存托凭证持有人根据《存托协议》的约定，通过存托人间接享有公司 A 类普通股股东权益。具体权益保护有：

1. 公司确保存托凭证持有人实际享有的资产收益、参与重大决策、剩余财产分配等权益与境外基础证券持有人权益相当；

2. 公司实际控制人关于存托凭证流通限制的承诺；

3. 公司上市后，除同比例配股、转增股本情形外，不在中国境内外发行B类普通股股份，不提高特别表决权比例；公司因股份回购等原因，可能导致特别表决权比例提高的，将同时采取将相应数量B类普通股股份转换为A类普通股股份等措施，保证特别表决权比例不高于原有水平，公司应保证普通表决权比例不低于10%。

（五）存托凭证持有人行使权利的途径

公司将在存托协议中纳入相关条款，以保障存托凭证持有人能够采取安全、经济便捷的网络或者其他措施行使相关权利，包括但不限于：

1. 使用中国证券登记结算有限责任公司上海分公司或上海证券交易所网络投票系统统计存托凭证持有人对股东大会拟审议事项的投票意向；

2. 在公司实施现金、送股、配股红利分配时，通过上海证券交易所的交易系统以及中国证券登记结算有限责任公司上海分公司实现对存托凭证持有人的收益分配。此外，公司还将按照《证券法》、中国证监会规定以及证券交易所业务规则，按时披露定期报告，并及时就可能对基础证券、存托凭证及其衍生品种交易价格产生较大影响的重大事件披露临时报告，保障存托凭证持有人的知情权。

（六）存托凭证持有人的保障性措施

公司承诺：如因发行人的违法违规行为同时使得境外A类普通股股东和存托凭证持有人的合法权益遭受损害，发行人依法给予存托凭证持有人的赔偿将相当于给予境外A类普通股股东的赔偿。若发行人违反上述承诺，致使投资者在证券发行和交易中遭受损失的，将依法赔偿投资者损失。

四、发行CDR存在的法律风险

（一）特殊投票权结构的风险

公司采用特殊投票权结构，根据公司章程（草案）安排，对于提呈公司股东大会的决议案，A 类普通股持有人每股可投 1 票，而 B 类股份持有人每股可投 5 票。目前，高某峰、王某分别控制公司 13.25%、15.40% 的股份，且均为公司全部已发行的 B 类普通股，合计占公司投票权的比例为 66.75%，高某峰和王某对公司的经营管理以及需要股东大会批准的事项具有重大影响。在上述情况下，高某峰和王某将对公司的事务施加重大影响，并能够影响股东大会表决结果，中小股东的决策能力将受到严重限制。在特殊情况下，高某峰和王某的利益可能和公司其他股东的利益不一致，可能因此损害中小股东的利益。

（二）与发行存托凭证相关的风险

1. CDR 市场价格大幅波动的风险

根据《上海证券交易所科创板股票上市规则》的规定，允许符合科创板定位的公司发行股票或存托凭证在科创板上市，本次拟采取发行 CDR 的方式在科创板上市。目前 CDR 属于市场创新产品，中国境内资本市场尚无先例，其未来的交易活跃程度、价格决定机制、投资者关注度等均存在较大的不确定性；同时，由于 CDR 的交易框架中涉及发行人、存托机构、托管机构等多个法律主体，其交易结构及原理与股票相比更为复杂。与此同时，科创板优先支持符合国家战略、突破关键核心技术、市场认可度高的科技创新企业；属于新一代信息技术、高端装备、新材料、新能源、节能环保以及生物医药等高新技术产业和战略性新兴产业的科技创新企业；互联网、大数据、云计算、人工智能和制造业深度融合的科技创新企业，上述符合科创板定位的企业均具有较强科技创新能力，属于市场较为热捧的对象，再加之科创板价格决定机制尚未成熟，因此可能存在公司发行 CDR 在科创板上市后，CDR 的交易价格大幅波动的风险。

2. 存托凭证持有人与持有基础股票的股东在法律地位、享有权利等方面存在差异可能引发的风险

存托凭证系由存托机构以公司境外发行的证券为基础，在中国境内发行的代表境外基础证券权益的证券。因此，存托凭证持有人与境外基础证券发行人股东之间在法律地位、享有权利等方面存在一定的差异。境外基础证券发行人股东为公司的

直接股东，根据公司章程规定可以直接享有股东权利（包括但不限于投票权、分红等收益权、知情权等）；存托凭证持有人为间接拥有公司相关权益的证券持有人，其投票权、收益权等仅能根据《存托协议》的约定，通过存托机构间接行使。尽管公司已出具《关于确保存托凭证持有人实际享有与境外基础股票持有人相当权益的承诺》，但是若未来因各种原因导致公司或存托机构未能履行《存托协议》的约定，确保存托凭证持有人享有相关权益，存托凭证持有人的利益将受到一定的损害。

3. 存托凭证持有人在分红派息、行使表决权等方面的特殊安排可能引发的风险

由于存托凭证持有人并非公司的直接持股股东，不直接享有获取公司分红派息以及行使表决权的权利。公司向存托机构分红派息后，存托机构应按照《存托协议》的约定向存托凭证持有人进行分红，分红的具体金额由存托机构确定；此外，存托凭证持有人不直接享有表决权，存托机构作为名义股东，将代表存托凭证持有人行使表决权。若存托机构未来违反《存托协议》的相关约定不对存托凭证持有人进行分红派息或者分红派息金额少于应得金额，或者存托机构行使股东表决权时未充分代表存托凭证持有人的共同意见，则存托凭证持有人的利益将受到损害，存托凭证持有人可能会面临一定的投资损失。

4. 存托凭证持有人持有存托凭证即成为《存托协议》当事人，视为同意并遵守《存托协议》的约定

《存托协议》对基础股票存托、存托凭证发行、存托凭证持有人权利行使等方面的权利和义务进行了明确约定，将自协议明确约定的生效条件满足之日起生效。认购存托凭证的行为将意味着认购人同意《存托协议》的条款。存托凭证持有人无需单独签署《存托协议》，自动成为《存托协议》的一方，受《存托协议》的约束，存托凭证持有人不具有单独修改《存托协议》的权利。若《存托协议》中的相关条款无法充分保护存托凭证持有人的利益，存托凭证持有人的利益可能会因此受到损害。

5. 增发基础证券可能导致的存托凭证持有人权益被摊薄的风险

公司本次在科创板发行 CDR，每份存托凭证对应的净资产已经固定（每份存托凭证对应的净资产 = 归属于母公司所有者权益/（公司期末普通股股本总额 × 每股转换 CDR 比例），但未来若公司增发基础证券，如在开曼层面公司增发将会导致存托凭证持有人权益存在被摊薄的风险。

6. 存托凭证退市的风险及后续相关安排

公司本次发行存托凭证并在科创板上市后，如果公司不再符合科创板上市的条件或者存在其他重大违法行为，可能导致公司面临退市的风险。此外，公司也可能因不再符合有关存托凭证上市的相关法律法规或上市规则的规定而导致存托凭证不再上市交易。虽然在《存托协议》中已就存托凭证退市时存托凭证持有人经济利益的实现方式和途径进行了安排，但如果届时存托凭证所依据的基础证券未能按照《存托协议》中的安排转让给第三方并由存托凭证持有人相应获得转让收益，则存托凭证持有人可能面临存托凭证的流通性下降或丧失并因此遭受投资损失的风险。

7. 涉及存托凭证的中国境内法院判决可能无法在境外得到强制执行的风险

本次存托凭证的发行以及《存托协议》均受中国法律的管辖，而公司系依据开曼群岛法律在开曼群岛设立的有限公司，公司的部分业务和资产也位于中国境外。如公司因违反中国法律的规定或《存托协议》的约定，被有管辖权的中国境内法院判决向存托凭证持有人承担相应的责任，但该等判决须在开曼群岛或中国境外的其他国家或地区执行，则除非该等判决根据有关司法判决承认和执行的国际条约或适用的境外法律相关规定履行必备的法律程序，否则可能无法在开曼群岛或中国境外的其他国家或地区得到强制执行，并因此导致存托凭证持有人面临利益受损的风险。

（三）与协议控制相关的风险

1. 境内外有关协议控制架构的法律法规、政策环境发生变化可能引发的境外基础证券发行人受到处罚、需调整相关架构、协议控制无法实现或成本大幅上升的风险。

2. 境外基础证券发行人依赖协议控制架构而非通过股权直接控制经营实体可能引发的控制权风险。

3. 协议控制架构下相关主体的违约风险。

4. 境外基础证券发行人丧失对协议控制架构下可变经营实体获得的经营许可、业务资质及相关资产的控制的风险。

5. 协议控制架构及相关安排可能引发的税务风险。

五、诉讼管辖和法律适用

根据《存托协议》的约定,《存托协议》受中华人民共和国法律管辖并依其解释,《存托协议》引发的或与《存托协议》相关的所有争议，由各方通过友好协商解决。如果各方在收到《存托协议》其他方要求协商的通知后 30 个工作日内未通过友好协商达成一致，则任何一方均可将此等争议提交至交易所所在地法院通过诉讼方式解决。在诉讼期间,《存托协议》不涉及争议部分的条款仍须履行。

存托凭证持有人在有管辖权的中国境内法院向公司及存托人提起诉讼并取得生效的司法判决、裁定的，存托凭证持有人可根据生效的裁判文书，通过法定程序向中国境内有管辖权的法院申请强制执行，但如果涉及中国司法判决、裁定在中国境外执行，则需要依据适用的境外法律得到有权机构的认可或承认后方可得到强制执行。

此外，存托人作为公司登记股东可在有管辖权的境外司法机关向公司提起诉讼，并依据适用的境外法律申请执行生效的司法判决。

第四章
企业上市之公司治理阶梯

管理好一个企业和治理好一个上市公司是两个不同的维度。企业家的领导力、战略眼光、商业禀赋是管理好一家企业最重要的基础，但是治理好一家企业却需要从合规的角度审视这个问题，企业上市失败很多时候是因为企业治理不规范造成的，如中国企业上市普遍存在的业务经营不合规；内控有效性存在缺陷；会计基础工作不规范；持续盈利能力存疑；信息披露存在瑕疵的问题。

企业上市规范性的五大问题，反映了中国民营企业治理存在的普遍性问题，很多企业家都会提出这样一个问题：一家企业到底规范到什么程度才能符合资本市场的要求？是与同行业上市公司相比？还是与上下游产业链上市公司相比？其实，我们做企业需要对标的永远是比自己做得好的那些企业，比自己做得不好的企业没有什么可比较的。

每一位企业家都有一套适合自己管理风格的公司治理心得或制度，否则他不会随随便便成功。美国通用电气公司 CEO 杰克 · 韦尔奇曾经就公司治理提到“其实并不是 GE 的业务使我担心，使我担心的是有什么人做了从法律上看非常愚蠢的事而给公司的声誉带来污点并使公司毁于一旦”。可见企业发展到一定的规模，公司治理是多么重要。

企业家们常常将制定完善的公司章程、股东大会议事规则、董事会议事规则等公司治理制度束之高阁，很难形成规范的公司治理文化。

规范的公司治理架构，董事会作为公司的最高决策机构，股东大会是公司的最高权力机构，所有权、决策权、经营权、监督权相互制衡。

第一节　企业上市五独立、五分开的基本公司治理准则

人员	独立 分开	上市公司的总经理、副总经理、财务负责人和董事会秘书等高级管理人员不在控股股东、实际控制人及其控制的其他企业中担任除董事、监事以外的其他职务，不在控股股东、实际控制人及其控制的其他企业领薪；发行人的财务人员不在控股股东、实际控制人及其控制的其他企业中兼职。
资产	独立 分开	生产型企业具备与生产经营有关的主要生产系统、辅助生产系统和配套设施，合法拥有与生产经营有关的主要土地、厂房、机器设备以及商标、专利、非专利技术的所有权或者使用权，具有独立的原料采购和产品销售系统；非生产型企业具备与经营有关的业务体系及主要相关资产。
财务	独立 分开	上市公司已建立独立的财务核算体系、能够独立作出财务决策、具有规范的财务会计制度和对分公司、子公司的财务管理制度；发行人未与控股股东、实际控制人及其控制的其他企业共用银行账户。
业务	独立 分开	上市公司的业务独立于控股股东、实际控制人及其控制的其他企业，与控股股东、实际控制人及其控制的其他企业间不存在同业竞争或者显失公平的关联交易。
机构	独立 分开	上市公司已建立健全内部经营管理机构、独立行使经营管理职权，与控股股东和实际控制人及其控制的其他企业间不存在机构混同的情形。

第二节　企业上市组织架构设计的路径

一般情境下，企业上市的组织架构是按照下图方式搭建，这也是上市公司治理规范的基本要求。

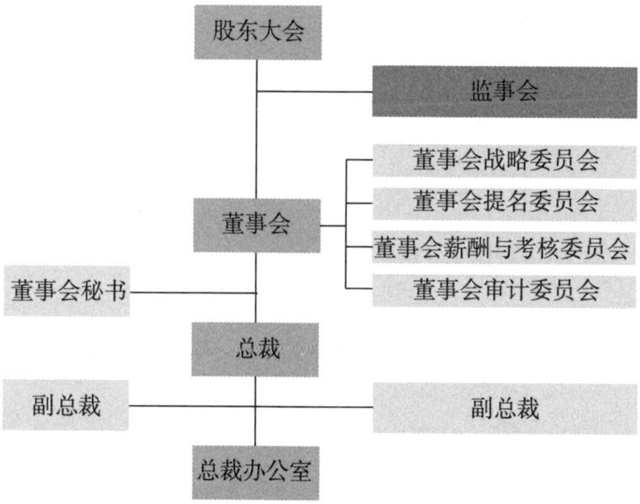

一、董事会的设计路径

上市公司董事会构成为5—19人，法定最低人数为5人，法定最高人数为19

人。董事会人数一般设置为奇数，董事会决议事项一般以过半数表决通过。

1. 独立董事人数不少于1/3，至少包括一名会计专业人士。会计专业人士是指具有高级职称或注册会计师资格的人士，具体指：（1）具备注册会计师资格；（2）具有会计、审计或者财务管理专业的高级职称、副教授或以上职称、博士学位。

2. 上市公司董事会中兼任公司高级管理人员以及由职工代表担任的董事人数总计不得超过公司董事总数的1/2。

3. 公司董事、高级管理人员及其配偶和直系亲属在其任职期间不得担任公司监事。

4. 最近2年内担任过公司董事或者高级管理人员的监事人数不得超过公司监事总数的1/2（深交所）。

如上市公司董事会为5人，2名为独立董事，3名为股东代表或者股东推荐当选的董事，股东代表或者推荐董事中管理层人数和职工代表担任董事人数合计不超过2名。

一般情况下，规范的公司治理结构中，董事会人数为7人、9人或者11人。

二、高级管理人员的设计路径

上市公司董监高，其中的高指的是高级管理人员，也就是我们说的高管，如何设置高管，依据公司章程规定，而章程中关于高管的约定属于公司自由约定条款。

根据《公司法》《上市公司章程指引》规定，高级管理人员，是指公司的经理、副经理、财务负责人，上市公司董事会秘书和公司章程规定的其他人员。

因为公司章程对公司高级管理人员具有约束力，这种约束力强于公司依据《劳动合同法》与其管理层员工签订的劳动合同。

因此，基于企业发展的不同商业模式和公司治理的平台化和生态链的考量，企业可以根据实际需要约定其他重要岗位负责人为高级管理人员，比如可以考虑将 COO（Chief Operating Officer，首席运营官）、CTO（Chief Technology Officer，首席技术官）、CIO（Chief Information Officer，首席信息官）、CMO（Chief Marketing Officer，首席营销官）、CCO（Chief Content Officer，首席文化官）设置为公司高管。

根据交易所对上市公司规范治理的要求，上市公司董事会秘书由公司董事、副总经理、财务负责人或者其他高级管理人员担任。

董事会秘书在董事会审议其受聘议案前，应当取得交易所颁发的董事会秘书资格证书。

一般情况下，基于交易所对上市公司董事会秘书监管的要求，上市公司董事会秘书由公司主管公司证券或资本市场业务的副总担任，董事会秘书的事务性事项由公司证券事务代表协助处理。

董事会秘书作为上市公司的高级管理人员，首先要熟悉资本市场的规则，具备一定的财务、法律知识或背景，具有一定的金融证券从业经历，对内作为董事长重要的参谋，为企业进入资本市场提供重要决策建议，对外具有整合中介机构、上下游并购资源能力，具有与交易所监管机构顺畅沟通的能力。这种能力就是所谓的纵横捭阖、合纵连横的资本市场能力。

三、法律法规禁止担任董监高的情形

1.《公司法》第 146 条规定不得担任董监高的情形

（1）无民事行为能力、限制民事行为能力；

（2）因贪污、贿赂等被判处刑罚，或者因犯罪被剥夺政治权利，执行期满未逾 5 年；

（3）担任破产清算的公司的董事或者厂长、经理，并对破产负有个人责任的，自清算完结之日起未逾 3 年；

（4）担任因违法被吊销营业执照、责令关闭的公司的法定代表人，并负有个人责任的，自吊销营业执照之日起未逾3年；

（5）个人所负数额较大的债务到期未清偿。

关于董监高担任法定代表人的企业被吊销营业执照的，如企业未按照规定在国家企业信用信息公示系统公布年报被吊销的，企业及法定代表人说明原因，改正后由市场监督管理部门出具不属于因违法被吊销营业执照的情况说明，不影响继续担任拟上市公司董监高。

董监高负有较大数额到期债务未清偿，法规并没有对数额较大作出明确的规定，一般来说，以中国人民银行征信中心出具的征信报告和人民法院列入的失信被执行人名单为判断依据，凡是属于前述情形，均不宜担任拟上市公司董监高。

2. 党政机关禁止担任董监高及在企业任职情形

法规导航：

（1）《中华人民共和国公务员法》（2018修订）；

（2）《中共中央纪委、教育部、监察部关于加强高等学校反腐倡廉建设的意见》（教监〔2008〕15号）；

（3）《关于规范中管干部辞去公职或者退（离）休后担任上市公司、基金管理公司独立董事、独立监事的通知》（中纪发〔2008〕22号）；

（4）《关于进一步规范党政领导干部在企业兼职（任职）问题的意见》（中组发〔2013〕18号）；

（5）《国有企业领导人员廉洁从业若干规定》（中办发〔2009〕26号）；

（6）《国务院国有资产监督管理委员会关于规范国有企业职工持股、投资的意见》（国资发改革〔2008〕139号）；

（7）《国务院国有资产监督管理委员会关于实施〈关于规范国有企业职工持股、投资的意见〉有关问题的通知》（国资发改革〔2009〕49号）；

（8）《中共教育部党组关于进一步加强直属高校党员领导干部兼职管理的通知》（教党〔2011〕22号）。

（1）国家公务员

公务员不得从事或者参与营利性活动，在企业或者其他营利性组织中兼任职务。

公务员辞去公职或者退休的，原系领导成员的公务员在离职3年内，其他公务员在离职2年内，不得到与原工作业务直接相关的企业或者其他营利性组织任职，不得从事与原工作业务直接相关的营利性活动。

法律、法规授权的具有公共事务管理职能的事业单位中除工勤人员以外的工作人员，也应遵循上述规定。

（2）党政领导干部

现职和不担任现职但未办理退（离）休手续的党政领导干部不得在企业等营利性组织兼职（任职）。

党政领导干部辞去公职或者退（离）休后3年内，不得到本人原任职务管辖的地区和业务范围内的企业等营利性组织兼职（任职），也不得从事与原任职务管辖业务相关的营利性活动。

（3）国有企业领导

国有企业领导人员不得未经批准兼任本企业所出资企业或者其他企业、事业单位、社会团体、中介机构的领导职务，或者经批准兼职的，擅自领取薪酬及其他收入。

离职或者退休后3年内，国有企业领导人员不得在与原任职企业有业务关系的私营企业、外资企业和中介机构担任职务、投资入股，或者在上述企业或者机构从事、代理与原任职企业经营业务相关的经营活动。

（4）国企相关人员

国有独资公司的董事长、副董事长、董事、高级管理人员，未经国有资产监督管理机构同意，不得在其他有限责任公司、股份有限公司或者其他经济组织兼职。

国有企业中层以上管理人员，不得在职工或其他非国有投资者投资的非国有企业兼职。

企业中层以上管理人员是指国有企业的董事会成员、监事会成员、高级经营管理人员、党委（党组）领导班子成员以及企业职能部门正副职人员等。也包括企业返聘的原中层以上管理人员，或退休后返聘担任中层以上管理职务的人员。

（5）高校人员

学校党政领导班子成员除因工作需要、经批准在学校设立的高校资产管理公司兼职外，一律不得在校内外其他经济实体中兼职。确需在高校资产管理公司兼职的，须经党委（常委）会集体研究决定，并报学校上级主管部门批准和上级纪检监察部门备案，兼职不得领取报酬。

直属高校校级党员领导干部原则上不得在经济实体中兼职，确因工作需要在本校设立的资产管理公司兼职的，须经学校党委（常委）会研究决定，并按干部管理权限报教育部审批和驻教育部纪检组监察局备案，兼职不得领取报酬。

直属高校处级（中层）党员领导干部原则上不得在经济实体和社会团体等单位中兼职，确因工作需要兼职的，须经学校党委审批，兼职不得领取报酬。

（6）中管干部

中管干部辞去公职或者退（离）休后 3 年内，不得到与本人原工作业务直接相关的上市公司、基金管理公司担任独立董事、独立监事，不得从事与本人原工作业务直接相关的营利性活动。中管干部辞去公职或者退（离）休后可以到与本人原工作业务不直接相关的上市公司、基金管理公司担任独立董事、独立监事。

中管干部是在中组部备案的干部，其任免权在中共中央，中组部在中管干部任命上有建议权，一般中管干部为副部级以上。

3. 交易所规范治理关于董监高任职的限制

法规导航：

（1）《深圳证券交易所中小企业板上市公司规范运作指引》（2015 年修订）；

（2）《深圳证券交易所创业板上市公司规范运作指引》（2015 年修订）；

（3）《深圳证券交易所主板上市公司规范运作指引》（2015 年修订）；

（4）《上海证券交易所上市公司董事选任与行为指引》（2013 年修订）》。

拟担任上市董事、监事和高级管理人员除了符合法律、行政法规和规章规定的任职资格外，还不得有下列情形：

（1）被中国证监会采取证券市场禁入措施尚在禁入期；

（2）最近 36 个月内（上交所最近 3 年）受到中国证监会行政处罚；

（3）因涉嫌犯罪被司法机关立案侦查或者涉嫌违法违规被中国证监会立案调查，尚未有明确结论意见；

（4）被证券交易所公开认定为不适合担任上市公司董事、监事和高级管理人员，期限尚未届满；

（5）最近 12 个月内受到证券交易所公开谴责（深交所）；3 年内受证券交易所公开谴责或两次以上通报批评（上交所）。

四、独立董事组成及相关任职资格

法规导航：

（1）《关于在上市公司建立独立董事制度的指导意见》（证监发〔2001〕102 号）；

（2）《关于规范中管干部辞去公职或者退（离）休后担任上市公司、基金管理公司独立董事、独立监事的通知》（中纪发〔2008〕22 号）。

1. 拟上市公司选聘独立董事的基本要求

（1）上市公司独立董事不在公司担任除董事外的其他职务；

（2）上市公司的独立董事，至少包括 1 名会计专业人士（会计专业人士是指具有高级职称或注册会计师资格的人士），上市公司董事会成员中应当至少包括1/3独立董事；

（3）独立董事原则上最多在5家上市公司兼任独立董事，并确保有足够的时间和精力有效地履行独立董事的职责；

（4）具有独立性；

（5）具备上市公司运作的基本知识，熟悉相关法律、行政法规、规章及规则；

（6）具有5年以上法律、经济或者其他履行独立董事职责所必需的工作经验；

（7）独立董事在被提名前，应当取得中国证监会认可的独立董事资格证书，拟上市公司独立董事承诺参加最近一期交易所独立董事资格培训考试的视同取得独立董事任职资格。

2. 禁止担任独立董事的规定

（1）在上市公司或者其附属企业任职的人员及其直系亲属、主要社会关系（直系亲属是指配偶、父母、子女等；主要社会关系是指兄弟姐妹、岳父母、儿媳女婿、兄弟姐妹的配偶、配偶的兄弟姐妹等）；

（2）直接或间接持有上市公司已发行股份1%以上或者是上市公司前10名股东中的自然人股东及其直系亲属；

（3）在直接或间接持有上市公司已发行股份5%以上的股东单位或者在上市公司前5名股东单位任职的人员及其直系亲属；

（4）为上市公司或者其附属企业提供财务、法律、咨询等服务的人员；

（5）上市公司董事会下设薪酬、审计、提名等委员会的，独立董事应当在委员会成员中占有1/2以上的比例；

（6）中管干部辞去公职或者退（离）休后3年内，不得到与本人原工作业务直接相关的上市公司、基金管理公司担任独立董事，不得从事与本人原工作业务直接相关的营利性活动，中管干部辞去公职或者退（离）休后可以到与本人原工作业务不直接相关的上市公司、基金管理公司担任独立董事；

（7）上市公司董事会下设的审计委员会中独立董事应当占半数以上并担任召集人，且至少有1名独立董事是会计专业人士；

（8）在上市公司控股股东、实际控制人及其附属企业任职的人员及其直系亲属；

（9）为上市公司及其控股股东、实际控制人或者其各自附属企业提供财务、法律、咨询等服务的人员，包括但不限于提供服务的中介机构的项目组全体人员、各级复核人员、在报告上签字的人员、合伙人及主要负责人；

（10）在与上市公司及其控股股东、实际控制人或者其各自的附属企业有重大业务往来的单位任职的人员，或者在有重大业务往来单位的控股股东单位任职的人员；

（11）最近1年内（12个月）曾经具有前项所列举情形的人员；

（12）最近12个月内，独立董事候选人、其任职及曾任职的单位存在其他影响其独立性情形的人员。

3. 独立董事候选人应无下列不良记录

（1）被中国证监会采取证券市场禁入措施，期限尚未届满的；

（2）被证券交易所公开认定不适合担任上市公司董事、监事和高级管理人员，期限尚未届满的；

（3）最近36个月内因证券期货违法犯罪，受到中国证监会行政处罚或者司法机关刑事处罚的；

（4）因涉嫌证券期货违法犯罪，被中国证监会立案调查或者被司法机关立案侦查，尚未有明确结论意见的；

（5）最近36个月内受到证券交易所公开谴责或3次以上通报批评的；

（6）作为失信惩戒对象等被国家发改委等部委认定限制担任上市公司董事职务的；

（7）在过往任职独立董事期间因连续3次未亲自出席董事会会议或者因连

续两次未能亲自出席也不委托其他董事出席董事会会议被董事会提请股东大会予以撤换，未满 12 个月的；

（8）过往任职独立董事期间，连续两次未亲自出席董事会会议或者连续 12 个月未亲自出席董事会会议的次数超过其间董事会会议总数的 1/2 的；

（9）过往任职独立董事期间，未按规定发表独立董事意见或发表的独立意见经证实明显与事实不符的；

（10）同时在超过 5 家公司担任董事、监事或高级管理人员的；

（11）过往任职独立董事任期届满前被上市公司提前免职的。

在同一上市公司连续任职独立董事已满 6 年的，自该事实发生之日起 12 个月内不得被提名为该上市公司独立董事候选人。

五、董监高忠实勤勉义务的认定规则

1. 实践中，以下 9 种情形可以认定董监高违反忠实勤勉义务：

（1）利用职权收受贿赂或者其他非法收入，侵占公司的财产；

（2）挪用公司资金；

（3）将公司资金以其个人名义或者以其他个人名义开立账户存储；

（4）违规将公司资金借贷给他人或者以公司财产为他人提供担保；

（5）违规与公司订立合同或者进行交易；

（6）利用职务便利为自己或者他人谋取属于公司的商业机会，自营或者为他人经营与所任职公司同类的业务；

（7）接受他人与公司交易的佣金归为己有；

（8）擅自披露公司秘密；

（9）违反对公司忠实义务的其他行为。

2. 对于董监高违反忠实勤勉义务，公司及其他利益相关主体可以通过以下 3 种方式进行救济：

（1）董监高的行为损害了公司利益，股东可提起股东代表诉讼；

（2）董事、高管的行为损害了股东的个人利益，股东可提起损害赔偿之诉；

（3）董事、高管因违反忠实义务而获得额外收益，公司可行使归入权。

3. 董高承担忠实义务案例解析：

（1）“有名无实”董高不承担忠实义务——孙某才与侯某滨、山西甲制药有限公司等损害公司利益责任纠纷案【（2016）鲁民终 1454 号】

该案中，山东高院认为：“关于侯某滨的行为是否违反了《中华人民共和国公司法》第 148 条第 1 款第 5 项①规定的忠实义务问题。《中华人民共和国公司法》第 148 第 1 款第 5 项规定，‘未经股东会或者股东大会同意，利用职务便利为自己或者他人谋取属于公司的商业机会，自营或者为他人经营与所任职公司同类的业务’。根据上述规定，认定董事违反忠实义务，利用职务便利谋取属于所任职公司的商业机会，或者经营与所任职公司同类的业务，存在两个前提条件：一是担任公司董事并实际从事公司的经营决策等管理行为，二是没有经过股东会的同意而实施上述行为。本案中，首先，侯某滨虽系山东乙制药有限公司董事，但未参与公司经营决策……综合以上情况判断，侯某滨虽然被选举为山东乙制药有限公司董事，但并未实际参与公司的经营管理等具体事务，且自 2008 年 7 月被取消了董事资格，而孙某才等其他股东对于侯某滨经营同类业务也是同意的，直到 2014 年 11 月仍然代为侯某滨加工药品。因此，孙某才虽然主张，侯某滨的行为违反《中华人民共和国公司法》第 148 条第 1 款第 5 项的规定，应当承担董事损害公司利益的相应责任，但其所提供的证据不足以证实该主张，应当承担举证不能的不利后果。”

（2）“有实无名”董高承担忠实义务案例——韩某旋、黄某亮损害公司利益责任纠纷再审审查与审判监督案【（2017）粤民申 3712 号】

广东高院认为：“黄某亮在甲公司担任采购经理一职，甲公司仅 5 名员工，

① 案例中引用的相关法律条文均为该案判决时有效的条文，此后可能存在修改情况，全书同。

除庄某红、韩某旋外，还有两名行政人员。黄某亮是甲公司法定代表人的配偶，在公司仅有 5 名员工的情况下，从事关键的采购工作，黄某亮在甲公司中的作用十分重要，一、二审法院将其认定为公司高级管理人员并无不当。一、二审法院并非以黄某亮、韩某旋利用职务之便为自己或他人谋取属于公司的商业机会为由判决其向甲公司返还收益，而是认为黄某亮、韩某旋作为甲公司高管人员，实施了竞业禁止行为，因此判决其承担相关责任。故黄某亮、韩某旋关于乙集团的资源是甲公司设立前已由黄某亮拥有、甲公司在丙公司成立之前即已歇业等主张，不能成为其因从事竞业禁止行为而需承担责任的免责事由。”

第三节 家族企业治理之关联关系的合规阶梯

沃顿商学院教授斯图尔特·戴蒙德总结家族企业存在的十大问题：(1) 具有自豪感，感情用事，自我主义感十分强烈；(2) 人们为过去的利益纠葛依旧争斗不休；(3) 很多人认为自己被低估了，不受重视；(4) 以中央集权方式制定决策；(5) 数十年辉煌的个人奋斗史会导致资产被高估；(6) 个人资产可能影响公司资产；(7) 不轻易解雇员工；(8) 无形资产、企业文化是其关键；(9) 对外部专业技能的依赖性相对较小；(10) 能力并非工作的必要条件。

家族企业的公司治理是很多制造业领域民营企业普遍存在的一个共性问题。除了我们已经论述过的董监高任职治理的规定外，家族企业还有一个非常重要的问题是同业竞争和关联交易的厘清和规范问题。

基于此，作为拟上市企业，需要系统地梳理公司实际控制人的家族关系，厘清实际控制人、主要股东、董监高的直系亲属、近亲属、主要社会关系，以便于中介机构根据公司实际情况，进行全面的尽职调查，为家族企业的规范化治理提供治理方案和建议。

直系亲属、近亲属、主要社会关系在法律上并没有明确的定义或者司法释明，因此，一般按照以下法律法规参照释明。

一、直系亲属

直系亲属按照《婚姻法》的理解指的是直系血亲，即父母、子女，按照《继承法》第一顺位继承人的理解指配偶、父母、子女。

二、近亲属

《刑事诉讼法》规定的近亲属包括夫、妻、父、母、子、女、同胞兄弟姊妹。

《民事诉讼法》规定的近亲属包括配偶、父母、子女、兄弟姐妹、祖父母、外祖父母、孙子女、外孙子女。

《行政诉讼法》规定的近亲属包括配偶、父母、子女、兄弟姐妹、祖父母、外祖父母、孙子女、外孙子女和其他具有扶养、赡养关系的亲属。

兄弟姐妹，包括同父母的兄弟姐妹、同父异母或者同母异父的兄弟姐妹、养兄弟姐妹、有扶养关系的继兄弟姐妹。

三、主要社会关系

法规导航：

《〈关于在上市公司建立独立董事制度的指导意见〉的通知》《上海证券交易所上市公司独立董事备案及培训工作指引》《深圳证券交易所独立董事备案办法》(2017 修订)。

主要社会关系是指：兄弟姐妹、岳父母、儿媳女婿、兄弟姐妹的配偶、配偶的兄弟姐妹等。

因此，公司实际控制人、主要股东（持股 5% 以上的股东）、董监高可以参照下图的方式对自己的亲属关系进行自我核查。

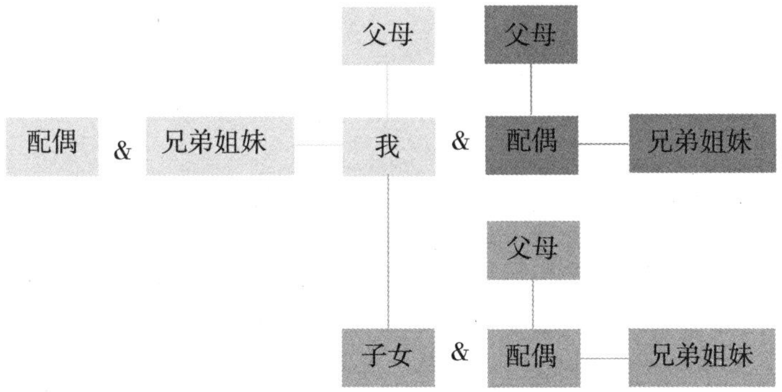

家族企业除了关注直系亲属、近亲属、主要社会关系任职董监高外，重点关注同业竞争和关联交易。

四、同业竞争

（一）同业竞争的认定

同业竞争的“竞争方”主体是指发行人控股股东或实际控制人及其全资或控股企业。除此之外，不是同业竞争的主体范围。

同业竞争的“同业”是指竞争方从事与发行人相同或相似业务。发行人不能简单以产品销售地域不同、产品的档次不同等认定不构成“同业”。而应结合相关企业历史沿革、资产、人员、主营业务（包括但不限于产品服务的具体特点、技术、商标商号、客户、供应商等）等方面与发行人的关系，以及业务是否有替代性、竞争性，是否有利益冲突等确定充分合理的同业的划分标准。

如果发行人控股股东或实际控制人是自然人，其夫妻双方直系亲属（包括配偶、父母、子女）拥有“同业”，应认定为构成同业竞争。发行人控股股东、实际控制人的其他近亲属（即兄弟姐妹、祖父母、外祖父母、孙子女、外孙子女）及其控制的企业与发行人从事相同或相似业务的，原则上认定为构成同业竞争。但发行人能够充分证明与前述相关企业在历史沿革、资产、人员、业务、技术、财务等方面完全独立且报告期内无交易或资金往来，销售渠道、主要客户及供应商无重叠的除外。

发行人控股股东、实际控制人的其他亲属及其控制的企业与发行人从事相同或相似业务的，一般不认定为构成同业竞争。但对于利用其他亲属关系，或通过解除婚姻关系规避同业竞争认定的，以及在资产、人员、业务、技术、财务等方面有较强的关联，且报告期内有较多交易或资金往来，或者销售渠道、主要客户及供应商有较多重叠的，在审核中从严掌握。

无实际控制人的发行人的重要股东与发行人经营相同或相似业务，保荐机构应从对发行人是否造成利益冲突或影响发行人独立性的角度进行核查，发行人应披露相关风险及利益冲突防范解决措施。

（二）同业竞争核查要点

1. 不能以细分行业、细分产品、细分客户、细分区域等界定同业竞争，对生产、技术、研发、设备、渠道、客户、供应商等因素都要进行综合考虑，界定同业竞争的标准从严。

2. 判断相关业务是否应纳入或剥离出上市主体，不能仅考虑该业务的直接经济效益，要同时考虑到该业务对企业的间接效益，正常情况（已持续经营）下不鼓励资产剥离、分立，为梳理同业竞争及关联交易进行的相关安排不能影响业绩计算的合理性、连续性。

3. 控股股东、实际控制人的直系亲属从事的相关业务必须纳入上市主体，旁系亲属鼓励纳入，不纳入要做充分论证，同时做好尽职调查，如实进行信息披露。

五、关联交易

（一）关联方

关联方是一方控制、共同控制另一方或对另一方施加重大影响，以及两方或两方以上受同一控制、共同控制的，构成关联方。

控制，是指有权决定一个企业的财务和经营政策，并能据此从该企业的经营活动中获取利益。

共同控制，是指按照合同约定对某项经济活动所共有的控制，仅在与该项经济活动相关的重要财务和经营决策需要分享控制权的投资方一致同意时存在。

重大影响，是指对一个企业的财务和经营政策有参与决策的权利，但并不能够控制或者与其他方一起共同控制这些政策的制定。

（二）关联交易的认定

1. 关于关联方的认定。发行人应当按照《公司法》《企业会计准则——基本准则》和相应的上市规则认定并完整披露关联方。

2. 关于关联交易的必要性、合理性和公允性。发行人应披露关联交易的交易内容、交易金额、交易背景以及相关交易与发行人主营业务之间的关系；还应结合可比市场公允价格、第三方市场价格、关联方与其他交易方的价格等，说明并摘要披露关联交易的公允性，是否存在对发行人或关联方的利益输送。

对于控股股东、实际控制人与发行人存在关联交易，且关联交易对应的收入、成本费用或利润总额占发行人相应指标的比例较高（如达到30%）的，发行人应结合相关关联方的财务状况和经营情况、关联交易产生的收入、利润总额合理性等，充分说明并摘要披露关联交易是否影响发行人的经营独立性，是否构成对控股股东或实际控制人的依赖，是否存在通过关联交易调节发行人收入利润或成本费用、对发行人利益输送的情形；此外发行人还应披露未来减少与控股股东、实际控制人发生关联交易的具体措施。

3. 关于关联交易的决策程序。发行人应当披露章程对关联交易决策程序的规定，已发生关联交易的决策过程是否与章程相符，关联股东或董事在审议相关交易时是否回避，以及独立董事和监事会成员是否发表不同意见等。

第四节　公司治理之商业贿赂的陷阱

商海沉浮，政商关系永远是企业发展过程中的一道跨不过的坎，公司合规是企业生存之道，但是，面对政府资源配置的扶持之手，企业发展能够经得住合规考验，才能走得更远。政商丑闻往往会对企业经营和发展产生重大影响，甚至带来毁灭性的灾难。

互联网时代、数字经济时代，大数据、区块链技术让资产和交易非常透明和可追溯，企业已然在天眼之下经营，合规是必然之道。

一、海尔施商业贿赂的沉重代价

海尔施是一家做医疗诊断试剂的企业，在 A 股 IPO 的冲刺中披荆斩棘，历经磨难，成功过会，取得批文，可是就在胜利在望的黎明前倒下了。媒体报道海尔施涉嫌一系列商业贿赂案件，而这些商业贿赂的方式正是很多民营企业在中国营商背景下容易触犯的一个法律禁区：凡是涉及公共服务、招投标等资源垄断行业，商业贿赂往往是重灾区。

纵观海尔施案例的始末，我们不难发现，中国营商环境中合规问题并没有引起企业家的重视，这种在企业中普遍存在的问题往往又容易被忽视。

序号	人民法院判决书文号	法院认定的商业贿赂事实（商业贿赂的形式）
1	泰州市第四人民医院检验科犯单位受贿罪二审刑事判决书（2016）苏12刑终170号	2011年春节前至2014年下半年，被告单位泰州市第四人民医院检验科先后5次非法收受上海海尔施诊断产品有限公司销售代表郑某所送回扣款合计人民币15100余元。
2	蒋某新犯受贿罪一审刑事判决书（2016）苏0412刑初957号	2014年至2016年的春节前，被告人蒋某新利用职务之便，非法收受上海海尔施诊断产品有限公司经理梅某（另案处理）赠送的软中华香烟卡，每次1张5条，共计15条，共计价值8415元。
3	钱某犯受贿罪一审刑事判决书（2016）苏1182刑初216号	2014年5月至2015年9月间，被告人钱某在担任扬中市人民医院检验科科长期间，利用职务便利，先后收受上海海尔施诊断产品有限公司业务员周某所送人民币5万元、购物卡面值共计人民币2万元，合计人民币7万元。
4	张某犯受贿罪一审刑事判决书（2014）张刑二初字第0154号	2012年2月，被告人张某接受上海海尔施诊断产品有限公司业务经理郭某为其个人支付2张上海市至海南省三亚市飞机票的票款。
5	周某先犯受贿罪二审刑事裁定书（2016）苏12刑终181号	2011年4月至2014年10月，被告人周某先利用职务之便，在其办公室，先后6次非法收受上海海尔施诊断产品有限公司业务员郑某给予的人民币12000元。
6	邱某法犯受贿罪案一审刑事判决书（2017）浙0921刑初7号	2013年至2014年，被告人邱某法利用职务便利，两次收受浙江海尔施医疗设备有限公司业务员高某送予的购物卡共计价值人民币4000元，并在医疗设备及试剂采购中为高某的公司谋取利益。

二、民营企业家的罪与罚，政商关系如何进行风险隔离

金螳螂是国内装修领域的行业领导者，公装是其主要业务来源，上市后开始开拓家装领域市场。公装领域绕不开的是政商关系，如果企业家没有敬畏法律的意识，没有合规意识，往往会按照自己的经验和本行业内惯例行事。金螳螂创始

人朱某良涉嫌行贿案对一家引领行业开疆拓土的企业来说，可谓是毁灭性的灾难。

时间	事件
2013 年 4 月 9 日	金螳螂披露重大事项停牌公告：因市场出现关于金螳螂实际控制人、董事朱某良先生的有关传闻，相关事项尚在核实过程中，申请停牌。
2014 年 1 月 27 日	金螳螂披露重大事项公告：公司董事、实际控制人朱某良因涉嫌行贿，被检察机关批准执行逮捕。
2014 年 11 月 6 日	金螳螂披露澄清公告：金螳螂关注到有媒体传闻称：公司实际控制人朱某良涉嫌行贿案已步入审查起诉阶段尾声，其公司被指涉嫌单位行贿（家装装修款结算优惠）30 万余元，个人则涉嫌介绍贿赂罪和非法经营罪。经核实，公司针对上述传闻事项说明如下： 1. 2014 年 1 月 27 日，公司董事、实际控制人朱某良先生因涉嫌行贿，被检察机关批准执行逮捕。 2. 截至目前，公司未收到检察机关有关该事项重大进展的正式通知，也未收到关于公司是否涉及该事项的正式通知。 根据谨慎性原则，公司高度重视此事，就此咨询了专业机构：如单位行贿事项属实，公司将聘请资深刑辩律师作为公司的辩护人，积极应对。经征询刑辩律师专业意见，公司初步认为，即使在最坏的情况下公司最终被判处单位行贿罪，根据相关法律规定，公司仅会被处以罚金，所承担的金额极小，不会对公司的经营及财务情况产生实质负面影响。 3. 公司与实际控制人聘请的律师进行了沟通，公司实际控制人朱某良先生对于被指涉嫌的介绍贿赂罪和非法经营罪并不认可，将会进行积极应对。

续表

时间	事件
2015 年 4 月 24 日	金螳螂披露董事辞职公告：董事会于 2015 年 4 月 24 日收到董事朱某良先生的书面辞职报告：因个人原因，朱某良先生辞去公司董事职务及董事会战略委员会委员、董事会提名委员会委员的职务；拟辞去苏州美瑞德建筑装饰有限公司董事、苏州金螳螂园林绿化景观有限公司董事、苏州金螳螂住宅集成装饰有限公司董事、苏州工业园区金螳螂家具设计制造有限公司董事的职务。辞职后，朱某良先生不在苏州金螳螂建筑装饰股份有限公司担任任何职务。
2015 年 2 月 25 日	金螳螂披露重大事项进展公告：公司于 2015 年 2 月 17 日下午接到家属通知，公司董事、实际控制人朱某良先生已取保候审。

海尔施和金螳螂的案例教训是深刻的，一个企业和一个企业家的成功，都有着其独特的发展路径。但是，一个企业、一个企业家的衰败共同的特点可能是对法律没有敬畏之心，对规则没有敬畏之心。

第五节　公司治理之欺诈发行、操纵证券市场的陷阱

一、市值管理还是操纵证券市场，合规总是在一念之间

1. 市值管理和操纵市场

市值管理（Market Value Management）是上市公司基于公司市值信号，综合运用多种科学、合规的价值经营方式和手段，以达到公司价值创造最大化、价值实现最优化的一种战略管理行为。其中价值创造是市值管理的基础，价值经营是市值管理的关键，价值实现是市值管理的目的。

操纵市场（manipulation），又称为操纵行情，是指某一个人或者某一集团，利用其资金优势、信息优势或者持股优势或者滥用职权影响证券市场，人为地制造证券行情，即抬高、压低甚至稳定某种证券的价格水平，使证券市场供需关系无法发挥其自动调节作用，诱使一般投资者盲目跟从、参与买卖，从而为自己谋取利益的行为。

市值管理原本着眼于上市公司价值的提升，但有些上市公司及其大股东、实际控制人却将其曲解为“股价管理”，把本应用在中长期不断改善上市公司基本

面的功夫用在了想方设法影响上市公司短期股价上。此外，有的市场机构和人员也打着所谓“专业机构、专业人士”的旗号或出谋划策，或直接参与、合谋操纵市场。这种伪市值管理、实操纵市场的行为是对资本市场的严重侵害，也必会受到严厉的处罚。

2. 名为市值管理实为操纵股价的情形

（1）以约定减持价格甚至约定保底减持价格的方式进行市值管理的（常见法律风险）；

（2）市值管理建议或者咨询通过产业整合、收购兼并方式，并对前述操作建议公司加强信息披露或者安排财经公关及相关媒体，释放利好消息的；

（3）市值管理协议约定的顾问费、咨询费与大股东减持或者减持收益挂钩的；

（4）市值管理服务中约定为大股东减持寻找接盘方及操作方案的（注：单纯以财务顾问形式为大股东减持寻找投资人不属于市值管理范畴）。

3. 相关案例

蝶彩资产、谢某华与阙某斌合谋操纵恒康医疗股票案——上市公司与私募机构内外勾结，以市值管理之名操纵市场之实

本案系上市公司实际控制人与私募机构内外勾结讲故事、造热点、炒股价的一起典型案件。

2013 年 3 月，恒康医疗集团股份有限公司实际控制人阙某彬与谢某华在上海见面，阙某彬向谢某华表明希望高价减持“恒康医疗”的意愿，谢某华表示可以通过“市值管理”的方式提高恒康医疗“价值”，进而拉升股价，实现阙某彬高价减持“恒康医疗”的目的。双方约定“管理”股价的目标和利益分配比例，合谋设立资管产品参与交易。此后，阙某彬利用其作为上市公司控股股东及实际控制人具有的信息优势，控制恒康医疗密集发布利好信息，人为操纵信息披露的内容和时点，未及时、真实、准确、完整披露对恒康医疗不利的信息，反而夸大恒康医疗研发能力，选择时点披露恒康医疗已有的重大利好信息。在股价达

到预期后，蝶彩资产、谢某华安排阙某彬通过大宗交易减持“恒康医疗”股票2200万股，非法获利5100万余元；蝶彩资产、谢某华分得4858万元。

2017年8月11日，证监会发布信息，以操纵证券市场为名，对恒康医疗集团股份有限公司控股股东及实际控制人阙某斌、蝶彩资产管理（上海）有限公司及其实际控制人作出行政处罚，没收蝶彩资产违法所得4858万元，并处以9716万元罚款；对谢某华给予警告，并处以60万元罚款；没收阙某彬违法所得约304.1万元，并处以约304.1万元罚款。同时，对谢某华采取终身证券市场禁入措施。

二、违规披露、不披露重要信息的罪与罚

1. 信息披露义务

为保护投资者合法权益，发行人、上市公司及其他信息披露义务人依法负有信息披露的义务，应当真实、准确、完整、及时地披露信息，不得有虚假记载、误导性陈述或者重大遗漏。在内幕信息依法披露前，任何知情人不得公开或者泄露该信息，不得利用该信息进行内幕交易。

信息披露在整个资本市场运行过程中处于中心和基础地位，信息披露违法违规，不仅要承担民事赔偿责任、行政责任，也可能承担刑事责任。

2. 违规披露、不披露重要信息罪

我国《刑法》第161条规定的违规披露、不披露重要信息罪：“依法负有信息披露义务的公司、企业向股东和社会公众提供虚假的或者隐瞒重要事实的财务会计报告，或者对依法应当披露的其他重要信息不按照规定披露，严重损害股东或者其他人利益，或者有其他严重情节的，对其直接负责的主管人员和其他直接责任人员，处三年以下有期徒刑或者拘役，并处或者单处二万元以上二十万元以下罚金。”

此外，《最高人民检察院、公安部关于印发最高人民检察院、公安部关于公

安机关管辖的刑事案件立案追诉标准的规定（二）》的通知明确规定了本罪的立案追诉标准，具体如下：

依法负有信息披露义务的公司、企业向股东和社会公众提供虚假的或者隐瞒重要事实的财务会计报告，或者对依法应当披露的其他重要信息不按照规定披露，涉嫌下列情形之一的，应予立案追诉：

（1）造成股东、债权人或者其他人直接经济损失数额累计在 50 万元以上的；

（2）虚增或者虚减资产达到当期披露的资产总额 30% 以上的；

（3）虚增或者虚减利润达到当期披露的利润总额 30% 以上的；

（4）未按照规定披露的重大诉讼、仲裁、担保、关联交易或者其他重大事项所涉及的数额或者连续 12 个月的累计数额占净资产 50% 以上的；

（5）致使公司发行的股票、公司债券或者国务院依法认定的其他证券被终止上市交易或者多次被暂停上市交易的；

（6）致使不符合发行条件的公司、企业骗取发行核准并且上市交易的；

（7）在公司财务会计报告中将亏损披露为盈利，或者将盈利披露为亏损的；

（8）多次提供虚假的或者隐瞒重要事实的财务会计报告，或者多次对依法应当披露的其他重要信息不按照规定披露的；

（9）其他严重损害股东、债权人或者其他人利益，或者有其他严重情节的情形。

3. 相关案例

华锐风电董事长韩某良、财务总监陶某违规披露、不披露重要信息罪

韩某良在担任华锐风电公司董事长、总裁期间，于 2011 年指派时任华锐风电公司副总裁兼财务总监的被告陶某等公司高管人员，通过组织公司财务部、市场部、客户服务中心等部门虚报数据等方式虚增华锐风电公司 2011 年的收入及利润，合计虚增利润 2.58 亿余元，占华锐风电公司 2011 年年度报告披露的利润总额的 34.99%。

华锐风电公司作为依法负有信息披露义务的公司向股东和社会公众提供虚假的财务会计报告，严重损害股东或者其他人的利益，被告人韩某良、陶某分别作为公司直接负责的主管人员和其他直接责任人员，其行为均已构成违规披露重要信息罪。鉴于韩某良、陶某犯罪的情节轻微及本案犯罪事实系华锐风电公司自查发现并主动上报监管机关，韩某良、陶某已缴纳证券监督管理委员会行政处罚决定书因虚假信息披露行为所处罚款，具有从犯、自首情节，依法可对韩某良、陶某从轻处罚。故判：一、被告人韩某良犯违规披露重要信息罪，判处有期徒刑11个月，并处罚金人民币10万元；二、被告人陶某犯违规披露重要信息罪，免予刑事处罚。

三、董监高背信损害上市公司利益的罪与罚

1. 背信损害上市公司利益罪

我国《刑法》第169条之一规定了背信损害上市公司利益罪，上市公司的董事、监事、高级管理人员违背对公司的忠实义务，利用职务便利，操纵上市公司从事下列行为之一，致使上市公司利益遭受重大损失的，处3年以下有期徒刑或者拘役，并处或者单处罚金；致使上市公司利益遭受特别重大损失的，处3年以上7年以下有期徒刑，并处罚金：

（1）无偿向其他单位或者个人提供资金、商品、服务或者其他资产的；

（2）以明显不公平的条件，提供或者接受资金、商品、服务或者其他资产的；

（3）向明显不具有清偿能力的单位或者个人提供资金、商品、服务或者其他资产的；

（4）为明显不具有清偿能力的单位或者个人提供担保，或者无正当理由为其他单位或者个人提供担保的；

（5）无正当理由放弃债权、承担债务的；

（6）采用其他方式损害上市公司利益的。

上市公司的控股股东或者实际控制人，指使上市公司董事、监事、高级管理人员实施前款行为的，依照前款的规定处罚。

犯前款罪的上市公司的控股股东或者实际控制人是单位的，对单位判处罚金，并对其直接负责的主管人员和其他直接责任人员，依照第1款的规定处罚。

2. 背信损害上市公司利益罪的罪与非罪的界限

背信损害上市公司利益罪与一般违法行为的界限主要表现在以下3点：

（1）由于经济活动中存在一定风险的客观使然，若行为主体所实施的行为是在法规、章程规定的范围之内，且行为人既没有滥用权利，也没有违背忠实义务，造成了一定的财产损失，就不能构成本罪。若上市公司为谋求高利润授权由行为人处理相关事务，而自愿甘冒高风险，则行为人为其处理风险事务，即使已超出一般依法之事务处理范围，亦因本人同意，而可阻却违法。

（2）本罪属于结果犯，即只有行为主体实施背信行为致使公司财产遭受重大损失，实施其他行为及时补救，并没有使全体财产减少，都不成立本罪。

（3）如果根据案件事实，确属情节显著轻微危害不大的，没有对上市公司造成重大财产损失的。应根据《刑法》第13条的规定，不以犯罪论处，而作为一般违法行为处理。

3. 相关案例

（1）山西兰花原董事长背信损害上市公司利益罪

2008年5月至7月，被告人贺某元身为上市公司山西兰花科技创业股份有限公司董事长，应时任山西省委常委、省纪委书记金道铭的特定关系人胡某要求，擅自决定以人民币8.2亿元的价格收购胡某参股的山西山阴口前煤业有限公司100%股权。案发后，经鉴定，山西山阴口前煤业有限公司整体资产价值人民币2.944755亿元，被告人贺某元的行为给山西兰花科技创业股份有限公司造成经济损失人民币5.255245亿元，依法应以背信损害上市公司利益罪追究其刑事责任。

（2）鲜某操纵股价的天价罚单

上海市人民检察院第一分院于2017年8月15日受理上海市公安局移送审查起诉的鲜某背信损害上市公司利益一案。

①鲜某实际控制、使用涉案账户情况

“刘某杰”“鲜某”“夏某梅”证券账户以及14个信托账户共计28个HOMS交易单元由鲜某实际控制、使用。账户组交易资金来源于鲜某、鲜某控制的公司及14个信托计划，交易MAC地址高度重合。

②鲜某采用多种手段操纵“多伦股份”股价

1）鲜某通过集中资金优势、持股优势连续买卖操纵“多伦股份”股价

2014年1月17日至2015年6月12日（以下简称操纵期间），“多伦股份”有316个交易日，账户组在223个交易日中交易了“多伦股份”，其中：买入量排名第一的有93个交易日，排名居前两名的交易日共计110个，排名居前三名的交易日共计117个，排名居前四名的交易日共计125个，排名居前五名的交易日共计133个；卖出量排名第一的有77个交易日，排名居前两名的交易日共计94个，排名居前三名的交易日共计105个，排名居前四名的交易日共计115个，排名居前五名的交易日共计119个。账户组买入“多伦股份”数量占该股市场买入量比例超过10%的有65个交易日，超过20%的有22个交易日，超过30%的有11个交易日，超过40%的有5个交易日，买入占比在2015年1月12日达到最高值，为56.87%；账户组卖出“多伦股份”的数量占该股市场卖出量比例超过10%的有50个交易日，超过20%的有18个交易日，超过30%的有7个交易日，超过40%的有3个交易日，卖出占比在2014年12月29日达到最高值，为53.46%。

操纵期间，账户组持有“多伦股份”占该股总股本10%以上的交易日为60个，占5%以上的交易日为179个，持股最高的日期为2014年12月26日，持有47154962股，占总股本的13.85%。

2）鲜某利用信息优势控制信息披露节奏及内容操纵“多伦股份”股价

首先，鲜某控制多伦股份拟更名事项披露节奏。2015年4月9日，多伦股份员工周某萍根据多伦股份董事长和董事会秘书鲜某的指示向上海市工商行政管理局（以下简称上海市工商局）申请变更多伦股份的企业名称。2015年4月16日，上海市工商局核准同意多伦股份申请变更的企业名称为“匹凸匹金融信息服务（上海）股份有限公司”，并标注行业及行业代码：金融信息服务09619，申请变更人为鲜某。2015年4月17日，鲜某知悉多伦股份名称变更取得预先核准。

多伦股份原经营生产与销售高级挂釉石质墙地砖、房地产开发与经营、国内采购金属材料、建筑材料批发等业务，而申请变更后，其名称中涉及的行业为“金融信息服务”，与公司原经营范围发生了重大变化。多伦股份更名事项涉及名称变更和经营范围变更，根据《证券法》第67条第2款第1项的规定，属于需要立即公告的重大事件。但鲜某直至2015年5月7日才将该事项提交公司第七届董事会第十次会议审议，并于2015年5月11日对外公告。公告称“立志于做中国首家互联网金融上市公司，基于上述业务转型的需要，为使公司名称能够体现公司的主营业务，公司拟将名称变更为匹凸匹金融信息服务（上海）股份有限公司”。

其次，鲜某控制多伦股份信息披露内容误导投资者。2015年5月11日，多伦股份公告《关于获得控股股东www. p2p. com网站域名特别授权的公告》，公告称“通过本次授权，可以使公司在互联网金融行业处于领先的竞争优势。该特别授权对公司的转型是具有突破性意义的，必将给公司带来深远影响”。从多伦股份公告内容看，www. p2p. com网站正在筹备中，并无任何业务运营，且香港多伦只免费授权该网站域名使用1年，后续存在不确定性。而互联网金融为当时股票炒作热点题材，上述公告内容足以对投资者产生误导。

上述内容公告后，2015年5月11日至6月2日，“多伦股份”可交易日共计6日，股价连续6日涨停，涨幅为77.37%；同期上证指数涨幅为16.75%，中证互联网金融指数涨幅为29.58%。而鲜某控制账户组在上述事项披露之前连续买卖“多伦股份”。

账户组在2015年4月21日至5月10日（4月15日至4月28日“多伦股份”停牌，4月29日复牌后至5月10日共6个交易日），除4月29日当天没有交易“多伦股份”外，其余5个交易日连续净买入“多伦股份”，合计17889746股，交易金额202077118.46元，日均净买入约357749股，远大于2014年1月17日（账户组首次交易“多伦股份”）至2015年4月20日（账户组净买入“多伦股份”的交易日共计110个）日均净买入量965936股。

3）鲜某通过在自己控制的账户之间进行证券交易操纵“多伦股份”股价

在2014年1月17日至2015年6月12日的316个交易日中，鲜某有88个交易日在自己实际控制的账户组证券账户之间交易“多伦股份”，总量达到84789478股。鲜某在自己实际控制的账户组证券账户之间交易“多伦股份”的数量占市场成交量比例超过5%的有30个交易日，超过10%的有16个交易日，2015年1月12日最高，达到40.27%。

4）鲜某通过虚假申报操纵“多伦股份”股价（大量以涨停价申买多伦股份）

2015年5月11日、12日，账户组在涨停价买盘远大于卖盘的情况下，大量以涨停价申买“多伦股份”，并频繁撤单然后再申报，明显不以成交为目的，以虚假申报方式制造涨停价买单众多假象，影响投资者判断，两天实际买入量均为零。

2015年5月11日，集合竞价阶段9：15：00至9：24：59，“多伦股份”全市场涨停价（12.06元）买申报量为81381600股，其中，账户组9：15：08至9：19：21以涨停价买申报多伦股份39笔，共计15804100股，占同期市场涨停价申买量的比例为19.42%。2015年5月11日之前10个交易日“多伦股份”日均成交量为40148650股，账户组集合竞价涨停价买申报量占前10天日均成交量的39.36%。集合竞价阶段“多伦股份”全部卖申报量为522551股，共成交

459951股，成交价为12.06元，卖申报量占集合竞价阶段市场全部涨停价买申报量的0.64%，占账户组涨停价买申报量的3.31%。在连续竞价阶段9：38：53至13：21：26，账户组对集合竞价阶段39笔申报中的8笔予以撤单，撤单量共计5059600股，撤单量占集合竞价阶段申报量比例为32.01%。

2015年5月12日，集合竞价阶段9：15：00至9：24：58，“多伦股份”全市场涨停价（13.27元）买申报量为85296400股，其中，账户组9：15：37至9：23：08以涨停价买申报“多伦股份”48笔，共计14250500股，占同期市场涨停价申买量的比例为16.71%。2015年5月12日之前10个交易日多伦股份日均成交量为38378510股，账户组申报量占前10天日均成交量的比例为37.13%。集合竞价阶段市场全部卖申报量为511602股，成交456802股，成交价为13.27元。卖申报量占同期市场涨停价买申报量的比例为0.60%，占账户组涨停价买申报量的比例为3.59%。在连续竞价阶段9：30：05至14：45：22，账户组对集合竞价阶段48笔申报中的24笔撤单，撤单量共计7300500股，撤单数量占同期申买数量的51.23%。

综上，鲜某通过采用集中资金优势、持股优势、信息优势连续买卖，在自己实际控制的证券账户之间以交易、虚假申报等方式，影响“多伦股份”交易价格和交易量，违法所得共计578330753.74元。2014年1月17日至2015年6月12日，“多伦股份”股价涨幅为260.00%，同期上证指数涨幅为155.29%。

③鲜某未按规定报告、公告其持股信息

2014年1月17日，香港多伦和账户组合计持有“多伦股份”40179000股，占“多伦股份”已发行股份比例为11.80%。2014年12月22日，香港多伦和账户组合计持有“多伦股份”62073147股，占已发行股份比例为18.23%，较2014年1月17日持股增加超过5%。2014年12月26日，香港多伦和账户组合计持有“多伦股份”67154962股，占“多伦股份”已发行股份比例为19.72%。2015年4月3日，香港多伦和账户组合计持有“多伦股份”49317324股，占“多伦股份”已发行股份比例为14.48%，较2014年12月26日持股减少超过5%。

2014 年 1 月 17 日至 2015 年 4 月 3 日，香港多伦和账户组合计持有的“多伦股份”持股比例变动两次超过 5%，鲜某作为信息披露义务人，未向证监会及上海证券交易所（以下简称上交所）作出书面报告，也未通知上市公司并予以公告。

④处罚

对鲜某操纵“多伦股份”行为，责令依法处理非法持有的证券，没收违法所得 578330753.74 元，并处以 2891653768.70 元罚款。对鲜某的信息披露违法行为，给予警告，并处以 60 万元罚款。

四、欺诈发行股票行为的罪与罚

1. 欺诈发行股票罪

我国《刑法》第 160 条规定了欺诈发行股票、债券罪，该罪名是指在招股说明书、认股书、公司、企业债券募集办法中隐瞒重要事实或者编造重大虚假内容，发行股票或者公司、企业债券，数额巨大、后果严重或者有其他严重情节的，处五年以下有期徒刑或者拘役，并处或者单处非法募集资金金额 1% 以上 5% 以下罚金。

单位犯前款罪的，对单位判处罚金，并对其直接负责的主管人员和其他直接责任人员，处 5 年以下有期徒刑或者拘役。

2. 相关案例

万福生科欺诈发行股票行为和涉嫌违规披露、不披露重要信息

（1）基本情况

万福生科为了达到公开发行股票并上市条件，由董事长兼总经理龚某福决策，并经财务总监覃某军安排人员执行，2008 年至 2010 年分别虚增销售收入 12262 万元、14966 万元、19074 万元，虚增营业利润 2851 万元、3857 万元、4590 万元。扣除上述虚增营业利润后，万福生科 2008 年至 2010 年扣除非经常性

损益的净利润分别为 -332 万元、-71 万元、383 万元。

万福生科 2012 年 4 月 16 日公告《2011 年年度报告》，披露公司 2011 年营业收入为 55324 万元。经查，万福生科 2011 年虚增销售收入 28681 万元。

万福生科未就公司 2012 年上半年停产事项履行及时报告、公告义务，2012 年初，万福生科下属糖厂、米厂和油厂停产，其糖品、大米等主营产品生产陷入停顿。对主营业务处于停顿状态的事实，万福生科未依法履行及时报告、公告义务。对上述生产线停产事项知情的人员包括龚某福、副总经理兼董事会秘书肖某、副总经理严某贵、副总经理李某强。

万福生科《2012 年半年度报告》存在虚假记载和重大遗漏，万福生科 2012 年 8 月 23 日公告《2012 年半年度报告》，披露公司上半年营业收入为 26991 万元。经查，万福生科 2012 年上半年虚增销售收入 16549 万元。同时，对于前述公司部分生产线 2012 年上半年停产的事项，万福生科也未在《2012 年半年度报告》中予以披露，存在重大遗漏。

（2）处罚情况

鉴于万福生科上述重大违法违规行为，证监会给予的处罚如下：

①责令万福生科改正违法行为，给予警告，并处以 30 万元罚款；

②对龚某福给予警告，并处以 30 万元罚款；

③对严某贵给予警告，并处以 25 万元罚款；

④对蒋某初、张某、杨某华、肖某祥、邹某娟、单某、程某辉、刘某溪、王某淅、张某江（监事）、文某清给予警告，并分别处以 20 万元罚款；

⑤对马某啸给予警告，并处以 15 万元罚款；

⑥对黄某、叶某、肖某清（董秘）、肖某、李某强给予警告，并分别处以 10 万元罚款；

⑦对杨某华给予警告，并处以 5 万元罚款。

同时，依法将万福生科及主要责任人员龚某福、覃某军涉嫌欺诈发行股票行为和涉嫌违规披露、不披露重要信息行为移送司法机关处理，并且认定龚某福、覃某军为证券市场禁入者，终身不得从事证券业务或者担任上市公司董事、监事、高级管理人员职务。

（3）其他案例

新大地（茶油贸易虚构客户）、绿大地（林地、荒地使用权，虚增资产，客户造假）、欣泰电器（调减应收账款余额，银行单据自制）、天能科技（道路照明工程造假，撤材料被处罚）。

五、内幕交易的罪与罚

1. 内幕交易、泄露内幕信息罪

我国《刑法》第180条规定了内幕交易、泄露内幕信息罪，该罪是指证券、期货交易内幕信息的知情人员或者非法获取证券、期货交易内幕信息的人员，在涉及证券的发行，证券、期货交易或者其他对证券、期货交易价格有重大影响的信息尚未公开前，买入或者卖出该证券，或者从事与该内幕信息有关的期货交易，或者泄露该信息，或者明示、暗示他人从事上述交易活动，情节严重的，处5年以下有期徒刑或者拘役，并处或者单处违法所得1倍以上5倍以下罚金；情节特别严重的，处5年以上10年以下有期徒刑，并处违法所得1倍以上5倍以下罚金。

2. 内幕交易行为的认定

内幕交易行为，是指证券交易内幕信息知情人或非法获取内幕信息的人，在内幕信息公开前买卖相关证券，或者泄露该信息，或者建议他人买卖相关证券的行为，具体包括：

（1）以本人名义，直接或委托他人买卖证券；

（2）以他人名义买卖证券（包括直接或间接提供证券或资金给他人购买证券，且该他人所持有证券之利益或损失，全部或部分归属于本人或者对他人所持有的证券具有管理、使用和处分的权益）；

（3）为他人买卖或建议他人买卖证券；

（4）以明示或暗示的方式向他人泄露内幕信息。

对于非法获取内幕交易的认定有 3 种，分别是：

（1）利用窃取、骗取、套取、窃听、利诱、刺探或者私下交易等手段获取内幕信息；

（2）内幕信息知情人员的近亲属或者其他与内幕信息知情人员关系密切的人员，在内幕信息敏感期内，从事或者明示、暗示他人从事，或者泄露内幕信息导致他人从事与该内幕信息有关的证券、期货交易，相关交易行为明显异常，且无正当理由或者正当信息来源；

（3）在内幕信息敏感期内，与内幕信息知情人员联络、接触，从事或者明示、暗示他人从事，或者泄露内幕信息导致他人从事与该内幕信息有关的证券、期货交易，相关交易行为明显异常，且无正当理由或者正当信息来源。

3. 相关案例

（1）“鱼跃医疗”“万东医疗”实际控制人吴某明内幕交易案

①吴某明内幕交易“花王股份”

2016 年 12 月初，花王生态工程股份有限公司（以下简称“花王股份”）筹划现金分红及资本公积转增股本这一内幕信息，肖某强系“花王股份”董事长，也是这一内幕信息的知情人。吴某明和内幕信息知情人肖某强关系密切，在内幕信息敏感期，二人有频繁联系，吴某明利用控制的他人名字 3 个证券账户买入“花王股份”519600 股，获利 9190977.21 元。

②吴某明短线交易“鱼跃医疗”“万东医疗”情况

2015 年 7 月 16 日至 2015 年 10 月 27 日，吴某明利用其控制他人账户累计买入“鱼跃医疗”2322710 股，买入金额合计 77025846.96 元，累计卖出“鱼跃医疗”2322710 股，卖出金额合计 89000225.51 元。

2015 年 7 月 2 日至 2016 年 1 月 19 日，吴某明利用其控制他人账户累计买入“万东医疗”4065015 股，买入金额合计 155845082.25 元，累计卖出“万东医疗”1399397股，卖出金额合计39933121.43元。

2018年5月24日，吴某明收到证监会《行政处罚事先告知书》（处罚字〔2018〕46号），综合吴某明上述两项违法事实，中国证监会拟作出如下行政处罚：对吴某明给予警告，没收违法所得9190977.21元，并处以27772931.63元的罚款。

（2）宋某内幕交易“国发股份”、短线交易“京能置业”等股票

宋某是中国人民大学教授、博士生导师、中国注册会计师、国际注册审计师。

2014年11月，国发股份董事长潘某斌在北京与陈某单独见面，告诉陈某国发股份要开展并购重组工作，请其引荐相关并购项目，陈某承诺将积极寻找并推荐项目公司。陈某联络推进国发股份拟收购海格通信子公司摩诘创新，并达成初步意向，国发股份、海格通信双双停牌。

宋某与陈某是师生关系，关系密切。2001年至2003年，陈某在攻读硕士研究生期间，宋某为其导师，毕业后一直有联系，两者存在利益往来。宋某曾兼任陈某为法定代表人的上海同亿富利投资管理有限公司首席经济顾问。陈某在项目中介业务上有赖于宋某，两人有多次项目合作，包括2013年国发股份定增。陈某平日从事项目中介业务，在获取资产转让方或收购方信息后，多次请宋某帮忙介绍对手方，若买卖双方有意向，二人便合作推进并购工作，从二人关系来看，陈某多有求于宋某。

陈某为国发股份重大资产重组事项的内幕信息知情人，在内幕信息公开前，宋某与陈某有2次电话联系，联络情况如下：2015年1月20日18：53：53，宋某与陈某通话15秒，1月20日18：55：07二人通话2分58秒。“邢某”“张某瑶”系宋某的学生。

宋某担任盛运股份、神雾环保、京能置业独立董事，两次通过控制“邢某”“张某瑶”账户短线交易上述公司股票。

证监会决议对宋某两次短线交易“盛运股份”的行为，给予警告，并分别

处以10万元罚款；对宋某短线交易“神雾环保”的行为，给予警告，并处以10万元罚款；对宋某两次短线交易“京能置业”的行为，给予警告，并分别处以10万元罚款。对宋某内幕交易行为处以60万元罚款。并对宋某采取10年证券市场禁入措施，在禁入期间，不得从事证券业务或者担任上市公司董事、监事、高级管理人员职务。

（3）王某内幕交易“大连港”股票

2016年2月末、3月初，大连港董事长惠某指示董事会秘书王某璐研究大连港2015年利润分配事项，签批同意内含《2015年度利润分配预案》议题的《股份公司三会事务审批表》，接收含《2015年利润分配及资本公积转增股本预案》等议题的董事会会议通知邮件、含《关于审议2015年利润分配及资本公积转增股本预案》等议案的董事会会议通知邮件，知悉大连港2015年度利润分配及资本公积转增股本相关事项。

王某系惠某配偶的弟弟。2016年3月22日当晚王某在惠某家中留宿，两人有见面接触。2016年3月23日至24日，王某操作使用“王某清”账户买入“大连港”351300股，实际获利500016.79元；王某操作使用“包某伟”账户买入“大连港”21000股，实际获利18826.69元；王某操作使用本人名下账户买入“大连港”15000股，实际获利13233.28元。

证监会认定上述3个账户资金划转、买卖“大连港”的时间与内幕信息形成发展过程、与王某和内幕信息知情人惠某联络接触的时间高度吻合，交易存在明显异常，且不具合理理由，决定对王某没收违法所得532076.76元，并处以532076.76元罚款。

（4）林某内幕交易“奋达科技”股票

2017年6月1日下午收市后，奋达科技董事长肖某提出员工增持股票倡议的想法。当日17点左右，肖某与董事会秘书谢某平沟通了关于倡议内部员工增持公司股票的事项，基于此，谢某平拟定了《关于向公司内部员工增持公司股票的倡议书》并由肖某书面签署。

6月2日7点，谢某平电话告知证券事务代表周某清上述事项需公开披露。7点30分，谢某平、周某清与证券事务代表助理罗某斌赶到公司处理信息披露事宜，但直到8点04分才将拟披露信息提交交易所信息披露系统（交易所信息披露系统早上的提交时限为8点），导致该信息未正式公开披露。期间，罗某斌不慎将《关于深圳市奋达科技股份有限公司董事长向内部员工增持公司股票倡议书的公告》（以下简称《倡议书公告》）遗忘在文印室复印机台上。8点05分，时任公司技术市场部工程师钟某文和销售技术中心文员杨某桃来公司文印室复印材料时，看到了罗某斌遗忘在复印机上的《倡议书公告》，杨某桃当场用手机对该文件进行了拍照。8点20分，罗某斌发现其有关该事项披露的文件遗忘在复印机台，遂前往将该文件取回。10点，杨某桃将其拍摄的《倡议书公告》照片发到其微信朋友圈。10点31分，钟某文将杨某桃微信朋友圈中《倡议书公告》的图片发到名称为"电器销售技术部"的微信群，微信群成员林某看到了该信息。林某看到钟某文转发的《倡议书公告》图片，于当日11点04分将80万元资金转到本人的证券账户。11点05－07分，林某买入"奋达科技"69000股，买入成交金额806630元，中午休市期间，奋达科技正式对外披露《倡议书公告》。林某分别于2017年6月7日和8月14日卖出"奋达科技"股票，获利106715.08元。

证监会认为林某利用《倡议书公告》的内幕信息，通过本人证券账户交易"奋达科技"股票，违反了《证券法》第76条的规定，构成了内幕交易的行为。决定没收林某内幕交易违法所得106715.08元，并处以106715.08元罚款。

第五章
企业上市之尽职调查与规范整改阶梯

企业上市的尽职调查其实质是公司自己揭开自己的面纱，对于企业家来说，让中介机构在自己家里翻箱倒柜摸家底是一件非常难抉择的事。有的时候，企业家和他的团队认为这是中介机构在折腾企业。但是，这种折腾是非常必要的。所有的折腾都是为了企业能够进入资本市场，接受资本市场的检验，一切都是为信息披露的真实、完整、准确负责。

尽职调查贯穿在企业上市的整个过程当中，中介机构从开始接触拟上市公司便进入尽职调查的状态，首先是企业上市前的初步摸底判断上市的可行性，经过初步了解后，进一步与企业交谈签订上市辅导协议，进入正式调查阶段，中介机构经过全面的正式尽职调查发现问题，并就发现的问题召开中介协调会与企业进行深度沟通、讨论，确定最终上市方案，在企业上市推进过程中，项目组成员通过不断深入项目亦会进一步发现问题，并就相关问题进行补充尽职调查，这种补充尽职调查会伴随项目申报前的整个过程中。

因此，作为企业和企业上市工作小组，上市是一件非常折腾的事，它可能会给管理层带来很多工作量。但是，这种折腾是一个必经的过程，从不规范到规范的过程本身也是一个非常痛苦的过程。这种过程既不能和已经上市的公司进行比较，也不能和同行业进行比较，过往的经验往往可能成为今天的羁绊。

作为公司的实际控制人以及公司的董事会秘书、财务总监，主管业务和技术的副总等是中介机构开展尽职调查的关键人物。

尽职调查不是简单地如实提供尽调材料，而是要通过中介机构尽职调查清单了解熟悉中介机构需要这些材料的真实意义。

第一节　尽职调查的目的、工作小组及流程

一、尽职调查的目的

企业上市尽职调查的目的主要包括以下 4 点：

1. 确定企业是否具备较为全面的上市条件；

2. 为引进战略投资者或者引入私募融资奠定相应的基础；

3. 为中介机构是否推荐公司上市提供初步评价资料；

4. 为企业改制重组提供决策依据。

二、上市工作小组的组建

企业家一旦决定要带领企业进入资本市场，就必须有再次创业的动力和干劲。要把上市和企业经营作为同等重要的事来抓，否则折腾几年最终没有上市，上市就成了一次劳民伤财的运动。

一旦启动上市，就要非常正式地推进下去，基于互联网的社交特性，企业上市的保密工作越来越难做。因此，在必要的时候亦应该选择正式的启动上市仪

式。上市仪式的重要性是给团队打气。企业的各个部门需要紧密地为企业上市贡献力量，打好配合战。

因此，对于企业上市来说，企业家的第一件事是要组建上市工作小组。上市工作小组分为中介机构组和企业组，中介机构由保荐机构项目保荐人作为组长组织律师、会计师团队形成中介机构项目组。企业应当以公司实际控制人，即公司董事长为组长，公司总经理、董事会秘书、财务总监、证券事务代表为核心的项目组开展上市工作。

董事会秘书和证券事务代表系经董事会选聘的公司上市信息披露官和对外联络官，至关重要，建议企业在启动上市前，应当确定由专职人员担任公司董事会秘书和证券事务代表。

三、尽职调查的程序

尽职调查最关键的是制订详细的尽职调查计划，对调查内容、调查程序、调查执行人、时间进度及文件管理等作出规划。有组织、有计划的尽职调查将提高调查的效率、效果。

在作出尽职调查规划以后，一般会执行以下流程：

1. 根据企业的实际情况，确定各项调查内容的重要性水平，编制并讨论《尽职调查问卷》；

2. 进行尽职调查前的动员会、培训企业相关人员；

3. 发放尽职调查问卷，执行相应尽职调查程序。

尽职调查的方式一般包括以下几种：

1. 问卷调查；

2. 函证；

3. 访谈；

4. 实地盘查；

5. 交叉验证复核；

6. 召开协调会讨论；

7. 其他合适的调查方式。

第二节　历史沿革的核查

企业上市尽职调查对历史沿革的核查，包括公司设立及历次股权变动情况、历年工商登记等相关资料的核查；对历年业务经营情况记录、年度报告的核查；对股东情况及股东出资情况核查，关注是否存在出资不实、抽逃出资行为。

发行人股东存在未全面履行出资义务、抽逃出资等情形的，或在出资方式、比例、程序等方面存在瑕疵的，应当在申报前依法采取补缴出资、补充履行相关程序等补救措施。

一、对历次出资的核查

核查拟上市公司及其子公司历次出资是否已经到位，若历次出资以货币方式，则应核查该出资是否有银行流水及资金证明；若历次出资以固定资产或者无形资产方式，则应核查固定资产或者无形资产的权属证明和评估报告。

其中，对于无形资产出资，还需要核查是否存在职务发明、权属纠纷以及出资不实的情形，如所出资的无形资产与公司实际经营是否具有勾稽关系，所出资的无形资产是否给公司带来任何经济收益等。

二、对历次股权转让的核查

核查拟上市公司及其子公司历次股权转让是否履行了法定的必要的决策程序，股权转让款是否已经支付、税务部门是否出具了完税证明。转让方和受让方是否存在股权纠纷或者其他代持或者信托的安排，如公司历史上频繁转让股权的，要核查具体转让原因。

三、对于是否存在代验资行为的核查

实践中，有些公司在创业初期存在找中介机构进行代验资的情形，也有一些从事特殊行业的公司，因相关法律规定注册资本达到一定的标准才可以从事某些行业或者可以参与某些项目的招投标而找推荐机构进行代验资的情形。该等情形涉嫌虚假出资，大部分企业在财务上处理该等问题时，验资进来的现金很快转给中介机构提供的关联公司，而拟上市公司在财务报表上以应收账款长期挂账处理。如果拟上市公司的账上长期挂大额应收非经营业务的款项，则表示该公司可能存在代验资的行为。

四、对于股东是否存在抽逃出资的核查

抽逃出资是公司股东通过制作虚假财务报表虚增利润进行分配或者虚构债权债务关系、利用关联关系等将出资转出去的行为。

根据《最高人民法院关于适用〈中华人民共和国公司法〉若干问题的规定（三）》（2014 修正），抽逃出资具体包括以下几种情形：

1. 制作虚假财务会计报表虚增利润进行分配；

2. 通过虚构债权债务关系将出资转出；

3. 利用关联交易将出资转出；

4. 其他未经法定程序将出资抽回的行为。

拟上市公司存在长期挂应收股东借款，或者大股东长期占用公司资金的情况的，一般不认定为股东抽逃出资。

五、对自然人股东的核查

对于历史上涉及较多自然人股东的情况，需重点关注其股权变动是否存在争议或潜在纠纷。对于历史沿革涉及较多自然人股东的发行人，保荐机构、发行人律师应当核查历史上自然人股东入股、退股（含工会、职工持股会清理等事项）是否按照当时有效的法律法规履行了相应程序，入股或股权转让协议、款项收付凭证、工商登记资料等法律文件是否齐备，并抽取一定比例的股东进行访谈，就相关自然人股东股权变动的真实性、所履行程序的合法性，是否存在委托持股或信托持股情形，是否存在争议或潜在纠纷发表明确意见。对于存在争议或潜在纠纷的，保荐机构、发行人律师应就相关纠纷对发行人股权清晰稳定的影响发表明确意见。发行人以定向募集方式设立股份公司的，中介机构应以有权部门就发行人历史沿革的合规性、是否存在争议或潜在纠纷等事项的意见作为其发表意见的依据。①

发行人为定向募集方式设立股份公司的，应当由省级人民政府就发行人历史沿革的合规性、是否存在争议或潜在纠纷等事项出具确认意见。

对于存在争议或潜在纠纷的，发行人应当提出明确、可行的解决措施，并在招股说明书中进行披露。

关于中介机构对历史上自然人股东的核查比例，审核中作如下区分处理：

1. 若相关自然人股东入股、退股均按照当时有效的法律法规履行了相应程

① 参见证监会发行监管部《首发业务若干问题解答（一）》（2019 年 3 月）第 2 条。

序，入股或股权转让协议、款项收付凭证、工商登记资料等法律文件齐备，则保荐机构、发行人律师应对相关自然人股东股权变动的真实性、程序合法性、是否存在纠纷等进行书面核查，并抽取一定比例的股东进行访谈，访谈比例应不低于待核查股东人数及待核查股份总数的30%。

2. 若相关自然人股东入股、退股的法律程序存在瑕疵，或相关法律文件不齐备，则保荐机构、发行人律师应对相关自然人股东股权变动的真实性、程序合法性、是否存在纠纷等进行书面核查。

第三节 主要资产权属、债权债务、重大合同的核查要点

一、主要资产的权属核查

主要资产的核查涉及土地、房产、知识产权及其他生产设备等固定资产的权属核查。其中，土地包括国有出让土地、集体建设用地、集体土地，知识产权包括专利、商标、软件著作权等。

二、主要债权债务核查

对于公司主要债权债务的核查重点在于核查公司正在履行的借款合同。包括银行融资和其他方式的融资，包括实际控制人通过其他方式融资后进入上市主体的合同。

三、重大合同核查

公司的重大合同包括采购合同、销售合同，尤其是与前十大客户和供应商相

关的合同。对公司重大合同的核查主要关注以下几点：

1. 重点核查合同中是否存在对客户的重大依赖，以及厘定公司收入确认的相关条款，合同中所描述的业务模式与公司说明的业务模式是否一致，重点确定该合同规定的模式属于经销还是代理，是否存在商业特许等情形；

2. 重点核查是否存在关键性技术许可合同；

3. 核查是否存在重大战略合作合同；

4. 核查发行人是否存在票据融资的情况；

5. 核查实际控制人是否存在对外大额担保情形。

第四节　重大诉讼、仲裁和行政处罚、生产经营、业务资质合规性核查

一、重大诉讼、仲裁和行政处罚核查

对于公司涉及的重大诉讼、仲裁和行政处罚的核查关注重点在于：

1. 重点核查公司作为被告的重大诉讼，涉及产品质量的诉讼，涉及关键性技术的知识产权侵权或者权属纠纷诉讼等；

2. 确认公司是否存在被市场监督、税务、环保、土地、安全生产、海关、外汇管理局等主管部门施加的情节严重的行政处罚。

二、生产经营的合规性核查

对于生产经营的合规性核查主要涉及市场监督管理局、安全生产监督管理局。其中市场监督管理局主要对广告的合规性、市场监管的合规性、食品、药品、医疗器械、化妆品及这些产品相关的广告等核查；安全生产监督管理局主管安全生产和相关的政策法规工作。

生产经营的合规性之所以如此重要，原因在于一旦生产经营出了问题，企业

的根基就会动摇，进而一系列的法律后果纷至沓来，最典型的反面案例就是长生生物退市案。

因长生生物老员工实名举报，国家药监局组织对长春长生开展飞行检查，发现长春长生冻干人用狂犬病疫苗生产存在记录造假行为。最终，各部门联动对长生生物予以查处，具体包括：

1. 吉林省药监局决定吊销长生生物《药品生产许可证》，处违法生产、销售冻干人用狂犬病疫苗（Vero 细胞）货值金额 3 倍罚款，罚没款共计 91.0428016891 亿元；

2. 国家药监局决定撤销涉案产品生物制品批签发合格证，处罚款 1203 万元；

3. 证监会对长生生物责令改正，给予警告，并处以 60 万元罚款；对董事长高某芳、副总张某、副总刘某晔、副总蒋某华给予警告，并分别处以 30 万元罚款；对副总张某奎、董秘赵某志、副董兼副总张某豪给予警告，并分别处以 20 万元罚款；对董事刘某文、董事王某明、独董徐某、独董沈某、独董马某光、副总鞠某军、副总万某明、研发总监王某、行政总监赵某伟、销售总监杨某雯给予警告，并分别处以 5 万元罚款；

4. 深交所决定长生生物股票终止上市；

5. 长春长生董事长等 15 名涉案人员因涉嫌非国家工作人员行贿罪、挪用资金罪、生产销售劣药罪等刑事犯罪，被长春高新区公安分局依法采取刑事拘留强制措施。以上被公安机关带走的 15 人中包括董事、高级管理人员。

三、业务经营资质核查

业务经营资质的核查主要核查公司的业务是否涉及行政许可或其他资质，如商业特许资质、安全生产许可、增值电信资质、特种设备资质以及其他行业许可资质。

第五节　企业员工与劳动人事情况核查

一、劳动合同核查

核查员工签订劳动合同的情况，是否存在应签订劳动合同而未签订的情形。

二、用工情况核查

公司是否存在劳务派遣的情形，如有劳务派遣核查是否符合劳务派遣的三性（临时性、辅助性、替代性），是否超过员工总数的 10%，是否存在规避高新技术企业关于员工学历构成条件的情形。

三、社保、住房公积金核查

拟上市公司应当率先履行社会责任，规范办理社会保险和住房公积金的缴存手续，努力提高缴存比例。发行人在申报前应尽可能为符合条件的全体员工按规定办理社会保险和住房公积金缴存手续。

发行人报告期内存在应缴未缴社会保险和住房公积金情形的，应在招股说明书中披露应缴未缴的具体情况及形成原因，制定并披露切实可行的整改措施。对前述事项应取得发行人及其子公司所在地相关主管部门出具的无违法违规证明文件。发行人应对存在的补缴风险进行揭示，并披露明确的应对方案，如由控股股东、实际控制人承诺承担因发行人未按规定缴纳社会保险或住房公积金被相关主管部门要求补缴的义务或被处以罚款的相关经济责任等。

此外，还应核查公司是否存在委托第三方机构代缴社保和住房公积金的情形。

四、员工工资核查

核查员工工资包括是否为了避税存在现金发放或者由实际控制人个人通过银行转账部分发放的情形。

五、核心技术人才或管理人员核查

核查核心技术人才或者管理人员履职情况、诚信记录、是否有犯罪记录等，核查是否存在与原单位存在竞业禁止、保密安排等。

六、劳动纠纷核查

核查公司是否存在因劳动合同履行及社保、住房公积金缴纳等情形引致的劳资纠纷诉讼或仲裁。

第六节　对企业财务和税务情况尽职核查

一、企业财务核查

核查公司财务管理是否规范、是否建立了内控制度，财务部门是否独立于控股股东，财务制度是否健全，财务人员是否专职，公司的资金管理制度、工资发放、发票开具、银行账户开立是否合规。

二、企业税务核查

1. 核查公司及其控股子公司执行的税种、税率是否符合现行法律、法规和规范性文件的要求。

2. 若公司享受优惠政策、财政补贴等政策，该政策是否合法、合规、真实、有效；公司的经营成果对税收优惠是否存在严重依赖。

3. 核查公司纳税是否规范，是否存在核定征税的情形，是否存在未开票收入等。

4. 核查公司及其子公司是否存在税务处罚的情形。

第七节 企业上市互联网核查方法

类别	序号	网站名称	网址	查询事项
主体信息查询	1	国家企业信用信息公示系统及 APP	http：//gsxt. saic. gov. cn 及 APP	可以查询全国及各省企业的工商登记信息，具体包括企业基本信息（营业执照上的全部内容）、股东及其出资、董监高成员、分支机构、动产抵押登记信息、股权出质登记信息、行政处罚信息、经营异常信息、严重违法信息等。
	2	巨潮资讯网	http：//www. cninfo. com. cn	中国证监会指定的信息披露网站，可以查询上交所、深交所上市的公司基本情况，包括股本及董监高、十大股东基本情况、公司披露的公告等。
	3	上海证券交易所	http：//www. sse. com. cn	可以查询上交所上市公司披露的信息，包括但不限于招股说明书、法律意见、年度报告、董事会、股东大会决议等信息。
	4	深圳证券交易所	http：//www. szse. cn	可以查询深交所上市公司披露的信息，包括但不限于招股说明书、法律意见、年度报告、董事会、股东大会决议等信息。
	5	中国证监会	http：//www. csrc. gov. cn	可以查询证监会最新发布的法规、政策及其解读、IPO 及并购重组预先披露信息、核准信息。
	6	全国中小企业股份转让系统	http：//www. neeq. com. cn	可以查询新三板挂牌企业的公告以及预披露待审核公司的信息，新三板企业的重大事项公告、转让信息、财务信息以及新三板相关法律法规、政策资讯等。

续表

类别	序号	网站名称	网址	查询事项
主体信息查询	7	香港联交所	http：//www. hkexnews. hk	可以查询香港上市公司披露的信息，包括但不限于招股说明书、法律意见、年度报告、董事会、股东大会决议等信息。
	8	纳斯达克	http：//www. nasdaq. com	可以查询纳斯达克上市公司信息，包括招股书、法律意见、重大合同等披露的信息。
	9	美国证监会	http：//www. sec. gov	可以查询美国上市公司公告信息，包括招股书、法律意见书等公开资料。
	10	香港公司网上查册中心	http：//www. icris. cr. gov. hk	可以查询在香港注册公司的基本登记信息，可以通过网上付费电子版查询。
	11	全国建筑市场监督与诚信信息发布平台	http：//www. mohurd. gov. cn	可以查询建筑相关企业信息、注册人员信息及工程项目信息等。
	12	住房和城乡建设部建筑业单位资质查询	http：//www. mohurd. gov. cn	建筑业资质查询，包括设计、勘察、造价、监理、建筑、房产开发等资质信息的查询。
	13	中国证券投资基金业协会	http：//www. amac. org. cn	可以查询股权投资基金等证券投资基金的基金管理人及基金的备案信息。
	14	私募基金管理人公示平台及私募汇 APP	http：//gs. amac. org. cn	可查询私募基金管理人登记的实时基本情况以及违规公示情况。
涉诉信息查询	1	中国裁判文书网	http：//www. court. gov. cn	可以查询2014年1月1日起除涉及国家秘密、个人隐私、未成年人犯罪、调解结案以外案件的判决文书。
	2	全国法院被执行人信息查询系统	http：//zhixing. court. gov. cn	可以查询2007年1月1日以后新收及此前未结的执行实施案件的被执行人信息。
	3	全国法院失信被执行人名单信息查询系统	http：//shixin. court. gov. cn	可以查询2013年10月24日起不履行或未全部履行被执行义务的被执行人的履行情况、执行法院、执行依据文书及失信被执行人行为的具体情形等内容。
	4	中国法院网“公告查询”	http：//www. chinacourt. org	可以查询全国范围内法院案件审理公告信息。
	5	人民法院诉讼资产网	http：//www. rmfysszc. gov. cn	可以查询全国范围内法院正在执行拍卖的资产情况。
	6	淘宝司法拍卖	http：//sf. taobao. com	可以检索全国法院通过淘宝司法拍卖方式进行财产拍卖的信息。

续表

类别	序号	网站名称	网址	查询事项
财产信息查询	1	国土资源部“中国土地市场网”	http：//www. landchina. com	可以查询全国范围内的供地计划、出让公告、企业购地情况等信息。
	2	国土资源部“土地市场查询”	http：//landchina. mlr. gov. cn	可以查询土地招标、拍卖、挂牌信息以及全国范围内土地抵押、转让、出租等信息，此外还可查询全国范围内的供地计划等。
	3	中国知识产权网	http：//www. cnipr. com	可以查询公司专利申请情况及专利法律状态。
	4	中华人民共和国知识产权局专利检索网	http：//www. sipo. gov. cn	可以查询公司专利申请情况及专利法律状态。
	5	国家市场监督管理总局商标局“中国商标网”	http：//www. ctmo. gov. cn http：//sbj. saic. gov. cn	可以查询商标注册信息，包括注册商标信息及申请商标信息，同时可以进行商标相同或近似信息查询、商标综合信息查询和商标审查状态信息查询。
	6	中国版权保护中心“计算机软件著作权登记公告”	http：//www. ccopyright. com. cn	可以查询计算机软件著作权的登记情况、著作权人、撤销情况、质押情况等信息。
	7	信息产业部ICP/IP地址信息备案管理系统	http：//www. miibeian. gov. cn	可以通过网站名称、域名、网站首页网址、许可号、网站IP地址、主办单位等查询已经备案的网站或域名的所有人信息等情况。
	8	世界知识产权组织	http：//www. wipo. int	可以查询加入WTO的所有国家专利、商标注册法律状态。
	9	农业部植物新品种保护办公室	http：//www. cnpvp. cn	可以查询植物新品种权。
	10	工业和信息化部官方网站	http：//www. miibeian. gov. cn	可以查询企业网站备案以及电信增值业务许可。
	11	人民法院诉讼资产网	http：//www. rmfysszc. gov. cn	可以查询涉诉财产情况。
	12	淘宝司法拍卖	http：//sf. taobao. com/	可以查询处于网上拍卖状态的涉诉财产情况。

续表

类别	序号	网站名称	网址	查询事项
投融资信息查询	1	中国人民银行征信中心	http：//www. pbccrc. org. cn	可以查询企业应收账款质押和转让登记信息，具体包括质权人名称、登记到期日、担保金额及期限等。
	2	中国银行间市场交易商协会	http：//www. nafmii. org. cn	可以查询 DCM 注册相关信息包括超短期融资券（SCP）、中小企业集合票据（SMECN）、短期融资券（CP）、中期票据（MTN）、定向工具（PPN）等企业的融资情况。
	3	动产融资统一登记公示系统	https：//www. zhongdengwang. org. cn	提供应收账款质押、融资租赁、所有权保留、留置权、租购、其他动产融资、保证金质押、存货/仓单质押、动产信托等登记业务，并提供以上动产物权的统一公示与查询。
信用查询	1	信用中国	http：//www. creditchina. gov. cn/home	企业不良信用记录查询。
	2	中国证券监督管理委员会	http：//neris. csrc. gov. cn/shixinchaxun/	证券期货市场失信记录查询。

第八节　企业上市主要法律问题整改方案

主要事项	存在的法律问题	解决方案	注意事项	时间节点	需要取得文件
1. 历史沿革涉及职工持股会清理确权事项	（1）对已退出公司持股的员工，确认股权转让的真实性，是否存在纠纷，股权转让款是否支付。 （2）对继续持有公司股权的员工，确认所持股权的目前状态。	（1）对公司历史上工会委员会代职工持股的情况、持股职工情况、工会委员会股权转让情况、工会委员会将股权转让给职工持股平台的情况进行核查，并与公司沟通，由公司负责制作历史股东持股情况控制表。 （2）对历史股东进行分批分类访谈，促使90%以上公司历史股东就确权事宜签署经公证的《确认书》。计划按如下步骤开展工作：①对现在员工持股平台中的职工进行确权；②对目前仍在公司工作的原持股职工进行确权；③通过公司退休人员管理办（或类似机构），与已退休或内退的原持股职工联系，并确权；④对已去世职工，由其合法继承人（按照配偶、子女、父母、同胞兄弟姐妹的顺位）进行确权；⑤因原持股会职工技协已经注销，由申请其注销的主管单位进行确权；⑥在报纸上发布公告，通知无法联系的原持股员工前来确权。 注：根据4号指引的规定，确权比例应不低于90%。	（1）建议对于尚未去世的员工确权比例达到100%，避免出现举报事项。 （2）在总体可控的前提下，争取全部员工确权比例达到100%。 （3）确权是一个系统的工作，在达到法律规定的比例前提下，原则上在IPO申报之前都可以继续做工作，以便于最大限度完成100%确权。 （4）公司需要将812人制定详细的分组分类表，并严格根据分组进行确权。	建议在2017年6月中旬初步制定确权的总体分类和时间进度控制表，并通过内部分类、分工，建立小组长等方式做好前期准备工作；争取在2017年9月完成初步确权工作。	（1）经律师见证、公证处公证的《确认书》。 （2）省政府出具的历史沿革及股权合规的确认文件。

续表

主要事项	存在的法律问题	解决方案	注意事项	时间节点	需要取得文件
2. 同业竞争问题		(1) 发行人控股股东与发行人共同持有子公司股权的，建议由发行人按照审计评估价格收购剩余的股权。 (2) 发行人实际控制人控制的其他企业通过分割市场方式解决同业竞争的，不符合A股上市的要求，建议通过重组解决同业竞争，对于原在三板挂牌后摘牌的，建议发行人对此类公司与相关股东协商，通过审计、评估后以吸收合并的方式换股。 (3) 对于实际控制人控制的其他产业链公司，根据A股上市要求，审慎从严考虑，并保证产业链的完整性和可扩张性，建议分不同情况重组至发行人。 ①对于不需要通过换股方式解决同业竞争的，建议以直接收购股权的方式进行。 ②对于少数股东不同意收购的，可以只收购实际控制人控制的部分。 (4) 对于不能装入发行人主体的构成同业竞争的公司，可分两种情况解决，可以公开对外转让的，建议出售给非关联方（IPO申报前解决），如确定不能出售的，应尽快确定清算注销程序。	做好实际控制人及相关股东工作，落实工作计划。	建议2017年11月底完成全部工作，最迟12月底。	
3. 公司治理架构的调整	独立董事尚未到位，董事调整尚未完成	建议尽快启动董事、独立董事调整到位工作，夯实公司规范治理的实践，董事会目前为5人，考虑到报告期内董事、高管及核心技术人员变化比例不宜过大，（一般情况下增加董事高管不视为变化），董事会人数建议为7人，3名独立董事，4名内部董事。	其中1名独立董事需有财务背景，建议由会计师或者大学教授担任。	建议2017年7月底完成，运行半年以上。	独立董事需取得证书。

第六章
企业上市之私募融资阶梯

第一节　企业上市引进私募融资的战略规划

企业在上市前要不要进行私募融资需要根据企业所处发展阶段的实际情况确定，并不是引进私募融资的企业就更加受资本市场青睐，关键还是要看企业自身的质地和公司治理的水准。

一、一般地，企业上市前引进私募融资，主要基于以下几个方面的考虑

1. 扩大公司资本金，充实公司进一步发展需要的资金；

2. 改变过去家族企业管理的治理结构，引进外部投资人，搭建公众公司治理的架构；

3. 降低企业负债率，改善公司财务结构，降低财务风险，同时增加了必要时的举债能力；

4. 改善对供应商、客户的财务结算状况，提高企业信誉与资信，改善经营的外部环境；

5. 解决或部分解决过往经营中以及改制上市时可能面临的纳税问题等。

二、企业上市前引进私募融资的缺点

1. 大多数私募基金投资的前提都要求大股东/实际控制人进行业绩对赌和退出保障的对赌，这种对赌可能使公司为了短期利益而牺牲长远利益，甚至陷入经营的困境；

2. 企业上市前引入私募基金如果与公司进行的股权激励在同一年度内产生股份支付问题，影响公司扣除股份支付后的利润和上市发行价格。

三、企业上市前对私募基金的甄别

基于企业上市的战略考虑，企业在引入私募基金的时候，首先要对接触的私募基金管理人进行反向的尽职调查，主要是看基金管理人在基金业协会合规备案及持续经营情况，是否存在违反私募股权投资基金管理及募集的相关法律规定，是否存在为了投资单一项目募集资金的情形。

对于引进的私募基金，不仅要考察基金管理人的管理经验、管理的基金规模，还要考虑其在市场上的口碑和对已投资项目的投后管理能力。一般地，私募股权投资基金主要分为以下几类：

战略投资者主要类型	特点
保荐机构直投基金	①背景为强大的保荐机构，能对企业上市起到有力助推 ②资金实力十分雄厚 ③运作规范 ④投资条件相对严格，但不倾向于干涉企业管理经营 ⑤对公司上市后的估值有重大提升作用
境内知名 PE 基金	①资金实力雄厚 ②投资条件相对严格，部分倾向于适度参与企业管理经营 ③对公司上市后的估值有一定的提升作用

续表

战略投资者主要类型	特点
外资知名 PE 基金	①资金实力十分雄厚 ②运作国际化 ③投资条件十分苛刻，可能参与企业经营管理 ④对公司上市后的估值有重大提升作用
境内小型 PE 基金	①资金实力一般 ②运作灵活机动 ③投资条件较为宽松，不干预企业经营管理

第二节　企业私募融资的对赌问题

一、对赌协议概述

投资企业主要是投资企业的未来，所以，投资方倾向与企业约定“对赌协议”以控制投资风险。对赌协议正式名称是估值调整机制（Valuation Adjustment Mechanism，VAM），即根据“现有业绩”初步作价和确定投资条件，根据“未来业绩”调整作价和投资条件。

如果企业未来的获利能力达到某一标准，则融资方享有一定权利，用以补偿企业价值被低估的损失；否则，投资方享有一定的权利，用以补偿高估企业价值的损失。

二、对赌协议中的主要对赌条款

投资方投资目标企业时对赌的主要内容通常是目标企业未来几年的业绩以及目标企业上市、并购的时间，与此相对应的对赌条款主要有估值调整条款、业绩补偿条款与股权回购条款。

1. 估值调整

投资方对目标企业投资时，通常按 P/E（市盈率）估值，确定好 P/E 后，乘以目标企业当年预计利润，作为目标企业的投资估值，以此估值作为投资的定价基础；投资方投资后，若当年利润达不到预估的利润时，按照实际实现的利润对此前的估值进行调整，退还投资方的部分投资或增加投资方的持股份额。

2. 业绩补偿

投资时，目标企业或原有股东与投资方就未来一段时间内目标企业的经营业绩进行约定，如目标企业未实现约定的业绩，则需按一定标准与方式对投资方进行补偿。

3. 股权回购（又称回购）

投资时目标企业或原有股东与投资方就目标企业未来发展的特定事项进行约定，当约定条件成熟时，投资方有权要求目标企业或原有股东回购投资方所持目标公司股权。

三、对赌条款在司法裁判中的法律效力

（一）苏州工业园区海富投资有限公司与甘肃世恒有色资源再利用有限公司、香港迪亚有限公司、陆某增资纠纷案［（2012）民提字第 11 号］

1. 案情简介：

2007 年 11 月 1 日前，甘肃众星锌业有限公司（以下简称众星公司）、苏州工业园区海富投资有限公司（以下简称海富公司）、香港迪亚有限公司（以下简称迪亚公司）、陆某共同签订 1 份《甘肃众星锌业有限公司增资协议书》（以下简称《增资协议书》），由海富公司以现金 2000 万元人民币对众星公司进行增资。《增资协议书》第 7 条第 2 项是关于业绩目标的约定：众星公司 2008 年净利润不低于 3000 万元人民币。如果众星公司 2008 年实际净利润完不成 3000 万元，海富公司有权要求众星公司予以补偿，如果众星公司未能履行补偿义务，海富公

司有权要求迪亚公司履行补偿义务。

2007 年 11 月 1 日，海富公司、迪亚公司签订《中外合资经营甘肃众星锌业有限公司合同》（以下简称《合资经营合同》），海富公司出资 15.38 万美元，占注册资本的 3.85%；迪亚公司出资 384 万美元，占注册资本的 96.15%。海富公司应于本合同生效后 10 日内一次性向合资公司缴付人民币 2000 万元，超过其认缴的合资公司注册资本的部分，计入合资公司资本公积金。如果至 2010 年 10 月 20 日，由于合资公司自身的原因造成无法完成上市，则海富公司有权在任一时刻要求迪亚公司回购届时海富公司持有的合资公司的全部股权。

由于众星公司 2008 年的净利润未达到约定金额，故海富公司向法院起诉要求众星公司、迪亚公司、陆某承担补偿责任。一审法院认为《增资协议书》第 7 条第 2 项违反了法律、行政法规的强制性规定，故驳回了海富公司的诉讼请求。海富公司不服一审判决，提起上诉。二审法院认为虽然《增资协议书》第 7 条第 2 项由于违反法律而无效，但海富公司投入众星公司的资金可以认定为借款，要求众星公司、迪亚公司予以返还并支付相应利息。众星公司、迪亚公司不服二审判决，请求再审。再审法院最终判决迪亚公司向海富公司支付补偿款。

2. 争议焦点：

（1）《增资协议书》第 7 条第 2 项内容是否具有法律效力；

（2）如果有效，中兴公司、迪亚公司、陆某应否承担补偿责任。

3. 裁判要点：

最高人民法院认为："海富公司作为企业法人，向众星公司投资后与迪亚公司合资经营，故众星公司为合资企业。众星公司、海富公司、迪亚公司、陆某在《增资协议书》中约定，如果世恒公司实际净利润低于 3000 万元，则海富公司有权从世恒公司处获得补偿，并约定了计算公式。这一约定使得海富公司的投资可以取得相对固定的收益，该收益脱离了众星公司的经营业绩，损害了公司利益和公司债权人利益，一审法院、二审法院根据《中华人民共和国公司法》第 20 条和《中华人民共和国中外合资经营企业法》第 8 条的规定认定《增资协议书》

中的这部分条款无效是正确的。

《增资协议书》中并无由陆某对海富公司进行补偿的约定，海富公司请求陆某进行补偿，没有合同依据。

但是，在《增资协议书》中，迪亚公司对于海富公司的补偿承诺并不损害众星公司及公司债权人的利益，不违反法律法规的禁止性规定，属于当事人的真实意思表示，是有效的。迪亚公司对海富公司承诺了众星公司 2008 年的净利润目标并约定了补偿金额的计算方法。在众星公司 2008 年的利润未达到约定目标的情况下，迪亚公司应当依约应海富公司的请求对其进行补偿。迪亚公司对海富公司请求的补偿金额及计算方法没有提出异议，本院予以确认。”

最高人民法院的上述判决，确定了如下原则：

（1）投资机构向目标企业进行股权投资时，若目标企业不能完成一定的经营业绩，则应向投资机构进行补偿，此类约定为无效，即投资机构与目标企业对赌的，对赌条款无效。

（2）投资机构向目标企业进行股权投资时，若投资机构不能完成一定的经营业绩，由目标企业控股股东、实际控制人或目标企业以外的其他方对投资机构进行补偿的，此类约定有效。

（二）通联资本管理有限公司、成都新方向科技发展有限公司与四川久远新方向智能科技有限公司有关的纠纷案［（2017）最高法民再 258 号］

1. 案情简介：

2010 年 6 月 8 日，通联资本管理有限公司（以下简称通联公司）与目标公司四川久远新方向智能科技有限公司（以下简称久远公司），以及原股东成都新方向科技发展有限公司（以下简称新方向公司）三方签订了《增资扩股协议》。在《增资扩股协议》中，各方约定如果目标公司不能在 2013 年 12 月 31 日前完成 IPO 上市，则投资方通联公司有权要求目标公司或原有股东新方向公司回购投资方通联公司所持有目标公司的全部股份，目标公司及原有股东对该股权回购义务承担履约连带责任。之后，由于久远公司未能如期完成 IPO 上市，作为投资人的通联公司依据《增资扩股协议》第6条约定，委托律师发送律师函，要求久远公司、新方向公司回购通联公司持有的久远公司的股份。

一审法院判决新方向公司向通联公司支付股权回购款及相应利息，久远公司就新方向公司上述付款义务承担连带责任。二审法院认可一审法院的部分裁判，驳回久远公司就新方向公司付款义务承担连带责任的判决。再审法院判决新方向公司向通联公司支付股权回购款及相应利息，久远公司对新方向公司上述本息不能清偿部分承担1/2赔偿责任。

2. 争议焦点：

（1）2010年6月9日的《股东会决议》能否证明通联公司明知久远公司内部决议程序；（2）久远公司应否对新方向公司的股权回购义务承担履约连带责任；（3）久远公司应否承担“连带责任条款”无效后的过错赔偿责任。

3. 裁判要点

（1）关于2010年6月9日的《股东会决议》能否证明通联公司明知久远公司内部决议程序问题

根据再审查明的事实情况，《增资扩股协议》签订于2010年6月8日，在此之前通联公司与久远公司、新方向公司就增资扩股等事宜进行磋商，而此时《久远公司章程》中并没有关于公司对外担保议事程序的相关规定，至2010年6月9日才召开股东会决议对公司章程进行修订，增加了公司担保，包括对股东、实际控制人及其关联方提供担保的内部决议程序。可见，通联公司在签订《增资扩股协议》时，即使其查阅《久远公司章程》，但因章程中并无公司对外担保议事程序的相关规定，因此，2010年6月9日的《股东会决议》不能证明《增资扩股协议》签订时通联公司已经知道久远公司章程有关公司对股东提供担保需经过股东会决议。因此，二审法院将2010年6月9日的《股东会决议》作为新证据采信，以后来发生的事实，来判断此前行为人的审查注意义务，认定通联公司在签订《增资扩股协议》时非为善意相对人，违背了新证据须对待证事实存在关联性的客观要求，属于证据采信不当。

（2）关于久远公司应否对新方向公司的股权回购义务承担履约连带责任问题

《增资扩股协议》中约定新方向公司在约定触发条件成就时按照约定价格回购通联公司持有的久远公司股权，该约定实质上是投资人与目标公司原股东达成的特定条件成就时的股权转让合意，该合意系当事人真实意思表示，亦不存在违反公司法规定的情形，二审判决认定新方向公司与通联公司达成的“股权回购”条款有效，且触发回购条件成就，遂依协议约定判决新方向公司承担支付股权回购款本金及利息，适用法律正确，本院予以维持。新方向公司辩称《增资扩股协议》约定的股权回购条款无效、回购条件不成就，没有事实和法律依据，应不予支持。

至于《增资扩股协议》中约定久远公司对新方向公司的股权回购义务承担履约连带责任的条款效力问题。本院认为，首先，久远公司不是股权回购的义务主体，并不产生久远公司回购本公司股份的法律后果，即不存在新方向公司答辩中称《增资扩股协议》约定久远公司对新方向公司的股权回购义务承担履约连带责任的条款违反《公司法》第 35 条、第 36 条、第 37 条第 1 款第 7 项及第 74 条规定的情形。其次，《增资扩资股协议》第 6. 2. 1 条约定久远公司对新方向公司负有的股权回购义务承担履约连带责任，并未明确为连带担保责任。通联公司在一审也是诉请久远公司对新方向公司承担的股份回购价款及涉及的税款承担连带责任。但是，久远公司、新方向公司二审上诉中称“通联公司明知未经股东会批准，而约定由久远公司对新方向公司提供担保，有违我国《公司法》第 16 条第 2 款的规定，其请求亦不应得到支持”。通联公司亦抗辩称“我国《公司法》第 16 条第 2 款属于管理性强制性规定，即使久远公司所提供的该担保未经股东会议决议，也不影响担保的有效性”。二审法院在双方当事人将《增资扩资股协议》第 6. 2. 1 条约定的“连带责任”条款解释为“连带担保责任”基础上，并适用《公司法》第 16 条第 2 款的规定裁判本案。本院认为，连带担保责任属于连带责任的情形之一，但连带担保责任有主从债务之分，担保责任系从债务。

双方当事人将“连带责任”理解为“连带担保责任”，并未加重久远公司的责任负担，且从通联公司诉请久远公司的责任后果看，是对新方向公司承担的股权回购价款本息承担连带责任，仍然属于金钱债务范畴，也与久远公司实际承担的法律责任后果一致，本院予以确认。因此，二审判决依据《公司法》第 16 条第 2 款关于公司对控股股东、实际控制人提供担保的相关规定来裁判久远公司对新方向公司的股权回购义务承担履约连带责任的条款效力，并无不当。最后，通联公司申请再审称《公司法》第 16 条第 2 款的规定系管理性规范，久远公司承诺为新方向公司的股权回购义务承担履约连带责任，虽然未经久远公司股东会决议通过，亦不影响公司承诺担保条款的效力，并提交最高人民法院相关案例佐证。本院认为，《公司法》第 16 条第 2 款明确规定“公司为公司股东或者实际控制人提供担保的，必须经股东会或者股东大会决议”，该条规定的目的是防止公司股东或实际控制人利用控股地位，损害公司、其他股东或公司债权人的利益。对于合同相对人在接受公司为其股东或实际控制人提供担保时，是否对担保事宜经过公司股东会决议负有审查义务及未尽该审查义务是否影响担保合同效力，公司法及其司法解释未作明确规定。二审法院认为，虽然久远公司在《增资扩股协议》中承诺对新方向公司进行股权回购义务承担履约连带责任，但并未向通联公司提供相关的股东会决议，亦未得到股东会决议追认，而通联公司未能尽到基本的形式审查义务，从而认定久远公司法定代表人向某建代表公司在《增资扩股协议》上签字、盖章行为，对通联公司不发生法律效力，适用法律并无不当。

（3）关于久远公司应否承担“连带责任条款”无效后的过错赔偿责任问题

通联公司在签订《增资扩股协议》时，因《久远公司章程》中并无公司对外担保议事程序规定，通联公司有合理理由相信向某建有权代表公司对外签订有担保意思表示内容的《增资扩股协议》，但其未能尽到要求目标公司提交股东会决议的合理注意义务，导致担保条款无效，对协议中约定的担保条款无效自身存在过错。而久远公司在公司章程（2009 年 6 月 9 日之前）中未规定公司对外担保及对公司股东、实际控制人提供担保议事规则，导致公司法定代表人使用公章的权限不明，法定代表人向某建，未经股东会决议授权，越权代表公司承认对新方向公司的股权回购义务承担履约连带责任，其对该担保条款无效也应承担相应的过错责任。《最高人民法院关于适用〈中华人民共和国担保法〉若干问题的解释》第8条规定："主合同无效而导致担保合同无效，担保人无过错的，担保人不承担民事责任；担保人有过错的，担保人承担民事责任的部分，不应超过债务人不能清偿部分的三分之一。"根据该条规定，通联公司、久远公司对《增资扩股协议》中约定的"连带责任"条款无效，双方均存在过错，久远公司对新方向公司承担的股权回购款及利息，就不能清偿部分承担1/3的赔偿责任。最高人民法院认为：《公司法》第16条第2款明确规定"公司为公司股东或者实际控制人提供担保的，必须经股东会或者股东大会决议"，该条规定的目的是防止公司股东或实际控制人利用控股地位，损害公司、其他股东或公司债权人的利益。对于合同相对人在接受公司为其股东或实际控制人提供担保时，是否对担保事宜经过公司股东会决议负有审查义务及未尽该审查义务是否影响担保合同效力，公司法及其司法解释未作明确规定。

上述法院的判决确立了如下原则：

（1）投资机构与目标企业股东就目标企业的上市期限进行对赌时，若目标企业未能在约定期限完成上市，则目标企业控股股东或其指定方应向投资机构回购股权并支付股权转让款，此类条款约定有效。

（2）在目标公司股东或其指定方需要向投资机构回购目标公司股权且支付股权转让款时，目标企业就上述股东的付款义务承担连带担保责任的，经目标公司股东会或者股东大会决议的，该类条款约定有效，未经股东会或者股东大会决议的连带责任担保无效。

（3）目标公司越权为控股股东或者实际控制人回购股权提供连带责任的，承担过错责任。

（三）北京利恒志远投资中心（普通合伙）与高某股权转让纠纷案［（2014）通民初字第7628号］

1. 案情简介

2011年4月22日，代代星公司、北京利恒志远投资中心（普通合伙）（以下简称志远投资）及高某（代代星公司实际控制人）签署了《广州代代星电子科技有限公司增资协议》，约定由志远投资对代代星公司进行增资；同日，志远投资与高某签署了《广州代代星电子科技有限公司增资协议之补充协议》，对增资后代代星公司的经营业绩指标、公司上市及回购股权等事宜作出约定。

2013年9月17日，志远投资与高某签订了《协议书》，约定了高某回购志远投资持有的代代星公司股权等事宜。协议签订后，至2014年3月31日，高某并未按约定付款，尚欠志远投资股权转让款6447945元。

2013年9月22日，高某将代代星公司价值19021643元的股权质押给志远投资。但仍未付清所欠款项，故志远投资以此为由向法院提起诉讼。

2. 裁判要点：

北京市通州区人民法院认为："根据《协议书》约定，在被告高某未按照协议约定的时间支付股权转让款的，利恒投资中心有权要求被告高某支付逾期付款违约金，故对于利恒投资中心要求被告高某从2013年10月1日起以第一笔未付款项金额3719178元为本金计算违约金至实际付清之日止及要求被告高某从2014年1月1日起以第二笔未付款项金额8854520元为本金计算违约金至实际付清之日止的诉讼请求，于法有据，本院予以支持。对于利恒投资中心主张计算违约金的标准，根据《协议书》约定每逾期一日，被告高某应按照应付金额的千分之一向利恒投资中心支付逾期付款违约金。被告高某在向本院提交的书面答辩状中认为利恒投资中心主张计算违约金的标准过高，请求法院予以调整。当事人双方可以约定一方违约时应当根据违约情况向对方支付一定数额的违约金，也可以约定因违约产生的损失赔偿额的计算方法。约定的违约金低于造成的损失的，当事人可以请求人民法院或者仲裁机构予以增加；约定的违约金过分高于造成的损失的，当事人可以请求人民法院或者仲裁机构予以适当减少。考虑到本案中被告高某违约给利恒投资中心造成的损失为资金占用的损失，且被告高某已向本院提交了书面答辩状请求人民法院予以适当降低违约金的计算标准，本院认为利恒投资中心主张违约金计算标准过高，本院按照不超过中华人民共和国人民银行同期贷款利率 4 倍的标准依法予以调整违约金的计算标准。”

北京市通州区人民法院的上述判决，确立了如下原则：

目标企业原股东或其指定方未能按协议约定承担回购义务支付股份转让款时，应按一定比例承担违约责任，该类条款约定有效，但是约定的违约金过分高于造成的损失的，法院予以调减，调减原则一般按不超过中华人民共和国人民银行同期贷款利率 4 倍的标准依法予以调整违约金的标准计算。

第三节　企业上市之私募融资出让股权比例和价格

一、引入私募融资的股权比例

1. 企业自身的资金需求

私募融资涉及的最重要的问题之一便是融资多少的问题，也就涉及相关的股权比例问题。对于该问题首先需要考虑企业自身的需求。企业需要多少资金来发展自身，是该问题的核心。通常情况下，可以根据企业的发展规划，确定企业在未来2—3年内的主要资金需求额，进而测算私募股权份额；此外，有些企业有着改善财务结构的需求，此种情况下，可以在对财务报表进行审计的基础上，参照公司业务模式、行业特点等规划公司的合理财务结构，进而确定需要的资金量和私募的股权份额。

2. 上市对公司股权变化的相关要求

一般而言，公司在IPO前的私募，外部引入的私募基金持股应控制在总股本的30%以内，如果过高，则可能引起审核部门和市场对公司股权稳定性、经营稳定性的担忧。

3. 战略投资者的投资需求

一般而言，为降低管理成本，战略投资者期望的投资量较大。保荐机构直投基金作为战略投资者，一般不超过公司总股本的7%，否则根据《证券发行上市保荐业务管理办法》，保荐机构在推荐发行人证券发行上市时，应联合一家无关联保荐机构共同履行保荐职责，且该无关联保荐机构为第一保荐机构。

二、私募的价格

1. 私募价格的一般衡量标准

对于多数行业而言，私募价格一般按照市盈率法定价，即“私募投资价格/每股收益”。

每股收益一般以前一年实现净利润为基础计算，也可协商按照当年预期利润计算，但是按照预期利润计算，市盈率倍数一般较低。

2. 私募价格的考虑因素

私募价格一般由战略投资者与企业协商确定，主要考虑因素包括：

（1）公司自身各要素情况；

（2）公司的现时盈利水平及未来成长性；

（3）公司的所处行业现状及前景、行业地位与竞争状况、市场容量、公司本身的业务与技术能力；

（4）公司的财务状况；

（5）公司治理的规范性、透明度，这点很重要，治理不规范、透明度不高，投资者则认为风险大，从而要求降低价格。

私募市场普遍价格水平多数控制在每股收益的5—15倍，即市盈率5—15倍。

第七章

企业上市之公司改制合规阶梯

第一节　上市工作机制及整体工作计划

企业经过慎重考察，选定中介机构和具体执行的团队后，在各中介机构进场前一般要安排企业上市的正式启动仪式，明确上市工作机制和工作计划。

（一）工作机构的组成

上市工作是一项系统工程，为了确保上市工作和公司业务发展能够有序协调推进，公司在不影响企业正常经营的前提下应当由公司实际控制人牵头统筹安排公司主要管理层共同参与并应为此设置专门的工作机构，指定人员总体负责、具体落实上市相关工作。

为了保证公司上市工作的顺利进行，提高决策效率，建议公司成立上市工作领导小组—上市工作负责人—专项事务工作组三级工作组织机构。

领导小组是公司上市工作的决策机构，组织领导公司上市的整体工作。

上市工作负责人是公司上市领导小组的执行人员，负责上市工作的具体组织、执行、协调和宣传等工作。

专项事务工作组负责根据领导小组及上市工作负责人的指示及工作需要讨论和解决工作中出现的特殊专项问题，专项事务工作组可按照工作重点不同，再细分为业务组、资产财务组。

有关公司上市项目中各工作机构的人员构成和工作职责如下：

1. 上市工作领导小组

设置组长、副组长和成员。

职责：公司上市工作领导小组是公司上市工作的决策机构，组织领导公司上市的整体工作，审核上市方案，定期听取上市工作情况汇报，研究决定上市工作的重大问题，保证组织严谨，统筹有序，执行有力，规范高效，确保上市工作的顺利推进。

2. 上市工作负责人

为上市工作领导小组成员。

职责：上市工作负责人是上市领导小组指定的执行人员，在领导小组领导下开展工作，负责领导小组与专项事务工作组的对接工作，负责与中介机构的对接工作，负责上市工作的具体组织、执行、协调、宣传等工作。

3. 专项事务工作组

上市工作负责人下设立业务组、资产财务组，各工作组的人员构成和工作职责如下：

（1）业务组

人员包括组长、副组长、专职成员等。

职责：组织安排公司上市项目的日常工作；负责上市工作有关会议的会务工作，记录、整理、编发会议纪要，收集整理大事记及相关资料；负责尽职调查清单的统一下发及尽职调查资料的统一归集工作；负责协助中介机构完成尽职调查，负责尽调资料、档案的统一管理；负责公司对外信息的统一发布，媒体、投资者关系维护；完成与业务、法律、人事等方面的尽职调查工作；拟订各项业务发展规划；负责公司募集资金投资项目的相关工作，包括项目的选择、规划、编制可行性研究报告、获得相关政府部门的批准或备案文件；起草、审查股改过程中各项法律文件；办理公司股改的工商登记工作；办理业务资质（提供资质证书、许可证、商标、专利、专有技术等与公司业务相关的文件及事项）的转移；与律师共同拟订公司章程、三会议事规则等内部控制制度；拟订董事会、股东大会等相关会议文件；拟订股份公司治理结构及组织架构方案；负责相关协议的起草；完成上市工作负责人交办的其他工作。

（2）资产财务组

人员包括组长、副组长、专职成员等。

职责：根据整体安排，负责制定财务审计与资产评估的具体方案并落实；配合审计及评估机构按时完成审计及资产评估工作，并出具专项文件；跟踪了解财务审计方面的相关问题及工作进程，并就出现的问题提出解决方案；负责建立财务估值模型，进行资本结构和融资结构分析，准备盈利预测和现金流预测（如需）；协助业务组完成与资产及财务有关的尽职调查工作；协助业务组制订募集资金使用计划；完成上市工作负责人交办的其他工作。

（二）会议制度

1. 领导小组会议

（1）召开时间：由保荐机构根据工作需要提议召集，不定期召开。

（2）与会人员：由上市工作领导小组成员参加。经领导小组组长同意，其他人员可列席会议。

（3）会议内容：听取上市工作情况汇报；审议决定上市重大问题；审议上市方案；研究决定其他重大事项。

2. 中介机构协调会

（1）召开时间：由保荐机构根据工作进展情况召集，在某一阶段可能为定期会议。

（2）会议形式：视情况采取现场会议或电话会议的形式召开。

（3）会议内容：通报工作进展情况、后续工作计划、当前存在问题及建议、需公司予以关注和配合的事项。

3. 专题讨论会

（1）召开时间：当需要共同讨论专项问题时召开。

（2）会议内容：公司相关领导及人员、上市办有关专项业务组及各中介机构对工作中遇到的具体问题进行专题讨论和对接。

（三）其他工作机制

1. 中介机构提报文件流程

文件提报流程是保证上市工作顺利进行的重要机制，为防止重要文件在流转过程中出现遗失、错漏，进一步提高效率，形成合力，需提前确定良好的中介机构文件提报流程。主要内容如下：

（1）保荐机构拟提报给企业的文件，需与其他相关中介机构协商后统一提交给业务组。

（2）律师、审计师、资产评估师等其他中介机构拟提报给企业的文件，需同时抄送保荐机构阅存。对于重大问题，需提前与保荐机构沟通，由保荐机构负责组织专题讨论会，形成统一意见后提交给公司业务组。

2. 尽职调查工作机制

尽职调查是公司上市过程中的一项重要工作，公司相关机构和个人应充分重视尽职调查材料的汇总和上报工作。

尽职调查材料由公司相关部门的负责人安排并根据公司各次下发的尽职调查清单填写，由公司业务组汇总。

公司相关部门在进行尽职调查中遇到专业性问题时，可咨询相关中介机构。

3. 保密工作机制

保密工作机制主要分为保密信息范围、参与人员要求、明确保密责任、具体保密要求、发言人制度及应急机制 6 个方面进行规定。

4. 档案管理原则

项目档案指的是有关项目计划、项目进程、相关项目资料等项目进行当中所产出的对项目有重要价值的各种文字、图表、申报材料、电子文件、声像等不同形式的记录资料。项目档案文件中涉及很多关于公司的重要资讯（其中包括很多能对公司产生重大影响的机密资料）。因此，项目进行过程当中，公司应对项目的相关档案文件进行妥善管理，以避免受损、遗漏、丢失等情况的发生。因此，公司和各中介机构均应指定专人负责项目相关档案的管理。

建议公司尽快配备与各工作机构相对应的专职工作人员，并由公司上市领导小组正式通知。

（四）关于尽职调查工作的开展

公司上市启动会后，参与本次上市工作的保荐机构、会计师、律师、资产评估师等中介机构将开展全面的尽职调查工作。

全面的尽职调查工作包括尽职调查材料的收集及现场调查与访谈工作两部分内容。其中，尽职调查资料的收集包括公司按照保荐机构汇总提交的各中介机构尽职调查清单提供书面和电子版的资料；现场调查与访谈是指各中介机构对公司及主要下属单位的现场调查及访谈。

保荐机构会将经过汇总、整理后的各家中介机构的尽职调查清单统一发送至公司，请公司尽早安排相关部门和专人负责按照尽职调查的说明填报相关的尽职调查资料。

同时，请公司协调组织各中介机构到公司现场调查，使各中介机构能够快速地对公司开展的业务及拥有的资产获得直观的印象；并安排各中介机构对公司高管的现场访谈。

1. 准备办公场所和办公条件

公司应当为专职工作人员及中介机构安排集中的办公场所，其办公场所应尽量靠近公司主要职能部门办公场所，以便于提高工作效率，但同时出于保密工作的需要，不应与其他部门混合办公。同时公司应当为专职工作人员及中介机构提供必要的办公条件。

（1）办公室

办公室应具备足够的上网设备（如网络端口、网线、路由器（如需））等；电话、传真机、打印机；文件柜；碎纸机；相应办公用品，如笔、本、贴签、曲别针、订书机等。（根据各中介机构具体要求统一安排）

（2）会议室

提供能容纳 20—30 人以上的大会议室一间，容纳 10 人左右的小会议室一间。

（3）其他办公用品：复印机（中介机构共用一台）。

2. 制作通讯录

请各家中介机构将项目成员的联系方式及角色安排发送到保荐机构，由保荐机构统一汇总后发送至业务组，由企业将领导小组、上市工作负责人及各业务组成员及分工情况补充完整后，统一将电子版的完整通讯录发送至各中介机构。

第二节　企业上市改制重组的基本路径

企业上市改制重组的目的是按照《公司法》要求增强企业的核心竞争力，突出企业的主营业务，提高企业的持续发展能力，保持企业经营独立、运作规范，减少和规范关联交易，有效避免同业竞争。

一般情况下，拟上市企业按照以下几个方面展开改制重组：

1. 资产重组

拟上市企业厘清主营业务，主板上市可以多元化经营，但需要剥离非经营性资产、处置类金融资产以及持有的其他金融企业的股权，如私募基金管理公司、小贷公司、融资租赁、供应链金融等资产，整合同业竞争公司，构建完整产业链，剥离非经营需要的关联方；涉及生产经营必需的土地、厂房需评估作价进入上市主体。

2. 财务重组

拟上市企业历史账务不规范的需要合规剥离；根据企业会计准则和审计机构的意见对拟上市企业账务和报表进行调整；梳理拟上市企业及关联方历史财务报告或模拟财务数据，根据企业会计准则及审计机构的建议设立新的账务系统等。

3. 业务重组

根据企业上市规范治理的要求，清晰地梳理公司的产品线和业务线，梳理和调整公司业务体系和业务流程，按照上市公司口径整理业务发展数据；根据业务发展计划、资本市场要求的投资回报率确定投资计划和募投项目。

4. 机构重组

根据业务重组结果，按照上市公司治理准则调整、更新拟上市公司的机构设置。

5. 人员重组

根据拟上市公司治理架构和机构设置，配置合适的董监高及核心技术人员，设置股权激励平台，制订股权激励计划，建立新的激励机制和人力资源体系，新的薪酬制度，规范劳动用工，合法配置聘用制员工、劳务派遣和劳务人员。

通过上述资产、财务、业务、机构、人员的重组，其目的是需要业务改组，达到上市公司治理准则要求的规范治理标准，整合同业竞争和减少关联交易，最终通过改制设立一家符合公众公司治理水平的上市公司。

板块	业务改组	规范治理	同业竞争	关联交易
具体内容	拟发行上市的公司原则上应采取整体改制方式，即剥离非经营性资产后，企业经营性资产整体进入股份有限公司，企业不应将整体业务的一个环节或一个部分组建为拟发行上市公司。 改制后的公司主业应突出，具有独立完整的生产经营系统。	公司的发起人应符合法律、法规规定的条件，发起人投入拟发行上市公司的业务和资产应独立完整。 公司应在改制重组和持续经营过程中，确保公司按照《上市公司治理准则》的要求，做到业务、资产、人员、机构、财务的独立。	公司在改组时，应避免其主要业务与实际控制人及其控制的法人从事相同相似业务的情况，避免同业竞争。 存在同业竞争的，公司应从业务的性质、业务的客户对象、产品或劳务的可替代性、市场差别等方面判断，并进行合适的处理。	存在数量较大的关联交易，应制定有针对性地减少关联交易的实施方案。 无法避免的关联交易应遵循市场公开、公正、公平的原则，关联交易的价格或收费，原则上应不偏离市场独立第三方的标准。

第三节 企业上市改制之同业竞争解决方案

序号	关联方	股权结构	经营范围	待公司确认是否有实际经营	解决方案及时间节点
1	A 有限公司	发行人控股股东控股公司	片剂、胶囊剂、气雾剂、喷雾剂、糊剂的生产销售；货物及技术进出口。	目前有经营业务，通过分割协议处理同业竞争	一、待解决事项： 【】日前完成不动产登记、土地厂房注入事项。 二、方案： 1. 按照公允价格将【】股权增资至发行人（换股）。 2. 经审计、评估后按照公允价格收购全部股权（现金收购）。

续表

序号	关联方	股权结构	经营范围	待公司确认是否有实际经营	解决方案及时间节点
2	B有限公司	发行人控股股东控股公司	滴眼剂、片剂、硬胶囊剂、颗粒剂、大容量注射剂、小容量注射剂、精神药品（艾司唑仑片、氯氮卓片、氯硝西泮片、地西泮片、地西泮注射液、里丙氨酯片）的制造销售。药用玻璃瓶的制造、销售；包装材料销售；化学药品技术服务。	初步了解，公司已停产	一、现状 1. 截至【】，公司对大股东形成债务【】亿元。 2. 需要解释债务形成的原因、合理性。 二、方案 （一）公开征集受让方 在某产权交易中心挂牌公开征集受让方（股权、债权打包一起出售）。 注：出售股权，对受让方的要求 （1）与实际控制人、公司及控股股东及关联方董监高没有亲属关系，包括远房亲属； （2）受让方有实力、有能力收购，收购符合商业逻辑； （3）受让非实际控制人控制的公司等原职工或者现职工； （4）转让价格公允、合理，可以解释。 （二）债转股 前置程序 （1）需要落实控股股东对公司债权的形成原因及性质，公司及股东是否认可该债权。 （2）控股股东是否有意愿将债权转为股权。 如主要股东认可控股股东对B有限公司的债权，且也认可公司目前存在的债务困境，通过债转股可以改变公司目前的债务结构，在较少债务的情况下，出售公司股权具有较大的运作空间。 （三）破产清算 如不能通过公开征集受让方或债转股解决同业竞争问题，可由债权人向法院提请破产清算，公司进入破产清算程序后，同业竞争因公司进入破产清算停业而消除。

续表

序号	关联方	股权结构	经营范围	待公司确认是否有实际经营	解决方案及时间节点
3	C有限公司	发行人控股股东控股公司	原料药（格列齐特、盐酸艾司洛尔、双氯芬酸钾、富马酸氯马斯汀、单硝酸异山梨酯、氯唑沙宗、盐酸异丙肾上腺素、盐酸苯乙双胍、盐酸普罗帕酮、硝酸异山梨酯、盐酸二甲双胍、曲匹布通、烟酸占替诺、尼索地平、乳糖酸克拉霉素、甲钴胺、氨来呫诺、盐酸罗哌卡因、盐酸氟西汀、兰索拉唑、联苯乙酸、依达拉奉）、吸入剂的生产、销售（有效期限以许可证为准）；甲酚曲唑三硅氧烷、苯并三氮唑丙烯酚［2－(2H－苯并三氮唑－2－基)－4－甲基－6－(2－甲基丙烯－苯酚)］生产；货物进出口。	实际从事原料药，产品用于生产治疗糖尿病、心脑血管药物	一、存在的问题 （一）发行人主要产品与C有限公司主要产品同属于化学原料药； （二）共同属于大的医药行业，上下游产业链完整性的考虑； （三）同时构成关联交易； （四）公司管理层的重合，董事长法定代表人为同一人。 综合以上，并根据IPO审核实践： 1. 同属于医药行业的上下游产业链，需要考虑发行审核关注的产业链完整性，以及发行人未来自由进入该行业及上下游是否会受限。 2. 不仅考虑当前在相同和相似行业、上下游是否存在同业竞争，还应考虑未来是否可能在这些领域构成同业竞争。 3. C有限公司与发行人均属于C27－医药制造业，为同一行业，根据证监会有关保代培训意见： （1）同业不竞争不能成为不构成同业竞争的理由，审核理念认为只要是相同、相似业务，就存在（潜在）商业机会的竞争。 （2）简单的地域、档次区分不认可；共用采购或销售渠道不允许。 （3）同业竞争不接受细分市场、细分领域。与其他股东从事相同业务，存在同业竞争的，即使承诺区域划分也不可以。 4. 经核查最近5年IPO审核案例，亦不存在同一行业或者上下游不认定为同业竞争的案例。 综上：基于发行人收购××公司后形成关联交易，且原料药和制药链打通，解释不存在同业竞争没有基础。 二、方案 （一）换股 前置程序，换股后发行人股东不能超过200人。 截至目前发行人穿透员工持股平台为【】人，C有限公司穿透员工持股平台为【】人，扣除重复的，两家公司合并后股东为【】人，因此，在方案未确定前，两家公司要控制合并后股东不得超过200人的红线。各方股东根据最后一轮私募价格及摘牌前的市场价格并根据审计评估后的公允价格制定换股方案。 （二）收购控股股东持有的股权 保留其他少数股东，可行性较小。

续表

序号	关联方	股权结构	经营范围	待公司确认是否有实际经营	解决方案及时间节点
4	(1) D有限公司 (2) E有限公司	发行人控股股东实际控制的公司	批发：中成药、中药材、中药饮片、化学药制剂、抗生素、生化药品、生物制品、精神药品；销售：预包装食品、保健食品、I类医疗器械、消杀用品、百货。	医药流通领域	一、待解决事项 核查两家公司主要资产情况及医药生产资质； 会计师给出是否具备并表的财务基础。 二、方案 1. 修改经营范围、公司名字，处理现有的医药业务，不再从事有同业竞争的业务； 2. 清算注销； 3. 经审计、评估后按照公允价格收购全部股权（现金收购）； 4. 按照公允价格将相关股权增资至发行人（换股）。
5	F有限公司	发行人控股股东实际控制的公司	医药新产品的开发（有效期限以许可证为准）。	新产品开发，规模小	1. 修改经营范围、公司名字，处理现有的医药业务，不再从事有同业竞争的业务。 2. 清算注销。 3. 经审计、评估后按照公允价格收购全部股权（现金收购）；可以只考虑收购实际控制人控制的股权。 4. 或者按照公允价格将相关股权增资至发行人（换股）；可以考虑只置换实际控制人控制的股权。
6	G有限公司	发行人控股股东实际控制的公司	中药材种植；非专控农副产品销售、农产品初加工服务；农业技术推广服务。	实际经营中	控股股东将土地厂房增资至公司后与发行人合并。

续表

序号	关联方	股权结构	经营范围	待公司确认是否有实际经营	解决方案及时间节点
7	H有限公司	发行人控股股东实际控制的公司	销售食品添加剂、食用农产品，电子商务，从事货物及技术的进口业务。	实际经营当中	一、待解决事项 1. 需要H有限公司确认目前公司经营的现状及未来的发展规划； 2. 实地核实H有限公司目前生产经营情况以及租赁大股东场地情况。 二、方案 如公司尚未经营，发行人按照注册资本受让控股股东持有公司1%的股权；如有经营，按照审计的情况参照净资产的价格转让给发行人。
8	I有限公司	发行人控股股东参股企业	医疗器械经营许可证范围内的二类、三类医疗器械产品。	实际经营当中	一、存在的问题 1. 发行人制药与发行人药业由于历史原因使用相同的商号；消费者难以分清两者之间的关系，发行人制药无法控制发行人药业在经营过程中可能出现的违法、违规或者产品质量问题对发行人制药造成的负面影响。 2. 发行人制药持有发行人药业5.89%的股权，系重要股东，需要关注发行人制药是否对该公司经营决策有重大影响，是否构成同业竞争，实践中，持股5%以上股东是证监会审核关注重点。 二、解决方案 1. 探讨是否存在收购的可能性，控股或者全资持有发行人药业股权； 2. 发行人制药将持有发行人药业5.89%的股权转让给无关联第三方（有实力、有能力、合理），待上市后寻找机会，在适当的时机收购发行人药业。

第四节　企业上市改制之资产整合及同一控制下企业合并方案

一、整合目标及具体整合计划

为尽快推动发行人IPO工作，目前仍计划以2019年9月30日作为申报基准日，力争在2020年12月31日前完成向中国证监会申报工作。

要求：

1. 2020年8月31日前，完成上市主体的搭建，包括：股东及股权的梳理、清理，A公司股权变更至发行人名下（取得变更后营业执照）。

2. 在向证监局申报辅导前，相关主体（发行人及其控股子公司）单体最近3年财务数据经会计师核验，并编制出最近3年合并口径报表（可以不出具审计报告，报表由发行人相关人员签字并加盖公章，与最终申报报表相比不能有重大以及实质性的差异）。

3. 2020年9月30日前，控股股东完成对发行人增资，并取得变更后的营业执照（发行人如希望安排股权激励，也需要在2020年9月30日前完成）。

4. 其他需要较长时间才能整理完毕的土地资产，在后期通过现金方式购入，以确保基准日后发行人的股东人数、股权结构不发生重大变化。

相关事项及时间表分述如下：

（一）同一控制下企业合并（2020 年 6 月 30 日基准日）

2020 年 8 月 31 日前完成，涉及地块：【】

这一部分包括如下事项：

1. 控股股东与发行人关联方签署一揽子协议，包括：

（1）发行人关联方向发行人控股股东出售所有账面房产；

（2）控股股东以该等房产以及其所占用土地向发行人关联方增资。

注意事项：

（1）拟用于增资的土地，应当已经办理解抵押完毕。

《公司注册资本登记管理规定》第 5 条规定，股东或者发起人可以用货币出资，也可以用实物、知识产权、土地使用权等可以用货币估价并可以依法转让的非货币财产作价出资。

股东或者发起人不得以劳务、信用、自然人姓名、商誉、特许经营权或者设定担保的财产等作价出资。

（2）鉴于评估师不能对边界不明、没有权属证书的土地资产进行评估，建议前述占用土地不做切分，以免耽误时间进度。

（3）向会计师出具专项说明，说明相关土地、房产权属虽然不在发行人名下，但会如约变更，以配合审计。

（4）发行人关联方企业整体价值建议按照“审定净资产＋拟置入土地市价”方式确定。

2. 发行人关联方以现金方式向发行人控股股东购买增资到位后发行人关联方全部股权。

操作结果：

发行人关联方对形成发行人控股股东账面应收【】亿元；

发行人对发行人控股股东形成账面应付，备抵下文“（二）发行人控股股东以土地等资产对发行人增资”房产交易，针对集团的应收款。

（二）发行人控股股东以土地等资产对发行人增资

2020 年 9 月 30 日前完成，涉及地块：【】

可能增资方式进入的地块：【】及【】一部分。如不能如期办理完毕，建议以现金方式购入。

这一部分包括如下事项：

1. 发行人向发行人控股股东出售所有账面房产（约【】亿元）。

2. 发行人控股股东以相关土地房产向发行人办理实物增资。

（1）拟增资土地解抵押完毕；

（2）拟切分土地，切分整合完毕，办理新的权属登记证书；

（3）相关土地办理评估完毕。

3. 发行人在 2020 年 9 月 30 日前取得变更后的营业执照。

附件：整合方案时间表安排

时间	事项	责任人
2020 年 8 月 4 日前	各方尽快讨论落实整合方案及时间表 发行人并与各股东讨论确认方案	集团、发行人 券商、律师 会计师、评估师
	集团、发行人与各中介机构讨论确定服务协议核心条款，并尽快安排签署	集团、发行人
2020 年 8 月 7 日前	发行人控股股东、发行人关联方（发行人）等签署一揽子交易及增资协议 董事会、股东会流程倒签	集团、发行人 券商、律师
	发行人关联方将账面房产出售给集团，并开具发票	集团
2020 年 8 月 8 日	会计师出具发行人关联方 2020 年 6 月 30 日时点审计报告	集团 券商、会计师

续表

时间	事项	责任人
2020 年 8 月 9 日	评估师出具发行人关联方房产及占用土地的资产评估报告（增资用） 评估师出具发行人关联方整体价值评估报告（股权转让用）	集团、发行人 评估师 券商、律师
2020 年 8 月 10 日前	发行人完成在建工程梳理（会计师核验） 确定拟转让房产范围及账面价值	发行人 会计师
2020 年 8 月 14 日	发行人控股股东/力诺投资董事会决议： 以土地房产增资发行人关联方（仅集团） 转让发行人关联方股权（增资完成后数额） 购买发行人出售的房产 发行人董事会决议 向发行人控股股东出售房产 购买发行人关联方增资完成后全部股权	集团、发行人 律师、券商
2020 年 8 月 28 日	【】土地解抵押完毕	集团
2020 年 8 月 29 日	发行人控股股东/力诺投资股东大会决议 实物增资发行人关联方（仅集团） 转让发行人关联方全部股权 决议购买发行人拟出售房产 发行人股东大会决议 购买发行人关联方全部股权 出售账面房产	集团、发行人 律师
2020 年 8 月 31 日	发行人关联方取得股东变更后工商营业执照	集团
2020 年 9 月 1 日	发行人资产出售给集团，开具发票	发行人
2020 年 9 月 6 日前	相关土地解抵押完毕 土地如需切分整合的，权证办理到位 与发行人其他股东确认资产价格、本次增资价格	集团
2020 年 9 月 6 日	发行人控股股东 评估师出具土地房产评估报告 发出董事会通知	评估师 集团
2020 年 9 月 10 日前	拟增资进入发行人的土地解抵押完毕	集团、发行人

续表

时间	事项	责任人
2020 年 9 月 11 日	发行人控股股东董事会决议 以实物方式向发行人增资 股东大会通知	集团
2020 年 9 月 25 日前	发行人控股股东股东大会决议 以实物增资发行人	集团
2020 年 9 月 30 日前	发行人取得增资完成后营业执照	发行人

二、分项时间表

(一) 同一控制下企业合并

尽快办理土地解押，相关土地不做重新切分。

时间	发行人关联方	发行人控股股东/投资	发行人
	尽快签署一揽子协议（流程倒签）		
2020 年 8 月 7 日前	资产出售给集团 开具发票		
2020 年 8 月 8 日	出具 2020 年 6 月 30 日时点审计报告 尽快完成 3 年审计报告		
2020 年 8 月 9 日		出具土地房产合一评估报告（增资） 出具企业价值评估报告（股权转让）	出具企业价值评估报告 董事会会议通知
2020 年 8 月 14 日		董事会决议 土地房产增资 出售发行人关联方股权	董事会决议 购买发行人关联方股权

续表

时间	发行人关联方	发行人控股股东/投资	发行人
2020 年 8 月 28 日		土地解抵押完毕	
2020 年 8 月 29 日		股东大会决议 实物增资 股权出售	股东大会决议购买
2020 年 8 月 31 日前	取得变更后营业执照		

（二）发行人控股股东以土地房产向发行人增资

时间	发行人控股股东	发行人
2020 年 8 月 10 日前		在建工程梳理完毕（会计师核验） 确定拟转让房产范围及账面价值
2020 年 8 月 14 日	董事会决议购买房产	董事会决议出售房产
2020 年 8 月 29 日	股东大会决议购买房产	股东大会决议出售房产
2020 年 9 月 1 日		资产出售给集团，开具发票
2020 年 9 月 6 日前	相关土地解抵押完毕 土地如需切分整合的，权证办理到位 与发行人其他股东确认资产价格、本次增资价格	
2020 年 9 月 6 日	出具土地房产评估报告 发出董事会通知	
2020 年 9 月 11 日	董事会决议 以实物增资发行人	
2020 年 9 月 25 日前	股东大会决议 以实物增资发行人	
2020 年 9 月 30 日前		取得变更后营业执照

第五节　公司股份改制工作操作细则

时间点	操作细则
____年____月____日	由全体发起人指定的代表或共同委托的代理人向工商信息登记机关申请名称预先核准。 （名字确定后即可申请，6 个月的有效期）
____年____月____日 （时间可以根据具体情况确定，但是一般会所出具审计报告都要董事会决议，因此有限公司董事会决议一般不晚于审计报告出具日）（可以是审计评估出具日期的当日）	有限公司董事会决议： 1. 同意公司类型由有限公司依法整体变更为股份公司（非上市公司）。 2. 同意公司名称由________有限公司变更为________股份有限公司。 3. 审议通过公司审计报告和评估报告。 4. 公司整体变更发起设立股份公司的具体方案。 5. 同意有限责任公司的债权债务及其他权利和义务由依法定程序变更后的股份公司依法承继。 6. 同意公司变更为股份公司后的经营期限变更为长期。 7. 全权委托董事会依法办理公司整体变更发起设立股份公司的相关事宜。 8. 同意公司董事会、监事及总经理等高级管理人员应履行职责至股份有限公司创立大会暨第一次临时股东大会召开之日，转由股份有限公司新组成的股东大会、董事会、监事会及总经理、董事会秘书、财务总监等高级管理人员按照《公司法》等法律法规及《公司章程》的规定履行相关职责。 9. 提议召开临时股东会会议。 当日执行董事发出关于召开临时股东会的通知（一般提前 15 天发出临时股东会通知，如果时间来不及，有限公司阶段可由全体股东一致同意随时召开临时股东会）。

续表

时间点	操作细则
____年____月____日（可以是有限公司董事会决议的当日）	签署发起人协议。
____年____月____日（指审计报告日）	会计师出具改制审计报告：会计师出具改制基准日的《审计报告》，确认________有限公司于基准日（______年____月____日）的账面净资产值。
____年____月____日（指评估报告日）	评估师出具改制评估报告：资产评估公司出具改制基准日的《资产评估报告书》，确认________有限公司于基准日（______年____月____日）的净资产评估值。
____年____月____日	有限公司召开临时股东会： 1. 同意公司类型由有限公司依法整体变更为股份公司（非上市公司）。 2. 同意公司名称由________有限公司变更为________股份有限公司。 3. 审议通过公司审计报告和评估报告。 4. 公司整体变更发起设立股份公司的具体方案。 5. 同意有限责任公司的债权债务及其他权利和义务由依法定程序变更后的股份公司依法承继。 6. 同意公司变更为股份公司后的经营期限变更为长期。 7. 全权委托董事会依法办理公司整体变更发起设立股份公司的相关事宜。 8. 同意公司董事会、监事应履行职责至股份有限公司创立大会暨第一次临时股东大会召开之日，转由股份有限公司新组成的股东大会、董事会、监事会按照《公司法》等法律法规及《公司章程》的规定履行相关职责。
____年____月____日（一般与有限公司临时股东会同一天）	发出召开创立大会的通知（提前 15 天）。
____年____月____日	市场监督管理局（工商局）通过股份公司名称预核准： 公司所属市场监督管理局（工商局）颁发《企业名称变更核准通知书》，核准股份公司的名称。

续表

时间点	操作细则
____年____月____日	召开股份公司创立大会暨第一次临时股东大会： 1. 审议关于________股份有限公司筹办情况的报告。 2. 审议关于________股份有限公司设立费用的报告。 3. 关于________股份有限公司章程的议案。 4. 关于组建________股份有限公司董事会即成立第一届董事会的议案。 5. 关于选举________为________股份有限公司第一届董事会董事的议案。 6. 关于选举________为________股份有限公司第一届董事会董事的议案。 7. 关于选举________为________股份有限公司第一届董事会董事的议案。 8. 关于选举________为________股份有限公司第一届董事会董事的议案。 9. 关于选举________为________股份有限公司第一届董事会独立董事的议案。 10. 关于选举________为________股份有限公司第一届董事会独立董事的议案。 11. 关于选举________为________股份有限公司第一届董事会独立董事的议案。 12. 关于组建________股份有限公司监事会即成立股份公司第一届监事会的议案。 13. 关于选举________为________股份有限公司第一届监事会非职工监事的议案。 14. 关于选举________为________股份有限公司第一届监事会非职工监事的议案。 15. 关于________股份有限公司股东大会议事规则的议案。 16. 关于________股份有限公司董事会议事规则的议案。 17. 关于________股份有限公司监事会议事规则的议案。 18. 关于________股份有限公司独立董事制度的议案。 19. 关于________股份有限公司对外投资管理制度的议案。 20. 关于________股份有限公司关联交易决策制度的议案。 21. 关于________股份有限公司对外担保管理制度的议案。 22. 关于发起人用于抵作股款财产作价情况的报告。 23. 关于聘请________为________股份有限公司____年度外部审计机构的议案。 24. 关于授权董事会办理________股份有限公司设立及注册登记等相关事宜的议案。 注：1. 股份公司董事会人数为 5 ~ 19 人（一般为奇数），其中独立董事人数不低于董事会总人数的 1/3。 2. 股份公司监事会人数不得少于 3 人（一般为奇数），其中职工代表监事不低于监事会总人数的 1/3，董事和高级管理人员不得兼任监事，董事和高级管理人员的关联方、财务人员不建议兼任监事。

续表

时间点	操作细则
____年____月____日	制作________股份有限公司股东名册
____年____月____日 （一般与股份公司创立大会同天）	召开股份公司第一届董事会第一次会议： 1. 关于选举________为公司第一届董事会董事长的议案。 2. 关于选举________为公司第一届董事会副董事长的议案（如需）。 3. 关于聘任________为公司总经理的议案。 4. 关于聘任________为公司副总经理的议案（如需）。 5. 关于聘任________为公司财务总监的议案。 6. 关于聘任________为公司董事会秘书的议案。 7. 关于________股份有限公司总经理工作制度的议案。 8. 关于________股份有限公司董事会秘书工作规则的议案。 9. 关于________股份有限公司董事会审计委员会实施细则的议案。 10. 关于________股份有限公司董事会提名委员会实施细则的议案。 11. 关于________股份有限公司董事会薪酬与考核委员会实施细则的议案。 12. 关于________股份有限公司董事会战略委员会实施细则的议案。 13. 关于________股份有限公司设立董事会审计委员会并选举________、________、________为董事会审计委员会成员的议案。 14. 关于________股份有限公司设立董事会提名委员会并选举________、________、________为董事会审计委员会成员的议案。 15. 关于________股份有限公司设立董事会薪酬与考核委员会并选举________、________、________为董事会审计委员会成员的议案。 16. 关于________股份有限公司设立董事会战略委员会并选举________、________、________为董事会审计委员会成员的议案。 17. 关于设立________股份有限公司内部审计部的议案。 18. 关于________股份有限公司内部审计制度的议案。 19. 关于________股份有限公司内部控制制度的议案。 20. 关于________股份有限公司财务管理制度的议案。 21. 关于________股份有限公司控股子公司管理办法的议案（如有控股子公司）。 22. 关于《防范控股股东及关联方占用公司资金管理制度》的议案（如涉及控股股东及其关联方占用资金）。 注：1. 股份公司可以依据实际情况增设副董事长或高级管理人员的职位。 2. 董事会专门委员会人数应为 3 名以上董事，其中独立董事应占半数以上，审计委员会至少有 1 名独立董事是会计专业人士。

续表

时间点	操作细则
____年____月____日（一般与股份公司创立大会同一天）	召开股份公司第一届监事会第一次会议： 会议选举________为________股份有限公司第一届监事会主席。
____年____月____日（一般与股份公司创立大会同一天）	召开股份公司第一次职工代表大会： 会议选举________为________股份有限公司职工代表监事。
____年____月____日	股份公司为外商投资企业的，取得外经贸委/商委关于变更为股份公司的批复文件，涉及其他前置审批手续的，办理其他前置审批手续。
____年____月____日	会计师出具改制《验资报告》： ________会计师出具改制《验资报告》，确认________股份有限公司的注册资本已缴足。
____年____月____日	申请办理工商档案迁移（迁入市局）。
____年____月____日	公司向所属市场监督管理局（工商局）递交申请变更登记资料： 申请公司变更为股份有限公司，同时申请变更公司名称、出资方式、经营期限、经营范围等。
____年____月____日	市场监督管理局（工商局）核发《营业执照》： 公司所属市场监督管理局（工商局）核发股份公司的《营业执照》。
____年____月____日（市场监督管理局（工商局）核发股份公司《企业法人营业执照》后）	权属类资产的更名申请： 1. 股份公司资质、证照主体变更。 2. 股份公司公章、印鉴变更。 3. 股份公司税务、信用信息、基本账户、其他银行账户的变更。 4. 商标、软件著作权及专利等无形资产的主体变更。 5. 其他权属类资产的主体变更。 6. 通知客户、供应商合同主体、发票等变更事项。

第六节　企业改制以未分配利润、盈余公积、资本公积转增股本是否应当缴纳个人所得税问题

一、盈余公积

1.《公司法》第 166 条

第 1 款：公司分配当年税后利润时，应当提取利润的 10% 列入公司法定公积金。公司法定公积金累计额为公司注册资本的 50% 以上的，可以不再提取。第 3 款：公司从税后利润中提取法定公积金后，经股东会或者股东大会决议，还可以从税后利润中提取任意公积金。

2.《企业会计准则——基本准则》（2014 修订）附录：《会计科目和主要账务处理》

企业从净利润中提取的盈余公积，划分为法定盈余公积和任意盈余公积。

二、资本公积

1.《公司法》第 167 条

股份有限公司以超过股票票面金额的发行价格发行股份所得的溢价款以及国务院财政部门规定列入资本公积金的其他收入，应当列为公司资本公积金。

2.《企业会计准则——基本准则》（2014 修订）附录：《会计科目和主要账务处理》

资本公积是企业收到投资者出资额超出其在注册资本或股本中所占份额的部分。

企业接受投资者投入的资本、可转换公司债券持有人行使转换权利、将债务转为资本等形成资本公积。

三、《财政部、国家税务总局关于将国家自主创新示范区有关税收试点政策推广到全国范围实施的通知》（财税〔2015〕116 号）

全国范围内的中小高新技术企业以未分配利润、盈余公积、资本公积向个人股东转增股本时，个人股东一次缴纳个人所得税确有困难的，可根据实际情况自行制订分期缴税计划，在不超过 5 个公历年度内（含）分期缴纳，并将有关资料报主管税务机关备案。

四、《国家税务总局关于股权奖励和转增股本个人所得税征管问题的公告》（国家税务总局公告 2015 年第 80 号）

关于转增股本：

1. 非上市及未在全国中小企业股份转让系统挂牌的中小高新技术企业以未分配利润、盈余公积、资本公积向个人股东转增股本，并符合财税〔2015〕116号文件有关规定的，纳税人可分期缴纳个人所得税；非上市及未在全国中小企业股份转让系统挂牌的其他企业转增股本，应及时代扣代缴个人所得税。

2. 上市公司或在全国中小企业股份转让系统挂牌的企业转增股本（不含以股票发行溢价形成的资本公积转增股本），按现行有关股息红利差别化政策执行。

五、《财政部、国家税务总局关于合伙企业合伙人所得税问题的通知》（财税〔2008〕第159号）

1. 合伙企业以每一个合伙人为纳税义务人。合伙企业合伙人是自然人的，缴纳个人所得税。

2. 合伙企业生产经营所得和其他所得采取“先分后税”的原则。

六、《国家税务总局关于〈关于个人独资企业和合伙企业投资者征收个人所得税的规定〉执行口径的通知》（国税函〔2001〕84号）

合伙企业对外投资分回的利息或者股息、红利，不并入企业的收入，而应单独作为投资者个人取得的利息、股利、红利所得，按“利息、股息、红利”所得，按“利息、股利、红利所得”应税项目计算缴纳个人所得税。

综合以上财税〔2015〕116号、国家税务总局公告2015年第80号、财税〔2008〕第159号、国税函〔2001〕84号的相关规定，对于企业在股份制改制过程中如属于高新技术企业的，自然人股东以未分配利润、盈余公积、资本公积转增股本的，一般可以通过申请在不超过5个公历年度内（含）分期缴纳个人所得税，非高新技术企业参照高新技术企业申请在不超过5个公历年度内（含）

分期缴纳个人所得税的，根据国家税务局相关规定执行，未获得申请备案的，应当及时缴纳个人所得税。

私募股权投资基金以合伙企业投资入股企业的，在企业股份制改制中未分配利润、盈余公积、资本公积转增股本的，按照先分后税的原则待上市减持分配时缴纳个税。

第八章

企业上市重大问题解决合规阶梯

第一节 企业上市专项法律问题审核指引[①]

序号	问题	解决方案
1	持续经营起算时间等时限	有限责任公司按原账面净资产折股整体变更为股份有限公司的，持续经营时间可以从有限责任公司成立之日起计算。如有限公司以经评估的净资产折股设立股份公司，视同新设股份公司，业绩不可连续计算。 《首次公开发行股票并上市管理办法》和《首次公开发行股票并在创业板上市管理办法》中规定的“最近 1 年”以 12 个月计，“最近 2 年”以 24 个月计，“最近 3 年”以 36 个月计。

① 参见证监会发行监管部《首发业务若干问题解答（一）》（2019 年 3 月）、上交所《上海证券交易所科创板股票发行上市审核问答》（2019 年 3 月）、上交所《上海证券交易所科创板股票发行上市审核问答（二）》（2019 年 3 月）。

续表

序号	问题	解决方案
2	存在工会、职工持股会持股或者自然人股东人数较多情形的	（1）考虑到发行条件对发行人股权清晰、控制权稳定的要求，发行人控股股东或实际控制人存在职工持股会或工会持股情形的，应当予以清理。 对于间接股东存在职工持股会或工会持股情形的，如不涉及发行人实际控制人控制的各级主体，发行人不需要清理，但应予以充分披露。 对于工会或职工持股会持有发行人子公司股份，经保荐机构、发行人律师核查后认为不构成发行人重大违法违规的，发行人不需要清理，但应予以充分披露。 （2）对于历史沿革涉及较多自然人股东的发行人，保荐机构、发行人律师应当核查历史上自然人股东入股、退股（含工会、职工持股会清理等事项）是否按照当时有效的法律法规履行了相应程序，入股或股权转让协议、款项收付凭证、工商登记资料等法律文件是否齐备，并抽取一定比例的股东进行访谈，就相关自然人股东股权变动的真实性、所履行程序的合法性，是否存在委托持股或信托持股情形，是否存在争议或潜在纠纷发表明确意见。对于存在争议或潜在纠纷的，保荐机构、发行人律师应对相关纠纷对发行人股权清晰稳定的影响发表明确意见。发行人以定向募集方式设立股份公司的，中介机构应以有权部门就发行人历史沿革的合规性、是否存在争议或潜在纠纷等事项的意见作为其发表意见的依据。
3	控股股东、实际控制人所持股票锁定期	发行人控股股东和实际控制人所持股份自发行人股票上市之日起36个月内不得转让，控股股东和实际控制人的亲属所持股份应比照该股东本人进行锁定。 对于发行人没有或难以认定实际控制人的，为确保发行人股权结构稳定、正常生产经营不因发行人控制权发生变化而受到影响，审核实践中，要求发行人的股东按持股比例从高到低依次承诺其所持股份自上市之日起锁定36个月，直至锁定股份的总数不低于发行前股份总数的51%。位列上述应予以锁定51%股份范围的股东，符合下列情形之一的，可不适用上述锁定36个月的规定：员工持股计划；持股5%以下的股东；根据《发行监管问答——关于首发企业中创业投资基金股东的锁定期安排》可不适用上述锁定要求的创业投资基金股东。 对于相关股东刻意规避股份限售期要求的，仍应按照实质重于形式的原则进行股份锁定。

续表

序号	问题	解决方案
4	突击入股	（1）申报前新增股东 对 IPO 前通过增资或股权转让产生的股东，保荐机构、发行人律师应主要考察申报前 1 年新增的股东，全面核查发行人新股东的基本情况、产生新股东的原因、股权转让或增资的价格及定价依据，有关股权变动是否是双方真实意思表示，是否存在争议或潜在纠纷，新股东与发行人其他股东、董事、监事、高级管理人员、本次发行中介机构负责人及其签字人员是否存在亲属关系、关联关系、委托持股、信托持股或其他利益输送安排，新股东是否具备法律、法规规定的股东资格。发行人在招股说明书信息披露时，除满足招股说明书信息披露准则的要求外，如新股东为法人，应披露其股权结构及实际控制人；如为自然人，应披露其基本信息；如为合伙企业，应披露合伙企业的基本情况及普通合伙人的基本信息。最近 1 年末资产负债表日后增资扩股引入新股东的，申报前须增加一期审计。 股份锁定方面，申报前 6 个月内进行增资扩股的，新增股份的持有人应当承诺：新增股份自发行人完成增资扩股工商变更登记手续之日起锁定 3 年。在申报前 6 个月内从控股股东或实际控制人处受让的股份，应比照控股股东或实际控制人所持股份进行锁定。 （2）申报后新增股东 申报后，通过增资或股权转让产生新股东的，原则上发行人应当撤回发行申请，重新申报。但股权变动未造成实际控制人变更，未对发行人股权结构的稳定性和持续盈利能力造成不利影响，且符合下列情形的除外：新股东产生系因继承、离婚、执行法院判决或仲裁裁决、执行国家法规政策要求或由省级及以上人民政府主导，且新股东承诺其所持股份上市后 36 个月之内不转让、不上市交易（继承、离婚原因除外）。在核查和信息披露方面，发行人申报后产生新股东且符合上述要求无需重新申报的，应比照申报前 1 年新增股东的核查和信息披露要求处理。除此之外，保荐机构和发行人律师还应对股权转让事项是否造成发行人实际控制人变更，是否对发行人股权结构的稳定性和持续盈利能力造成不利影响进行核查并发表意见。

续表

序号	问题	解决方案
5	对赌协议	投资机构在投资发行人时约定对赌协议等类似安排的，原则上要求发行人在申报前清理，但同时满足以下要求的可以不清理：一是发行人不作为对赌协议当事人；二是对赌协议不存在可能导致公司控制权变化的约定；三是对赌协议不与市值挂钩；四是对赌协议不存在严重影响发行人持续经营能力或者其他严重影响投资者权益的情形。保荐人及发行人律师应当就对赌协议是否符合上述要求发表明确核查意见。 发行人应当在招股说明书中披露对赌协议的具体内容、对发行人可能存在的影响等，并进行风险提示。
6	契约性基金、信托计划、资产管理计划等“三类股东”	发行人在新三板挂牌期间形成三类股东持有发行人股份的，中介机构和发行人应从以下方面核查披露相关信息： （1）中介机构应核查确认公司控股股东、实际控制人、第一大股东不属于“三类股东”。 （2）中介机构应核查确认发行人的“三类股东”依法设立并有效存续，已纳入国家金融监管部门有效监管，并已按照规定履行审批、备案或报告程序，其管理人也已依法注册登记。 （3）发行人应根据《关于规范金融机构资产管理业务的指导意见》（银发〔2018〕106号）披露“三类股东”相关过渡期安排，以及相关事项对发行人持续经营的影响。中介机构应当对前述事项核查并发表明确意见。 （4）发行人应当按照首发信息披露准则的要求对“三类股东”进行信息披露。中介机构应对控股股东、实际控制人，董事、监事、高级管理人员及其近亲属，本次发行的中介机构及其签字人员是否直接或间接在“三类股东”中持有权益进行核查并发表明确意见。 （5）中介机构应核查确认“三类股东”已作出合理安排，可确保符合现行锁定期和减持规则要求。

续表

序号	问题	解决方案
7	出资或者改制瑕疵	发行人的注册资本应依法足额缴纳。发起人或者股东用作出资的资产的财产权转移手续已办理完毕。保荐机构和发行人律师应关注发行人是否存在股东未全面履行出资义务、抽逃出资、出资方式等存在瑕疵，或者发行人历史上涉及国有企业、集体企业改制存在瑕疵的情形。 （1）历史上存在出资瑕疵的，应当在申报前依法采取补救措施。保荐机构和发行人律师应当对出资瑕疵事项的影响及发行人或相关股东是否因出资瑕疵受到过行政处罚、是否构成重大违法行为及本次发行的法律障碍、是否存在纠纷或潜在纠纷进行核查并发表明确意见。发行人应当充分披露存在的出资瑕疵事项、采取的补救措施，以及中介机构的核查意见。 （2）对于发行人是国有企业、集体企业改制而来的或历史上存在挂靠集体组织经营的企业，若改制过程中法律依据不明确、相关程序存在瑕疵或与有关法律法规存在明显冲突，原则上发行人应在招股说明书中披露有权部门关于改制程序的合法性、是否造成国有或集体资产流失的意见。国有企业、集体企业改制过程不存在上述情况的，保荐机构、发行人律师应结合当时有效的法律法规等，分析说明有关改制行为是否经有权机关批准、法律依据是否充分、履行的程序是否合法以及对发行人的影响等。发行人应在招股说明书中披露相关中介机构的核查意见。
8	发行人的资产部分来自于上市公司	如发行人部分资产来自于上市公司，保荐机构和发行人律师应当针对以下事项进行核查并发表意见： （1）发行人取得上市公司资产的背景、所履行的决策程序、审批程序与信息披露情况，是否符合法律法规、交易双方公司章程以及证监会和证券交易所有关上市公司监管和信息披露要求，是否存在争议或潜在纠纷； （2）发行人及其关联方的董事、监事和高级管理人员在上市公司及其控制公司的历史任职情况及合法合规性，是否存在违反竞业禁止义务的情形；上述资产转让时，发行人的董事、监事和高级管理人员在上市公司的任职情况，与上市公司及其董事、监事和高级管理人员是否存在亲属及其他密切关系，如存在上述关系，在相关决策程序履行过程中，上述人员是否回避表决或采取保护非关联股东利益的有效措施； （3）资产转让完成后，发行人及其关联方与上市公司之间是否就上述转让资产存在纠纷或诉讼； （4）发行人及其关联方的董事、监事、高级管理人员以及上市公司在转让上述资产时是否存在损害上市公司及其中小投资者合法利益的情形； （5）发行人来自于上市公司的资产置入发行人的时间，在发行人资产中的占比情况，对发行人生产经营的作用； （6）境外上市公司在境内分拆子公司上市，是否符合境外监管的相关规定。

续表

序号	问题	解决方案
9	股权质押、冻结或发生诉讼仲裁等不确定性事项	发行条件要求发行人的控制权应当保持稳定。对于控股股东、实际控制人持有的发行人股权出现质押、冻结或发生诉讼仲裁的，发行人应当按照招股说明书准则要求予以充分披露；保荐机构、发行人律师应当充分核查发生上述情形的原因，相关股权比例，质权人、申请人或其他利益相关方的基本情况，约定的质权实现情形，控股股东、实际控制人的财务状况和清偿能力，以及是否存在股份被强制处分的可能性、是否存在影响发行人控制权稳定的情形等。对于被冻结或发生诉讼纠纷的股权达到一定比例或被质押的股权达到一定比例且控股股东、实际控制人明显不具备清偿能力，导致发行人控制权存在不确定性的，保荐机构及发行人律师应充分论证，并就是否符合发行条件审慎发表意见。 对于发行人的董事、监事及高级管理人员所持股份发生被质押、冻结或发生诉讼纠纷等情形的，发行人应当按照招股说明书准则的要求予以充分披露，并向投资者揭示风险。

续表

序号	问题	解决方案
10	实际控制人的认定	实际控制人是拥有公司控制权的主体。在确定公司控制权归属时，应当本着实事求是的原则，尊重企业的实际情况，以发行人自身的认定为主，由发行人股东予以确认。保荐机构、发行人律师应通过对公司章程、协议或其他安排以及发行人股东大会（股东出席会议情况、表决过程、审议结果、董事提名和任命等）、董事会（重大决策的提议和表决过程等）、监事会及发行人经营管理的实际运作情况的核查对实际控制人认定发表明确意见。 发行人股权较为分散但存在单一股东控制比例达到 30% 的情形的，若无相反的证据，原则上应将该股东认定为控股股东或实际控制人。存在下列情形之一的，保荐机构应进一步说明是否通过实际控制人认定而规避发行条件或监管并发表专项意见：（1）公司认定存在实际控制人，但其他股东持股比例较高、与实际控制人持股比例接近的，且该股东控制的企业与发行人之间存在竞争或潜在竞争的；（2）第一大股东持股接近 30%，其他股东比例不高且较为分散，公司认定无实际控制人的。 法定或约定形成的一致行动关系并不必然导致多人共同拥有公司控制权的情况，发行人及中介机构不应为扩大履行实际控制人义务的主体范围或满足发行条件而作出违背事实的认定。通过一致行动协议主张共同控制的，无合理理由的（如第一大股东为纯财务投资人），一般不能排除第一大股东为共同控制人。实际控制人的配偶、直系亲属，如其持有公司股份达到 5% 以上或者虽未超过 5% 但是担任公司董事、高级管理人员并在公司经营决策中发挥重要作用，除非有相反证据，原则上应认定为共同实际控制人。 共同控制人签署一致行动协议的，应当在协议中明确发生意见分歧或纠纷时的解决机制。对于作为实际控制人亲属的股东所持的股份，应当比照实际控制人自发行人上市之日起锁定 36 个月。保荐机构及发行人律师应重点关注最近 3 年内公司控制权是否发生变化，存在为满足发行条件而调整实际控制人认定范围嫌疑的，应从严把握，审慎进行核查及信息披露。 实际控制人为单名自然人或有亲属关系多名自然人，实际控制人去世导致股权变动，股份受让人为继承人的，通常不视为公司控制权发生变更。其他多名自然人为实际控制人，实际控制人之一去世的，保荐机构及发行人律师应结合股权结构、去世自然人在股东大会或董事会决策中的作用、对发行人持续经营的影响等因素综合判断。 实际控制人认定中涉及股权代持情况的，发行人、相关股东应说明存在代持的原因，并提供支持性证据。对于存在代持关系但不影响发行条件的，发行人应在招股说明书中如实披露，保荐机构、发行人律师应出具明确的核查意见。如经查实，股东之间知晓代持关系的存在，且对代持关系没有异议、代持的股东之间没有纠纷和争议，则应将代持股份还原至实际持有人。 发行人及中介机构通常不应以股东间存在代持关系、表决权让与协议、一致行动协议等为由，认定公司控制权未发生变动。

续表

序号	问题	解决方案
11	重大违法行为的认定	（1）“重大违法行为”是指发行人及其控股股东、实际控制人违反国家法律、行政法规，受到刑事处罚或情节严重行政处罚的行为。认定重大违法行为应考虑以下因素： ①存在贪污、贿赂、侵占财产、挪用财产或者破坏社会主义市场经济秩序等刑事犯罪，原则上应认定为重大违法行为。 ②被处以罚款以上行政处罚的违法行为，如有以下情形之一且中介机构出具明确核查结论的，可以不认定为重大违法：1）违法行为显著轻微、罚款数额较小；2）相关处罚依据未认定该行为属于情节严重；3）有权机关证明该行为不属于重大违法。但违法行为导致严重环境污染、重大人员伤亡、社会影响恶劣等并被处以罚款以上行政处罚的，不适用上述情形。 （2）发行人合并报表范围内的各级子公司，若对发行人主营业务收入或净利润不具有重要影响（占比不超过5%），其违法行为可不视为发行人本身存在相关情形，但其违法行为导致严重环境污染、重大人员伤亡或社会影响恶劣的除外。 （3）最近3年重大违法行为的起算时点，从刑罚执行完毕或行政处罚执行完毕之日起计算。 （4）保荐机构和发行人律师应对发行人及其控股股东、实际控制人是否存在上述事项进行核查，并对是否构成重大违法行为及发行上市的法律障碍发表明确意见。
12	控股股东位于境外且持股层次复杂	对于控股股东设立在境外且持股层次复杂的，保荐机构和发行人律师应当对发行人设置此类架构的原因、合法性及合理性、持股的真实性、是否存在委托持股、信托持股、是否有各种影响控股权的约定、股东的出资来源等问题进行核查，说明发行人控股股东和受控股股东、实际控制人支配的股东所持发行人的股份权属是否清晰，以及发行人如何确保其公司治理和内控的有效性，并发表明确意见。

续表

序号	问题	解决方案
13	诉讼或仲裁事项	（1）发行人应当在招股说明书中披露对股权结构、生产经营、财务状况、未来发展等可能产生较大影响的诉讼或仲裁事项，包括案件受理情况和基本案情，诉讼或仲裁请求，判决、裁决结果及执行情况，诉讼或仲裁事项对发行人的影响等。如诉讼或仲裁事项可能对发行人产生重大影响，应当充分披露发行人涉及诉讼或仲裁的有关风险。 （2）保荐机构、发行人律师应当全面核查报告期内发生或虽在报告期外发生但仍对发行人产生较大影响的诉讼或仲裁的相关情况，包括案件受理情况和基本案情，诉讼或仲裁请求，判决、裁决结果及执行情况，诉讼或仲裁事项对发行人的影响等。 提交首发申请至上市期间，保荐机构、发行人律师应当持续关注发行人诉讼或仲裁的进展情况、发行人是否新发生诉讼或仲裁事项。发行人诉讼或仲裁的重大进展情况以及新发生的对股权结构、生产经营、财务状况、未来发展等可能产生较大影响的诉讼或仲裁事项，应当及时补充披露。 （3）发行人控股股东、实际控制人、控股子公司、董事、监事、高级管理人员和核心技术人员涉及的重大诉讼或仲裁事项比照上述标准执行。 （4）涉及主要产品、核心商标、专利、技术等方面的诉讼或仲裁可能对发行人生产经营造成重大影响，或者诉讼或仲裁有可能导致发行人实际控制人变更，或者其他可能导致发行人不符合发行条件的情形，保荐机构和发行人律师应在提出明确依据的基础上，充分论证该等诉讼、仲裁事项是否构成首发的法律障碍并审慎发表意见。

续表

序号	问题	解决方案
14	发行人租赁控股股东、实际控制人房产或者商标、专利来自于控股股东、实际控制人的授权使用	如发行人存在从控股股东、实际控制人租赁或授权使用资产的情形，保荐机构和发行人律师通常应关注并核查以下方面：相关资产的具体用途、对发行人的重要程度、未投入发行人的原因、租赁或授权使用费用的公允性、是否能确保发行人长期使用、今后的处置方案等，并就该等情况是否对发行人资产完整和独立性构成重大不利影响发表明确意见。 如发行人存在以下情形之一的，保荐机构及发行人律师应当充分核查论证，并就是否符合发行条件审慎发表意见：一是生产型企业的发行人，其生产经营所必需的主要厂房、机器设备等固定资产系向控股股东、实际控制人租赁使用；二是发行人的核心商标、专利、主要技术等无形资产是由控股股东、实际控制人授权使用。

续表

序号	问题	解决方案
15	同　业竞争	（1）核查范围。中介机构应当针对发行人控股股东（或实际控制人）及其近亲属全资或控股的企业进行核查。 （2）判断原则。同业竞争的“同业”是指竞争方从事与发行人主营业务相同或相似业务。核查认定“竞争”时，应结合相关企业历史沿革、资产、人员、主营业务（包括但不限于产品服务的具体特点、技术、商标商号、客户、供应商等）等方面与发行人的关系，以及业务是否有替代性、竞争性、是否有利益冲突等，判断是否对发行人构成竞争。发行人不能简单以产品销售地域不同、产品的档次不同等认定不构成“同业竞争”。 （3）亲属控制的企业应如何核查认定。如果发行人控股股东或实际控制人是自然人，其夫妻双方直系亲属（包括配偶、父母、子女）控制的企业与发行人存在竞争关系的，应认定为构成同业竞争。发行人控股股东、实际控制人的其他近亲属（即兄弟姐妹、祖父母、外祖父母、孙子女、外孙子女）及其控制的企业与发行人存在竞争关系的，原则上认定为构成同业竞争，但发行人能够充分证明与前述相关企业在历史沿革、资产、人员、业务、技术、财务等方面基本独立且报告期内较少交易或资金往来，销售渠道、主要客户及供应商较少重叠的除外。 发行人控股股东、实际控制人的其他亲属及其控制的企业与发行人存在竞争关系的，一般不认定为构成同业竞争。但对于利用其他亲属关系，或通过解除婚姻关系规避同业竞争认定的，以及在资产、人员、业务、技术、财务等方面有较强的关联，且报告期内有较多交易或资金往来，或者销售渠道、主要客户及供应商有较多重叠的，中介机构在核查时应审慎判断。

续表

序号	问题	解决方案
16	关联交易	中介机构在尽职调查过程中，应当尊重企业合法合理、正常公允且确实有必要的经营行为，如存在关联交易的，应就交易的合法性、必要性、合理性及公允性，以及关联方认定，关联交易履行的程序等事项，基于谨慎原则进行核查，同时请发行人予以充分信息披露，具体如下： （1）关于关联方认定。发行人应当按照《公司法》《企业会计准则》和中国证监会的相关规定认定并披露关联方。 （2）关于关联交易的必要性、合理性和公允性。发行人应披露关联交易的交易内容、交易金额、交易背景以及相关交易与发行人主营业务之间的关系；还应结合可比市场公允价格、第三方市场价格、关联方与其他交易方的价格等，说明并摘要披露关联交易的公允性，是否存在对发行人或关联方的利益输送。 对于控股股东、实际控制人与发行人之间关联交易对应的收入、成本费用或利润总额占发行人相应指标的比例较高（如达到30%）① 的，发行人应结合相关关联方的财务状况和经营情况、关联交易产生的收入、利润总额合理性等，充分说明并摘要披露关联交易是否影响发行人的经营独立性、是否构成对控股股东或实际控制人的依赖，是否存在通过关联交易调节发行人收入利润或成本费用、对发行人利益输送的情形；此外，发行人还应披露未来减少与控股股东、实际控制人发生关联交易的具体措施。 （3）关于关联交易的决策程序。发行人应当披露章程对关联交易决策程序的规定，已发生关联交易的决策过程是否与章程相符，关联股东或董事在审议相关交易时是否回避，以及独立董事和监事会成员是否发表不同意见等。 （4）关于关联方和关联交易的核查。保荐机构及发行人律师应对发行人的关联方认定，发行人关联交易信息披露的完整性，关联交易的必要性、合理性和公允性，关联交易是否影响发行人的独立性，是否可能对发行产生重大不利影响，以及是否已履行关联交易决策程序等进行充分核查并发表意见。

① 科创板相关问答中暂无对超过30%需要详细核查的要求。

续表

序号	问题	解决方案
17	董监高重大变化	发行人应当按照要求披露董事、高级管理人员的变动情况。中介机构对上述人员是否发生重大变化的认定，应当本着实质重于形式的原则，综合两方面因素分析：一是最近 3 年内的变动人数及比例，在计算人数比例时，以董事和高级管理人员合计总数作为基数；二是上述人员因离职或无法正常参与发行人的生产经营是否导致对发行人生产经营产生重大不利影响。 如果最近 3 年内发行人的董事、高级管理人员变动人数比例较大，或董事、高级管理人员中的核心人员发生变化，对发行人的生产经营产生重大不利影响的，应视为发生重大变化。 变动后新增的董事、高级管理人员来自原股东委派或发行人内部培养产生的，原则上不构成人员的重大变化。发行人管理层因退休、调任等原因发生岗位变化的，不轻易认定为重大变化，但发行人应当披露相关人员变动对公司生产经营的影响。
18	土地使用权	发行人存在使用或租赁使用集体建设用地、划拨地、农用地、耕地、基本农田及其上建造的房产等情形的，保荐机构和发行人律师应对其取得和使用是否符合《土地管理法》等法律法规的规定、是否依法办理了必要的审批或租赁备案手续、有关房产是否为合法建筑、是否可能被行政处罚、是否构成重大违法行为出具明确意见，说明具体理由和依据。 发行人主要生产经营场所相关土地使用权的取得和使用原则上需符合法律法规规定。上述土地为发行人自有或虽为租赁但房产为自建的，如存在不规范情形且短期内无法整改，保荐机构和发行人应结合该土地或房产的面积占发行人全部土地或房产面积的比例、使用上述土地或房产产生的收入、毛利、利润情况，评估其对于发行人的重要性。如面积占比较低、对生产经营影响不大，应披露将来如因土地问题被处罚的责任承担主体、搬迁的费用及承担主体、有无下一步解决措施等，并对该等事项作重大风险提示。 发行人生产经营用的主要房产系租赁上述土地上所建房产的，如存在不规范情形，原则上不构成发行上市障碍。保荐机构和发行人律师应就其是否对发行人持续经营构成重大影响发表明确意见。发行人应披露如因土地问题被处罚的责任承担主体、搬迁的费用及承担主体、有无下一步解决措施等，并对该等事项作重大风险提示。 发行人募投用地尚未取得的，需披露募投用地的计划、取得土地的具体安排、进度等。保荐机构、发行人律师需对募投用地是否符合土地政策、城市规划、募投用地落实的风险等进行核查并发表明确意见。

续表

序号	问题	解决方案
19	环保问题	发行人应当在招股说明书中充分做好相关信息披露，包括：生产经营中涉及环境污染的具体环节、主要污染物名称及排放量、主要处理设施及处理能力；报告期内，发行人环保投资和相关费用成本支出情况，环保设施实际运行情况，报告期内环保投入、环保相关成本费用是否与处理公司生产经营所产生的污染相匹配；募投项目所采取的环保措施及相应的资金来源和金额等；公司生产经营与募集资金投资项目是否符合国家和地方环保要求，发行人若发生过环保事故或受到行政处罚的，应披露原因、经过等具体情况，发行人是否构成重大违法行为，整改措施及整改后是否符合环保法律法规的有关规定。 保荐机构和发行人律师应对发行人的环保情况进行核查，包括：是否符合国家和地方环保要求，已建项目和已经开工的在建项目是否履行环评手续，公司排污达标检测情况和环保部门现场检查情况，公司是否发生过环保事故或重大群体性的环保事件，有关公司环保的媒体报道。 在对发行人全面系统核查基础上，保荐机构和发行人律师应对发行人生产经营总体是否符合国家和地方环保法规和要求发表明确意见，发行人曾发生环保事故或因环保问题受到处罚的，保荐机构和发行人律师应对是否构成重大违法行为发表明确意见。

续表

序号	问题	解决方案
20	发行人与控股股东、实际控制人或董监高共同投资行为	发行人如存在与其控股股东、实际控制人、董事、监事、高级管理人员及其亲属直接或者间接共同设立公司情形，发行人及中介机构应主要披露及核查以下事项： （1）发行人应当披露相关公司的基本情况，包括但不限于公司名称、成立时间、注册资本、住所、经营范围、股权结构、最近一年一期主要财务数据及简要历史沿革。 （2）中介机构应当核查发行人与上述主体共同设立公司的背景、原因和必要性，说明发行人出资是否合法合规、出资价格是否公允。 （3）如发行人与共同设立的公司存在业务或资金往来的，还应当披露相关交易的交易内容、交易金额、交易背景以及相关交易与发行人主营业务之间的关系。中介机构应当核查相关交易的真实性、合法性、必要性、合理性及公允性，是否存在损害发行人利益的行为。 （4）如公司共同投资方为董事、高级管理人员及其近亲属，中介机构应核查说明公司是否符合《公司法》第148条规定，即董事、高级管理人员未经股东会或者股东大会同意，不得利用职务便利为自己或者他人谋取属于公司的商业机会，自营或者为他人经营与所任职公司同类的业务。
21	社保制度	发行人报告期内存在应缴未缴社会保险和住房公积金情形的，应当在招股说明书中披露应缴未缴的具体情况及形成原因，如补缴对发行人的持续经营可能造成的影响，揭示相关风险，并披露应对方案。保荐机构、发行人律师应对前述事项进行核查，并对是否属于重大违法行为出具明确意见。
22	发行人为新三板挂牌、摘牌公司、H股公司，或者涉及境外分拆、退市的	发行人曾为或现为新三板挂牌公司、境外上市公司的，应说明并简要披露其在挂牌或上市过程中，以及挂牌或上市期间在信息披露、股权交易、董事会或股东大会决策等方面的合法合规性，披露摘牌或退市程序的合法合规性（如有），是否存在受到处罚的情形。涉及境外退市或境外上市公司资产出售的，发行人还应披露相关外汇流转及使用的合法合规性。保荐机构及发行人律师应对上述事项进行核查并发表意见。 此外，对于新三板挂牌、摘牌公司或H股公司因二级市场交易产生的新增股东，原则上应对持股5%以上的股东进行披露和核查。如新三板挂牌公司的股东中包含被认定为不适格股东的，发行人应合并披露相关持股比例，合计持股比例较高的，应披露原因及其对发行人生产经营的影响。

续表

序号	问题	解决方案
23	豁免披露	根据招股说明书准则，发行人有充分依据证明准则要求披露的某些信息涉及国家秘密、商业秘密及其他因披露可能导致其违反国家有关保密法律法规规定或严重损害公司利益的，发行人可向中国证监会申请豁免披露。 证监会不对发行人申请豁免披露的信息是否涉密进行判断，主要依据国家有关主管部门的书面确认。对存在涉密信息申请豁免披露的，发行人在履行一般信息披露程序的同时，还应落实如下事项： （1）提供国家主管部门关于发行人申请豁免披露的信息为涉密信息的认定文件。 （2）发行人关于信息豁免披露的申请文件应逐项说明需要豁免披露的信息，并说明相关信息披露文件是否符合有关保密规定和招股说明书准则要求，涉及军工的是否符合《军工企业对外融资特殊财务信息披露管理暂行办法》，豁免披露后的信息是否对投资者决策判断构成重大障碍。 （3）发行人全体董事、监事、高级管理人员出具关于首次公开发行股票并上市的申请文件不存在泄密事项且能够持续履行保密义务的声明。 （4）发行人控股股东、实际控制人对其已履行和能够持续履行相关保密义务出具承诺文件。 （5）对证监会审核过程中提出的信息豁免披露或调整意见，发行人应相应回复、补充相关文件的内容，有实质性增减的，应当说明调整后的内容是否符合相关规定、是否存在泄密风险。 （6）说明内部保密制度的制定和执行情况，是否符合《保密法》等相关法律法规的规定，是否存在因违反保密规定受到处罚的情形。 保荐机构、发行人律师应当对发行人信息豁免披露符合相关规定、不影响投资者决策判断、不存在泄密风险出具意见明确、依据充分的专项核查报告。 申报会计师应当出具对发行人审计范围是否受到限制及审计证据的充分性以及对发行人豁免披露的财务信息是否影响投资者决策判断的核查报告。 涉及军工的，中介机构应当说明是否根据国防科工局的《军工涉密业务咨询服务安全保密监督管理办法》取得军工企业服务资质。

续表

序号	问题	解决方案
24	创业板规定“发行人应当主要经营一种业务”	对“一种业务”可界定为“同一类别业务”或相关联、相近的集成业务。中介机构核查判断是否为“一种业务”时，应充分考虑相关业务是否系发行人向产业上下游或相关业务领域自然发展或并购形成，业务实质是否属于相关度较高的行业类别，各业务之间是否具有协同效应等，实事求是进行把握。 对于发行人确属在一种业务之外经营其他不相关业务的，在最近两个会计年度以合并报表计算，同时符合以下标准，可认定符合创业板主要经营一种业务的发行条件： ①主要经营的一种业务之外的其他业务收入占营业收入总额的比重不超过 30%； ②主要经营的一种业务之外的其他业务利润占利润总额的比重不超过 30%。 对于其他业务，应视对发行人主营业务的影响情况，充分提示风险或问题，上述要求同样适用于募集资金运用的安排。

第二节　企业上市专项财务问题审核指引①

序号	问题	解决方案
1	股份支付问题	发行人报告期内为获取职工和其他方提供服务而授予股份的交易，在编制申报会计报表时，应按照《企业会计准则第 11 号——股份支付》相关规定进行处理。 （1）具体适用情形 对于报告期内发行人向职工（含持股平台）、客户、供应商等新增股份，以及主要股东及其关联方向职工（含持股平台）、客户、供应商等转让股份，均应考虑是否适用《企业会计准则第 11 号——股份支付》。对于报告期前的股份支付事项，如对期初未分配利润造成重大影响，也应考虑是否适用《企业会计准则第 11 号——股份支付》。 通常情况下，解决股份代持等规范措施导致股份变动，家族内部财产分割、继承、赠与等非交易行为导致股权变动，资产重组、业务并购、持股方式转换、向老股东同比例配售新股等导致股权变动等，在有充分证据支持相关股份获取与发行人获得其服务无关的情况下，一般无需作为股份支付处理。 对于为发行人提供服务的实际控制人/老股东以低于股份公允价值的价格增资入股事宜，如果根据增资协议，并非所有股东均有权按各自原持股比例获得新增股份，对于实际控制人/老股东超过其原持股比例而获

① 参见证监会发行监管部《首发业务若干问题解答（二）》（2019 年 3 月）、上交所《上海证券交易所科创板股票发行上市审核问答》（2019 年 3 月）、上交所《上海证券交易所科创板股票发行上市审核问答（二）》（2019 年 3 月）。

续表

序号	问题	解决方案
		得的新增股份，应属于股份支付；如果增资协议约定，所有股东均有权按各自原持股比例获得新增股份，但股东之间转让新增股份受让权且构成集团内股份支付，导致实际控制人/老股东超过其原持股比例获得的新增股份，也属于股份支付。对于实际控制人/老股东原持股比例，应按照相关股东直接持有与穿透控股平台后间接持有的股份比例合并计算。 （2）确定公允价值 存在股份支付事项的，发行人及申报会计师应按照企业会计准则规定的原则确定权益工具的公允价值。在确定公允价值时，可合理考虑入股时间阶段、业绩基础与变动预期、市场环境变化、行业特点、同行业并购重组市盈率水平、股份支付实施或发生当年市盈率与市净率指标等因素的影响；也可优先参考熟悉情况并按公平原则自愿交易的各方最近达成的入股价格或相似股权价格确定公允价值，如近期合理的 PE 入股价；也可采用恰当的估值技术确定公允价值，但要避免采取有争议的、结果显失公平的估值技术或公允价值确定方法，如明显增长预期下按照成本法评估的每股净资产价值或账面净资产。 （3）计量方式 确认股份支付费用时，对增资或受让的股份立即授予或转让完成且没有明确约定服务期等限制条件的，原则上应当一次性计入发生当期，并作为偶发事项计入非经常性损益。对设定服务期等限制条件的股份支付，股份支付费用可采用恰当的方法在服务期内进行分摊，并计入经常性损益。 （4）披露与核查 发行人应在招股说明书及报表附注中披露股份支付的形成原因、权益工具的公允价值及确认方法。保荐机构及申报会计师应对首发企业报告期内发生的股份变动是否适用《企业会计准则第 11 号——股份支付》进行核查，并对以下问题发表明确意见：股份支付相关权益工具公允价值的计量方法及结果是否合理，与同期可比公司估值是否存在重大差异及原因；对于存在与股权所有权或收益权等相关的限制性条件的，相关条件是否真实、可行，服务期的判断是否准确，服务期各年/期确认的员工服务成本或费用是否准确；发行人报告期内股份支付相关会计处理是否符合《企业会计准则》相关规定。

续表

序号	问题	解决方案
2	工程施工余额问题	首发企业作为建造承包商，存在工程施工业务的，应按照《企业会计准则第15号——建造合同》的相关规定，采用完工百分比法进行会计核算。部分工程施工企业，特别是园林、绿化、市政等建筑施工企业各报告期末存货主要为已完工未结算的工程施工，其中，部分项目已竣工并实际交付，仅以未办理决算或审计等原因而长期挂账。 针对上述事项，保荐机构及申报会计师应进一步核实合同规定的结算条件与结算时点、施工记录与竣工交付资料、按工程进度确认的收入、成本与毛利情况、存货风险与收款信用风险的区别与转移情况、收款权利与计量依据等事项。如发现存货中存在以未决算或未审计等名义长期挂账的已竣工并实际交付的工程项目施工余额，因该部分存货已不在发行人控制范围，发行人已按工程完工进度确认收入，发行人与业主之间存在实质的收款权利或信用关系，一般应考虑将其转入应收款项并计提坏账准备，保荐机构和申报会计师应对相关减值准备计提是否充分进行核查并发表明确意见。 发行人应在招股说明书“管理层分析”中披露上述已竣工并实际交付的工程项目施工余额未办理决算或审计等原因，是否与业主方存在纠纷，并在招股说明书中适当章节充分揭示相关风险。
3	应收款项问题	应收款项坏账准备的计提应符合《企业会计准则第22号——金融工具确认和计量》的相关规定，考虑预期信用风险。对于应收款项，应当先将单项金额重大的应收款项区分开来，单独进行减值测试。单独测试未发生减值的应收款项（包括单项金额重大和不重大的应收款项），应当包括在具有类似信用风险特征的应收账款组合中再进行减值测试。发行人不应以欠款方为关联方客户、优质客户、政府工程客户等理由而不计提坏账准备。 应收票据应当按照《企业会计准则第22号——金融工具确认和计量》关于应收项目的减值计提要求，根据其信用风险特征考虑减值问题。对于在收入确认时对应收账款进行初始确认，后又将该应收账款转为商业承兑汇票结算的，发行人应按照账龄连续计算的原则对应收票据计提坏账准备。 如果对某些单项或某些组合应收款项不计提坏账准备，发行人需充分说明未计提的依据和原因，详细论证是否存在确凿证据，是否存在信用风险，账龄结构是否与收款周期一致，保荐机构和申报会计师应结合业务合作、回款进度、经营环境等因素谨慎评估是否存在坏账风险，是否符合会计准则要求。 对于应收账款保理业务，如为有追索权债权转让，发行人仍应根据原有账龄计提坏账准备。 发行人应参考同行业上市公司确定合理的应收账款坏账准备计提政策，对于计提比例明显低于同行业上市公司水平的，应在招股说明书中披露具体原因。 保荐机构及申报会计师应对上述事项进行核查并发表明确意见。

续表

序号	问题	解决方案
4	固定资产等非流动资产减值问题	发行人应根据《企业会计准则第 8 号——资产减值》从外部信息来源和内部信息来源两方面判断资产负债表日资产是否存在可能发生减值的迹象。 资产存在减值迹象的，应当估计其可收回金额。根据《企业会计准则第 8 号——资产减值》，可收回金额应当根据资产的公允价值减去处置费用后的净额与资产预计未来现金流量的现值两者之间较高者确定。资产的公允价值减去处置费用后的净额与资产预计未来现金流量的现值，只要有一项超过了资产的账面价值，就表明资产没有发生减值，不需再估计另一项金额。 由于行业前景、监管政策等发生重大变化，导致生产线停产或资产闲置，以及由于技术迭代、持续更新等原因，导致相关设备、无形资产或开发支出失去使用价值，且无预期恢复时间，相关中介机构应结合该资产未来处置方案或处理计划，合理估计其可收回金额，核查发行人资产减值相关会计处理是否恰当，减值测试方法、关键假设及参数是否合理。 因企业合并所形成的商誉和使用寿命不确定的无形资产，无论是否存在减值迹象，每年都应当进行减值测试。对于商誉减值事项的会计处理、信息披露及审计评估情况，应详细说明是否符合《会计监管风险提示第 8 号——商誉减值》的要求。 发行人应在招股说明书中披露重要资产减值测试过程与方法、可收回金额的确定方法、减值计提情况及对报告期和未来期间经营业绩的影响。相关中介机构应结合资产持有目的、用途、使用状况等，核查发行人可收回金额确定方法是否恰当、资产减值相关会计处理是否谨慎、信息披露是否充分。

续表

序号	问题	解决方案
5	税收优惠	发行人依法取得的税收优惠，如高新技术企业、软件企业、文化企业及西部大开发等特定性质或区域性的税收优惠，符合《公开发行证券的公司信息披露解释性公告第 1 号——非经常性损益》规定的，可以计入经常性损益。 发行人取得的税收优惠到期后，发行人、保荐机构、律师和申报会计师应对照税收优惠的相关条件和履行程序的相关规定，对拟上市企业税收优惠政策到期后是否能够继续享受优惠进行专业判断并发表明确意见：(1) 如果很可能获得相关税收优惠批复，按优惠税率预提预缴，经税务部门同意，可暂按优惠税率预提并做风险提示，并说明如果未来被追缴税款，是否有大股东承诺补偿；同时，发行人应在招股说明书中披露税收优惠不确定性风险。(2) 如果获得相关税收优惠批复的可能性较小，需按照谨慎性原则按正常税率预提，未来根据实际的税收优惠批复情况进行相应调整。 外商投资企业经营期限未满 10 年转为内资企业的，按税法规定，需在转为内资企业当期，补缴之前已享受的外商投资企业所得税优惠。补缴所得税费用系因企业由外资企业转为内资企业的行为造成，属于该行为的成本费用，应全额计入补缴当期，不应追溯调整至实际享受优惠期间。 发行人补缴税款，符合会计差错更正要求的，可追溯调整至相应期间；对于缴纳罚款、滞纳金等，原则上应计入缴纳当期。

续表

序号	问题	解决方案
6	无形资产认定与客户关系	对于无形资产的确认，应符合《企业会计准则第 6 号——无形资产》的相关规定。根据《企业会计准则第 6 号——无形资产》，符合无形资产的可辨认性应源自合同性权利或其他法定权利，并且只有与该无形资产有关的经济利益很可能流入企业，该无形资产的成本能够可靠地计量，才能确认无形资产；企业在判断无形资产产生的经济利益是否很可能流入时，应当对无形资产在预计使用寿命内可能存在的各种经济因素作出合理估计，并且应当有明确证据支持。 对于客户资源或客户关系，只有在合同或其他法定权利支持，确保企业在较长时期内获得稳定收益且能够核算价值的情况下，才能确认为无形资产。如果企业无法控制客户关系、人力资源等带来的未来经济利益，则不符合无形资产的定义，不应将其确认为无形资产。发行人在开拓市场过程中支付的正常营销费用，或仅从出售方购买了相关客户资料，而客户并未与上述出售方签订独家或长期买卖合同，即在没有明确合同或其他法定权利支持情况下，“客户资源”或“客户关系”通常理解为发行人为获取客户渠道而发生的费用。若确认为无形资产，发行人应详细说明确认的依据，是否符合无形资产的确认条件，保荐机构及申报会计师应针对上述事项谨慎发表明确意见。 对于非同一控制下企业合并中无形资产的识别与确认，根据证监会发布的《2013 年上市公司年报会计监管报告》的有关要求，购买方在初始确认企业合并中购入的被购买方资产时，应充分识别被购买方拥有的、但在其财务报表中未确认的无形资产，对于满足会计准则规定确认条件的，应当确认为无形资产。 在上述企业合并确认无形资产的过程中，发行人应保持专业谨慎，充分论证是否存在确凿的证据、合理的理由以及可计量、可确认的条件，评估师应按照公认可靠的评估方法确认其公允价值，不存在其他相反的证据。保荐机构和申报会计师应保持应有的职业谨慎，详细核查发行人确认的无形资产是否符合准则规定的确认条件和计量要求，是否存在虚构无形资产情形，是否存在估值风险和减值风险。

续表

序号	问题	解决方案
7	委托加工业务	通常来讲，委托加工是指由委托方提供原材料和主要材料，受托方按照委托方的要求制造货物并收取加工费和代垫部分辅助材料加工的业务。从形式上看，双方一般签订委托加工合同，合同价款表现为加工费，且加工费与受托方持有的主要材料价格变动无关。 实务中，发行人由客户提供或指定原材料供应，或向加工商提供原材料，加工后予以购回，应根据其交易业务实质区别于受托/委托加工业务进行会计处理。两者区别主要体现在以下方面： （1）双方签订合同的属性类别，合同中主要条款，如价款确定基础和定价方式、物料转移风险归属的具体规定； （2）生产加工方是否完全或主要承担了原材料生产加工中的保管和灭失、价格波动等风险； （3）生产加工方是否具备对最终产品的完整销售定价权； （4）生产加工方是否承担了最终产品销售对应账款的信用风险； （5）生产加工方对原材料加工的复杂程度，加工物料在形态、功能等方面的变化程度等。 由发行人将原材料提供给加工商之后，加工商仅进行简单的加工工序，物料的形态和功用方面并没有发生本质性的变化，并且发行人向加工商提供的原材料的销售价格由发行人确定，加工商不承担原材料价格波动的风险，对于此类交易，通常按照委托加工业务处理，发行人按照原材料销售和回购的差额确认加工费，对于提供给加工商的原材料不应确认销售收入。 由客户提供或指定供应商的原材料采购价格由双方协商确定且与市场价格基本一致，购买和销售业务相对独立，双方约定所有权转移条款，公司对存货进行后续管理和核算，该客户没有保留原材料的继续管理权，产品销售时，公司与客户签订销售合同，销售价格包括主要材料、辅料、加工费、利润在内的全额销售价格，对于此类交易，通常应当按照实质重于形式原则认定是否为购销业务处理，从而确定是以全额法确认加工后成品的销售收入，还是仅将加工费确认为销售收入。

续表

序号	问题	解决方案
8	影视行业收入及成本	从收入分配来看，目前以票房收入为主要收入来源的盈利模式造成产业链各个环节的主要收入均为票房分账收入。在核心业务环节中，我国电影产业各个环节的业务流程与收入流分配呈现相反的顺序。影院通过放映服务从消费者率先取得票房收入，在扣除国家电影事业发展专项资金及与院线约定的适用流转税及附加后，定期或者按照单部影片，由影院作为分账的起始环节，按照产业链各业务环节由下至上进行票房分账。 （1）发行业务收入确认（包括电影发行及院线发行） 发行方应根据《企业会计准则第14号——收入》的规定，确定其收入应按“总额法”还是“净额法”核算。发行方采用代理发行的方式从事影视发行业务的，实质上仅作为制片方和影院之间的中介，未承担影片制作的拍摄审核风险，也不承担放映影片票房惨淡而导致的潜在损失，而且发行方提供服务时，影院清楚地知道影视作品质量责任、版权价格（票价）主要取决于制片方，发行方仅提供市场营销、排期供片等服务，尤其是院线发行环节，其只提供“供片渠道”管理服务，因此采用代理发行方式实施发行的，通常采用“净额法”核算。 （2）放映业务收入确认 从放映方与发行方签订协议条款和业务模式来看，放映方虽未买断播映权，没有承担对存货（电影）全部的后果和责任，但是基于其在放映服务中承担主要责任人的角色，通常采用总额法确认收入。 （3）放映业务成本归集范围 将影院租金、放映设备折旧与租入固定资产改良摊销、放映直接人力成本等归集列入“营业成本”还是“管理费用”“销售费用”会影响到“毛利”“毛利率”指标的可比性。考虑到招股说明书披露规则、年报披露规则中均有要求披露和分析“毛利率”这一重要的财务指标，电影院租金、放映设备折旧与租入固定资产改良摊销、放映直接人力成本，通常确认为“营业成本”。 发行人应当根据上述业务的实质准确披露相关会计处理方法及依据，保荐机构及申报会计师应当审慎核查并发表明确意见。

续表

序号	问题	解决方案
9	投资性房地产公允价值计量	发行人投资性房地产的确认、计量及披露应符合《企业会计准则第3号——投资性房地产》的相关规定。如发行人论证其投资性房地产符合采用公允价值模式进行后续计量条件的，可以按照公允价值模式对投资性房地产进行后续计量。申报会计师需对发行人是否符合上述条件进行核查并发表明确意见。 鉴于目前A股同类上市公司普遍以成本模式对投资性房地产进行计量，计价模式不同导致报表列报存在较大差异，并可能影响投资者价值判断。其差异对经营成果的影响主要表现在两方面：一是公允价值模式下投资性房地产不需计提折旧（或摊销），从而少计成本；二是公允价值模式下投资性房地产应以资产负债表日的公允价值计量，通常会确认公允价值变动收益，该部分收益在相关投资性房地产出售或处置前，相应公允价值变动收益非现实实现（产生现金流入或形成收款权利）。因此，发行人应在招股说明书中充分披露以下事项： （1）发行人投资性房地产采用公允价值模式计量与采用成本模式计量的具体差异，披露按成本模式下模拟测算的财务数据，在招股说明书“重大事项提示”及“风险因素”中就投资性房地产采用公允价值模式计量而导致的公允价值变动风险及与同行业上市公司财务数据不具可比性的情况进行充分风险揭示。 （2）分析披露近几年国内投资性房地产价格持续上涨趋势的特殊性及可持续性，在招股说明书“重大事项提示”及“风险因素”中就公允价值变动收益占比较大对未来分红的影响进行充分风险提示。 （3）要求发行人承诺上市后后续持续披露选用的会计政策对上市公司利润的影响。 （4）要求评估师说明其选用的评估方法、评估值的确定依据等是否符合评估准则等规定。 （5）发行人在对投资性房地产采用收益现值法进行评估时，应合理确定房地产收益口径，不能笼统地以合同收入全额认定为房产租赁类收入。根据资产评估准则的规定，评估师运用收益法评估不动产时，应当了解不动产未来收益应当是不动产本身带来的收益，即在预计房地产未来收益时，应合理剔除附加经营管理活动所产生的相关收益，明确将物业本身所直接带来的纯租金收入作为测算的归集标准。发行人若认为难以依据合同直接划分房产租赁类收入和经营管理收入的，应对相关收入进行合理拆分，并详细论证拆分的依据。 保荐机构及申报会计师应对上述事项进行核查并发表明确意见。

续表

序号	问题	解决方案
10	同一控制下的企业合并	对于同一控制下企业合并，发行人应严格遵守相关会计准则规定，详细披露合并范围及相关依据，对特殊合并事项予以重点说明。 （1）遵循相关会计准则等规定 ①发行人企业合并行为应按照《企业会计准则第 20 号——企业合并》相关规定进行处理。其中，同一控制下的企业合并，参与合并的企业在合并前后均受同一方或相同的多方最终控制且该控制并非暂时性的。 根据《〈企业会计准则第 20 号——企业合并〉应用指南》的解释，“同一方”是指对参与合并的企业在合并前后均实施最终控制的投资者。“相同的多方”通常是指根据投资者之间的协议约定，在对被投资单位的生产经营决策行使表决权时发表一致意见的两个或两个以上的投资者。“控制并非暂时性”是指参与合并的各方在合并前后较长的时间内受同一方或相同的多方最终控制。较长的时间通常指 1 年以上（含 1 年）。 ②根据《企业会计准则实施问题专家工作组意见第 1 期》解释，通常情况下，同一控制下的企业合并是指发生在同一企业集团内部企业之间的合并。除此之外，一般不作为同一控制下的企业合并。 ③在对参与合并企业在合并前控制权归属认定中，如存在委托持股、代持股份、协议控制（VIE 模式）等特殊情形，发行人应提供与控制权实际归属认定相关的充分事实证据和合理性依据，中介机构应对该等特殊控制权归属认定事项的真实性、证据充分性、依据合规性等予以审慎判断、妥善处理和重点关注。 （2）红筹企业协议控制下合并报表编制的信息披露 《企业会计准则第 33 号——合并财务报表》第 7 条规定“合并财务报表的合并范围应当以控制为基础予以确定”，第 8 条规定“投资方应当在综合考虑所有相关事实和情况的基础上对是否控制被投资方进行判断”。 部分按相关规定申请境内发行上市的红筹企业，如存在协议控制架构或类似特殊安排，将不具有持股关系的主体（以下简称被合并主体）纳入合并财务报表合并范围。 在此情况下，发行人应充分披露协议控制架构的具体安排，包括协议控制架构涉及的各方法律主体的基本情况、主要合同的核心条款等；分析披露被合并主体设立目的、被合并主体的相关活动以及如何对相关活动作出决策、发行人享有的权利是否使其目前有能力主导被合并主体的相关活动、发行人是否通过参与被合并主体相关活动而享有可变回报、发行人是否有能力运用对被合并主体的权利影响其回报金额、投资方与其他各方的关系；结合上述情况和会计准则规定，分析披露发行人合并依据是否充分，详细披露合并报表编制方法。保荐机构及申报会计师应对上述情况进行核查，就合并报表编制是否合规发表明确意见。

续表

序号	问题	解决方案
11	业务重组与主营业务重大变化	发行人在报告期内发生业务重组，要依据被重组业务与发行人是否受同一控制分别进行判断。如为同一控制下业务重组，应按照《证券期货法律适用意见第3号》相关要求进行判断和处理；如为非同一控制下业务重组，通常包括收购被重组方股权或经营性资产、以被重组方股权或经营性资产对发行人进行增资、吸收合并被重组方等行为方式，发行人、中介机构可关注以下因素： （1）重组新增业务与发行人重组前的业务是否具有高度相关性，如同一行业、类似技术产品、上下游产业链等； （2）业务重组行为对实际控制人控制权掌控能力的影响； （3）被合并方占发行人重组前资产总额、资产净额、营业收入或利润总额的比例，业务重组行为对发行人主营业务变化的影响程度等。 实务中，通常按以下原则判断非同一控制下业务重组行为是否会引起发行人主营业务发生重大变化： （1）对于重组新增业务与发行人重组前业务具有高度相关性的，被重组方重组前一个会计年度末的资产总额、资产净额或前一个会计年度的营业收入或利润总额，达到或超过重组前发行人相应项目100%，则视为发行人主营业务发生重大变化； （2）对于重组新增业务与发行人重组前业务不具有高度相关性的，被重组方重组前一个会计年度末的资产总额、资产净额或前一个会计年度的营业收入或利润总额，达到或超过重组前发行人相应项目50%，则视为发行人主营业务发生重大变化。 对主营业务发生重大变化的，应根据《首次公开发行股票并上市管理办法》《首次公开发行股票并在创业板上市管理办法》的规定，符合相关运行时间要求。 对于重组新增业务与发行人重组前业务具有高度相关性的，被重组方重组前一个会计年度末的资产总额、资产净额或前一个会计年度的营业收入或利润总额达到或超过重组前发行人相应项目50%，但未达到100%的，通常不视为发行人主营业务发生重大变化，但为了便于投资者了解重组后的整体运营情况，原则上发行人重组后运行满12个月后方可申请发行。 12个月内发生多次重组行为的，重组对发行人资产总额、资产净额、营业收入或利润总额的影响应累计计算。 对于发行人报告期内发生的业务重组行为，应在招股说明书中披露发行人业务重组的原因、合理性以及重组后的整合情况，并披露被收购企业收购前1年的财务报表。保荐机构应当充分关注发行人业务重组的合理性、资产的交付和过户情况、交易当事人的承诺情况、盈利预测或业绩对赌情况、人员整合、公司治理运行情况、重组业务的最新发展状况等。

续表

序号	问题	解决方案
12	报告期内业绩下滑	如首发企业在报告期内出现营业收入、净利润等经营业绩指标大幅下滑的情形，中介机构应重点关注是否存在可能对企业持续盈利能力和投资者利益有重大不利影响的事项，充分核查经营业绩下滑的程度、性质、持续时间等方面；发行人应按经营业绩下滑专项信息披露要求做好披露工作。 （1）发行人存在最近1年（期）经营业绩较报告期最高值下滑幅度超过50%情形的，发行人及中介机构应全面分析经营业绩下滑幅度超过50%的具体原因，审慎说明该情形及相关原因对持续盈利能力是否构成重大不利影响。如无充分相反证据或其他特殊原因能够说明发行人仍能保持持续盈利能力外，一般应重点关注并考虑该情形的影响程度。 （2）发行人存在最近1年（期）经营业绩较报告期最高值下滑幅度未超过50%情形的，发行人及中介机构应区分以下不同情况予以论证核查： ①对于发行人因经营能力或经营环境发生变化导致经营业绩出现下滑的情形，发行人应充分说明经营能力或经营环境发生变化的具体原因，变化的时间节点、趋势方向及具体影响程度；正在采取或拟采取的改善措施及预计效果，结合前瞻性信息或经审核的盈利预测（如有）情况，说明经营业绩下滑趋势是否已扭转，是否仍存在对持续盈利能力产生重大不利影响的事项；保荐机构应对上述情况予以充分核查，获取明确的证据，并发表明确意见。在论证、核查和充分证据基础上，合理判断该情形的影响程度。 ②对于发行人认为自身属于强周期行业的情形，发行人应结合所处行业过去若干年内出现的波动情况，分析披露该行业是否具备强周期特征；比较说明发行人收入、利润变动情况与行业可比上市公司情况是否基本一致；说明行业景气指数在未来能够改善，行业不存在严重产能过剩或整体持续衰退。结合上述要求，保荐机构应对发行人属于强周期行业的依据是否充分发表专项核查意见。满足以上条件的，其业绩下滑可不认定为对持续盈利能力构成重大不利影响的情形。

续表

序号	问题	解决方案
		③对于发行人报告期内因不可抗力或偶发性特殊业务事项导致经营业绩下滑的情形（如自然灾害造成的一次性损失、大额研发费用支出、并购标的经营未达预期导致巨额商誉减值、个别生产线停产或开工不足导致大额固定资产减值、个别产品销售不畅导致大额存货减值、债务人出现危机导致大额债权类资产减值或发生巨额坏账损失、仲裁或诉讼事项导致大额赔偿支出或计提大额预计负债、长期股权投资大幅减值等），发行人应说明不可抗力或偶发性特殊业务事项产生的具体原因及影响程度，最近一期末相关事项对经营业绩的不利影响是否已完全消化或基本消除；结合前瞻性信息或经审核的盈利预测（如有）情况，说明特殊业务事项是否仍对报告期后经营业绩产生影响进而影响持续盈利能力。保荐机构应对特殊业务事项是否影响发行人持续盈利能力发表专项核查意见。若特殊业务事项的不利影响在报告期内已完全消化或基本消除，披露的前瞻性信息或经审核的盈利预测（如有）未出现重大不利变化，其业绩下滑可不认定为对持续盈利能力构成重大不利影响的情形。 针对经营业绩下滑，发行人应作专项信息披露，中介机构应作专项核查。具体要求包括：①发行人应充分说明核心业务、经营环境、主要指标是否发生重大不利变化，业绩下滑程度与行业变化趋势是否一致或背离，发行人的经营业务和业绩水准是否仍处于正常状态，并在“重大事项提示”中披露主要经营状况与财务信息，以及下一报告期业绩预告情况，同时充分揭示业绩变动或下滑的风险及其对持续盈利能力的影响。②保荐机构、申报会计师需要就经营业绩下滑是否对持续盈利能力构成重大不利影响发表专项核查意见，详细分析发行人业绩变动的原因及合理性，明确说明业绩预计的基础及依据，核查发行人的经营与财务状况是否正常，报表项目有无异常变化，是否存在影响发行条件的重大不利影响因素，出具明确意见。 净利润以最近一年（期）扣除非经常性损益合计数前后孰低的净利润为计算依据，与前期同一口径数值进行比较。

续表

序号	问题	解决方案
13	客户集中	发行人来自单一大客户主营业务收入或其毛利贡献占比超过50%以上的，表明发行人对该单一大客户存在重大依赖，但是否构成重大不利影响，应重点关注客户的稳定性和业务持续性，是否存在重大不确定性风险，在此基础上合理判断。 对于非因行业特殊性、行业普遍性导致客户集中度偏高的，保荐机构应充分考虑该单一大客户是否为关联方或者存在重大不确定性客户，是否为异常新增客户；客户高度集中是否可能导致对发行人未来持续盈利能力存在重大不确定性的重大疑虑，进而影响其是否符合发行条件的判断。 对于发行人由于下游客户的行业分布集中而导致的客户集中具备合理性的特殊行业（如电力、电网、电信、石油、银行、军工等行业），发行人应与同行业可比上市公司进行比较，充分说明客户集中是否符合行业特性，发行人与客户的合作关系是否具有一定的历史基础，有充分的证据表明发行人采用公开、公平的手段或方式独立获取业务，相关的业务具有稳定性以及可持续性，并予以充分的信息披露。 针对因上述特殊行业分布或行业产业链关系导致发行人客户集中情况，中介机构应当综合分析考量以下因素的影响：一是发行人客户集中的原因，与行业经营特点是否一致，是否存在下游行业较为分散而发行人自身客户较为集中的情况及其合理性。二是发行人客户在其行业中的地位、透明度与经营状况，是否存在重大不确定性风险。三是发行人与客户合作的历史、业务稳定性及可持续性，相关交易的定价原则及公允性。四是发行人与重大客户是否存在关联关系，发行人的业务获取方式是否影响独立性，发行人是否具备独立面向市场获取业务的能力。 同时，保荐机构应当提供充分的依据说明上述客户本身不存在重大不确定性，发行人已与其建立长期稳定的合作关系，客户集中具有行业普遍性，发行人在客户稳定性与业务持续性方面没有重大风险。发行人应在招股说明书中披露上述情况，充分揭示客户集中度较高可能带来的风险。符合上述要求，一般不认为对发行条件构成重大不利影响。

续表

序号	问题	解决方案
14	投资收益占比	首发办法对发行人持续盈利能力条件中，要求发行人不得有“最近1个会计年度的净利润主要来自合并报表范围以外的投资收益”的情形，通常是指发行人最近1个会计年度的投资收益不超过当期合并报表净利润的50%。 对该款限制性要求的把握，不仅关注发行人来自合并财务报表范围以外的投资收益对盈利贡献程度，还关注发行人纳入合并报表范围以内主体状况、合并财务报表范围以外投资对象业务内容以及招股说明书相关信息披露等情况。 如发行人能够同时满足以下3个条件，则最近1个会计年度投资收益占净利润比例较高情况不构成影响发行人持续盈利能力条件的情形： （1）发行人如减除合并财务报表范围以外的对外投资及投资收益，仍须符合发行条件要求，包括具有完整产供销体系，资产完整并独立运营，具有持续盈利能力，如不含相关投资收益仍符合首发财务指标条件。 （2）被投资企业主营业务与发行人主营业务须具有高度相关性，如同一行业、类似技术产品、上下游关联产业等，不存在大规模非主业投资情况。 （3）需充分披露相关投资的基本情况及对发行人的影响。发行人如存在合并报表范围以外的投资收益占比较高情况，应在招股说明书“风险因素”中充分披露相关风险特征，同时，在管理层分析中披露以下内容：①被投资企业的业务内容、经营状况，发行人与被投资企业所处行业的关系，发行人对被投资企业生产经营状况的可控性和判断力等相关信息；②发行人对被投资企业投资过程、与被投资企业控股股东合作历史、未来合作预期、合作模式是否属于行业惯例、被投资企业分红政策等；③被投资企业非经常性损益情况及对发行人投资收益构成的影响，该影响数是否已作为发行人的非经常性损益计算；④其他重要信息。

续表

序号	问题	解决方案
15	持续经营能力	如发行人存在以下情形，中介机构应重点关注该情形是否影响发行人持续经营能力： （1）发行人所处行业受国家政策限制或国际贸易条件影响存在重大不利变化风险； （2）发行人所处行业出现周期性衰退、产能过剩、市场容量骤减、增长停滞等情况； （3）发行人所处行业准入门槛低、竞争激烈，相比竞争者发行人在技术、资金、规模效应方面等不具有明显优势； （4）发行人所处行业上下游供求关系发生重大变化，导致原材料采购价格或产品售价出现重大不利变化； （5）发行人因业务转型的负面影响导致营业收入、毛利率、成本费用及盈利水平出现重大不利变化，且最近一期经营业绩尚未出现明显好转趋势； （6）发行人重要客户本身发生重大不利变化，进而对发行人业务的稳定性和持续性产生重大不利影响； （7）发行人由于工艺过时、产品落后、技术更迭、研发失败等原因导致市场占有率持续下降、重要资产或主要生产线出现重大减值风险、主要业务停滞或萎缩； （8）发行人多项业务数据和财务指标呈现恶化趋势，短期内没有好转迹象； （9）对发行人业务经营或收入实现有重大影响的商标、专利、专有技术以及特许经营权等重要资产或技术存在重大纠纷或诉讼，已经或者未来将对发行人财务状况或经营成果产生重大影响。 （10）其他明显影响或丧失持续经营能力的情形。 中介机构应详细分析和评估上述情形的具体表现、影响程度和预期结果，综合判断上述情形是否对发行人持续经营能力构成重大不利影响，审慎发表明确意见，并督促发行人充分披露可能存在的持续经营风险。

续表

序号	问题	解决方案
16	内部控制问题	部分首发企业在提交申报材料的审计截至日前存在财务内控不规范情形，例如：①为满足贷款银行受托支付要求，在无真实业务支持情况下，通过供应商等取得银行贷款或为客户提供银行贷款资金走账通道（简称“转贷”行为）；②向关联方或供应商开具无真实交易背景的商业票据，通过票据贴现后获取银行融资；③与关联方或第三方直接进行资金拆借；④通过关联方或第三方代收货款；⑤利用个人账户对外收付款项；⑥出借公司账户为他人收付款项等。 （1）保荐机构在上市辅导期间，应会同申报会计师、发行人律师，要求发行人严格按照现行法规、规则、制度要求对涉及问题进行整改或纠正，在提交申报材料前强化发行人内部控制制度建设及执行有效性检查。具体要求可从以下方面把握： ①首发企业申请上市成为公众公司，需要建立、完善并严格实施相关财务内部控制制度，保护中小投资者合法权益。拟上市公司在报告期内作为非公众公司，在财务内控方面存在上述不规范情形的，应通过中介机构上市辅导完成整改或纠正（如收回资金、结束不当行为等措施）和相关内控制度建设，达到与上市公司要求一致的财务内控水平。 ②对首次申报审计截至日前报告期内存在的财务内控不规范情形，中介机构应根据有关情形发生的原因及性质、时间及频率、金额及比例等因素，综合判断是否构成对内控制度有效性的重大不利影响，是否属于主观故意或恶意行为并构成重大违法违规。 ③发行人已按照程序完成相关问题整改或纠正的，中介机构应结合此前不规范情形的轻重或影响程度的判断，全面核查、测试并确认发行人整改后的内控制度是否已合理、正常运行并持续有效，出具明确意见。 ④首次申报审计截至日后，发行人原则上不能再出现上述内控不规范和不能有效执行情形。 ⑤发行人的对外销售结算应自主独立，内销业务通常不应通过关联方或第三方代收货款，外销业务如因外部特殊原因确有必要通过关联方或第三方代收货款的，应能够充分提供合理性证据，不存在审计范围受到限制的重要情形。 ⑥连续 12 个月内银行贷款受托支付累计金额与相关采购或销售（同一交易对手、同一业务）累计金额基本一致或匹配的，不视为上述“转贷”行为。

续表

序号	问题	解决方案
		（2）中介机构对发行人财务内控不规范情形及整改纠正、运行情况的核查，一般需注意以下方面： ①关注发行人前述行为信息披露充分性，如对相关交易形成原因、资金流向和使用用途、利息、违反有关法律法规具体情况及后果、后续可能影响的承担机制、整改措施、相关内控建立及运行情况等。 ②关注前述行为的合法合规性，由中介机构对公司前述行为违反法律法规规章制度（如《票据法》《贷款通则》《外汇管理条例》《支付结算办法》等）的事实情况进行说明认定，是否属于主观故意或恶意行为并构成重大违法违规，是否存在被处罚情形或风险，是否满足相关发行条件的要求。 ③关注发行人对前述行为财务核算是否真实、准确，与相关方资金往来的实际流向和使用情况，是否通过体外资金循环粉饰业绩。 ④不规范行为的整改措施，发行人是否已通过收回资金、纠正不当行为方式、改进制度、加强内控等方式积极整改，是否已针对性建立内控制度并有效执行，且申报后未发生新的不合规资金往来等行为。 ⑤前述行为不存在后续影响，已排除或不存在重大风险隐患。 ⑥中介机构能够对前述行为进行完整核查，能够验证相关资金来源或去向，能够确认发行人不存在业绩虚构情形，并发表明确意见，确保发行人的财务内控在提交申报材料的审计截至日后能够持续符合规范性要求，能够合理保证公司运行效率、合法合规和财务报告的可靠性，不存在影响发行条件的情形。 审计截止日为经审计的最近一期资产负债表日。

续表

序号	问题	解决方案
17	现金交易	企业在正常经营活动中发生的现金销售或现金采购，通常情况下应考虑是否同时符合以下条件：(1) 现金交易情形符合行业经营特点或经营模式（如线下商业零售、向农户采购、日常零散产品销售或采购支出等）；(2) 现金交易的客户或供应商不是关联方；(3) 现金交易具有可验证性，且不影响发行人内部控制有效性，申报会计师已对现金交易相关内部控制有效性发表明确核查意见；(4) 现金交易比例及其变动情况整体处于合理范围内，近 3 年一期一般不超过同行业平均水平或与类似公司不存在重大差异（如能获取可比数据）；(5) 现金管理制度与业务模式匹配且执行有效，如企业与个人消费者发生的商业零售、门票服务等现金收入通常能够在当日或次日缴存公司开户银行，企业与单位机构发生的现金交易仅限于必要的零星小额收支，现金收支业务应账账一致、账款一致。 如发行人报告期存在现金交易，保荐机构及申报会计师通常应关注并核查以下方面：(1) 现金交易的必要性与合理性，是否与发行人业务情况或行业惯例相符，与同行业或类似公司的比较情况；(2) 现金交易的客户或供应商的情况，是否为发行人的关联方；(3) 相关收入确认及成本核算的原则与依据，是否存在体外循环或虚构业务情形；(4) 与现金交易相关的内部控制制度的完备性、合理性与执行有效性；(5) 现金交易流水的发生与相关业务发生是否真实一致，是否存在异常分布；(6) 实际控制人及发行人董监高等关联方是否与客户或供应商存在资金往来；(7) 发行人为减少现金交易所采取的改进措施及进展情况；(8) 发行人是否已在招股说明书中充分披露上述情况及风险。结合上述要求，中介机构应详细说明对发行人现金交易可验证性及相关内控有效性的核查方法、过程与证据，对发行人报告期现金交易的真实性、合理性和必要性发表明确意见。符合上述要求的现金交易通常不影响内控有效性的判断。

续表

序号	问题	解决方案
18	第三方回款	第三方回款通常是指发行人收到的销售回款的支付方（如银行汇款的汇款方、银行承兑汇票或商业承兑汇票的出票方或背书转让方）与签订经济合同的往来客户不一致的情况。 企业在正常经营活动中存在的第三方回款，通常情况下应考虑是否符合以下条件：(1）与自身经营模式相关，符合行业经营特点，具有必要性和合理性，例如：①客户为个体工商户或自然人，其通过家庭约定由直系亲属代为支付货款，经中介机构核查无异常的；②客户为自然人控制的企业，该企业的法定代表人、实际控制人代为支付货款，经中介机构核查无异常的；③客户所属集团通过集团财务公司或指定相关公司代客户统一对外付款，经中介机构核查无异常的；④政府采购项目指定财政部门或专门部门统一付款，经中介机构核查无异常的；⑤通过应收账款保理、供应链物流等合规方式或渠道完成付款，经中介机构核查无异常的；⑥境外客户指定付款，经中介机构核查无异常的。(2）第三方回款的付款方不是发行人的关联方。(3）第三方回款与相关销售收入勾稽一致，具有可验证性，不影响销售循环内部控制有效性的认定，申报会计师已对第三方回款及销售确认相关内部控制有效性发表明确核查意见。(4）能够合理区分不同类别的第三方回款，相关金额及比例处于合理可控范围。 如发行人报告期内存在第三方回款，保荐机构及申报会计师通常应重点核查以下方面：(1）第三方回款的真实性，是否存在虚构交易或调节账龄情形；(2）第三方回款形成收入占营业收入的比例；(3）第三方回款的原因、必要性及商业合理性；(4）发行人及其实际控制人、董监高或其他关联方与第三方回款的支付方是否存在关联关系或其他利益安排；(5）境外销售涉及境外第三方的，其代付行为的商业合理性或合法合规性；（6）报告期内是否存在因第三方回款导致的货款归属纠纷；(7）如签订合同时已明确约定由其他第三方代购买方付款，该交易安排是否具有合理原因；(8）资金流、实物流与合同约定及商业实质是否一致。 同时，保荐机构及申报会计师还应详细说明对实际付款人和合同签订方不一致情形的核查情况，包括但不限于：抽样选取不一致业务的明细样本和银行对账单回款记录，追查至相关业务合同、业务执行记录及资金流水凭证，获取相关客户代付款确认依据，以核实和确认委托付款的真实性、代付金额的准确性及付款方和委托方之间的关系，说明合同签约方和付款方存在不一致情形的合理原因及第三方回款统计明细记录的完整性，并对第三方回款所对应营业收入的真实性发表明确意见。 通过上述措施能够证实第三方回款不影响销售真实性的，不构成影响发行条件事项。发行人应在招股说明书“营业收入”部分充分披露第三方回款相关情况及中介机构的核查意见。

续表

序号	问题	解决方案
19	审计调整与差错更正	发行人在申报前的上市辅导和规范阶段，如发现存在不规范或不谨慎的会计处理事项并进行审计调整的，应当符合《企业会计准则第28号——会计政策、会计估计变更和差错更正》和相关审计准则的规定，并保证发行人提交首发申请时的申报财务报表能够公允地反映发行人的财务状况、经营成果和现金流量。申报会计师应按要求对发行人编制的申报财务报表与原始财务报表的差异比较表出具审核报告并说明差异调整原因，保荐机构应核查差异调整的合理性与合规性。 同时，报告期内发行人会计政策和会计估计应保持一致性，不得随意变更，若有变更应符合企业会计准则的规定。变更时，保荐机构及申报会计师应关注是否有充分、合理的证据表明变更的合理性，并说明变更会计政策或会计估计后，能够提供更可靠、更相关的会计信息的理由；对会计政策、会计估计的变更，应履行必要的审批程序。如无充分、合理的证据表明会计政策或会计估计变更的合理性，或者未经批准擅自变更会计政策或会计估计的，或者连续、反复地自行变更会计政策或会计估计的，视为滥用会计政策或会计估计。 首发材料申报后，发行人如存在会计政策、会计估计变更事项，应当依据《企业会计准则第28号——会计政策、会计估计变更和差错更正》的规定，对首次提交的财务报告进行审计调整或补充披露，相关变更事项应符合专业审慎原则，与同行业上市公司不存在重大差异，不存在影响发行人会计基础工作规范性及内控有效性情形。保荐机构和申报会计师应当充分说明专业判断的依据，对相关调整变更事项的合规性发表明确意见。在此基础上，发行人应提交更新后的财务报告。 首发材料申报后，发行人如出现会计差错更正事项，应充分考虑差错更正的原因、性质、重要性与累积影响程度。对此，保荐机构、申报会计师应重点核查以下方面并发表明确意见：会计差错更正的时间和范围，是否反映发行人存在故意遗漏或虚构交易事项或者其他重要信息，滥用会计政策或者会计估计，操纵、伪造或篡改编制财务报表所依据的会计记录等情形；差错更正对发行人的影响程度，是否符合《企业会计准则第28号——会计政策、会计估计变更和差错更正》的规定，发行人是否存在会计基础工作薄弱和内控缺失，相关更正信息是否已恰当披露等问题。 首发材料申报后，如因会计基础薄弱、内控重大缺陷、盈余操纵、前次审计严重疏漏、滥用会计政策或者会计估计以及恶意隐瞒或舞弊行为，导致重大会计差错更正的，应视为发行人在会计基础工作规范及相关内控方面不符合发行条件。 发行人应在招股说明书中披露重要会计政策、会计估计变更或会计差错更正情形及其原因。

续表

序号	问题	解决方案
20	引用第三方数据	第三方数据主要指涉及发行人及其交易对手之外的第三方相关交易信息，例如发行人的交易对手与其客户或供应商之间的交易单价及数量、可比公司或可比业务财务数据等。 考虑到第三方数据一般较难获取并具有一定隐私性，发行人及中介机构在公开披露的文件中引用的第三方数据可以限于公开信息，并注明资料来源，一般不要求披露未公开的第三方数据。 中介机构应当核查第三方数据来源的真实性及权威性、引用数据的必要性及完整性、与其他披露信息是否存在不一致，确保直接或间接引用的第三方数据有充分、客观、独立的依据。
21	经销商模式	发行人采取经销商销售模式的，中介机构应重点关注其收入实现的真实性，详细核查经销商具体业务模式及采取经销商模式的必要性，经销商模式下收入确认是否符合企业会计准则的规定，经销商选取标准、日常管理、定价机制（包括营销、运输费用承担和补贴等）、物流（是否直接发货给终端客户）、退换货机制、销售存货信息系统等方面的内控是否健全并有效执行，经销商是否与发行人存在关联关系，对经销商的信用政策是否合理等。 发行人应就经销商模式的相关情况进行充分披露，主要包括：经销商和发行人是否存在实质和潜在关联关系；发行人同行业可比上市公司采用经销商模式的情况；发行人通过经销商模式实现的销售比例和毛利是否显著大于同行业可比上市公司；经销商是否专门销售发行人产品；经销商的终端销售及期末存货情况；报告期内经销商是否存在较多新增与退出情况；经销商是否存在大量个人等非法人实体；经销商回款是否存在大量现金和第三方回款。 出现下述情况时，发行人应充分披露相关情况：发行人通过经销商模式实现的销售毛利率和其他销售模式实现的毛利率的差异较大；给予经销商的信用政策显著宽松于其他销售方式，对经销商的应收账款显著增大；海外经销商毛利率与国内经销商毛利率差异较大。 保荐机构、律师和申报会计师应对经销商业务进行充分核查，并说明发行人经销商销售模式、占比等情况与同行业上市公司是否存在显著差异及原因，对经销商业务的核查方式、核查标准、核查比例、核查证据等应足以支持核查结论。 保荐机构、律师及申报会计师应当综合利用电话访谈、实地走访、发询证函等多种核查方法，核查发行人报告期内经销商模式下的收入确认原则、费用承担原则及给经销商的补贴或返利情况、经销商的主体资格及资信能力，核查关联关系，结合经销商模式检查经销商与发行人的交易记录及银行流水记录、经销商存货进销存情况、经销商退换货情况。保荐人、律师和申报会计师应对经销商模式下收入的真实性发表明确意见。

续表

序号	问题	解决方案
22	劳务外包	部分首发企业存在将较多的劳务活动交由专门劳务外包公司实施的情况。中介机构应当充分关注以下方面： （1）该等劳务公司的经营合法合规性，比如是否具备必要的专业资质，是否遵循国家环保、税务、劳动保障等法律法规的相关规定。 （2）劳务公司是否专门或主要为发行人服务，如存在主要为发行人服务的情形的，应关注其合理性及必要性、关联关系的认定及披露是否真实、准确、完整。中介机构对于该类情形应当从实质重于形式角度按关联方的相关要求进行核查，并特别考虑其按规范运行的经营成果对发行人财务数据的影响，以及对发行人是否符合发行条件的影响。 （3）劳务公司的构成及变动情况，劳务外包合同的主要内容，劳务数量及费用变动是否与发行人经营业绩相匹配，劳务费用定价是否公允，是否存在跨期核算情形。 中介机构应当就上述方面进行充分论证，并发表明确意见。
23	首发企业经审阅的季度报告	根据《关于首次公开发行股票并上市公司招股说明书财务报告审计截止日后主要财务信息及经营状况信息披露指引》（中国证监会公告〔2013〕45 号）（以下简称“45 号文”）的规定，申请首次公开发行股票并上市的公司（以下简称发行人）在刊登招股说明书时，应充分披露财务报告审计截止日后的财务信息及主要经营状况。发行人财务报告审计截止日至招股说明书签署日之间超过 1 个月的，应在招股说明书中披露审计截止日后的主要经营状况。发行人财务报告审计截止日至招股说明书签署日之间超过 4 个月的，应补充提供其间季度的未经审计的财务报表，并在招股说明书中披露审计截止日后的主要财务信息。 首发企业在刊登招股说明书时，应满足上述及时性指引要求。实务工作中，对于发行人财务报告审计截止日至招股说明书签署日之间超过 4 个月的，发行人应在刊登招股说明书前提交有关更新材料时提供经会计师审阅的季度报告，审阅报告的内容及招股说明书财务报告审计截止日后主要财务信息及经营状况的披露内容，应符合 45 号文的具体要求，并在重大事项提示中补充披露下一报告期业绩预告信息（主要包括年初至下一报告期末营业收入、扣除非经常性损益前后净利润的预计情况、同比变化趋势及原因等）。在此之前，为有助于了解发行人最新的财务信息及主要经营状况，根据需要，也可要求发行人提供审阅报告。

续表

序号	问题	解决方案
24	过会后业绩下滑	部分已通过发审会的发行人最近一期经营业绩或预计下一报告期经营业绩与上年同期相比，出现不同程度的下滑。考虑到企业业绩波动受经济周期、行业周期以及自身经营等多种因素的影响，本着实事求是、分类处理、充分信息披露及风险揭示的原则，根据业绩下滑的幅度与性质，结合《关于首次公开发行股票并上市公司招股说明书财务报告审计截止日后主要财务信息及经营状况信息披露指引》（证监会公告〔2013〕45号，以下简称及时性指引）的相关要求，予以分类处理，具体如下： （1）下滑幅度不超过30%的过会企业 过会后的最近一期经营业绩与上年同期相比下滑幅度不超过30%，且预计下一报告期业绩数据下滑幅度也不超过30%的，发行人需提供最近一期至下一报告期乃至全年主要经营状况及财务数据的专项分析报告，充分说明发行人的核心业务、经营环境、主要指标是否发生重大不利变化，业绩下滑程度与行业变化趋势是否一致或背离，发行人的经营业务和业绩水准是否仍处于正常状态，并按照及时性指引的要求在重大事项提示中披露主要经营状况与财务信息，以及下一报告期（指经审计或审阅财务报表截止日后）业绩预告情况，同时充分揭示业绩变动或下滑风险；保荐机构需对上述情况及发行人经营业绩变化趋势、持续盈利能力出具专项核查意见，详细分析发行人业绩变动的原因及合理性，明确说明业绩预计的基础及依据，核查发行人的经营与财务状况是否正常，报表项目有无异常变化，是否存在影响发行条件的重大不利影响因素，发表明确意见。 在过会企业提交上述补充材料后，在招股说明书充分采取信息披露、保荐机构核查无重大不利变化且发行人仍符合发行条件基础上，将按照相关程序安排后续核准发行工作。该类企业发行上市后，如发现发行人关于上述业绩变动的信息披露及保荐机构核查意见存在虚假记载、误导性陈述或重大遗漏的，证监会将视情节轻重，依据相关法律、法规、规章予以严肃查处。 （2）下滑幅度超过30%但不超过50%的过会企业 过会企业最近一期或预计下一报告期经营业绩与上年同期相比下滑幅度超过30%但不超过50%的，发行人如能提供经审核的下一年度盈利预测报告，同时，提供最近一期至下一年度主要经营状况及财务数据的专项分析报告，以及保荐机构对上述情况及发行人经营业绩变化趋势、持续盈利能力出具专项核查意见；说明经营业绩下滑趋势已扭转，不存在对持续盈利或持续经营能力以及发行条件产生重大不利影响的事项，保荐机构应对上述情况予以充分核查，获取明确的证据，并发表明确意见；符合上述要求，将按照相关程序安排后续核准发行工作。 （3）下滑幅度超过50%以上的过会企业 过会后的最近一期经营业绩与上年同期相比下滑幅度超过50%，或预计下一报告期业绩数据下滑幅度将超过50%的，基于谨慎稳妥原则，暂不予安排核准发行事项，待其业绩恢复并趋稳后再行处理或安排重新上发审会。 过会后的“最近一期”可以是中期（一季度、半年度、三季度），也可以是新增补的会计年度；“经营业绩”以扣除非经常性损益合计数前后孰低的净利润为财务数据的计算依据；“财务数据”应为已审计报告期财务数据、按照及时性指引要求经审阅季度财务数据。

续表

序号	问题	解决方案
25	封卷稿招股说明书	相对上会稿招股说明书，封卷稿招股说明书一般有以下变动修改或补充披露事项： （1）落实《关于请做好相关项目发审委会议准备工作的函》的相关要求，涉及修改招股说明书的事项； （2）根据发审会意见，修改招股说明书的相关信息； （3）根据《关于首次公开发行股票并上市公司招股说明书财务报告审计截止日后主要财务信息及经营状况信息披露指引》，补充披露审计截止日后有关财务信息及经营状况（如经审阅的季度报告相关财务信息、下一报告期业绩预告等），并做相应重大事项提示； （4）招股说明书上会稿中引用的财务数据过期，更新最近一期经审计的财务数据及相关信息； （5）按照《首次公开发行股票并上市管理办法》《首次公开发行股票并在创业板上市管理办法》《公开发行证券的公司信息披露内容与格式准则第 1 号——招股说明书》《公开发行证券的公司信息披露内容与格式准则第 28 号——创业板公司招股说明书》等，发行人发审会后新增需要披露的事项，如新增重大合同、专利、业务资质、董监高任（兼）职等信息变动等； （6）根据发行方案，调整募集资金数额及投向、补充本次发行情况； （7）其他情形。 发行人封卷材料应包括《招股说明书封卷稿与上会稿差异比较说明》，主要内容包括：招股说明书封卷稿与上会稿相比存在变动或修改的章节、内容、原因等；确认除上述差异外，不存在擅自修改招股说明书的情况。保荐机构应对涉及修改招股说明书的事项进行核查并发表明确意见。

续表

序号	问题	解决方案
26	分红及转增股本	从首发在审企业提出现金分红方案的时间上看，可以分为两类：一类是初次申报时就已提出了现金分红方案；另一类是在审期间提出现金分红方案。对于第一类首发企业，原则上要求发行人现金分红实际派发完毕后方可上发审会。对于第二类情形，即发行人初次申报时披露“本次公开发行前的未分配利润由发行完成后的新老股东共享”，但在审核期间又提出向现有老股东进行现金分红的，按如下原则处理： （1）发行人如拟现金分红的，应依据公司章程和相关监管要求，充分论证现金分红的必要性和恰当性，以最近一期经审计的财务数据为基础，测算和确定与发行人财务状况相匹配的现金分红方案，并履行相关决策程序。如存在大额分红并可能对财务状况和新老股东利益产生重大影响的，发行人应谨慎决策。 （2）发行人的现金分红应实际派发完毕并相应更新申报材料后再安排发审会。 （3）已通过发审会的企业，基于审核效率考虑，原则上不应提出新的现金分红方案。 （4）保荐机构应对发行人在审核期间进行现金分红的必要性、合理性、合规性进行专项核查，就实施现金分红对发行人财务状况、生产运营的影响进行分析并发表明确意见。 在新股发行常态化背景下，审核周期已大幅缩短，为保证正常审核进度，发行人在审核期间原则上不应提出分派股票股利或资本公积转增股本的方案，避免因股本变动影响发行审核秩序。

第三节　企业上市之劳务派遣、劳务分包、劳务外包业务模式合规问题

劳动力成本的上升推动了制造业企业的转型升级，制造业一方面通过人工智能、机器人代替劳动力升级生产生态，另一方面也通过重新组织用工模式或者生产业务模式解决劳动力成本的难题。

制造业企业在上市过程中，一般会通过劳务派遣、劳务分包、劳务外包的方式解决当前的劳动力成本问题。

劳务派遣和劳务分包有明确的法律法规规范，易于区别。劳务外包实际上是一种生产或业务领域的劳务协作模式，实践中并没有非常明确的法规予以规范。《劳务派遣若干规定》明确规定用人单位以承揽、外包等名义，按劳务派遣用工形式使用劳动者的，按照劳务派遣的相关规定处理。因此，拟上市制造企业需要根据公司实际经营、生产模式综合判断是否适合采用劳务外包方式。

一、劳务派遣、劳务分包、劳务外包业务模式的定义

（一）劳务派遣

劳务派遣是指由劳务派遣单位与用工单位签订劳务派遣协议，约定派遣岗位

和人员数量、派遣期限、劳动报酬和社会保险费的数额与支付方式并在用工单位临时性、辅助性或者替代性的工作岗位上实施的补充用工形式。

实施劳务派遣用工需要满足以下条件：

1. 临时性、辅助性、替代性的工作岗位

（1）临时性工作岗位是指存续时间不超过6个月的岗位；

（2）辅助性工作岗位是指为主营业务岗位提供服务的非主营业务岗位；

（3）替代性工作岗位是指用工单位的劳动者因脱产学习、休假等原因无法工作的一定期间内，可以由其他劳动者替代工作的岗位。

2. 劳务派遣用工不得超过其用工总量的10%

劳务派遣用工总量控制，包括拟上市主体和下属子公司，并分别计算总量。

3. 用人单位以承揽、外包等名义，按劳务派遣用工形式使用劳动者的，按照劳务派遣的相关规定处理

实践中，制造业在辅助性岗位使用劳务派遣较多，认定辅助性岗位应根据《劳务派遣若干规定》通过工会或者职工代表大会决议并公示。对于进行生产、销售和售后服务等直接面对产品、客户的岗位，原则上不应认定为辅助性岗位。一般情况下，公司的保安、保洁、司机、后勤管理、厨师、企业内勤人员可认定为辅助性工作岗位，对于为主营业务提供不可或缺的财务、行政、人力资源的基层岗位，以及在生产岗位中为主要生产工序提供辅助作业的学徒、助理，亦可认定为辅助性岗位。

（二）劳务分包

劳务分包是指施工总承包企业或者专业承包企业将其承包工程中的劳务作业发包给劳务分包企业完成的活动。

依据《房屋建筑和市政基础设施工程施工分包管理办法》《建筑业企业资质标准》，建筑业企业资质分为施工总承包、专业承包和施工劳务3个序列。取得施工劳务资质的企业可以承接具有施工总承包资质或专业承包资质的企业分包的劳务作业。施工劳务序列不分类别和等级，可承担各类施工劳务作业。

因此，劳务分包需取得施工劳务资质并在建筑企业业务领域范围内适用的一种劳务作业方式。

（三）劳务外包

劳务外包一般认为是企业（发包方）将部分业务或辅助性工作委托给本企业之外的专业机构或其他经济组织（承包方），由承包方自行安排劳动者按照发包方的要求完成业务或工作的业务模式。

二、劳务派遣、劳务外包、劳务分包业务模式的判定

（一）劳务派遣与劳务外包的区别

序号	区别	劳务派遣	劳务外包
1	法律适用不同	劳务派遣属于劳动法意义上的概念，对应概念是直接用工，适用劳动合同法	劳务外包是一种业务经营模式，以意思自治为核心，对应概念是直接经营，属民事法律关系，受合同法等民事法律关系调整
2	合同性质不同	劳务派遣签订劳务派遣合同	劳务外包合同的主要形式为生产外包、业务外包、岗位外包、业务流程外包协议等
3	对劳动者的指挥管理权限不同	劳务派遣情况下，用工单位对劳动者的劳动过程享有完整的指挥管理权，用工单位的各种规章制度适用于被派遣的劳动者	劳务外包中，指挥管理权由承包单位行使；发包人不直接对其进行管理，发包人的各种规章制度也并不适用于从事外包劳务的劳动者，但发包单位基于安全、消防、质量等因素，可对劳动者行使一定的间接管理权

续表

序号	区别	劳务派遣	劳务外包
4	劳动风险的承担不同	劳务派遣中的核心要素是劳动过程，劳务派遣单位对被派遣劳动者的工作结果不负责任，劳动结果风险由用工单位承担	业务外包中的核心要素是工作成果，发包人关注的是承包人交付的工作成果，承包人只有在工作成果符合约定时才能获得相应的外包费用，从事外包业务的劳动者的劳动风险与发包人无关
5	用工风险的承担不同	劳务派遣作为一种劳动用工方式，用工单位系劳务派遣三方法律关系中的一方主体，需承担一定的用工风险	业务外包中，承包人招用劳动者的用工风险与发包人无关，发包人与承包人自行承担各自的用工风险，各自的用工风险完全隔离
6	经营资质要求不同	劳务派遣单位必须是严格按照劳动合同法规定设立的、获得劳务派遣行政许可的法人实体	业务外包中的承包人一般没有特别的经营资质要求
7	会计处理不同	在劳务派遣中，劳务派遣人员工资总额纳入用工单位工资总额的统计范围	在业务外包活动中，承包人在发包人支付的外包费用中向从事业务外包工作的劳动者支付劳动报酬，业务外包费用不纳入发包人的工资总额

（二）劳务分包与劳务外包的区别

劳务分包适用于建筑领域的专项规定，属于法律特别规定。除了建筑领域，劳务外包适用一切具备劳务外包业务模式的企业。

三、企业上市发行审核有关劳务派遣、劳务外包、劳务分包反馈案例

案例一：剑桥科技（603083）

问题：

补充说明劳务外包与劳务派遣的区别，不存在违反劳务派遣暂行规定的

情形。

回复：

1. 劳务外包与劳务派遣具有本质区别

劳务派遣是一种非标准劳动关系的用工形式，属于劳动法意义上的概念，其对应的概念是直接用工；劳务外包是一种业务经营模式，发包单位与承包单位之间是民事关系，主要受合同法等民事法律调整，承包方与劳动者之间是民事关系，而劳动者虽然有可能直接与发包单位在工作中发生实际的接触，但法律上并不存在直接关系。劳务派遣和劳务外包的本质区别在于劳动过程中对劳动者的指挥管理权的归属，可以将指挥管理权的归属作为劳务派遣和劳务外包的区分标准。

2. 发行人不存在违反《劳务派遣暂行规定》的情形

（1）劳务外包相关政策信息

根据上海市人力资源和社会保障局、上海市高级人民法院 2014 年 12 月 31 日发布的《关于劳务派遣适用法律若干问题的会议纪要》：

"十一、关于派遣用工与人力资源服务外包的区分问题

……发包单位基于消防、安全生产、产品服务质量、工作场所秩序等方面管理需要而对承包单位的劳动者行使部分指挥管理权的，劳动争议处理机构要根据案件事实谨慎处理，不可简单判定法律关系已发生改变。

在人力资源服务外包中，发包单位和承包单位可通过协议方式合理确定具体的管理界限。在外包协议未被判定无效的情况下，发包单位对承包单位的劳动者部分越权指挥且未对法律关系改变起决定性作用的，应当进行整改；劳动者以此为由要求按劳务派遣处理或确认与发包单位存在劳动关系的，缺乏法律依据，不予支持。"

通过访谈发行人人力资源负责人、所有劳务外包单位实际控制人，并查阅了外包岗位日常管理的相关凭证（如考核表、请假申请等），发行人自 2014 年采购劳务起，劳务外包单位派驻专业的操作工人进场组织生产，并对工人实施包括定

员、定责、定额、考核、处分在内的直接管理。发行人仅基于生产安全、秩序、生产质量等实施间接管理。双方管理界限明确，劳务外包与派遣用工直接存在本质区别。

（2）用工合规情况

根据上海市徐汇区人力资源和社会保障局于2016年1月27日出具的证明，2013年1月1日至2015年12月31日（注册地在徐汇、经营地不在徐汇），未对公司作出过行政处理或行政处罚。

2015年8月25日，公司注册地由徐汇区变更为闵行区。根据上海市闵行区人力资源和社会保障局于2015年11月24日、2016年2月1日、2016年4月21日、2016年7月14日、2016年7月22日、2017年1月19日、2017年7月18日分别出具的证明，报告期内，公司及子公司剑桥光通信、剑桥通讯设备没有因违反劳动法律、法规和规范性文件而受到其行政处理、行政处罚的记录。

根据深圳市福田区劳动监察大队于2015年12月8日、2016年2月25日、2016年8月8日、2017年2月4日、2017年7月7日分别出具的证明，报告期内，深圳分公司没有因违反劳动法律法规被大队行政处罚的记录。

2016年2月，保荐机构与发行人律师走访了上海闵行区劳动监察大队，经现场访谈，公司在劳动用工方面不存在违反《劳动法》等相关法律法规或受到行政处罚的情形。

综上，本所律师认为，劳务外包是公司基于业务特点所采用的业务合作模式，与劳务派遣存在本质区别，不存在违反《劳务派遣暂行规定》的情形；公司在用工方面亦不存在重大违法违规或受到行政处罚的情形。

案例二：东尼电子（603595）

问题：

请说明劳务外包和劳务派遣的差异以及公司界定为劳务外包的依据。请说明报告期内劳务外包人员的五险一金的缴纳情况。请发行人律师对发行人报告期内劳务外包的合法合规性发表意见。

回复：

1. 关于劳务外包和劳务派遣的差异

劳务外包是指企业将其部分业务或职能工作发包给相关机构，由该机构自行安排人员按照企业的要求完成相应的业务或工作。

劳务派遣是指由劳务派遣单位与被派遣劳动者签订劳动合同，然后向用工单位派出该员工，使其在用工单位的工作场所内劳动，接受用工单位的指挥、监督，以完成劳动力和生产资料的结合的一种特殊用工方式。

结合业务实质，劳务外包与劳务派遣在合同形式、用工风险承担、劳务人员管理责任、劳务费用计算以及报酬支付方式等方面存在差异，具体情况如下表所示：

内容	劳务外包	劳务派遣
合同形式	合同的主要形式为生产外包、业务外包、岗位外包、业务流程外包协议等	劳务派遣公司与用工单位签订劳务派遣协议
用工风险承担	劳务公司承担用工风险	用工单位承担用工风险，用工单位给被派遣劳动者造成伤害的，劳务派遣公司与实际用工单位承担连带责任
劳务人员管理责任	由劳务公司直接管理	由用工单位直接管理
劳务费用计算	由用工单位与劳务公司按照以工作内容和工作结果为基础进行整体结算，劳务人员具体工资由劳务公司确定	通常按照实际用工单位的正式员工标准，实行同工同酬，派出员工的具体工资由用工单位决定
报酬支付方式	用工单位向劳务公司整体支付外包劳务费；劳务公司向劳动者支付薪酬及缴纳社保	用工单位直接向劳动者支付工资薪酬（部分公司存在由劳务公司代收代付并向劳务派遣公司支付派遣费用）

2. 界定为劳务外包的依据

经核查，发行人于2015年5月29日与嘉兴智聘服务外包有限公司（以下简称智聘外包）签署《生产外包合同》，合同期限自2015年6月1日至2017年5月31日。根据合同内容，发行人与智聘外包的业务合作具体内容如下：

内容	劳务外包
合同形式	生产外包合同，约定智聘外包向发行人派驻劳动务工的方式承接并完成发行人厂内指定生产线的生产操作任务
用工风险承担	如劳务人员发生各类意外伤害的，在工伤保险和商业保险赔付额度内由智聘外包承担，超出部分双方各承担50%
劳务人员管理责任	智聘外包根据发行人要求提供劳务作业人员并予以管理
劳务费用计算	智聘外包定期向发行人报送劳务人员的工作内容及工作量，并由发行人确认劳务费用
报酬支付方式	发行人向智聘外包支付劳务费用，由智聘外包负责劳务人员工资发放及社保缴纳，发行人不直接向劳务人员发放工资

发行人根据订单及用工情况，将部分生产线的拉丝、镀锡等工序按照劳务外包合同约定交由劳务外包人员完成。

本所律师取得了劳务外包合同、劳务费支付记录及劳务公司开具的劳务费发票，经核查后本所律师认为，发行人与劳务公司的业务关系为劳务外包具备合理性。

3. 报告期内劳务外包人员的五险一金的缴纳情况

根据发行人与劳务公司签订的合同、发行人及智聘外包出具的情况说明，劳务人员的社会保险等费用由劳务公司承担。

4. 发行人报告期内劳务外包的合法合规性

劳务外包是企业整合其外部优秀的专业化资源，提高用工效率的一种管理模式，劳务外包服务单位与发包单位作为平等民事主体根据《合同法》订立民事合同，劳务外包服务单位负责该业务或劳动所涉专业人员的招聘、薪酬发放、培训、业务现场管理等各个环节，企业以业务完成量或岗位人员工作开展情况与外包服务单位进行结算。外包服务单位承担所有用人风险和相应的法定雇主责任。

报告期内，发行人和劳务外包服务单位根据双方签订的《生产外包合同》的约定，享受合同权利，承担合同义务及法律责任，不存在违反合同条款的情形。

根据湖州市吴兴区人力资源和社会保障局 2017 年 1 月 11 日出具的证明，报告期内发行人均能严格遵守劳动和社会保障方面的法律、法规，不存在因违反劳动和社会保障方面的法律、法规而受到行政处罚的情况。

根据湖州市住房公积金管理中心 2017 年 1 月 9 日出具的证明，报告期内发行人不存在由于违反国家住房公积金法律、法规和规范性文件而遭受行政处罚的情况。

本所律师经核查后认为，发行人报告期内为满足用工需求而采取劳务外包方式合法合规。

关于《告知函》之："1. 请发行人进一步说明：（1）发行人与智聘外包的合作情况，外包所从事的具体工作内容，与公司员工所从事的工作内容如何衔接，业务实质是否属于劳务派遣及其理由和依据，发行人是否通过劳务外包的形式规避劳务派遣的相关法律和监管规定，劳务外包是否合法合规；（2）发行人报告期内每年向智聘外包支付劳务外包费用的金额、定价机制和定价公允性，劳务工平均年薪及与发行人正式员工年薪对比情况，发行人采用劳务外包形式每年节约的人工成本费用金额及占当年利润总额的比例；（3）发行人或智聘外包向劳务工缴纳五险一金的情况，是否足额缴纳，是否符合国家有关规定。发行人以及智聘外包如何做到在权利方面保障员工利益。请保荐机构和发行人律师发表核查意见，并说明核查过程、依据和结论。"

回复：

1. 发行人与智聘外包的合作情况

（1）与智聘外包合作的原因

2015 年，下游消费电子行业发展迅猛，公司为立讯精密及苹果公司配套研发的银铜合金导体（配套于笔记本电脑电源线及苹果智能手表 iWATCH 无线充电器）、无线感应线圈（配套于苹果智能手表 iWATCH）开始大规模批量化生产，同时新产品金刚石切割线客户及订单进一步增加。相应地，公司用工需求大幅增加。从用工需求结构来看，生产环节中材料配方、设备参数设置、设备调试运营及质量控制等核心技术、环节均由各业务线负责人、车间主管、生产线组长等掌握，该等人员均为公司多年发展过程中自行培养、晋升的高级生产人员。公司增量用工需求主要集中在自动化设备未覆盖、操作难度较低、工作重复性强等人工操作工段，如人工分拣、搬运、剪裁、打磨等。从公司历年生产经营来看，由于该等工段对人员综合素质要求不高，劳动报酬相对较低，其存在人员流动性大、管理难度大的特点，公司自行招聘该等员工进行培训、后续管理具备较高的管理成本。

智聘外包系一家专业从事人力资源外包服务、职业介绍服务及人才中介服务的外包服务公司，具备对生产制造行业简单工段的承揽、承做及管理经验，为相关大型上市公司提供过劳务外包服务。

综合考虑公司的实际用人需求，智聘外包的业务资质水平，公司通过将各生产车间操作难度低、工作重复性的工段整体外包给智聘外包，由智聘外包根据约定要求完成相关工段工作，该等方式有助于同时解决生产规模扩大的需要，并降低公司的管理成本，优化公司管理资源配置。

（2）与智聘外包的合作期限及合同签署情况

2015 年 5 月 29 日，发行人与嘉兴智聘服务外包有限公司签署《生产外包合同》，合同期限自 2015 年 6 月 1 日至 2017 年 5 月 31 日，智聘外包向发行人以派驻劳务工的方式承接并完成约定的外包工段的生产任务。

（3）与智聘外包合作对发行人生产经营的具体影响

①解决阶段性用工不足的风险

操作难度低、工作重复性强的工种由于对综合素质要求不高，劳动报酬相对较低，多具备流动性较大、管理难度大的特点，尤其在春节、国庆节前常出现大规模离职或节后不及时返回岗位甚至不返回岗位的情形，通过与智聘外包合作，公司会根据订单计划，提前向其（或其指定的现场负责人）报送外包工段的生产计划，智聘外包会根据公司下达的生产计划，提前做好人员安排，保证人员调配能够持续、动态满足公司生产需求。

②降低公司管理难度

公司采取工段外包的形式，与智聘外包按照工作内容及工作量进行整体结算，避免了对相关具体人员的招聘、合同签订、培训、考核等管理投入，降低了公司人员管理难度。

③有效降低非重要工段的综合成本

公司订单数量在月度之间会有一定的波动，公司生产人员若均与公司签订长期工作合同，由于工人数量及基本薪酬固定，在订单、产量较低时公司仍需支付固定工资薪酬，造成按实际产量计算的单位人工成本提升。通过工段外包的方式，公司系按实际工作量结算劳务费用，在产量及订单量较低时，劳务费用也相应较低，能够有效降低非重要工段的综合成本。

④报告期内，公司与智聘外包未发生任何争议、纠纷及诉讼事项

公司外包工段均为操作难度低、重复性强、对最终产品质量无实质影响的环节，且公司对外包工段的产品质量均有明确要求，智聘外包在承做外包工段及与公司结算劳务费用时均严格执行。报告期内，公司与智聘外包在产品质量、费用结算及合同执行等方面均未发生任何争议、纠纷及诉讼事项。

2. 外包所从事的具体工作内容及与公司员工所从事的工作内容衔接情况

为核查上述事项，本所律师对发行人的生产主管人员进行了访谈，了解外包企业所从事的具体工作内容及工作衔接情况。经核查，公司外包工段主要是部分生产环节中需人工操作、操作难度低、工作重复性强且对产品质量无实质影响的工段，与公司员工所从事的具体工作内容对比情况如下：

序号	外包工段及内容	公司员工负责工段及内容
1	“收线”工段，系拉丝环节后端工序，将拉丝成品按规格、订单及是否流转下段工序等要求进行归集分拣	拉丝设备的参数设置、调试、运营及维护，系核心技术环节
2	“溶锡”工段，系镀锡环节中，将锡锭搬运至熔炉进行融化，将融化后锡液加入到相关镀锡设备中	镀锡设备的参数设置、调试、运营及维护，系核心技术环节
3	“分拣”工段，系绞线环节中，将绞线按规格型号统一归类分拣	绞线设备的参数设置、调试、运营及维护，系核心技术环节
4	“剪线”工段，将绕好的线圈的两根引线按技术要求剪截至同一长度	前端绕线设备的参数设置、调试、运营及维护，系核心技术环节
5	覆膜支持工段，系覆膜环节中，根据配方要求，完成各类油漆的调配、加注及搬运	前端配方的设计，后端覆膜设备参数设置、调试、运营及维护，系核心技术环节
6	“研磨倒轴”工段，系将镀好的金刚石切割线通过磨石打磨，使其出刃高度趋于一致性	拉丝、上砂设备参数设置、调试、运营及维护，系核心技术环节
7	仓库、后勤人员	—

在外包任务衔接上，公司每月月末将下月的《外包项目生产任务单》派给外包服务公司，由外包服务公司根据工作量安排外包服务人员承接相应工作，下月月初由外包服务公司将《外包任务（交货）验收结算单》交给公司审核结算相应外包服务费用。

3. 劳务外包业务实质是否属于劳务派遣及其理由和依据，发行人是否通过劳务外包的形式规避劳务派遣的相关法律和监管规定，劳务外包是否合法合规

（1）关于劳务派遣及劳务外包的法律适用依据

①劳务派遣的法律适用依据

劳务派遣是指由劳务派遣单位与被派遣劳动者签订劳动合同，然后向用工单位派出该员工，使其在用工单位的工作场所内劳动，接受用工单位的指挥、监督，以完成劳动力和生产资料结合的一种特殊用工方式。

经核查，截至本补充法律意见书出具之日，国家颁布的涉及劳务派遣的主要法律法规情况如下：

序号	名称	发文机关	文号	发布日期	生效日期
1	中华人民共和国劳动合同法	全国人民代表大会常务委员会	主席令第73号	2012.12.28	2013.07.01
2	中华人民共和国劳动合同法实施条例	中华人民共和国国务院	国务院令第535号	2008.09.18	2008.09.18
3	劳务派遣暂行规定	人力资源和社会保障部	人力资源和社会保障部令第22号	2014.01.24	2014.03.01
4	劳务派遣行政许可实施办法	人力资源和社会保障部	人力资源和社会保障部令第19号	2013.06.20	2013.07.01
5	中华人民共和国劳动争议调解仲裁	全国人民代表大会常务委员会	主席令第80号	2007.12.29	2008.05.01
6	中华人民共和国侵权责任法	全国人民代表大会常务委员会	主席令第21号	2009.12.26	2010.07.01
7	中华人民共和国涉外民事关系法律适用法	全国人民代表大会常务委员会	主席令第36号	2010.10.28	2011.04.01
8	中华人民共和国安全生产法	全国人民代表大会常务委员会	主席令第13号	2014.08.31	2014.12.01
9	中华人民共和国职业病防治法	全国人民代表大会常务委员会	主席令第48号	2016.07.02	2016.07.02
10	财政部、国家税务总局关于进一步明确全面推开营改增试点有关劳务派遣服务、收费公路通行费抵扣等政策的通知	财政部、国家税务总局	财税〔2016〕47号	2016.04.30	2016.05.01

续表

序号	名称	发文机关	文号	发布日期	生效日期
11	财政部、国家税务总局关于全面推开营业税改征增值税试点的通知	财政部、国家税务总局	财税〔2016〕36号	2016.03.23	2016.05.01

②劳务外包的法律适用依据

劳务外包是指企业将其部分业务或职能工作发包给相关外包服务机构，由该机构自行安排人员按照企业的要求完成相应的业务或工作，企业以业务完成量或岗位人员工作开展情况与外包服务单位进行结算的服务方式。

在劳务外包法律关系中，外包服务单位为企业提供劳务外包业务，双方依据《中华人民共和国合同法》签署《业务外包合同》《生产外包合同》《岗位外包合同》《业务流程外包合同》等形式的外包服务合同，并按合同约定享有相应的权利、履行相应的义务；外包服务单位与外包服务人员之间通过签署劳动合同建立劳动关系，并由外包服务单位派至企业执行其发包的业务或者职能，并由外包服务单位对外包服务人员进行直接管理；企业不承担用人单位责任，企业根据外包服务单位完成的业务量或岗位人员工作开展情况与外包服务单位进行外包服务费用的结算。

因此，在劳务外包法律关系中，外包服务单位与企业构成服务外包关系，适用《中华人民共和国合同法》的相关规定，不属于劳务派遣相关法律法规的调整范围。

（2）外包服务合同的主要合同条款情况

根据发行人与智聘外包双方签订的《生产外包合同》，发行人与智聘外包关于外包服务事项具体约定内容如下：

①外包服务内容及工作安排方面的权利义务约定

智聘外包向发行人以派驻劳务工的方式承接并完成约定的外包工段的生产任务，智聘外包根据发行人的要求负责生产工作。

发行人明确、清晰地要求智聘外包需完成的外包服务事项，并提供为达到服务预期所需要的各项资料，包括但不限于工作指导文件、操作规范等。

智聘外包应根据外包服务项目选聘合格的工作人员承担服务工作，智聘外包保证在发行人外包项目上的员工是经过合法录用和考核管理的，确保服务事项顺利开展。

②外包人员管理方面的权利义务约定

智聘外包有权直接管理外包服务人员，要求工作人员遵守法律法规、规章制度和劳动纪律，包括但不限于业务流程、操作规范、监督机制和风险管控机制。

智聘外包有权直接参考发行人书面告知的相关规章制度和劳动纪律并结合项目管理的日常需要，制定合理且不低于发行人规章制度标准的规章制度，并向外包服务人员公示生效。

智聘外包应指定一名以上的项目管理人员，负责处理包括智聘外包服务人员的日常管理、岗位指导、工作过程控制和结果反馈、费用的结算和支付等问题。

发行人有权监督、督促智聘外包规范用工，保障服务外包人员的合法权益不受侵害。

③用工风险承担方面的权利义务约定

智聘外包负责对外包服务人员进行日常工作、人事工作管理，履行用人单位义务、承担用人单位法律责任，包括但不限于员工工伤的法律责任、支付经济补偿和赔偿金等法律责任，智聘外包承担用工风险。

智聘外包员工在工作时发生工伤事故的，由智聘外包负责。紧急情况下，发行人可在第一时间将受伤员工送往医院救治，但由此产生的全部费用和法律责任均由智聘外包承担，智聘外包负责办理工伤申报、伤残鉴定申请、待遇理赔事宜，由智聘外包承担用人单位应承担的工伤赔偿责任。

如智聘外包服务人员发生各类意外伤害或伤亡的，在工伤保险和商业保险赔付额度内由智聘外包承担，超出部分由双方各自承担 50% 。

④费用结算方面的权利义务约定

智聘外包在综合评估发行人的外包服务工作的业务量的基础上，将业务量折算项目所需服务人员数量，在考虑人员成本（含工资、保险费）及相关税金等基础上，加上智聘外包的合理收益计算确定。

合同双方的正常结算周期为当月 1 日至当月最后 1 日，发行人应在次月最后一日之前将应付款项支付给智聘外包。

⑤外包服务人员的薪酬支付方面的权利义务约定

智聘外包应于次月最后一日前支付工作员工薪资福利，缴纳工作员工社会保险、住房公积金，代扣代缴个人所得税等。智聘外包应按照劳动合同约定向员工发放工资，并缴纳保险，智聘外包未按时足额发放工资，或未及时缴纳社保及住房公积金的，由此产生的全部法律责任均由智聘外包承担。

综上，本所律师经核查后认为，外包服务单位与发行人作为平等民事主体据《中华人民共和国合同法》订立《生产外包合同》，外包服务单位负责该业务或劳动所涉专业人员的招聘、薪酬发放、岗前培训、业务现场管理等各个环节，发行人以业务完成量与外包服务单位进行结算，外包服务单位承担用人风险和相应的法定用人单位责任，发行人与智聘外包之间的权利义务约定清晰明确，符合《中华人民共和国合同法》相关规定，不存在纠纷或潜在纠纷。

4. 劳务外包业务实质是否属于劳务派遣及其理由和依据，发行人是否通过劳务外包的形式规避劳务派遣的相关法律和监管规定，劳务外包是否合法合规

为核查发行人与智聘外包之间合作关系的性质，本所律师通过公开渠道检索并查阅了《中华人民共和国劳动合同法》《中华人民共和国劳动合同法实施条例》《劳务派遣暂行规定》等相关法律法规，检索了劳务派遣、劳务外包法律界定的相关司法判例，了解司法实践中对劳务派遣和劳务外包的法律区分标准，逐项对照分析了劳务派遣和劳务外包在合同形式、用工风险承担、外包服务人员管理责任、劳务费用计算以及报酬支付方式等方面的差异，获取了智聘外包提供的劳动合同签署情况表、员工手册、智聘外包的公司规章制度、外包服务标准、相关外包员工奖惩单、考勤管理制度、考勤确认表、人员工资表等书面材料，具体对照及核查情况如下表所示：

内容	劳务派遣	劳务外包	本所律师的核查情况
合同形式及主要条款	劳务派遣公司与用工单位签订劳务派遣协议，约定派遣岗位和人员数量、派遣期限、劳动报酬和社会保险费的数额与支付方式等	外包服务单位与企业签订合同的主要形式为生产外包、业务外包、岗位外包、业务流程外包协议等，一般主要约定外包服务内容、服务定价、用工风险安排及费用结算等	经核查，发行人与智聘外包签订了《生产外包合同》，约定智聘外包向发行人以驻派劳务工的方式承接并完成约定的外包工段的生产任务，合同主要约定了协议期限、外包服务内容、费用结算、发行人的权利义务、智聘外包的权利义务以及协议的解除终止等，符合劳务外包的合同形式特征
用工风险承担	用工单位承担实际用工风险，用工单位给被派遣劳动者造成损害的，劳务派遣公司与实际用工单位承担连带赔偿责任	外包服务单位承担用工风险，发包方不对劳动者承担连带赔偿责任	根据《生产外包合同》，智聘外包负责对外包服务工作人员进行日常工作、人事工作管理，履行用人单位义务、承担用人单位法律责任，包括但不限于员工工伤的法律责任、支付经济补偿和赔偿金等法律责任，智聘外包承担用工风险，符合劳务外包员工风险承担方面特征
人员管理责任	劳务派遣单位主要负责与派遣员工劳动人事关系、工资保险关系和劳动用工手续的建立，同时代收代付工资、社保、公积金等人工成本，劳务派遣人员的日常管理由实际用工单位负责，由实际用工单位负责告知劳务派遣人员本单位规章制度，且劳务派遣人员上岗时必须按照实际用工单位制定的岗位职责、岗位操作流程作业，接受实际用工单位的领导和管理人员的管理和监督。 劳务派遣人员受控于实际用工单位，由实际用工单位对其进行管理，劳务派遣单位不对劳务派遣人员进行日常管理和考核，也不参与派遣员工提供服务过程中的管理	外包服务单位通过公司的内部各项规章制度、员工手册等管理制度对外包服务人员直接进行管理和考核，外包服务单位提供人力资源规划、招聘与配置、劳动关系建立、培训与开发、薪酬与福利、绩效管理等人力资源模块管理，在外包业务执行过程中，外包服务单位参与外包服务的进程，为企业提供员工入职前、在岗到离职的全流程管理服务	根据智聘外包提供的劳动合同、员工手册、规章制度、奖惩单、考勤管理制度、考勤确认表、外包人员工资表等书面资料，智聘外包与外包服务人员均直接签署《劳动合同》，智聘外包对外包服务人员直接进行日常管理、绩效考核和奖惩管理，并根据外包服务人员的工作量完成情况发放工资，符合劳务外包人员管理方面的特征

续表

内容	劳务派遣	劳务外包	本所律师的核查情况
薪酬决定、支付及发票情况	劳务派遣员工与实际用工单位实行同工同酬，劳务派遣员工的具体工资由实际用工单位决定和承担	外包服务单位自行决定外包服务人员的工资标准，外包服务人员的薪酬由外包服务单位决定	根据发行人提供的外包服务费用银行付款凭据、智聘外包开具的增值税专用发票以及智聘外包提供的外包服务人员工资表等资料，发行人向智聘外包支付服务外包费用，智聘外包向发行人开具全额外包服务费发票；智聘外包负责外包服务人员的工资发放及社保缴纳，不存在发行人直接向外包服务人员发放工资或者受托发放工资的情况，符合劳务外包薪酬确定方面的特征
收费标准	实际用人单位向劳务派遣公司按派出人员的数量支付劳务派遣服务费用	由发包企业与外包服务单位按照以工作内容和工作结果为基础以及外包服务合同的约定进行结算	根据发行人提供的《生产外包合同》《外包项目生产任务单》《外包任务（交货）验收结算单》及发行人的介绍，智聘外包定期向发行人报送外包服务人员的工作内容及工作量，并根据统计的工作量及单位服务费确定服务费用，经发行人确认后由发行人向智聘外包支付服务费用，符合劳务外包行业收费方面的特征

根据上海市第二中级人民法院2014年5月15日作出的（2014）沪二中民一（民）终字第408号《民事判决书》，上海市第二中级人民法院认为："……本案中，根据康德莱公司（以下简称发包单位）与吉优境公司（以下简称外包服务公司）订立保安服务合同以及外包服务公司提供的员工手册、每周会议记录，可以证明发包单位委托外包服务公司对发包单位厂区提供保安服务，外包服务公司享有对劳动者和劳动生产的管理权，掌握对劳动及生产过程的管理控制，直接对厂区保安进行指挥、监督和管理。而发包单位不直接参与厂区保安的管理，不对厂区保安实施指挥、控制，也并不直接向劳动者发放劳动报酬。显然，刘某北

（外包服务公司员工）、发包单位、外包服务公司三者之间不形成劳务派遣关系。刘某北与外包服务公司构成劳动合同关系，发包单位、外包服务公司之间形成服务合同关系，而刘某北与发包单位不构成任何直接的法律关系。”

参考该案例，在司法实践中劳务派遣与劳务外包的区别在于，劳务外包中的企业不直接参与劳务外包单位员工的管理，不对其员工实施指挥、控制，也不直接向其员工发放劳动报酬。

根据外包公司提供的劳动合同、员工手册、规章制度、奖惩单、考勤管理制度、考勤确认表、外包人员工资表等书面资料并经本所律师核查，外包公司与外包服务人员均直接签署《劳动合同》，外包公司负责对外包服务人员进行日常工作、人事工作管理，履行用人单位义务，承担用人单位法律责任，包括但不限于员工工伤的法律责任、支付经济补偿和赔偿金等法律责任，发行人不进行直接管理，不直接进行绩效考核和奖惩管理，不负责向外包服务人员发放工资或者受托发放工资。

根据湖州市吴兴区人力资源和社会保障局 2017 年 1 月 11 日出具的证明，报告期内发行人均能严格遵守劳动和社会保障方面的法律、法规，不存在因违反劳动和社会保障方面的法律、法规而受到行政处罚的情况。

根据湖州市住房公积金管理中心 2017 年 1 月 9 日出具的证明，报告期内发行人不存在由于违反国家住房公积金法律、法规和规范性文件而遭受行政处罚的情况。

综上，本所律师经核查后认为，发行人与外包公司之间的关系为劳务外包而非劳务派遣关系，发行人不存在通过劳务外包的形式规避劳务派遣的相关法律和监管规定的情形，发行人报告期内为满足用工需求而采取劳务外包方式合法合规。

案例三：兴源环境（300266）

问题：

标的公司报告期内的前五大供应商均包含“劳务公司”，请补充披露采购的具体内容。请律师对标的公司的用工形式是否属于劳务派遣以及用工形式是否合法发表明确意见。

回复：

标的公司中艺生态向报告期内前五大供应商中的劳务公司所采购的内容主要为劳务分包服务。生态环境建设项目地域跨度大、工程建设内容多样、时间性强，中艺生态现场施工人员无法满足业务扩张的全部需求，因此在项目实施过程中，中艺生态通常将施工项目中部分非主要或专业性较强的劳务分包给具有相应资质的承包单位。该等劳务分包后，分包方需负责安排施工人员开展工作，中艺生态按照合同约定与该等分包方结算分包工程款项，从而发生劳务分包成本。劳务分包涉及的劳务用工由分包方雇佣并与分包方签订劳动协议，中艺生态不承担该等人员的工资、社会保险等成本。该等分包单位主要为中艺生态所在地的建筑劳务公司，由于地理位置邻近，中艺生态对该等建筑劳务公司较为了解和信任，能够保障项目施工质量，由此导致中艺生态劳务采购相对较为集中。

本所律师经核查认为：

中艺生态工程项目采用劳务分包方式，与劳务派遣具有本质区别，具体如下：

1. 劳务分包与劳务派遣的定义

（1）劳务分包

《最高人民法院建设工程施工合同司法解释的理解与适用》中对劳务分包概念诠释为："劳务分包是指施工总承包企业或者专业承包企业即劳务作业发包人将其承包工程中的劳务作业发包给具有相应资质的劳务承包企业。"

（2）劳务派遣

劳务派遣是指由劳务派遣机构与派遣劳工订立劳工合同，由派遣劳工向要派企业（实际用工单位）给付劳务，劳动合同关系存在于劳务派遣机构与派遣劳工之间，但劳动力给付的事实则发生于派遣劳工与要派企业（实际用工单位）之间的一种用工形式。

2. 劳务分包与劳务派遣的区别

（1）对劳动者的管理权限不同。劳务分包中，从事外包劳务的劳动者由承包人直接管理，发包人不得直接对其进行管理，发包人的各种规章制度也并不适用于从事外包劳务的劳动者；劳务派遣中的劳动者，主要由用工单位直接管理，用工单位的各种规章制度适用于被派遣劳动者。对劳动者管理权限的不同，是劳务外包和劳务派遣最核心的区别。

（2）劳动风险的承担不同。劳务分包中的核心要素是工作成果，发包人关注的是承包人交付的工作成果，承包人只有在工作成果符合约定时才能获得相应的外包费用，从事外包劳务劳动者的劳动风险与发包人无关；劳务派遣中的核心要素是劳动过程，劳务派遣单位对被派遣劳动者的工作结果不负责任，被派遣劳动者能否完成工作的风险由用工单位承担。

（3）用工风险的承担不同。劳务分包中，承包人招用劳动者的用工风险与发包人无关，发包人与承包人自行承担各自的用工风险，各自的用工风险完全隔离；劳务派遣作为一种劳动用工方式，用工单位系劳务派遣三方法律关系中的一方主体，需承担一定的用工风险，比如劳务派遣单位违法给被派遣劳动者造成损害的，用工单位与劳务派遣单位需承担连带赔偿责任。

（4）经营资质要求不同。劳务分包中的承包人一般都没有特别的经营资质要求，除非有特别法的规定；劳务派遣单位必须是严格按照劳动合同法规定设立的、获得劳务派遣行政许可的法人实体。

综上所述，本所律师经核查认为，中艺生态工程项目采取劳务分包模式，是由业务特点所决定的，符合生态环境建设行业内的普遍做法，不属于劳务派遣性质，不存在劳动用工违法行为。经核查中艺生态与劳务公司签署的劳务分包合同、劳务公司提供的资质证明文件，中艺生态与劳务公司之间的劳务分包行为符合《房屋建筑和市政基础设施工程施工分包管理办法》《建设部关于建立和完善劳务分包制度发展建筑劳务企业的意见》[①] 的有关规定，合法有效。

案例四：中富通（300560）

问题：

1. 发行人劳务采购占营业成本比例超过50%。发行人部分劳务分包方未取得相关资质，不符合《建筑业企业资质管理规定》的有关要求，直至2015年4月才进行规范。请发行人代表就其工程承接、分包合规性、合同执行、分包方审核评价、相关成本核算等说明其相关的内控制度及执行情况。请保荐代表人说明对发行人进行辅导规范过程中是否勤勉尽责，对发行人内控制度是否完善发表明确意见。

2. 发行人的劳务派遣和劳务采购较多，占主营业务成本的比例分别为49.16%、51.14%、52.73%，且报告期内发行人员工离职率为22.27%、20.86%、27.29%，请发行人代表说明：（1）对发行人员工及劳务外协人员管理制度是否完善；（2）劳务外协对发行人业务独立性的影响；（3）采购劳务的费用支出与实际用工情况是否真实、匹配；（4）离职率高的原因及对发行人业务的影响。请保荐代表人发表明确核查意见。

回复：

公司属于服务型企业，主要为客户提供通信网络维护服务，同时为部分客户提供通信网络优化服务，其中劳务采购均应用在通信网络维护服务，且主要发生在公司业务中部分非核心的、需要大量劳动力完成的环节，具体为：人工挖运土石方、回填土；安砌青石路沿及草坪路沿；二布六油防水层；梯踏步贴面砌、缸砖粘贴；建筑拆除（含除渣）、搭建临设；光缆施工测量；新立电杆；拆、立电杆；新设拉线；拉线式地线；架设吊线；架设光缆；布放吊线式墙壁光缆；拆除吊线；拆除架空光缆；安装预留架；巡检；发电；零星雇工等。通信网络优化服务未采用劳务采购形式。

---

① 已失效。

与公司签订劳务采购协议的企业中，福州天捷建筑工程有限公司、福建省业盛建设工程有限公司、福州炫烨建筑工程有限公司、三明市梅列区华宏通信技术服务有限公司不具备相关业务资质，其劳务分包金额及所占公司同期劳务分包总金额比例自2013年以后已逐渐下降。

对于公司在报告期内存在向无劳务外包资质的企业采购劳务的情况，发行人律师在进场尽职调查时即已发现，并向公司提出了清理、整改和规范意见，包括：要求未取得劳务分包资质的供应商补办取得劳务分包资质、寻找合格的替代供应商、停止向未取得劳务分包资质的供应商采购新的劳务等。发行人律师在内核时亦予以关注，并再次敦促公司进一步整改和规范。发行人律师尽到了勤勉尽责的义务。公司也意识到了此问题，并进行了逐步整改和规范。

2015年1月，公司修订《中富通股份有限公司内部控制流程之劳务采购业务流程》，并建立劳务采购合格供应商名录，对劳务采购的各项环节进行管理以保证劳务采购的执行合法合规。流程要求公司选定的劳务供应商必须具备相应资质，不得继续与不具备劳务分包资质的劳务供应商签订劳务采购协议。由于劳务分包协议的持续性、客户对工期的严格要求等因素影响，公司最终于2015年4月整改完毕，不再向福州天捷建筑工程有限公司、福建省业盛建设工程有限公司、福州炫烨建筑工程有限公司、三明市梅列区华宏通信技术服务有限公司采购劳务。

公司于报告期内未将相关劳务分包给上述4家不具备相关业务资质的劳务分包商而导致工程质量问题，未因此遭受客户投诉、索赔或监管部门处罚。公司控股股东、实际控制人陈某洁亦出具承诺："报告期内，中富通股份有限公司存在将部分劳务分包给不具有相应资质的劳务分包商的情形，若中富通股份有限公司因此而遭受客户索赔或监管部门处罚而产生损失，本人将承担一切责任，并给予中富通股份有限公司足额补偿。"

公司已建立行之有效的内部控制制度，使公司的各项业务有章可循，保证公司业务的正常运营和持续高效发展，并通过董事会、审计委员会及内部审计机构的监督，定期对各项内部控制制度进行评价，对发现的内部缺陷及时采取措施予以纠正。公司现有的内部控制制度涵盖了业务运营、财务管理等各个方面，在完整性、有效性和合理性方面不存在重大缺陷。会计师对公司出具了无保留结论的内部控制鉴证报告，认为公司于 2013 年 12 月 31 日、2014 年 12 月 31 日、2015 年 12 月 31 日在所有重大方面有效地保持了按照《企业内部控制基本规范》建立的与财务报告相关的内部控制。

本所律师认为，对于发行人在报告期内存在向无劳务分包资质的企业采购劳务的情况，本所经办律师即时向发行人提出整改和规范意见，协助发行人完成对不规范行为的整改，履行了勤勉尽责义务；本所内核亦关注到该等问题，并督促发行人进行整改和规范。发行人对上述不规范情形进行了逐步整改和规范，制定和完善了相应的内控制度，并最终于 2015 年 4 月整改完毕。发行人未因上述不规范情形导致工程质量问题，遭受客户投诉、索赔或监管部门处罚，控股股东、实际控制人亦出具了相应承诺，发行人已建立较为完善的内控制度并由会计师出具了无保留结论的内部控制鉴证报告，上述不规范情形对发行人本次发行不构成实质性法律障碍。

第四节　企业上市之股东超过 200 人合规问题

根据《非上市公众公司监管指引第 4 号——股东人数超过 200 人的未上市股份有限公司申请行政许可有关问题的审核指引》："《证券法》第十条明确规定'向特定对象发行证券累计超过二百人的'属于公开发行，需依法报经中国证监会核准。对于股东人数已经超过 200 人的未上市股份有限公司（以下简称 200 人公司），符合指引规定的，可申请公开发行并在证券交易所上市，对 200 人公司合规性的审核纳入行政许可过程中一并审核，不再单独审核。"

一、《非上市公众公司监管指引第 4 号——股东人数超过 200 人的未上市股份有限公司申请行政许可有关问题的审核指引》的具体操作路径

1. 审核标准

200 人公司申请行政许可的合规性应当符合本指引规定的下列要求：

（1）公司依法设立且合法存续

200 人公司的设立、增资等行为不违反当时法律明确的禁止性规定，目前处于合法存续状态。城市商业银行、农村商业银行等银行业股份公司应当符合

《关于规范金融企业内部职工持股的通知》（财金〔2010〕97号）。

200人公司的设立、历次增资依法需要批准的，应当经过有权部门的批准。存在不规范情形的，应当经过规范整改，并经当地省级人民政府确认。

200人公司在股份形成及转让过程中不存在虚假陈述、出资不实、股权管理混乱等情形，不存在重大诉讼、纠纷以及重大风险隐患。

（2）股权清晰

200人公司的股权清晰，是指股权形成真实、有效，权属清晰及股权结构清晰。具体要求包括：

①股权权属明确。200人公司应当设置股东名册并进行有序管理，股东、公司及相关方对股份归属、股份数量及持股比例无异议。股权结构中存在工会或职工持股会代持、委托持股、信托持股以及通过“持股平台”间接持股等情形的，应当按照本指引的相关规定进行规范。指引所称“持股平台”是指单纯以持股为目的的合伙企业、公司等持股主体。

②股东与公司之间、股东之间、股东与第三方之间不存在重大股份权属争议、纠纷或潜在纠纷。

③股东出资行为真实，不存在重大法律瑕疵，或者相关行为已经得到有效规范，不存在风险隐患。

④申请行政许可的200人公司应当对股份进行确权，通过公证、律师见证等方式明确股份的权属。申请公开发行并在证券交易所上市的，经过确权的股份数量应当达到股份总数的90%以上（含90%）；申请在全国股份转让系统挂牌公开转让的，经过确权的股份数量应当达到股份总数的80%以上（含80%）。未确权的部分应当设立股份托管账户，专户管理，并明确披露有关责任的承担主体。

（3）经营规范

200人公司持续规范经营，不存在资不抵债或者明显缺乏清偿能力等破产风险的情形。

（4）公司治理与信息披露制度健全

200 人公司按照中国证监会的相关规定，已经建立了健全的公司治理机制和履行信息披露义务的各项制度。

2. 申请文件

（1）200 人公司申请行政许可，提交下列文件：①企业法人营业执照；②公司关于股权形成过程的专项说明；③设立、历次增资的批准文件；④证券公司出具的专项核查报告；⑤律师事务所出具的专项法律意见书，或者在提交行政许可的法律意见书中出具专项法律意见。

（2）存在下列情形之一的，应当报送省级人民政府出具确认函：

①1994 年 7 月 1 日《公司法》实施前，经过体改部门批准设立，但存在内部职工股超范围或超比例发行、法人股向社会个人发行等不规范情形的定向募集公司。

②1994 年 7 月 1 日《公司法》实施前，依法批准向社会公开发行股票的公司。

③按照《国务院办公厅转发证监会〈关于清理整顿场外非法股票交易方案〉的通知》（国办发〔1998〕10 号），清理整顿证券交易场所后“下柜”形成的股东超过 200 人的公司。

④中国证监会认为需要省级人民政府出具确认函的其他情形。

省级人民政府出具的确认函应当说明公司股份形成、规范的过程以及存在的问题，并明确承担相应责任。

（3）股份已经委托股份托管机构进行集中托管的，应当由股份托管机构出具股份托管情况的证明。股份未进行集中托管的，应当按照前款规定提供省级人民政府的确认函。

（4）属于 200 人公司的城市商业银行、农村商业银行等银行业股份公司应当提供中国银行业监督管理机构出具的监管意见。

3. 关于股份代持及间接持股的处理

（1）一般规定

股份公司股权结构中存在工会代持、职工持股会代持、委托持股或信托持股等股份代持关系，或者存在通过“持股平台”间接持股的安排以致实际股东超过 200 人的，在依据本指引申请行政许可时，应当已经将代持股份还原至实际股东、将间接持股转为直接持股，并依法履行了相应的法律程序。

（2）特别规定

以私募股权基金、资产管理计划以及其他金融计划进行持股的，如果该金融计划是依据相关法律法规设立并规范运作，且已经接受证券监督管理机构监管的，可不进行股份还原或转为直接持股。

①申请行政许可的 200 人公司的控股股东、实际控制人或者重要控股子公司也属于 200 人公司的，应当依照本指引的要求进行规范。

②2006 年 1 月 1 日《证券法》修订实施后，未上市股份有限公司股东人数超过 200 人的，应当符合《证券法》和《非上市公众公司监督管理办法》的有关规定。

二、不同持股形式的规范途径

1. 定向募集公司问题

定向募集公司是在进行股份制试点初期，历史上遗留的一批未向社会公开发行股票，只对法人和内部职工募集股份的股份有限公司。

该等情形主要是发生在 1994 年《公司法》颁布以后。定向募集问题是发审会重点关注的事项，其关注点主要在于是否存在潜在纠纷和法律风险。一般情况该问题都可以通过规范得以解决，不会成为首发障碍。

根据原国家经济体制改革委员会于 1993 年 7 月 1 日发布的《定向募集股份有限公司内部职工持股管理规定》（体改生〔1993〕114 号）第 5 条，公司向内部职工募集的股份，只限于以下人员购买和持有：

（1）公司募集股份时，在公司工作并在劳动工资花名册上列名的正式职工；

（2）公司派往子公司、联营企业工作，劳动人事关系仍在本公司的外派人员；

（3）公司的董事、监事；

（4）公司全资附属企业的在册职工；

（5）公司及其全资附属企业在册管理的离退休职工。

发行人内部职工股的发行需符合上述要求。中介机构需核查发行人内部职工股的历次变动，除继承取得内部职工股的情形外，均应符合前述资格要求。

根据《定向募集股份有限公司内部职工持股管理规定》第 13 条规定，股权证不得交内部职工个人持有，由公司委托省级、计划单列市人民银行认可的证券经营机构集中托管。第 24 条规定，内部职工转让股份，须经公司委托的证券经营机构办理过户手续，并开具转让收据。

因此，定向募集公司的职工持股一般采取托管的方式进行规范。若发行人存在未按规定办理托管手续的，应及时办理托管手续纠正违规行为，并通过获得省级人民政府就该事项出具的不存在违规情形的确认函予以规范。同时，针对上述情况，中介机构还应对发行人内部职工股发行后未托管期间的转让和继承进行详细核查和确认，并获得省级人民政府就内部职工股的转让、交易事项出具的合法合规确认函。

综上，对于定向募集问题的解释思路可以参照以下要点：

（1）详细介绍内部职工股的审批和发行情况；

（2）详细核查内部职工股转让的情况，关注是否程序合规、是否存在潜在纠纷；

（3）详细介绍内部职工股的托管情况，如果托管单位存在变更的、需要介绍历次变更情况，尤其是要详细介绍发行人最后一次的托管情况，并且需要证明股份托管人与实际持有人一致以防止纠纷，内部职工股的托管确认率要达到 95% 以上；

（4）省级人民政府对定向募集问题的确认文件；

（5）中介结构发表核查意见。

附：定向募集公司案例

序号	公司名称	职工持股形式	规范途径
1	太阳电缆	1994年，定向募集设立，内部职工股100万元，占股本总额的2.5%	2007年7月16日，发行人与兴业证券签订了《内部职工股集中托管协议》，委托兴业证券南平滨江中路证券营业部对其内部职工股进行集中托管；发行人将内部职工股按照《定向募集股份有限公司内部职工持股管理规定》进行集中托管已得到福建省人民政府确认，现已不存在违规情况
2	烟台氨纶	1993年，定向募集改造设立，内部职工股占比64.29%	1994年至1999年，于烟台市股权证托管中心托管，托管比率达98.9%；1999年至2007年1月，转至山东证券登记有限公司托管，托管比率为100%；截至2007年6月，公司股票已经山东省产权登记有限责任公司集中托管完毕，确认股东身份的内部职工股股东持有的股数占内部职工股总数的99.75%
3	济宁如意	1993年，定向募集设立，内部职工股80万股，同时超范围发行，社会个人股形成内部职工股685.11万股	1997年4月，将上柜交易的全部社会个人股和内部职工股在山东企业产权交易所进行了托管；1999年4月，将停止交易后的社会个人股和内部职工股在山东证券登记有限公司进行了托管；2002年6月，再次办理托管
4	九鼎新材	1994年，定向募集设立，形成内部职工股，占股份总额的16.6%。但内部职工并未实际出资，所有出资由玻纤厂垫付	将公司设立时形成的职工股198.3万股以1元/股转给玻纤厂；省政府出文确认

续表

序号	公司名称	职工持股形式	规范途径
5	江西特种电机	1991年，募集方式设立，内部职工实际认购93.808万股；由于职工股在设立时并未募足，在此后的经营过程中，公司持续接受职工认购股份本金，同时也办理相关职工的退股手续；截至2000年6月，职工个人股达1170.9678万股，占股本总数的38.05%	2002年11月，将全部股份托管于世纪证券，托管率为95.83%；2002年，为规范股权结构，公司部分内部职工股将其持有的职工股以1元/股转让给南昌高新科技创业投资有限公司；2006年8月18日至19日，公司在报刊上刊登了《关于职工股托管确认的公告》，要求2002年11月托管时尚未确认股权的职工股股东进行确认，至此内部职工股股东确认的股份占内部职工股总数的99.56%；2007年1月，公司所有内部职工股股东均签署了股份锁定承诺，同时对其持股数全部进行了确认
6	恒邦冶炼	1994年，定向募集形成25%的内部职工股，计466名职工	1995年，委托山东证券登记有限责任公司对内部职工股进行托管；2003年，内部职工股在内部职工之间进行转让，并经山东省体改办批复同意；2004年，全部职工股转让给恒邦集团
7	粤传媒（个人代持）	1992年建北大厦定向募集设立，内部职工股为500万股；1993年，建北大厦与建北集团重组，以定向募集方式增资扩股，内部职工股为4588万；内部职工股委托自然人持有	1994年至2001年，公司内部职工股于清远市证券登记公司办理集中托管，托管率99.84%；2005年4月，公司内部职工股托管比例达99.85%，对于未办理托管手续的内部职工股，该中心继续跟踪办理及统一代管其历年的分红派息；截至2006年11月，将内部职工股共计2468460股的托管资料移交到国信证券，余下的388100股仍自清远市股权托管中心进行托管至今
8	南京红宝丽（内部职工股+职工持股会持股）	1994年6月，南京红宝丽股份有限公司设立，内部职工股占比20%； 1996年9月，建立职工持股会，承接高淳县财政局所持有的261.58万股份	1994年8月，内部职工股托管于南京证券登记公司；至2001年9月，公司股本认足以后，再次办理托管至今，托管率100%；2001年10月，持股会将其持有的部分股份转让给自然人柏某；2004年5月，将剩余的股份以1.53元/股转让给陶某娟

续表

序号	公司名称	职工持股形式	规范途径
9	全聚德	1993年，定向募集设立，内部职工股占公司股本总额的2.5%	1994年4月，与北京证券登记公司签订《内部股权登记管理协议》；2001年6月，与北京证券登记公司签署托管协议，对公司的全部股份进行集中托管

如在上报前拟上市公司内部职工股一直处于托管状态，股份转让相关情况也予以了充分披露，且获得有权部门的确认批文，认为不存在潜在股权纠纷和法律纠纷的，内部职工股就不构成发行上市的实质性障碍。

2. 工会、职工持股会直接或代为持股问题

此类公司发生在1994年《公司法》生效以后，由于有限责任公司股东人数的限制，同时职工又有持股的意愿，所以通过工会和职工持股会的方式对公司进行间接持股。而《中国证监会关于职工持股会及工会能否作为上市公司股东的复函》明确规定工会和职工持股会不能成为拟上市公司的股东，故该问题是拟上市公司必须解决的问题之一。

工会和职工持股会代持股份的问题，一般通过股权转让的方式就可以解决：职工持股会注销，工会不再承担股东的角色；如果股东人数并不违反法律法规，也可直接显化量化至个人。

具体而言，该问题的解决思路可以参考以下要点：

（1）详细介绍职工持股会或工会持股的形成背景和过程；

（2）由当地主管部门批复同意撤销职工持股会或工会持股；

（3）召开全体职工大会或职工代表大会就处理方案进行表决；

（4）签署股权转让协议或其他处理协议；

（5）取得当地体改办或其他主管部门同意调整的批复；

（6）股权受让方支付股权对价然后按照持股比例分配给职工，定价依据一般为每股净资产。

此外，以下事项还需重点关注：

（1）在处理过程中一定要制定尽量周全的方案，以免引起不必要的纠纷和举报。

（2）在股权转让过程中职工应当承担纳税义务，以职工名义交纳个人所得税并由工会或持股会代扣代缴。

（3）也可通过公开拍卖进行清理：首先确认职工持股数、人数及具体持股职工身份；其次进行股权登记及民政局备案；再次持股会召开会议，持股职工同意委托拍卖；最后委托拍卖机构公开拍卖。

（4）对拟上市公司而言，发行人的股东不应属于职工持股会及工会持股，同时，发行人的实际控制人不应属于职工持股会或工会持股。

附：工会、职工持股会直接或代为持股案例

序号	公司	职工持股形式	规范途径
1	塔牌集团	2002年，部分职工以安置费折为塔牌集团股权并委托塔牌集团工会代为持有；2004年12月塔牌企业集团职工技术协会受让公司30%的股权，该股权受让价款由钟某华实际支付，职工技术协会代为持有	2004年8月和12月，集团工会通过减资和股权转让方式，实现退出；2005年，技术协会将该股权变更至实际持有人钟某华名下
2	海亮股份	集团职工持股协会持股	2001年10月20日，经集团股东会同意，海亮集团职工持股协会将其所持的全部股权转让给公司其他股东
3	恩华药业	1999年，恩华药业集团成立，徐州第三制药厂职工持股会出资272.1万元（徐州第三制药厂工会委员会代为持有），人数759人；2001年4月，恩华公司将国有股量化至恩华药业集团有限公司职工持股会1522.35万元；同时职工持股会现金出资455万元	2005年3月，将职工持股会合计持有的股权以出资额转让给恩华投资，并将股权转让款对恩华投资进行增资，然后再将上述恩华投资的股权转让给孙某生、祁某等25位自然人；2007年8月，将职工持股会予以注销

续表

序号	公司	职工持股形式	规范途径
4	华昌集团	（工会持股）1999 年 11 月，华源化工改制设立，华昌集团工会出资 717 万元，其中 675.6 万元是由 1004 名职工以华昌集团工会的名义投入华源化工，41.4 万元股权由华昌集团工会以自有资金出资投入	2001 年 12 月，华昌集团工会以其持有的华源化工 2040 万元股权出资设立了华源投资；华昌集团工会持有华源化工的股权转为华源投资持有华源化工的股权；2003 年，994 名职工合计出资 637.8 万元以资金信托方式委托其他 7 名职工购买华昌集团工会对华源投资的出资额；华源集团工会以自有资金出资形成的华源化工的那部分股权，全部转让给其他自然人
		（信托持股）2003 年，994 名职工合计出资 637.8 万元，以资金信托方式委托其他 7 名职工购买华昌集团工会对华源投资的 637.8 万元出资	2007 年 8 月 23 日至 25 日，原资金信托委托人与受托人解除原民事信托关系；2007 年 9 月 5 日，按每 1 元华源投资的出资额作价 20 元，将其转给 120 名自然人；2007 年 9 月 5 日，由于华源投资股东人数增至 167 人，超过《公司法》的规定，将华源投资整体变更设立为华纳投资股份
5	宏达经编	1997 年，浙江宏达经编实业实行公司制改制时，浙江宏达经编实业公司员工持股会持股 498.82 万元	2001 年 7 月，将所持有的公司股份 498.82 万元予以转让，其中 33% 股权转由 11 名工会持股会会员个人直接持有，16% 分别转让给天通股份、钱江生化、宏源投资；持股会 2002 年完成清算，2004 年予以注销
6	湖南辰州矿业	2000 年，原湘西金矿改制设立辰州有限，原湘西金矿工会和员工持股会合计出资 2000 万元，占注册资本 36.07%	2003 年，员工持股会联合组建西部矿产，员工持股会通过西部矿产间接持有辰州有限股权，后经过一系列运作，公司工会成为 100% 持有西部矿产的唯一股东，并间接持有辰州矿业股份；2007 年 5 月，西部矿产将所持辰州矿业股权转让予金鑫集团

续表

序号	公司	职工持股形式	规范途径
7	桂林三金药业	1997 年，三金药业集团改制，集团职工购买集团股权，集团公司股权全部由 563 名职工持有； 2001 年 2 月，公司由股份合作变更为有限责任，由于 50 名股东的限制，公司 551 名股东持有的股份由工会代为持有	2001 年 12 月，经职工代表大会同意，工会对所持股份进行了清理：将 3400 万股以 2.4 元/股转让给三金集团，768.7741 万股以 2.4 元/股转让给孙家琳等 39 人
8	云海金属	1999 年 5 月，云海有限改制设立，其中 118 名员工出资额在 12000 元以下，通过持股会代为持有，占比 8.66%	1999 年 5 月至 2005 年 12 月，职工持股会部分会员进行股权转让，持股会会员由 118 位减少至 24 位；2005 年 12 月，职工持股会解散，职工持股会将其名义持有的云海有限 44.93% 的股权按各持股会会员的实际出资比例转让给各持股会会员，由持股会会员直接作为股东持有云海有限的股权
9	江苏江阴港	2001 年，江阴港改制后，职工持股会持股 49%，后由工会代持	2004 年，职工持股会所持江阴港有限公司股份全部转让给公司高级管理人员，职工持股会解散；但至持股会解散，仍有 8 名会员不同意领取其所持职工持股会出资份额应得的款项，该款项由工会代为保管，通过股东会决议、持股会会员大会并对会员大会进行公证，对款项存入专户、受让人出具承诺、保荐人和发行律师发表意见
10	云变电器	1997 年 4 月，云变厂改制设立云变有限，职工持股会占 42.4%	1998 年，将股权分别转给冷铆厂、大众厂和电气公司、昆明电缆；2001 年，收到转让款，同时又将冷铆厂、大众厂所支付的转让款以相同金额借给冷铆厂、大众厂，至 2007 年 4 月才予归还

上述公司通过以合理的价格向外转让股权，或在股东人数的规定范围内以股权还原的方式进行了规范。其中江苏江阴港由于仍存在 8 名职工持股会会员不同意股权转让，被认定为解决不够彻底和存在潜在纠纷而被否；云变电器也因为长期占用转让款被认为清理不力被否。

3. 委托持股问题

通过委托持股形式来实现职工持股的案例与工会、持股会代持的不同只是受托人由 1 个团体变成了 1 个或数个自然人，实质上还是一种“以 1 拖 N”的代持方式。由于是自然人之间的委托代理关系，在拟上市发行时，巨大的利益驱动下，可能存在潜在的纠纷，故须在发行前进行规范、清理。

委托持股涉及的首先是名义出资人与实际出资人之间基于委托持股协议产生的合同法上的权利义务关系。实际出资人作为公司的隐名股东不具有对抗第三人的效力；实际出资人只有在实际履行了出资义务后，方可向名义出资人主张有关投资权益归属的权利。

公司拟发行上市，就有关委托持股事宜，需详细披露有关股份的形成原因及演变情况，包括清理过程，排除潜在问题和风险隐患或明确有关责任的承担主体。具体处理思路如下：

（1）核查委托持股的真实性

委托持股是基于合同而形成的实际出资人和名义出资人之间的权利义务关系，对于书面合同的真实性，除核查合同原件外，对此类容易产生争议纠纷的合同，还应对全部委托方和受托方进行访谈并取得当事人书面确认，收集实际出资人的缴款凭证（最好为银行单据）等资料加以佐证；若当时没有书面合同，则需在委托方和受托方书面说明的基础上加以访谈，通过缴款凭证、股东会决议、员工持股计划等其他外部资料相互印证，谨慎判断。

（2）明确委托持股的原因

对于委托持股的原因，应当如实并详细披露，从已有案例看，通常不是规避股东人数超过 200 人的问题且在解除委托持股过程中加以纠正的原因并不会构成上市障碍，委托持股的原因应当具有合理性。

（3）委托持股的清理

①还原实际出资人

还原实际出资人通常包括由实际出资人直接持股和间接持股两种方式，无论是直接持股还是间接持股，都涉及发行人的股权转让。

②解除代持涉及的个人所得税

鉴于代持过程中名义出资人的出资通常都是由实际出资人缴付，因此解除代持过程中股权转让的价格通常设定为委托方的实际出资金额（视同借款）或0元，该等定价能否被视为合理原因而无需缴纳所得税需由当地税务主管机关确定，建议收集取得完税证明或有关税务主管机关关于无需缴纳所得税的证明文件。

③对代持形成过程中股权变动情况进行确认

因员工持股而涉及的代持情形，在代持过程中很可能发生员工离职等情况而导致代持股份的变动，或在代持过程中，发行人发生增资等情况而导致实际出资人持有发行人股权比例变动的情形，为避免争议纠纷，建议在清理代持过程中，向全体实际出资人说明该等情况并取得其无异议的书面确认。

④退股的处理

鉴于上市事宜属于牵涉利益较大的事项，若对实际出资人做退股处理，则需较还原出资人方式采取更为谨慎的态度处理，除上述注意事项外，还需对包括代持费用等问题予以明确，并保留退股的全部凭证，尽量对退股协议进行公证。

⑤兜底承诺

在梳理和清理代持问题的过程中，如存在部分代持协议遗失或部分离职且退股的实际出资人联系不上等情形，在如实披露该等情形的同时，应补充大股东对发行人潜在损失的兜底承诺。

附：委托持股案例

序号	公司	职工持股形式	规范途径
1	联合化工	2003 年 4 月，山东东风化肥厂改制，其中 240.65 万元出资实际上是由 19 名自然人股东受 861 名委托投资形成	2007 年 5 月签署委托投资转让《协议书》；在每股净资产 1.77 元的基础上，以 2 元/股将委托的投资全部转让给 19 名自然人股东；并由县公证处对《协议书》进行公证；股东出具承诺
2	金风科技	2000 年，对职工进行股权激励，并将用于激励的股权由陶某代持	2000 年底，将代持股权以等价方式向原股权所有人转让，并获得新疆维吾尔自治区国资委的确认批复
3	太阳纸业	1998 年 4 月，山东太阳纸业集团总公司改组，32% 界定为职工出资，委托田西杭等 5 名自然人持有； 1999 年，将 32% 股权以出资额价格转让给兖州市金太阳纸业，并以该转让款对兖州市金太阳纸业增资，占其注册资本 32%	2001 年 6 月，将上述股权以净资产为基础转让给白某林等 37 名自然人

案例显示，委托持股的方式主要通过股权转让（且这种股权转让主要在自然人之间进行），实现实际股东人数少于 200 人，审核关注点仍在于转让价格的合理性，以及转让行为的真实性方面。

4. 信托持股案例

序号	公司名称	职工持股形式	规范途径
1	准东石油	2001 年，准油技术成立时向职工借入经济补偿金； 2004 年，准油技术股份制改制将债权转为股权，并与在册股东签署《资产信托合同书》，委托在册股东持有（委托人数 444 名）	2006 年 9 月，解除全部的信托持股协议；同时将出资份额转让给不同的中高层管理人员

续表

序号	公司名称	职工持股形式	规范途径
2	福建星网锐捷	2003 年 9 月 27 日，福建福日集团公司工会委员委托福建联华国际信托投资以现金认缴 500 万元，占增资后注册资本的 5%	2005 年 2 月 22 日，经福日集团公司工会同意，联华信托将其所持本公司 5% 的股权全部转让给盈仁投资，转让价款为 600 万元

信托持股的案例相对较少，同时解决方案也比较简单，通过解除信托协议，并转让相关股权，使股东人数降至合法范围。

三、职工持股会清理方案

根据《中国证监会关于职工持股会及工会能否作为上市公司股东的复函》《中国证监会法律部关于职工持股会及工会持股有关问题的法律意见》的规定，职工持股会属于单位内部团体，不再由民政部门登记管理，其股东构成、出资资金来源、管理机制等情况复杂。工会成为上市公司的股东与其设立和活动的宗旨不符。

根据证监会发行监管部《首发业务若干问题解答（一）》（2019 年 3 月）的规定，对于历史沿革中曾存在工会、职工持股会持股或者自然人股东人数较多情形的，发行人与中介机构应当通过以下方式进行规范与核查：

（1）考虑到发行条件对发行人股权清晰、控制权稳定的要求，发行人控股股东或实际控制人存在职工持股会或工会持股情形的，应当予以清理。对于间接股东存在职工持股会或工会持股情形的，如不涉及发行人实际控制人控制的各级主体，发行人不需要清理，但应予以充分披露。对于工会或职工持股会持有发行人子公司股份，经保荐机构、发行人律师核查后认为不构成发行人重大违法违规行为的，发行人不需要清理，但应予以充分披露。

（2）对于历史沿革涉及较多自然人股东的发行人，保荐机构、发行人律师应当核查历史上自然人股东入股、退股（含工会、职工持股会清理等事项）是否按照当时有效的法律法规履行了相应程序，入股或股权转让协议、款项收付凭证、工商登记资料等法律文件是否齐备，并抽取一定比例的股东进行访谈，就相关自然人股东股权变动的真实性、所履行程序的合法性，是否存在委托持股或信托持股情形，是否存在争议或潜在纠纷发表明确意见。对于存在争议或潜在纠纷的，保荐机构、发行人律师应对相关纠纷对发行人股权清晰稳定的影响发表明确意见。发行人以定向募集方式设立股份公司的，中介机构应以有权部门就发行人历史沿革的合规性、是否存在争议或潜在纠纷等事项的意见作为其发表意见的依据。

1. 职工持股会清理程序：

（1）职工持股会召开理事会，作出关于同意会员转让出资（清理或解散职工持股会）的决议；

（2）职工持股会召开会员代表大会，作出关于同意会员转让出资（清理或解散职工持股会）的决议；

（3）转让出资的职工与受让出资的职工或投资人签署《出资转让协议》；

（4）受让出资的职工或其他投资人支付款项。

2. 职工持股会清理的难点：

（1）职工持股会人数众多，一一清理，逐一签署确认函或者进行公证，难度较大；

（2）部分职工思想和认识不统一，不愿意转让出资；

（3）部分职工对于出资转让价格期望值较高；

（4）拟挂牌公司在历史上未按照公司章程发放红利，职工对公司的做法有意见，不愿意配合；

（5）职工持股会人员因工作调动、辞退、死亡等原因变动较大，难以取得其对有关事项的确认或承诺；

（6）部分职工与拟挂牌公司存在法律纠纷，不愿意配合职工持股会的清理。

3. 案例：绿地集团借壳金丰投资职工持股会规范方案

绿地集团规范职工持股会的整体思路是通过设立 23 个有限合伙企业承接职工持股会 900 多人股东，并且设置了 FOF 模式（基金中的基金）的有限合伙企业持股平台，由公司经营管理层设立的管理公司作为有限合伙人，具体负责合伙企业的管理。

（1）绿地集团职工持股会的确权情况

1997 年 3 月 14 日，上海市农业委员会和上海市建设委员会出具《关于同意上海市绿地（集团）有限公司设立职工持股会的批复》（沪农委〔97〕第 40 号），同意设立职工持股会，向职工集资人民币 3020.43 万元，占绿地集团股权比例为 18.88%。经过历次变更，截至本预案签署日，绿地集团职工持股会共有成员 982 人，合计持有绿地集团出资额 376655.21 万元，占绿地集团股权比例 29.09%。

对于职工持股会的持股情况，全体职工持股会成员签署声明如下：全体持股会成员对于职工持股会股份归属、股份数量及持股比例无异议。全体持股会成员与职工持股会之间、职工持股会其他成员之间、第三方之间不存在股份权属争议、纠纷或潜在纠纷。全体持股会成员承诺其所持持股会股份权属清晰，为本人真实持有，不存在代持、信托持股情形，并承诺对该股份具有完全的处分权，股份未被冻结、拍卖，没有设置任何抵押、质押、担保或其他任何第三方权利的限制。职工持股会目前正在改制，无论改制后全体人员直接或间接持有绿地集团股权的形式如何，上述声明中的相关内容同样适用。上述职工持股会的确权事宜已经律师的现场见证以及相关事业部所在地公证机构的公证。

（2）绿地集团职工持股会的规范过程

①职工持股会的规范方案

1）绿地集团管理层 43 人出资 10 万元共同设立一家管理公司格林兰投资。

2）全体持股会成员与上述管理公司格林兰投资成立 32 家有限合伙（以下简称小合伙企业）：上海格林兰壹投资管理中心（有限合伙）至上海格林兰叁拾

贰投资管理中心（有限合伙），其中格林兰投资作为小合伙企业的普通合伙人，全体持股会成员作为小合伙企业的有限合伙人。

3）格林兰投资以及32家小合伙企业共同出资再组建设立一家有限合伙企业（以下简称大合伙企业）上海格林兰。

4）大合伙企业上海格林兰设立后，通过吸收合并职工持股会的方式承继职工持股会的全部资产、债权债务及其他一切权利与义务。

5）大、小合伙企业及其全体合伙人特委托管理公司格林兰投资及投资管理委员会全权代表参与制订和实施具体的上市计划并完成有关工作。职工持股会规范后其对绿地集团的持股架构如下：

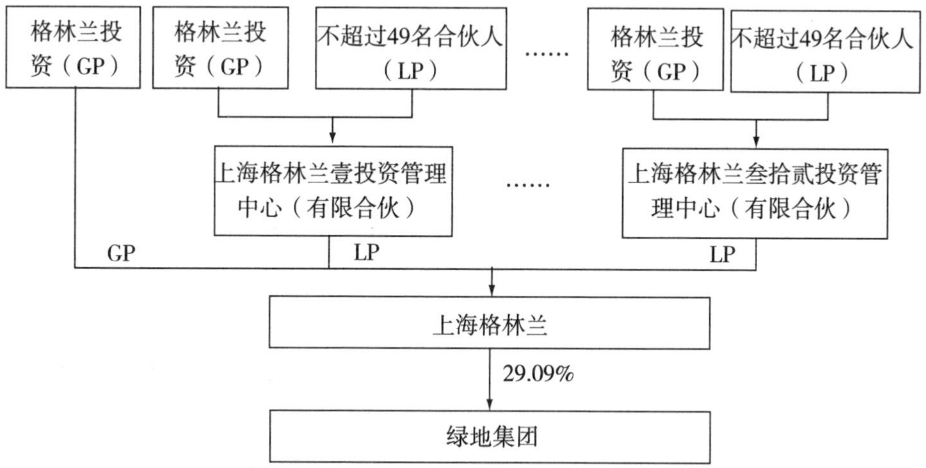

②管理公司的设立

2014年1月，经全体股东作出股东会决议，同意设立格林兰投资，注册资本10万元，于公司设立时一次性缴足。2014年1月27日，格林兰投资取得了上海市工商局颁发的《营业执照》。格林兰投资基本情况如下：

公司名称：	上海格林兰投资管理有限公司
公司类型：	有限责任公司（国内合资）
公司注册地：	上海市青浦区北青公路9138号1幢3层K区320室
法定代表人：	张玉良

续表

注册资本：	10 万元
营业执照注册号：	310118002938241
经营范围：	投资管理，资产管理，实业投资，创业投资，企业管理咨询，投资咨询。（经营项目涉及行政许可的，凭许可证件经营）

（3）小合伙企业的设立

截至本预案签署日，格林兰投资与职工持股会成员分别签署了《上海格林兰壹投资管理中心（有限合伙）合伙协议书》《上海格林兰贰投资管理中心（有限合伙）合伙协议书》至《上海格林兰叁拾贰投资管理中心（有限合伙）合伙协议书》，同意共同出资设立上海格林兰壹投资管理中心（有限合伙）、上海格林兰贰投资管理中心（有限合伙）至上海格林兰叁拾贰投资管理中心（有限合伙）。

截至本预案签署日，上海格林兰壹投资管理中心（有限合伙）、上海格林兰贰投资管理中心（有限合伙）至上海格林兰叁拾贰投资管理中心（有限合伙）均取得了上海市工商局颁发的《合伙企业营业执照》，具体情况如下所示：

序号	小合伙企业	普通合伙人	GP 出资额（万元）	LP 出资额（万元）
1	上海格林兰壹投资管理中心（有限合伙）	格林兰投资	0.1	519.85
2	上海格林兰贰投资管理中心（有限合伙）	格林兰投资	0.1	114.20
3	上海格林兰叁投资管理中心（有限合伙）	格林兰投资	0.1	103.35
4	上海格林兰肆投资管理中心（有限合伙）	格林兰投资	0.1	135.76
5	上海格林兰伍投资管理中心（有限合伙）	格林兰投资	0.1	39.73
6	上海格林兰陆投资管理中心（有限合伙）	格林兰投资	0.1	221.68
7	上海格林兰柒投资管理中心（有限合伙）	格林兰投资	0.1	121.52
8	上海格林兰捌投资管理中心（有限合伙）	格林兰投资	0.1	15.75
9	上海格林兰玖投资管理中心（有限合伙）	格林兰投资	0.1	184.29
10	上海格林兰壹拾投资管理中心（有限合伙）	格林兰投资	0.1	25.05
11	上海格林兰壹拾壹投资管理中心（有限合伙）	格林兰投资	0.1	37.51

续表

序号	小合伙企业	普通合伙人	GP 出资额（万元）	LP 出资额（万元）
12	上海格林兰壹拾贰投资管理中心（有限合伙）	格林兰投资	0.1	31.41
13	上海格林兰壹拾叁投资管理中心（有限合伙）	格林兰投资	0.1	37.94
14	上海格林兰壹拾肆投资管理中心（有限合伙）	格林兰投资	0.1	55.69
15	上海格林兰壹拾伍投资管理中心（有限合伙）	格林兰投资	0.1	14.76
16	上海格林兰壹拾陆投资管理中心（有限合伙）	格林兰投资	0.1	54.18
17	上海格林兰壹拾柒投资管理中心（有限合伙）	格林兰投资	0.1	51.09
18	上海格林兰壹拾捌投资管理中心（有限合伙）	格林兰投资	0.1	42.22
19	上海格林兰壹拾玖投资管理中心（有限合伙）	格林兰投资	0.1	61.64
20	上海格林兰贰拾投资管理中心（有限合伙）	格林兰投资	0.1	112.91
21	上海格林兰贰拾壹投资管理中心（有限合伙）	格林兰投资	0.1	27.46
22	上海格林兰贰拾贰投资管理中心（有限合伙）	格林兰投资	0.1	87.13
23	上海格林兰贰拾叁投资管理中心（有限合伙）	格林兰投资	0.1	52.89
24	上海格林兰贰拾肆投资管理中心（有限合伙）	格林兰投资	0.1	81.51
25	上海格林兰贰拾伍投资管理中心（有限合伙）	格林兰投资	0.1	96.55
26	上海格林兰贰拾陆投资管理中心（有限合伙）	格林兰投资	0.1	162.55
27	上海格林兰贰拾柒投资管理中心（有限合伙）	格林兰投资	0.1	288.76
28	上海格林兰贰拾捌投资管理中心（有限合伙）	格林兰投资	0.1	125.02
29	上海格林兰贰拾玖投资管理中心（有限合伙）	格林兰投资	0.1	324.66
30	上海格林兰叁拾投资管理中心（有限合伙）	格林兰投资	0.1	238.58
31	上海格林兰叁拾壹投资管理中心（有限合伙）	格林兰投资	0.1	72.51
32	上海格林兰叁拾贰投资管理中心（有限合伙）	格林兰投资	0.1	221.59
合计		—	3.2	3,759.74

（4）大合伙企业的设立

2014 年 2 月，格林兰投资与上海格林兰壹投资管理中心（有限合伙）、上海格林兰贰投资管理中心（有限合伙）至上海格林兰叁拾贰投资管理中心（有限合伙）共同签署了《上海格林兰投资企业（有限合伙）合伙协议书》，由格林兰投资作为普通合伙人，上海格林兰壹投资管理中心（有限合伙）、上海格林兰贰投资管理中心（有限合伙）至上海格林兰叁拾贰投资管理中心（有限合伙）合计32个小合伙企业作为有限合伙人，共同设立上海格林兰投资企业（有限合伙），出资额为3766.55万元，其中格林兰投资出资6.8万元，32个小合伙企业合计出资3759.74万元。

2014年2月19日，上海格林兰取得了上海市工商局颁发的《合伙企业营业执照》。上海格林兰的具体情况如下所示：

合伙企业名称：	上海格林兰投资企业（有限合伙）
主要经营场所：	上海市青浦区北青公路9138号1幢3层K区353室
执行事务合伙人：	上海格林兰投资管理有限公司（委派代表：张玉良）
出资额：	3766.55万元
营业执照注册号：	310118002942416
经营范围：	投资管理，资产管理，实业投资，创业投资，企业管理咨询，投资咨询。（经营项目涉及行政许可的，凭许可证件经营）

（5）大合伙企业与职工持股会的吸收合并

截至本预案签署日，上海格林兰已与绿地集团职工持股会签署《吸收合并协议》。根据该协议，吸收合并完成后，由上海格林兰作为绿地集团股东，继受职工持股会的全部资产、债权债务及其他一切权利、义务。上海格林兰、职工持股会正在办理吸收合并相关程序，自吸收合并完成之日起，将由上海格林兰取代职工持股会参与本次重大资产重组，职工持股会在《资产置换及发行股份购买资产协议》项下的全部权利、义务由上海格林兰继受，即上海格林兰将成为本次交易的交易对方。上海格林兰与职工持股会的吸收合并工作将在上市公司审议本次重组正式方案的董事会之前完成。

上海格林兰与职工持股会吸收合并完成后，绿地集团的股权结构如下：

绿地集团股东	出资额（万元）	持股比例
中星集团	99,740.62	7.70%
上海地产集团	258,868.08	19.99%
天宸股份	29,922.19	2.31%
上海城投总公司	268,842.15	20.76%
上海格林兰	376,655.21	29.09%
国投协力	12,500.00	0.97%
珠海普罗	13,122.78	1.01%
鼎晖嘉熙	55,600.00	4.30%
宁波汇盛聚智	50,000.00	3.86%
平安创新资本	129,650.00	10.01%
合计	1,294,901.03	100.00%

四、职工持股会确权告知函及确认书

告 知 函

某证券公司（以下简称 保荐机构）、某律师事务所（以下简称发行人律师）作为××公司（以下简称公司或发行人）境内证券市场首次公开发行A股股票并上市的保荐机构和法律顾问，就××公司历史沿革有关职工持股会持股及依法改制、清理职工持股事宜等事项进行核查。

本次核查程序，依据《首次公开发行股票并上市管理办法》① （2015年12月30日，中国证券监督管理委员会令第122号，以下简称“《首发办法》”）第13条规定“发行人的股权清晰，控股股东和受控股股东、实际控制人支配的股东持有的发行人股份不存在重大权属纠纷”。并参照《非上市公众公司监

① 2018年6月6日已修正。

管指引第 4 号——股东人数超过 200 人的未上市股份有限公司申请行政许可有关问题的审核指引》（2013 年 12 月 26 日，中国证券监督管理委员会公告〔2013〕54 号）相关规定：股权清晰，是指股权形成真实、有效，权属清晰及股权结构清晰。

确　认　书

一、基本事实

（一）个人情况

1. 本人____________，性别______，身份证号____________________。

2. 【】年【】月，“【A】”改制为“【B】”时，本人系公司职工，当时所在岗位________________________。

（二）历史出资

1. 本人参与改制时，系公司在职员工，有权分享公司工资结余分配。

2. 公司改制时，本人出资额____________元。

3. 本人确认，出资额中个人缴纳部分系本人自有或自筹。

4. 【】年【】月前，本人通过“职工持股会/工会委员会”间接持有公司股权。在此期间，除领取红利外，其他股东权利，通过职工持股会会员代表大会及职工持股理事会行使。

（三）职工股清理

1. 【】年【】月【】日，公司召开第四次职工持股会会员代表大会，审议通过《关于解决工会委员会（职工持股会）职工出资历史遗留问题的方案》。

2. 【】年【】月【】日，工会委员会召开全体会员大会，审议通过《关于解决××发行人制药集团有限公司工会委员会所持公司股权问题的方案》。根据该方案，工会委员会将所持股权置换为合伙企业持股。

3. 本人现通过□合伙企业（有限合伙）间接持有公司股份，不存在通过其他任何方式委托他人代本人持有公司股份的情形。

二、本人确认

1. 本人历史上参与公司改制，系个人真实意思表示。改制时，职工持股个人缴纳部分系本人自有或自筹，不存在接受他人委托、替他人代持情形。

2. 本人通过“职工持股会/工会委员会”间接持有公司股权期间，除分红权外，其他股东权利通过职工持股会会员代表大会或职工持股理事会行使。本人已按照职工持股会章程领取公司历史分红。

3. 本人根据【】年【】月【】日工会委员会全体会员大会审议通过的方案将股权置换至合伙企业系出于本人真实意思表示。

4. 本人现持有的□合伙企业（有限合伙）出资份额系本人真实持有，不存在为他人代持的情形。

5. 本人与公司及第三方就本次确认的股权不存在纠纷及其他未决事项。

声明人：____________

见证律师：__________　　__________

年　　月　　日

五、××公司职工持股会关于股权确权事宜的通知

××有限公司职工持股会全体会员：

为进一步加快××公司（以下简称公司）的发展，使公司更好地融入资本市场，公司决定公开发行 A 股股票并上市。依据《非上市公众公司监管指引第 4 号——股东人数超过 200 人的未上市股份有限公司申请行政许可有关问题的审核指引》的相关要求，同时本着保护会员合法权益的原则，职工持股会决定对职工持股会所有会员进行股权确权工作。

一、确权对象

公司职工持股会截至【】年【】月【】日在册的所有会员。

二、确权工作整体方案

（一）会员确权整体方案：依据就近原则，会员按照通知的时间、地点，提交通知规定的资料并进行现场确权。

（二）本通知发布之日起至【】年【】月【】日为确权工作通知期间，在此期间，请相关确权负责人按照负责区域通知所有在册会员。

三、操作流程

（一）股权确权的时间、地点

会员在指定地点进行现场股权确权，具体时间、地点安排如下：

地点： 时间：

所有会员应在上述规定的时间内提交本通知要求的资料并进行现场确权。如因特殊原因未按时提供资料或进行现场确权，会员最迟应在【】年【】月【】日前同股权确权工作人员进行沟通。

（二）通知及附件获取方式

本通知及附件在公司网站上进行公告，并供各会员下载，网址为：【】。如不方便下载的，各会员可在上述确权地点索取。

（三）具体操作流程

1. 会员持有职工持股会股权未发生变更事项（即会员姓名、身份证号码未发生改变，以及所持股权未发生挂失、继承、赠与、转让）以及未质押或冻结的，会员本人须携带股权证、有效身份证件及复印件等文件，详细请见附件一《会员信息核查须提供文件清单》第1点，并按要求填写《××有限公司职工持股会会员信息核查表》（格式请见附件1－1），向职工持股会办理股权确认手续。

2. 会员持有职工持股会股权发生继承、赠予、转让等变更事项，或发生质押、冻结事项的，在本次股权确认工作开展前尚未到职工持股会办理登记的，会员本人或其授权经办人须按照附件一《会员信息核查须提供文件清单》第2点至第7点的要求提供相关文件，向职工持股会办理股权确认手续。

3. 如果存在会员受他人委托代持股份情形的，除上述资料外，还应提供经公证的股份代持协议；委托方的相关主体资格文件材料。

4. 如果股份存在尚未了结的法律纠纷或其他瑕疵的，除上述资料外，还应提供情况说明和相关证明文件。

四、说明事项

（一）会员应持所要求的相关资料办理股权确权事宜，会员信息核查表及资料复印件均需使用 A4 纸，身份证的正反面应复印在同一张纸上。如身份证丢失的，可至所在辖区派出所出具证明。

（二）现场确权时需携带通知要求资料的全部原件及复印件，原件经查验后退回，如原件遗失的，需到相关主管机构开具证明；核查表、声明函等资料需在现场签字确认。

（三）会员须保证所提供资料真实、完整、准确，否则由此引起的不利后果由会员自行承担。

（四）本次股权确权工作不向会员收取任何费用，为保证上述工作顺利进行并确保股东的权利，请各股东在通知中规定的时间内办理股权确权登记，否则自行承担无法确权的不利后果。

（五）特别事项

为实现 × ×公司公开发行 A 股股票并上市之目的，需要对职工持股会予以规范。根据公司股权设置方案，公司拟设置若干有限合伙企业，将各会员在职工持股会中持有的股权，出资至各有限合伙企业中。出资完成后，各会员将通过有限合伙企业间接持有公司股权。

× ×有限公司

职工持股会

【】年【】月【】日

第五节 公司以自有资产评估调账转增股本合规问题

一、《企业会计制度》（财会〔2000〕25 号）

《企业会计制度》（财会〔2000〕25 号）第 11 条第 10 项规定：“企业的各项财产在取得时应当按照实际成本计量。其后，各项财产如果发生减值，应当按照本制度规定计提相应的减值准备。除法律、行政法规和国家统一的会计制度另有规定者外，企业一律不得自行调整其账面价值。”

二、涉及国有资产的评估调账特别规定

（一）《国有资产评估管理办法施行细则》

《国有资产评估管理办法施行细则》第 50 条第 1 款、第 2 款规定：“国有资产管理行政主管部门确认的净资产价值应作为国有资产折股和确定各方股权比例的依据。注册会计师对准备实行股份制企业的财务和财产状况进行验证后，其验证结果与国有资产管理行政主管部门确认的资产评估结果不一致需要调整时，必

须经原资产评估结果确认机关同意。”

（二）《企业国有资产法》

“企业改制是指：（1）国有独资企业改为国有独资公司；（2）国有独资企业、国有独资公司改为国有资本控股公司或者非国有资本控股公司；（3）国有资本控股公司改为非国有资本控股公司。”

三、公司以自有资产评估调账转增股本具体处理方式

1. 企业以自有土地、房产评估增值

对于企业以自有土地、房产评估增值，且尚未摊销完毕的，一般处理方式是将该土地评估增值部分作为重大会计差错追溯调整计入其他应收款中应收股东的款项，然后由股东按照出资比例以现金补足。

2. 企业以自有的其他无形资产评估增值

对于企业以自有的其他无形资产（如非专利技术、专利技术）评估增值，金额相对较小，且已经摊销完毕的，同时在改制时，净资产已经充实实收资本，即净资产折股不高于实收资本的，可以不再补足，但是需要原股东出具兜底承诺函。

四、相关案例

（一）皖通科技

2000 年 12 月 18 日，经皖通发展股东会决议通过，决定对公司进行增资扩股，注册资本由 300 万元增至 2000 万元，其中以资本公积向全体股东转增 700 万元，同时安徽皖通高速公路股份有限公司现金增资 1000 万元。

本次增资的具体做法为：皖通发展将其所拥有的非专利技术“高速公路综合信息管理系统”进行评估，经安徽正信会计师事务所出具的皖正信评字

〔2000〕132号《资产评估报告书》确定，评估结果为750万元。皖通发展将上述无形资产按评估价值入账，增加了无形资产及资本公积各750万元，并用该资本公积按股东持股比例向全体股东转增实收资本700万元；同时，安徽皖通高速公路股份有限公司投入现金1000万元。

2000年12月22日，安徽正信会计师事务所出具了皖正信验字〔2000〕第945号《验资报告》对本次增资进行验证。2000年12月29日，皖通发展在合肥市工商局完成变更登记。

2001年3月1日，皖通发展聘请安徽国信资产评估有限责任公司对安徽正信会计师事务所出具的皖正信评字〔2000〕132号《资产评估报告书》进行复核，并出具了皖国信评验报字〔2001〕第102号《评估验证报告书》，评估结果调整为819万元，皖通发展根据评估结果增加了公司无形资产和资金公积各69万元。

发行人律师的核查意见：

经核查，皖通发展2000年12月用于增资的该部分无形资产已于2003年全部摊销完毕。对于此次通过评估无形资产增加资本公积并转增股本的行为和影响，发行人律师认为：

第一，上述行为发生时，皖通发展的控股股东为皖通高速，皖通发展的所有股东均一致同意了此次转增股本的决议。同时，在转增股本时是按照当时股东的持股比例进行转增的，所有股东均按持股比例获得了相应的股份，各股东均没有异议，也不会由此产生任何纠纷。

第二，2000年，皖通发展将公司自有的无形资产按评估价值入账，增加了无形资产及资本公积各750万元，存在虚增750万元净资产的情形。公司用该资本公积按股东持股比例向全体股东转增实收资本700万元，该增资行为存在瑕疵。

鉴于该部分无形资产评估报告中收益现值法的期限为3年，因此公司对该部分无形资产的摊销已于2003年摊销完毕，公司的净资产已由未分配利润予以充实，公司的注册资本也相应得到补足，因此，皖通发展2000年增资行为的瑕疵已于2003年底实际消除。不会对公司2003年以后的财务状况产生影响，不会对公司的经营发展产生任何不利影响，也不会对2007年整体变更设立股份公司产生影响。

第三，上述行为不会对公司报告期的财务状况及经营成果产生影响，不存在损害公司利益的情形，不存在上市后损害社会公众股股东权益的情形，也不会对本次公开发行构成障碍。

同时，合肥市工商局对此行为已出具《情况说明》："2000年12月，安徽皖通科技发展有限公司到上海市环保局申请办理工商变更登记手续。上海市环保局审阅了其提供的资料，依法为该公司办理了变更登记。上海市环保局不会对该公司的此次增资行为进行行政处罚。"

王中胜等26名股份公司现有股东共同承诺："今后如因涉及安徽皖通科技发展有限公司2000年12月无形资产增资事宜而导致安徽皖通科技股份有限公司及未来的股东有任何的法律或财务风险，相应的责任将全部由我等26名自然人股东共同承担。"

（二）晨光生物

1. 2007年土地评估账面价值作为资本公积转增股本的基本情况

根据中瑞岳华出具的中瑞岳华专审字〔2010〕第0019号《晨光生物科技集团股份有限公司注册资本实收情况审核报告》，2007年河北晨光天然色素有限公司增加注册资本4200万元，其中，股东货币出资20413623.35元，资本公积金转增21760676.65元。资本公积金转增21760676.65元中包含河北晨光根据评估价值调增土地账面价值所形成的资本公积金19368032.45元。

2. 发行人土地评估增值并以土地评估账面价值作为资本公积转增股本不符合相关规定

根据《企业会计制度》（财会〔2000〕25号）第11条第10项规定："企业的各项财产在取得时应当按照实际成本计量。其后，各项财产如果发生减值，应当按照本制度规定计提相应的减值准备。除法律、行政法规和国家统一的会计制度另有规定者外，企业一律不得自行调整其账面价值。”因此，发行人2005年以土地评估调账的行为不符合前述规定。

3. 发行人对土地评估账面价值作为资本公积转增股本事项予以规范，2009年7月，发行人对土地评估账面价值作为资本公积转增股本事项予以规范，将该土地评估增值部分作为重大会计差错追溯调整计入其他应收款中应收股东的款项。

2009年7月25日，发行人召开2009年第4次临时股东会，同意土地评估增值部分由卢庆国等49名股东按照出资比例用货币资金予以规范。根据《晨光生物科技集团股份有限公司注册资本实收情况审核报告》，发行人已于2009年7月31日之前（含7月31日）收到49名股东缴纳的相应款项。

公司2005年8月土地评估并调账的行为，是对土地评估增值会计处理的理解有误而造成的会计差错，且距离2007年资本公积转增股本时间较长，并非为转增股本而作的会计处理，不存在出资不实的主观故意；该次资产评估调账没有影响各股东的实际股权结构，没有影响公司的持续经营和公司债权人的利益，未造成不利影响。且2009年发行人股东已按照当时的出资比例用货币对该事项予以规范。根据以上所述，发行人律师认为，发行人土地评估增值并以土地评估账面价值作为资本公积转增股本的事项不属于出资不实的情形，该事项对发行人本次发行上市不会构成实质性法律障碍。

（三）奥克化学

1. 奥克化学以自有资产估值部分增加注册资本事项

2000年1月1日，奥克化学的前身辽阳奥克化学有限公司设立，注册资本人民币100万元，其中李玉洁等28个自然人以货币资金95万元出资，辽阳奥克化学品公司以“奥克”商标作价5万元出资。辽阳会计师事务所为公司设立出具辽市会师验字〔1999〕第494号《验资报告》。

2002年1月，辽阳奥克化学品公司将其出资5万元转让给朱建民等22名股东，奥克化学以经辽阳智达资产评估事务所评估的“奥克”商标增值部分作价

271.46 万元增加注册资本。辽阳智达资产评估事务所为此出具辽智资评字〔2002〕第 002 号《资产评估报告书》，该商标评估后的价值为 276.46 万元，评估增值 271.46 万元。

2003 年 8 月 1 日，辽阳大亿会计师事务所有限责任公司出具辽阳大亿会师评字〔2001〕第 040 号《辽阳奥克化学有限公司拟了解资产现行价值的资产评估报告书》，对奥克化学所拥有的位于辽阳市宏伟区东环路 29 号的 2 宗土地使用权和 10 栋房屋建筑物及其他建筑物进行评估，评估结果合计为 1038.1165 万元。其中土地评估价值为 782.4455 万元，账面价值为 202.083821 万元，评估增值 580.361679 万元，房屋建筑物评估价值为 255.671 万元，账面价值为 66.032679 万元，评估增值 189.638321 万元，合计评估增值 770 万元。奥克化学依据该评估结果调整资产账面价值，增值部分计入资本公积，并以此资本公积转增注册资本。

奥克化学 2002 年、2003 年两次以资产评估增值额增加注册资本，作为评估的标的物实际上均属于公司自有资产，根据财务会计制度的相关规定，不能再次进行评估并作为股东的出资重新增加注册资本。实际上 2002 年、2003 年奥克化学的两次增资均为虚增，当时的股东并未履行相应的出资义务。

为了纠正上述不规范行为，经全体股东一致同意，2005 年 12 月，各股东以现金方式依法补足了其各自应履行的出资义务。2009 年 7 月，奥克化学和上述两次虚增资本事项涉及的所有股东为此出具专项说明，深圳南方民和会计师事务所有限责任公司为本次现金补足出具深南审阅报字〔2009〕第 SY011 号《审阅报告》。

2. 中介机构对上述事项的意见

（1）保荐机构意见

辽阳奥克化学有限公司 2002 年、2003 年以自有资产进行评估增加注册资本的行为，不符合相关规定。但该情形已经辽阳奥克化学有限公司及其股东自行纠正，且经深圳南方民和会计师出具的《审阅报告》予以验证，确认截至 2005 年 12 月，奥克有限已足额收到各股东认缴的注册资本合计人民币 1041.46 万元。至此，以上不规范情形已经消除，其注册资本已经足额缴纳。相关不规范行为没有损害相关债权人的利益，也没有损害其他股东利益，且该公司已规范运行 3 个会计年度以上，该不规范情形不构成本次公开发行股票及上市的实质障碍。

（2）律师意见

辽阳奥克化学有限公司 2002 年 1 月及 2003 年 9 月两次以自有资产进行评估作价作为股东出资的行为存在瑕疵，不符合相关规定。但该情形已经公司及其股东自行纠正，没有损害奥克有限债权人的利益。此外，发行人已经规范运行 3 个会计年度，奥克有限成立及变更过程中的上述不规范情形不会对发行人本次公开发行股票及上市构成实质性障碍。

（四）新都化工

公司在设立股份公司时按照评估值调整账务。2004 年，新都公司聘请四川华衡资产评估有限公司对新都公司截至 2004 年 10 月 31 日的资产负债情况进行评估，评估报告确认新都公司 2004 年 10 月 31 日资产账面值为 15361.75 万元、评估值为 20392.80 万元，评估增值为 5031.05 万元；负债账面值为 8734.24 万元，评估值为 8734.24 万元；净资产账面值为 6627.51 万元，评估值为 11658.57 万元，评估增值为 5031.05 万元。

新都公司经股份制改制后，上述资产由新都化工继续使用。在后续经营过程中，公司进行股份制改造时按评估结果进行调账的部分固定资产因技术改造等原因已处置或更新，截至 2010 年 9 月 30 日，上述评估资产中，新都化工仍在继续使用，使用的固定资产评估值为 5225.35 万元，无形资产评估值为 4789.74 万元。

1. 新都化工设立时的资产评估情况

根据四川华衡资产评估有限公司 2004 年 11 月 21 日出具的川华衡评报〔2004〕127 号《资产评估报告》，成都市新都化工（集团）有限公司资产评估的具体情况如下：公司本次评估前，资产账面价值为 6627.51 万元，评估价值为 11658.57 万元，评估增值 5031.06 万元，评估增值率为 75.91%。评估增值幅度较大的为：（1）长期投资评估增值 3401.50 万元，增值率为 129.88%，主要是公司控股子公司应城市新都化工 2 宗土地及应城复合肥的 1 宗土地按照基准地价系数修正法评估增值所致；（2）固定资产项下的建筑物增值 362.65 万元，增值率 111.15%，主要系公司的房屋建筑物按照重置成本法评估增值所致；（3）公司无形资产中的土地使用权评估增值 1049.88 万元，增值率为 142.56%，主要系新都公司本部拥有的 5 宗土地使用权按照基准地价系数修正法评估增值所致。

2. 评估增值资产情况

其中应城市新都化工有限责任公司增值资产明细列示如下：评估增值的主要原因系新都公司账面资产按历史成本法计价，截至评估基准日由于市场环境发生变化，新都公司及其子公司持有的长期资产特别是固定资产及土地的市场价值得到较大幅度的提升，导致评估产生较大的增值。

3. 后续使用情况

新都公司经股份制改制后，上述资产由新都化工继续使用。在后续经营过程中，部分固定资产因折旧年限已到期、技术改造等原因已处置或更新。

4. 评估调账有关税收的财务处理

按照财政部、国家税务总局《关于企业资产评估增值有关所得税处理问题的通知》（财税字〔1997〕77 号）（已失效）、财政部、国家税务总局《关于企业资产评估增值有关所得税处理问题的补充通知》（财税〔1998〕50 号）（已失效）及会计准则和税法相关规定，公司根据实际情况选用了据实逐年调整的方法对应纳税所得额进行调整。

鉴于该部分评估增值的折旧与摊销并不能在税前扣除，新都化工按资产价值与计税基础之间的差异计算递延所得税负债。在进行年度所得税汇算时，将该部分不能在税前抵扣的折旧与摊销在计算应税所得额中扣除，同时调整期末的递延所得税负债。

经核查，西南证券认为，新都化工在以评估值进行调账并变更设立股份公司时，对评估增值部分应交所得税的会计处理符合会计准则及税法相关规定。

第六节　企业上市之国有股东认定合规问题

一、国有股东的认定依据

1.《企业国有资产法》（全国人大常委会 2008 年 10 月 28 日公布）

第五条　本法所称国家出资企业，是指国家出资的国有独资企业、国有独资公司，以及国有资本控股公司、国有资本参股公司。

2.《关于施行〈上市公司国有股东标识管理暂行规定〉有关问题的函》（国资厅产权〔2008〕80 号，以下简称 80 号文）

持有上市公司股份的下列企业或单位应按照《上市公司国有股东标识管理暂行规定》（国资发产权〔2007〕108 号）标注国有股东标识：

（1）政府机构、部门、事业单位、国有独资企业或出资人全部为国有独资企业的有限责任公司或股份有限公司。

（2）上述单位或企业独家持股比例达到或超过 50% 的公司制企业；上述单位或企业合计持股比例达到或超过 50%，且其中之一为第一大股东的公司制企业。

（3）上述“（2）”中所述企业连续保持绝对控股关系的各级子企业。

（4）以上所有单位或企业的所属单位或全资子企业。

以上仅适用于标注上市公司国有股东标识事项。

3.《企业国有资产交易监督管理办法》（国务院国资委、财政部令第 32 号，以下简称 32 号文）

第四条　本办法所称国有及国有控股企业、国有实际控制企业包括：

（一）政府部门、机构、事业单位出资设立的国有独资企业（公司），以及上述单位、企业直接或间接合计持股为 100% 的国有全资企业；

（二）本条第（一）款所列单位、企业单独或共同出资，合计拥有产（股）权比例超过 50%，且其中之一为最大股东的企业；

（三）本条第（一）、（二）款所列企业对外出资，拥有股权比例超过 50% 的各级子企业；

（四）政府部门、机构、事业单位、单一国有及国有控股企业直接或间接持股比例未超过 50%，但为第一大股东，并且通过股东协议、公司章程、董事会决议或者其他协议安排能够对其实际支配的企业。

4.《上市公司国有股权监督管理办法》（国务院国资委、财政部、证监会令第 36 号）

第三条　本办法所称国有股东是指符合以下情形之一的企业和单位，其证券账户标注“SS”：

（一）政府部门、机构、事业单位、境内国有独资或全资企业；

（二）第一款中所述单位或企业独家持股比例超过 50%，或合计持股比例超过 50%，且其中之一为第一大股东的境内企业；

（三）第二款中所述企业直接或间接持股的各级境内独资或全资企业。

第七十四条　不符合本办法规定的国有股东标准，但政府部门、机构、事业单位和国有独资或全资企业通过投资关系、协议或者其他安排，能够实际支配其行为的境内外企业，证券账户标注为“CS”，所持上市公司股权变动行为参照本办法管理。

二、国有股东认定的相关案例

1. 博拉网络

博拉网络在科创板上市申请文件的第一轮审核问询函中被上交所问询“西证价值持有发行人的股份是否属于国有股，其历次股权变动是否均履行了国资相关审批程序，是否取得有关主管部门对股份设置的批复文件，如是，请对招股说明书中相关股东进行标识”。

博拉网络回复称：截至本问询函回复出具日，西证价值持有发行人13.19%的股份。西证价值系经私募投资基金备案的有限合伙企业，其出资结构如下：

序号	合伙人名称	出资额（万元）	出资比例（%）
1	西证股权投资有限公司	16,580.00	39.86
2	西证重庆股权投资基金管理有限公司	100.00	0.24
3	招商财富资产管理有限公司（招商财富—西证并购基金专项资产管理计划）	24,920.00	59.90
合计		41,600.00	100.00

根据《中华人民共和国企业国有资产法》第5条的规定，本法所称国家出资企业，是指国家出资的国有独资企业、国有独资公司，以及国有资本控股公司、国有资本参股公司。

根据《国务院国有资产监督管理委员会关于施行〈上市公司国有股东标识管理暂行规定〉有关问题的函》（国资厅产权〔2008〕80号），上市公司的股东是否被标识为国有股东，主要依据如下4项标准：（1）政府机构、部门、事业单位、国有独资企业或出资人全部为国有独资企业的有限责任公司或股份有限公司。（2）上述单位或企业独家持股比例达到或超过50%的公司制企业；上述单位或企业合计持股比例达到或超过 50%，且其中之一为第一大股东的公司制企业。(3) 上述 (2) 中所述企业连续保持绝对控股关系的各级子企业。(4) 以上所有单位或企业的所属单位或全资子企业。

2018 年 7 月 1 日起施行的《上市公司国有股权监督管理办法》(国务院国资委、财政部、证监会令第 36 号) 第 3 条规定："本办法所称国有股东是指符合以下情形之一的企业和单位，其证券账户标注'SS'：(一) 政府部门、机构、事业单位、境内国有独资或全资企业；(二) 第一款中所述单位或企业独家持股比例超过 50%，或合计持股比例超过 50%，且其中之一为第一大股东的境内企业；(三) 第二款中所述企业直接或间接持股的各级境内独资或全资企业。"

《上市公司国有股权监督管理办法》第 78 条规定："国有出资的有限合伙企业不作国有股东认定，其所持上市公司股份的监督管理另行规定。"

根据招商财富资产管理有限公司出具的说明，招商财富资产管理有限公司作为有限合伙人，认缴出资 24920 万元，出资比例为 59.9%。该部分出资系招商财富资产管理有限公司以其管理的—招商财富—西证并购基金专项资产管理计划进行出资，根据《证券期货经营机构私募资产管理业务管理办法》等相关规定，其所持有的西证投资 59.9% 的合伙企业出资独立于招商财富资产管理有限公司的自有资产，属于委托人资产，且委托人均系自然人，不属于国有资产。

由于西证股权投资有限公司直接和间接合计持有西证价值的财产份额仅 40.1%，并未超过 50%，未形成连续的绝对控股关系，并且《上市公司国有股权监督管理办法》已明确规定国有出资的有限合伙企业不作国有股东认定，不应标注国有股东标识。因此，西证价值无需被认定为国有股东，其股权变动无需履行国资相关审批程序，无需取得有关主管部门对股份设置的批复文件。

2. 剑桥科技

中国证监会于 2017 年 8 月 12 日对剑桥科技的首发申请补充反馈问题包括"补充说明江苏高投、人才基金所持发行人股份是否属于国有股"。

剑桥科技回复称：

（1）江苏高投、人才基金的股权结构

公司股东	序号	合伙人	职责	类型	股权比例
江苏高投	1	江苏毅达股权投资基金管理有限公司	管理人	自然人控股	0.10%
	2	江苏高科技投资集团有限公司	有限合伙人	国有	41.90%
	3－50	孙某庆等48名自然人		自然人	58.00%
人才基金	1	南京毅达股权投资管理企业（有限合伙）	管理人	自然人控股	3.33%
	2	江苏高科技投资集团有限公司	有限合伙人	国有	30.00%
	3	江苏鱼跃科技发展有限公司		自然人控股	6.67%
	4	江苏圭璋资本管理有限公司		自然人控股	6.67%
	5	江苏康缘集团有限责任公司		自然人控股	3.33%
	6	江苏亿阀集团有限公司		自然人控股	3.33%
	7－17	刘某华等11名自然人		自然人	46.67%

根据股东穿透核查，江苏高投与人才基金的合伙人中，只有江苏高科技投资集团有限公司（以下简称高投集团）系由江苏省人民政府全资控股的有限责任公司，属于国有股东，持股比例分别为41.9%、30%。

除此之外，江苏高投与人才基金其他所有合伙人均为自然人或自然人绝对控股（持股50%以上）的企业。

（2）江苏高投、人才基金均不属于国有股东

根据《关于施行〈上市公司国有股东标识管理暂行规定〉有关问题的函》（国资厅产权〔2008〕80号）、《企业国有资产交易监督管理办法》（国务院国资委、财政部令第32号）的规定，江苏高投、人才基金均不属于国有股东。具体如下：

<table>
<tr><th>序号</th><th>80 号文</th><th>32 号文</th><th>江苏高投/人才基金</th><th>是否符合</th></tr>
<tr><td>1</td><td>政府机构、部门、事业单位、国有独资企业或出资人全部为国有独资企业的有限责任公司或股份有限公司</td><td>政府部门、机构、事业单位出资设立的国有独资企业（公司），以及上述单位、企业直接或间接合计持股为 100% 的国有全资企业</td><td>非国有独资</td><td>否</td></tr>
<tr><td>2</td><td>序号 1 中所述单位或企业独家持股比例达到或超过 50% 的公司制企业，上述单位或企业合计持股比例达到或超过 50%，且其中之一为第一大股东的公司制企业</td><td>序号 1 中所列单位、企业单独或共同出资，合计拥有产（股）权比例超过 50%，且其中之一为最大股东的企业</td><td rowspan="3">江苏高投：国有独资企业股东占比 41.9%，低于 50%；人才基金：国有独资企业股东占比 30%，低于 50%</td><td>否</td></tr>
<tr><td>3</td><td>序号 2 中所述企业连续保持绝对控股关系的各级子公司</td><td>序号 1、2 中所列企业对外出资，拥有股权比例超过 50% 的各级子企业</td><td>否</td></tr>
<tr><td>4</td><td>以上所有单位或企业的所属单位或全资子公司</td><td>—</td><td>否</td></tr>
</table>

续表

序号	80 号文	32 号文	江苏高投/人才基金	是否符合
5	—	政府部门、机构、事业单位、单一国有及国有控股企业直接或间接持股比例未超过50%，但为第一大股东，并且通过股东协议、公司章程、董事会决议或者其他协议安排能够对其实际支配的企业	虽然江苏高投、人才基金中的国有股东为第一大股东，但高投集团作为有限合伙人，根据《合伙协议》的约定：有限合伙人不得控制或参与合伙企业的管理或以合伙企业的名义开展任何业务。任何有限合伙人均无权为合伙企业签署文件，或代表合伙企业行事。除非另有明确约定，有限合伙人均无权要求选举、解除或更换普通合伙人。管理人由普通合伙人担任，并负责合伙企业的投资管理运营；合伙人会议仅具有咨询性，对合伙企业的经营或业务不具有任何权力和控制权，也不对合伙企业的任何投资决定承担责任。因此，高投集团并不能够对江苏高投、人才基金进行实际支配	否

综上，发行人律师认为，江苏高投、人才基金所持发行人股份均不属于国有股。

（3）泽璟制药

泽璟制药在科创板上市申请文件中披露：根据深创投出具的说明，深创投属于《上市公司国有股权监督管理办法》（国务院国资委、财政部、证监会令第 36 号）第 74 条规定的“不符合本办法规定的国有股东标准，但政府部门、机构、事业单位和国有独资或全资企业通过投资关系、协议或者其他安排，能够实际支配其行为的境内外企业，证券账户标注为‘CS’，所持上市公司股权变动行为参照本办法管理”的对象，深创投的证券账户已经在中国证券登记结算有限责任公司标识为“CS”。

第七节　企业上市之知识产权合规问题

随着越来越多的科创板企业进入资本市场，企业知识产权问题越来越受到关注，科创板企业的定位是鼓励面向世界科技前沿，拥有关键核心技术，科技创新能力突出，主要依靠核心技术开展生产经营的企业上市融资。

而科技企业最重核心的经营资源是企业经营所拥有的知识产权，因此，对于科技企业来说，没有 IP，IPO 就只剩下 O。

一、IP 构图

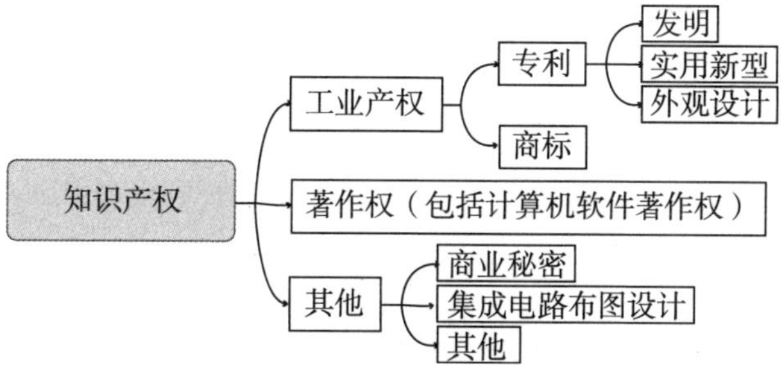

二、企业上市之专利问题

科技企业最核心的IP是发明专利，企业在上市过程中存在的专利问题主要为专利的法律状态是否与事实相符，核心技术对他人的发明专利是否存在依赖性，现有使用的专利技术是否存在职务发明问题和是否存在专利侵权等。

（一）专利法律状态与事实是否相符

专利的法律状态包括年费的缴纳情况、是否存在终止或无效的情况以及专利权的剩余期限。

案例：苏州恒久光电科技股份有限公司

苏州恒久光电科技股份有限公司经历两次上市，首次上市未成功发行，二次上市才发行成功，上市时间为2016年8月12日，股票简称：恒久科技，股票代码：002808。主营业务为激光有机光导鼓系列产品的研究、开发、生产和销售。

2010年6月11日，“会后事项发审委会议”重新审核并否决了恒久科技的首发申请。发审委审核认为，恒久科技招股说明书和申报文件中披露的全部5项专利以及2项正在申请的专利法律状态与事实不符。恒久科技目前全部产品均使用已被终止的4项外观设计专利，50%的产品使用已被终止的1项实用新型专利，总体上看，5项专利被终止对申请人存在不利影响。

（二）核心技术是否存在依赖性

核心技术是否对他人专利技术存在依赖主要关注发行人使用的核心技术是否是通过许可方式使用以及许可使用的方式和是否存在潜在纠纷以及解除许可的风险，等等。

专利许可分为普通许可、排他许可和独占许可3种形式。

普通许可亦称非独占性许可，是指许可方允许被许可方在规定的时间和地域内使用某项专利，同时许可方自己仍保留在该地域内使用该项技术，以及再与第三方就同一技术签订许可合同的权利。

排他许可亦称独家许可，即在一定地域，许可方只允许被许可方一家而不再许可其他人在该地域内实施其专利，但许可方仍有权在该地域内实施。就是说，独家许可除了不能排斥许可方本人实施以外，与独占许可基本相同。

独占许可是指被许可方不仅取得在规定的时间和地域内实施某项专利技术的权利，而且有权拒绝任何第三者，包括许可方在内的一切其他人在规定的时间、地域内实施该项技术。

案例：惠州市德赛西威汽车电子股份有限公司

发审委的反馈意见为：发行人经许可使用知识产权/软件 22 项，请补充核查发行人核心技术对第三方是否存在依赖。

发行人答复如下：根据发行人出具的书面说明，发行人核心技术主要包括符合车载信息娱乐设备的操作系统设计技术等 23 项技术，除红外触摸屏技术为 Neonode 授予发行人使用的以外，其余均为发行人自主研发形成，对第三方不存在依赖。

（三）职务发明问题

《中华人民共和国专利法》和《中华人民共和国专利法实施细则》对职务发明的界定主要包括：

1. 执行本单位的任务；

2. 主要是利用本单位的物质技术条件所完成；

3. 退休、调离原单位后或者劳动、人事关系终止后 1 年内作出的，与其在原单位承担的本职工作或者原单位分配的任务有关的发明创造。

职务发明创造申请专利的权利属于该单位；申请被批准后，该单位为专利权人。

案例一：深圳市民德电子科技股份有限公司

发审委的反馈意见为：请发行人补充披露是否存在涉及公司董监高或其他核心人员在深圳大学等曾任职单位的职务成果。

发行人答复如下：就相关人员作为研发人员获得的知识产权，深圳大学已于

2014 年 10 月 10 日出具了《关于许文焕在深圳大学任职期间所获部分专利为非职务发明的确认函》，确认相关专利成果不属于曾任职单位的职务发明。

案例二：武汉明德生物科技股份有限公司

发审委的反馈意见为：发行人股东王颖以专利权“化学发光磁酶免疫法定量检测 RBP4 试剂盒”对公司增资，请发行人对上述专利不属于职务发明进行补充核查。

发行人答复如下：华中科技大学同济医学院附属同济医院消化内镜中心已出具《情况说明》，确认：王颖于 2002 年 9 月至 2006 年 7 月在该中心担任临床主治医师，其工作内容与上述专利研发不具有相关性。该项专利的研发不属于本单位交付的除本职工作之外的其他工作任务，该项专利研发未使用本单位的资金、设备、零部件、原材料或者不对外公开的技术材料。因此，该专利不属于职务发明。

（四）专利侵权纠纷

科技企业在上市过程中，如果涉及其他企业起诉公司产品涉及专利侵权的，将直接影响企业上市。实践中也存在一些竞争对手等的恶意专利诉讼等。一般情况下，企业需要首先核查落实是否存在专利侵权的情形，并聘请专业的专利律师进行分析，给出专业意见，如不存在专利侵权的，需要提出抗辩理由。

实务当中受法律承认和保护的专利侵权抗辩理由主要有以下几种：不侵权抗辩、专利无效抗辩/反诉，现有/公知技术抗辩、先用权抗辩、合法来源抗辩。

案例一：深圳市捷佳伟创新能源装备股份有限公司

发审委的反馈意见为：请补充披露里纳技术股份有限公司起诉发行人专利侵权的情况，对发行人是否存在重大不利影响。

发行人答复如下：经核查，发行人诉讼代理律师认为发行人构成专利侵权的法律依据不足。若侵权事实被认定，则对发行人的影响如下：

（1）根据里纳公司诉请，赔偿总额不超过人民币 80 万元。

（2）若里纳公司要求停止使用涉案专利方法，发行人的应对措施包括改造使用方法，规避涉案专利权利要求中的独立权利要求等。

以上对发行人持续盈利能力不会产生重大不利影响，也不会对公司未来生产经营和财务状况造成重大不利影响。

案例二：智慧松德装备股份有限公司

2010年初，智慧松德/发行人向证监会报送材料。

2010年6月8日，发行人的竞争对手广东省仕诚塑料机械有限公司向证监会举报发行人抄袭其专利，并向国家知识产权局申请宣告专利无效。

证监会随即决定取消对发行申报文件的审核。

多次沟通后，证监会同意发行人重启上市程序，但仍要求发行人对该案进行充分披露。

发行人按证监会要求进行了核查与解释：

发行人及保荐机构分别委托知识产权代理公司对涉案专利进行鉴定，经鉴定，所涉4项专利不存在抄袭情形，竞争对手的侵权主张没有事实和法律依据。实际控制人承诺代发行人承担因专利侵权案引起的全部经济赔偿责任。

基于发行人的充分解释，证监会对是否存在专利侵权以及责任大小有了较为明确的意见。2010年12月20日，在复审委尚未就专利是否无效作出裁决的情况下，证监会最终通过了发行人的上市申请。

案例三：永安行科技股份有限公司

2017年4月14日，证监会核准了永安行的首发申请。

2017年4月18日，顾某认为永安行侵犯其一项发明专利，先后向苏州中院、南京中院、北京知识产权法院提起诉讼。

2017年5月5日，因遭遇专利权诉讼并被媒体质疑，永安行宣告暂缓IPO的发行。

2017年7月，永安行在专利侵权诉讼中胜诉，正式重启IPO。

2017年8月17日，永安行上交所成功上市。

招股说明书披露，发行人实际控制人孙继胜为专利纠纷事宜作出承诺：

若公司及其控股子公司、分公司因其产品侵害顾某拥有的专利号为201010602045.8的“无固定取还点的自行车租赁运营系统及其方法”的发明专利而导致任何费用支出、经济赔偿等损失，则由本人无条件全额承担赔偿责任，或在公司及其控股子公司、分公司必须先行支付该等费用的情况下，及时向公司及其控股子公司、分公司给予全额补偿，以保证不因上述费用致使公司及其控股子公司、分公司和公司未来上市后的公众股东遭受任何损失。

三、企业上市之商标问题

（一）重要商标未注册

商标的重要性在于商标在企业经营过程中形成自己的品牌，而品牌属于企业的无形资产，属于商誉的一种，可以为企业持续发展带来经济效益。不同的企业，由于产品的差异、商业模式、客户构成等对商标的依赖性不同，或者由于历史原因商标被抢注等，造成企业重要依赖的商标没有注册。

案例一：厦门乾照光电股份有限公司（以下简称乾照光电）

乾照光电是一家主要从事半导体光电产品的研发、生产和销售业务的企业。乾照光电于2010年7月向证监会申报上市材料，证监会注意到乾照光电没有注册商标，故要求乾照光电中介机构进一步核查。

发审委反馈要求核查发行人商标未注册原因，商标未注册对发行人未来持续盈利能力的影响。发行人答复称，发行人属于光电子行业领域，相关产品为中间产品而非最终产品，由厂商深加工处理成为最终产品后再向消费者出售；发行人客户看重设施设备、技术力量、企业管理和质量体系等能力；发行人已申请4项商标注册，尚在注册审查阶段；客户对发行人商标的依赖性很小，推迟商标注册对发行人盈利能力无实质影响。

案例二：烟台正海磁性材料股份有限公司

烟台正海磁性材料股份有限公司股票简称：正海磁材，股票代码：300224，上市时间：2011年5月31日，其主营业务：高性能钕铁硼永磁材料的研发、生产、销售和服务。

发审委的反馈意见为：请发行人补充披露新商标尚未正式批准期间使用新商标的过渡安排。

发行人答复称：根据商标局网站的查询记录，新商标已通过了初步审定并予以公告，公告期3个月满无异议的，国家商标局将予以核准注册，并颁发商标注册证。

根据代理机构出具的商标报告，未发现与该商标相同或近似商标申请在先，确认该商标本身具有显著性，不存在违反《商标法》规定的不予注册的情形。

发行人在新商标获得核准注册前，将继续在其产品上使用该商标，发行人使用该商标未违反相关法律法规的规定，不存在侵犯他人注册商标或与其他企业存在商标方面纠纷的情况。

（二）重要商标的依赖性

重要商标的依赖性，主要存在于发行人和集团公司共同使用一个商标的问题或者发行人使用的商标系由发行人母公司申请，但是，在重组时未将该等商标转入发行人形成的问题。实践中，一些集团化发展的企业，基于集团战略发展的考虑，希望通过永久免费授权使用的方式解决商标使用问题，但是考虑到发行人资产的完整性，对于发行人具有重要作用的商标，至少应当将发行人经营类别的商标转入发行人。

案例一：广西皇氏甲天下股份有限公司

广西皇氏甲天下股份有限公司，股票简称：皇氏集团，股票代码：002329，上市时间：2010年1月6日，主营业务：液态乳和液态乳制品的生产、加工、销售以及与此产业关联的奶牛养殖和牧草种植。

2007年皇氏集团第一次申请IPO被否，发审委认为，发行人销售中使用的主要商标“甲天下”与其他生产食品的企业共有，有关协议书中未明确划分共有双方的使用领域，发行人对该无形资产的权利受到较大限制，发行人未来经营中使用该商标存在出现较大不利变化的风险。

2009 年皇氏集团二次上会成功通过审核，其应对措施如下：

（1）战略上放弃使用商标“甲天下”，逐步淡化“甲天下”商标在已使用产品上的显著性，突出“皇氏乳业”商标。

（2）发行人经营业绩表明，放弃使用商标对发行人持续经营和盈利能力无不利影响。

（3）控股股东承诺：如商标共有造成发行人损失，自行承担全部责任。

案例二：绿康生化股份有限公司

绿康生化股份有限公司股票简称：绿康生化，股票代码：002868，上市时间：2017 年 5 月 3 日，主营业务：兽药研发、生产和销售。

发审委的反馈意见为：请发行人进一步说明和披露“必恩迪”商标的许可和共有是否影响发行人的资产独立性，是否存在对合作伙伴的商标有重大依赖的情形。

发行人的答复意见为：发行人和成都思来共同共有“必恩迪”商标，共有协议约定，成都思来在商标共有期间不得将该商标用于除发行人生产产品以外的其他任何产品，且共有期间对共有商标进行法律上处置时，均需取得发行人的同意。该等共有不会对发行人享有该商标的专用权构成不利影响，发行人合法拥有该商标所有权及使用权。

发行人系一家专注于兽药研发、生产和销售的高新技术企业，商标相对于新兽药证书、兽药生产许可证等核心资质而言重要性较低，其商业信誉主要在于其产品质量本身而非商标，因而发行人不存在对合作伙伴的商标有重大依赖的情形。

案例三：江西天施康中药股份有限公司

肠炎宁产品为江西天施康中药股份有限公司第二大主导产品，为发行人报告期内主要收入增长的来源。

该产品所使用的“康恩贝”商标所有权属于公司股东康恩贝集团间接控股的康恩贝医药销售公司所有。该公司就是因重要商标依赖关联公司，导致公司至今未能上市。

案例四：万马科技股份有限公司

万马科技股份有限公司，股票简称：万马科技，股票代码：300698，上市时间：2017 年 8 月 31 日，主营业务：通信与信息化设备的研发、生产、系统集成与销售。

发审委的第一次反馈意见为：发行人通过无偿许可使用方式，使用万马集团 3 项商标。请发行人补充披露上述许可交易的原因和背景，无偿许可的考虑，是否为独家排他性许可。

发行人答复如下：使用集团商标系基于万马集团统一的集团形象管理，万马集团对集团内所属公司均系无偿许可，以便于使用非独家排他性许可，均为普通许可。

发审委的第二次反馈意见为：报告期内发行人主要产品销售是否使用上述许可商标，是否存在关联方企业与发行人使用相同或类似商标的情形。

发行人答复如下：主要产品上均有使用万马集团商标，发行人关联方大多使用万马集团上述商标。

发审委的第三次反馈意见为：对于发行人使用万马集团许可的商标事宜，是否符合发行监管对独立性的要求。

发行人答复如下：主要产品均属工业品而非消费品，产品商标不在下游客户审核的范围之内，发行人与客户之间签署的相关协议亦不存在关于产品商标的约定，发行人使用何种商标不影响产品销售，其业务也不会对商标产生依赖。发行人使用万马集团许可的商标，不会对发行人的销售及业务构成实质影响，不会对发行人独立性以及本次发行及上市构成实质障碍。

发审委的最后一次反馈意见：发行人就上述事项的相关整改措施。

发行人答复如下：发行人曾出具承诺：自2016年6月1日起12个月内，公司将逐步在自产产品上使用自有商标，12个月后，公司将不再在自产产品上使用万马集团许可使用的商标。经发行人说明并经本所律师在发行人现场核查发行人主要产品的外观、包装、说明材料等，截至本补充法律意见书出具之日，发行人已不再在自产产品上使用万马集团许可使用的商标。

案例五：融钰集团股份有限公司

融钰集团股份有限公司，股票简称：融钰集团（原永大集团），股票代码：002622，上市时间：2011年10月18日，主营业务：研发、生产和销售各种规格的永磁开关产品。

2010年，发行人首次IPO申请被证监会否决，被否原因之一是发行人的销售收入严重依赖国外厂商的品牌授权。根据披露信息显示，发行人与国际知名电力开关生产商伊顿公司签署了《共用品牌许可协议》，发行人销售使用“EATON”品牌的产品，并按照销售额的一定比例向伊顿公司支付授权使用费。为规避依赖国外商标许可可能导致的经营风险及潜在纠纷，发行人逐步减少对于授权许可商标在销售产品上的使用。2011年9月，发行人第二次申请IPO成功。

发审委的反馈意见为：请发行人进一步说明商标的许可使用是否导致其对合作伙伴伊顿的重大依赖的情形。

发行人答复如下：发行人不存在严重依赖伊顿公司的情形：报告期内，公司销售EATON品牌产品数量呈逐渐下降趋势。

报告期内，公司向伊顿公司采购真空灭弧室的金额呈逐渐下降趋势。报告期内，公司客户中采购EATON品牌产品的客户数占比较低，并且上述客户中已有部分客户同时采购公司的自有品牌产品。尽管公司与伊顿签订的《共用品牌许可协议》不具有排他性，但截至目前伊顿公司在中国大陆范围内尚未授权除发行人以外的其他企业在中国大陆使用EATON品牌销售真空断路器。

（三）商标对外许可问题

有些企业在申请上市时，证监会在审核的过程中往往会发现商标对外许可关联交易定价不公允，损害发行人合法权益的情形，从而导致某些企业未能成功过会上市。

案例一：一品红药业股份有限公司

一品红药业股份有限公司，股票简称：一品红，股票代码：300723，上市时间：2017 年 11 月 16 日，主营业务：自有药品的研发、生产和销售及代理药品的销售。

发审委的反馈意见为：请发行人说明采取无偿普通许可方式授权广州康乃馨使用商标的考虑，是否公允，是否存在损害发行人利益的情形及发行人的整改措施。

发行人答复如下：为避免销售渠道重叠，发行人与广州康乃馨签订《合作经营合同》，由发行人独家销售广州康乃馨名下的所有保健品。因此，发行人与广州康乃馨签订《商标使用许可合同》，约定发行人授权广州康乃馨无偿使用 3027474 号“康乃馨”商标，许可使用期间，广州康乃馨使用该商标的产品必须销售给发行人或其指定的第三方，未经发行人同意，不得销售给任何其他第三方。2017 年 3 月 1 日，发行人与广州康乃馨签署了《关于商标使用许可合同的终止协议》《关于合作经营合同的终止协议》，广州康乃馨不再使用“康乃馨”商标。

案例二：山东信得科技股份有限公司

2010 年 4 月 28 日，山东信得科技股份有限公司 IPO 申请被证监会否决。证监会《关于不予核准山东信得科技股份有限公司首次公开发行股票申请的决定》披露：发审委审核中关注到，2009 年 7 月 31 日，山东信得与潍坊市信得生物科技有限公司签署了《商标许可使用协议》，约定山东信得许可潍坊信得无偿使用山东信得拥有的第 4294377 号商标，许可期限为 1 年；若使用期限届满，潍坊信得需要继续使用商标的，届时双方另行协商确定许可使用费事宜。

山东信得与潍坊信得的实际控制人相同，山东信得将自己拥有的商标无偿许可实际控制人控制的企业使用，山东信得没有因商标许可而获得收益，关联交易定价不公允，损害了发行人的合法权益。

（四）商标侵权的纠纷

实务当中认定构成商标侵权的情形主要有如下 3 种：

1. 未经许可，在同种商品上使用相同的商标的；

2. 未经许可，在同种商品上使用近似商标，导致混淆的；

3. 未经许可，在类似商品上使用相同或者近似商标，导致混淆的。

商标侵权抗辩主要有以下 4 种类型：即不相同或不相近似的抗辩、通用名称抗辩、在先权利抗辩与合理使用抗辩。

案例一：南京威尔药业股份有限公司

南京威尔药业股份有限公司，股票简称：威尔药业，股票代码：603351，上市时间：2019 年 1 月 30 日，主营业务：药用辅料和合成润滑基础油产品的研发、生产与销售。

发审委的反馈意见为：举报信反映，发行人未经授权使用了“威尔”药品商标、“威尔”基础润滑油商标，发行人涉嫌商标侵权。请核查说明相关商标的法律状态、使用情况，是否存在知识产权争议或纠纷等风险，是否影响发行人的生产经营。

发行人答复如下：核查了发行人的《商标注册证》《商标续展注册证明》《变更申请受理通知书》《注册商标变更证明》；检索了国家商标局网站，查询发行人所持有的商标情况；取得国家工商行政管理总局商标局出具的关于发行人商标的相关证明文件；检索“中国裁判文书网”“全国法院被执行人信息查询”平台等相关网站；查阅发行人产品宣传材料、公司宣传材料、公开网站；取得了南京市江北新区管理委员会市场监督管理局出具的说明。发行人商标不存在知识产权争议或纠纷等风险，不会影响发行人的正常生产经营。

案例二：苏州迈为科技股份有限公司

苏州迈为科技股份有限公司，股票简称：迈为股份，股票代码：300751，上市时间：2018 年 11 月 9 日，主营业务：智能制造装备的设计、研发、生产与销售。

发审委的反馈意见为：发行人与应用材料意大利公司商标侵权纠纷一案，双方达成和解：发行人停止在产品或服务（含宣传材料）上使用与应用材料意大利公司第 13342059 号“SOFT LINE”注册商标专用权相同或近似的标识、文字。请说明诉讼事项对发行人的影响。

发行人答复如下：虽然发行人停止将“SOFT LINE”用于产品型号，但由于发行人商标始终未发生变化，且发行人的产品属于高端装备，客户对产品型号名称变化不敏感，发行人的后续订单未受型号名称变化的影响。因此，发行人停止使用“SOFT LINE”作为产品型号，对发行人正常生产经营不存在重大影响。

案例三：南京我乐家居股份有限公司

南京我乐家居股份有限公司，股票简称：我乐家居，股票代码：603326，上市时间：2017 年 6 月 16 日，主营业务：定制家具产品的设计、研发、生产、销售及相关服务的提供。

发审委的反馈意见为：原告铁岭市银州区勇蒂广告传媒有限公司主张其系“我乐”注册商标权人，认为发行人及其子公司我乐定制在销售定制产品时使用了原告所拥有的“我乐”商标，造成了对“我乐”注册商标的混淆，并侵犯了原告的商标权。请发行人核查该商标侵权案件的具体情况。

发行人答复如下：发行人的商标注册申请早于原告；原告商标核定使用范围类别为第 40 类，不包括发行人主营业务，发行人所有产品均不涉及第 40 类产品；发行人已就原告商标向国家工商行政管理总局商标局申请撤销并宣告无效。

四、企业上市之著作权问题

（一）著作权的归属

1. 委托作品

我国《著作权法》对于委托作品的规定如下：受委托创作的作品，著作权的归属由委托人和受托人通过合同约定。合同未作明确约定或者没有订立合同的，著作权属于受托人。

2. 职务作品

一般职务作品，著作权由作者享有，但法人或者其他组织有权在其业务范围内优先使用。作品完成两年内，未经单位同意，作者不得许可第三人以与单位使用的相同方式使用该作品。

特殊职务作品，主要是利用法人或者其他组织的物质技术条件创作，并由法人或者其他组织承担责任的工程设计图、产品设计图、地图、计算机软件等职务作品；法律、行政法规规定或者合同约定著作权由法人或者其他组织享有的职务作品。特殊职务作品，作者享有署名权，著作权的其他权利由法人或者其他组织享有，法人或者其他组织可以给予作者奖励。

案例：世纪天鸿教育科技股份有限公司

世纪天鸿教育科技股份有限公司，股票简称：世纪天鸿，股票代码：300654，上市时间：2017年9月26日，主营业务：助学读物的策划、设计、制作与发行。

发审委的反馈意见为：请发行人说明相关外部人员是否还向其他同行业企业供稿，如是，在知识产权方面是否存在潜在纠纷。

发行人答复如下：报告期内，与公司签约的外聘作者多为教育研究单位的教研员和一线教师等具备丰富教学实践和内容编写经验的专家，其在业余时间完成合同约定的创作内容，且按照字数确定稿酬，公司无法就外聘作者是否可以向其他同行业供稿签订排他性协议。但对外聘作者在《委托创作合同》项下完成的创作内容，已明确约定公司享有作品著作权，外聘作者不得将提供给公司的稿件内容再次利用，同时外聘作者还签署了《无侵犯他人著作权声明》《作品著作权归属声明》《作品使用授权声明》等声明文件，进一步明确了知识产权的归属。报告期内，未发生在知识产权方面的经济纠纷，也不存在潜在纠纷。

（二）著作权的授权许可

著作权许可使用是著作权人授权他人以一定的方式，在一定的时期和一定的地域范围内商业性使用其作品并收取报酬的行为。

案例：广州广哈通信股份有限公司

广州广哈通信股份有限公司，股票简称：广哈通信，股票代码：300711，上市时间：2017 年 11 月 1 日，主营业务：数字与多媒体指挥调度系统及相关产品的研发、生产、销售与服务。

发审委的反馈意见为：发行人供应商东进通讯与发行人签订协议，允许发行人无偿使用多项软件著作权。请说明东进通讯允许发行人无偿使用的原因、是否合法合规、是否符合商业逻辑，发行人是否对东进通讯存在依赖。

发行人答复如下：东进通讯将其为公司定制产品开发的软件著作权授权给公司无偿使用符合商业惯例，双方主体适格，经协商一致达成合意，合同合法有效；报告期内，公司采购授权软件著作权对应的板卡数量及金额较低，并且由于行业技术迭代，相关板卡已停产，公司亦停止生产需使用该等板卡的产品，故不存在因东进通讯授权而对其存在依赖情形。东进通讯还未允许其他主体使用相关软件著作权。

（三）著作权的纠纷

实务当中对著作权侵权认定依据为接触和实质性相似。接触，是指在先作品已发表，或者由于某种特殊原因，使在后创作者有机会获得该作品。实质性相似，是指在后作品与在先作品在表达上存在实质性的相同或近似，使读者产生相同或近似的欣赏体验。

那么，当企业在申请上市的过程中，被举报著作权侵权时，企业往往会作出抗辩，实务当中被法律所保护的抗辩只有两种，即合理使用和法定许可。

《著作权法》第 22 条规定的 12 种情况下使用作品，可以不经著作权人许可，不向其支付报酬，但应当指明作者姓名、作品名称，并且不得侵犯著作权人依照著作权法享有的其他权利。

《著作权法》第 23、33、39、42、43 条规定的情况下，可以不经著作权人许可，以特定的方式有偿使用他人已经发表的作品，指明作者姓名、作品名称，并且不得侵犯著作权人依照著作权法享有的其他权利。

案例一：汉王科技股份有限公司

汉王科技股份有限公司：股票简称：汉王科技，股票代码：002362，上市时间：2010 年 3 月 3 日，主营业务：基于手写识别与笔迹输入、光学字符识别（OCR）等核心技术的软硬件产品、技术授权和技术服务（行业应用解决方案）。

2009 年 6 月，南开越洋向天津一中院起诉发行人侵犯其计算机软件著作权，法院以双方《软件许可协议》存在仲裁条款驳回起诉，后南开越洋将该纠纷提交香港国际仲裁中心。

汉王科技于招股说明书披露上述纠纷并解释：

公司已于 2009 年 4 月开始全面使用自主研发的英文识别核心技术，替代与南开越洋的签约软件产品。为更好保护流通股股东利益，公司所有发起人股东承诺足额补偿公司因软件著作权纠纷实际承担的赔偿责任。该软件著作权纠纷不会对公司造成经济上的损失，不会对公司日常经营及发行上市造成重大不利影响。

2009 年 11 月，中华书局起诉发行人的汉王电纸书产品预装的“二十五史”侵犯其“点教版二十五史”的著作权，要求赔偿 446.5 万元。

公司是经国学公司授权将涉案作品预装到“汉王电纸书”中的，因此申请追加国学公司为诉讼第三人。诉讼发生后，公司已停止在电纸书产品中预装涉案作品。如法院判决公司承担赔偿责任，公司可根据与国学公司签订的协议进行追偿。公司按照审慎原则，已在 2009 年度对该项诉讼全额计提了 446.5 万元的预计负债。该软件著作权纠纷不会对公司造成经济上的损失，不会对公司日常经营及发行上市造成重大不利影响。

案例二：掌阅科技股份有限公司

掌阅科技股份有限公司，股票简称：掌阅科技，股票代码：603533，上市时间：2017 年 9 月 21 日，主营业务：互联网数字阅读服务及增值服务业务。

发审委反馈意见如下：请发行人进一步说明：报告期内发生的 15 起知识产权诉讼和 2 起不正当竞争诉讼的最新进展情况和发行人已/拟采取的应对措施；上述诉讼如果败诉给发行人带来的负面影响，是否会对发行人的持续经营构成影响。

发行人答复如下：15 宗著作权纠纷均为已决案件，涉案作品共 27 本，发行人实际承担的赔偿/补偿金额最低为 2600 元，最高为 72000 元，实际承担的赔偿/补偿金额合计约 29 万元；2 宗不正当竞争诉讼案件，涉案作品共 3 本。上述涉诉事项相较于发行人超过 50 万册数字内容版权，年数字阅读收入在 10 亿元以上的管理规模与量级而言，为数较少，属于个别情况。

五、企业上市之商业秘密问题

商业秘密与专利的区别：

比较客体	商业秘密	专利
权利产生方式	立即取得	申请授权取得
权利产生条件	保密	公开换保护
权利客体范围	技术信息、经营信息	发明、实用新型、外观设计
权利取得要件	秘密性、价值性、实用性	新颖性、创造性、实用性

商业秘密在实务当中主要有两种类型：分别是技术信息和经营性信息。技术信息指专业技术、技术诀窍，它主要包括大家熟知的配方、研究开发的文件如会议纪要、实验结果、检验方法等以及图纸、改进的机器设备、工艺程序、产品。

经营性信息主要是指技术秘密以外的能够构成商业秘密的其他信息，它包括客户情报、其他与竞争和效益相关的商业信息，如采购计划、供货渠道、重要的管理方法等。企业通过不正当的手段来获取商业秘密或者违反保密义务而擅自披露商业秘密的，都会被认定是侵犯商业秘密的行为。

案例一：深圳市理邦精密仪器股份有限公司

深圳市理邦精密仪器股份有限公司，股票简称：理邦仪器，股票代码：300206，上市时间：2011年4月21日，主营业务：医疗电子设备的研发、生产和销售。

2011年4月，理邦仪器正式上市前，相关媒体报道深圳迈瑞生物医疗电子股份有限公司已向深圳中院提起诉讼，称发行人生产的医疗设备涉嫌侵犯其商业秘密。

发行人发出公告——《深圳市理邦精密仪器股份有限公司重大事项公告》：

保荐机构、发行人律师对发行人涉及诉讼的相关产品的技术独立性进行了核查，认为发行人具备较强且独立的技术研发实力，发行人相关产品未侵犯迈瑞医疗的相关专利及商业秘密。

保荐机构、发行人律师、发行人会计师认为，涉及侵权争议产品占发行人业务比重较小，未对发行人持续经营和持续盈利能力构成重大影响，不构成本次发行上市的实质性障碍。

发行人实际控制人已针对可能存在的侵权案件作出书面承诺："如果公司因本次侵权案件最终败诉，并因此需要支付任何侵权赔偿金、相关诉讼费用，或因本次诉讼导致公司的生产、经营遭受损失，公司实际控制人将共同承担公司因本次诉讼产生的侵权赔偿金、案件费用及生产、经营损失。"

案例二：深圳科创新源新材料股份有限公司

深圳科创新源新材料股份有限公司，股票简称：科创新源，股票代码：300731，上市时间：2017年12月8日，主营业务：高性能特种橡胶密封材料的研发、生产和销售。

发审委的反馈意见为：2015年两名员工从公司窃取"KC80密封胶带"部分技术秘密信息提供给第三方公司仿制生产，发行人已向法院起诉，请发行人补充披露该技术失密事件是否对发行人经营产生重大不利影响。

发行人答复如下：公司已立即通过法律手段遏制侵权行为。

（1）向深圳市公安局报案，因对方公司尚未批量生产、未获利，因而未立案。

（2）民事诉讼，要求对方立即停止侵权，对方已停止侵权行为。

对方窃取的是非关键性技术秘密信息。仅掌握部分技术秘密信息无法生产出同类产品。此次技术秘密失窃未给公司造成实质损失。对方公司生产的侵权样品经客户测试无法达标，无法批量生产，未对发行人产生重大不利影响。

案例三、四川金时科技股份有限公司

四川金时科技股份有限公司，股票简称：金时科技，股票代码：002951，上市时间：2019 年 3 月 15 日，主营业务：烟标等包装印刷品的研发、生产和销售。

发审委的反馈意见为：请说明发行人董监高及核心技术人员对其曾任职单位是否负有竞业禁止或保密义务，是否因竞业禁止、保守商业秘密或者其他事项被曾任职单位主张过权利，是否可能导致发行人的技术存在纠纷或潜在纠纷。

发行人答复如下：根据发行人董监高及核心技术人员出具的承诺函，上述人员均未与曾任职单位签署过保密协议、竞业禁止协议或其他类似协议，不存在对曾任职单位负有竞业禁止义务及保密义务的情况。

根据对发行人董监高及核心技术人员的访谈，并检索最高院被执行人信息查询系统、中国裁判文书网等网站，发行人董监高及其核心技术人员未曾因为竞业禁止、保守商业秘密或者其他事项被曾任职单位主张过权利，不存在可能导致发行人的技术存在纠纷或潜在纠纷的情况。

六、企业上市之集成电路布图设计问题

集成电路是指半导体集成电路，即以半导体材料为基片，将至少有一个是有源元件的两个以上元件和部分或者全部互连线路集成在基片之中或者基片之上，以执行某种电子功能的中间产品或者最终产品。

集成电路布图设计，是指集成电路中至少有一个是有源元件的两个以上元件

和部分或者全部互连线路的三维配置，或者为制造集成电路而准备的上述三维配置。

集成电路布图设计专有权系基于《集成电路布图设计保护条例》规定，权利人享有的对受保护的布图设计的全部或者其中任何具有独创性的部分进行复制的权利以及将受保护的布图设计、含有该布图设计的集成电路或者含有该集成电路的物品投入商业利用的权利。

案例一：上海富瀚微电子股份有限公司

上海富瀚微电子股份有限公司，股票简称：富瀚微，股票代码：300613，上市时间：2017 年 2 月 20 日，主营业务：数字信号处理芯片的研发和销售，并提供专业技术服务。

发审委的反馈意见为：请发行人补充说明登记号为 BS. 06500300. 4 集成电路布图设计的权利人为富瀚有限的原因，该集成电路布图设计对发行人生产经营的重要程度，是否影响发行人资产的完整性。

发行人答复如下：该集成电路布图设计与发行人生产经营紧密相关，富瀚有限整体变更为发行人后，发行人即着手办理该集成电路布图设计的权利人变更手续。2014 年 8 月 22 日，国家知识产权局签发《集成电路布图设计手续合格通知书》，同意登记号为 BS. 06500300. 4 集成电路布图设计（名称 FH8601）的权利人由富瀚有限更名为发行人。

基于上述，发行人认为，该集成电路布图设计权利人已变更至发行人名下，不影响发行人资产的完整性。

案例二：中颖电子股份有限公司

中颖电子股份有限公司，股票简称：中颖电子，股票代码：300327，上市时间：2012 年 6 月 13 日，主营业务：集成电路产品的设计和销售，以及相关的售后服务及技术服务。

发审委的反馈意见为：发行人部分集成电路布图设计权的权属证书，目前仍在办理更名手续。请发行人列示说明正在办理更名手续的权属证书更名进度，是否存在纠纷或潜在纠纷。

发行人答复如下：发行人67项集成电路布图设计权的权属证书的更名手续目前已经全部办理完毕，权利人已由发行人前身中颖有限或中颖上海全部变更为发行人，不存在纠纷或潜在纠纷。

七、拟上市企业IP重大法律问题及注意事项

（一）重大法律问题及注意事项

拟上市企业IP的重大法律问题主要包括：

1. 影响资产完整性方面：核心知识产权共有、许可、权利瑕疵或负担、第三方依赖、涉嫌职务发明等。

2. 影响公司持续经营：核心知识产权侵权、纠纷、失效、终止或被宣告无效等。

在尽职调查过程中应加强IP的专项核查，包括：

1. 发行人已获得的IP及其法律状态；

2. 发行人正在使用的IP与已获得的IP的一致性，是否涉及侵权；

3. 拟受让IP的状态、排他性、期限、期限届满后的约定；

4. 拟申请的IP，申请后的定期维护、更新；

5. IP纠纷和潜在纠纷等。

对于发行人生产经营过程中的重要IP，应进行防御性的、战略性的保护。如为发行人未来业务可能涉及的相关商品/服务项目申请注册商标、委托专业机构定期维护（申请、续费或延展、变更等）、企业内部专人定期跟踪等，保持相关IP的披露信息与法律状态一致。

企业在IPO过程中，应特别注意避免因防御性、战略性保护而产生IP纠纷或潜在纠纷。

（二）对于已经存在IP问题的处理原则和处理方案

1. 处理原则

消除审核部门对因IP问题而引发的资产完整性、持续盈利能力等方面的担忧，消除或减少IP问题对审核和发行上市的进程、结果的影响。

2. 处理方案

（1）通过申请，原始取得相关IP，以替代存在独立性、不确定性和可能引发诉讼的IP；

（2）通过交易的方式，继受取得相关IP；

（3）规范IP授权使用协议，保证标的IP的使用权在未来可预见的期限内是稳定的、确定的；

（4）非发行人核心产品若无法取得IP所有权或使用权，发行人可对产品进行更新换代或剥离相关业务；

（5）如实披露已经发生的重大诉讼和仲裁事项，并在披露后的最短时间内解决，体现公司的诚信态度，赢得投资者的长期信任。

八、企业科创板上市知识产权问题

（一）科创板涉及的知识产权问题

科创板上市在审核问询环节涉及的知识产权问题主要包括如下方面：

1. 核心技术方面：核心技术的来源、核心技术的保护措施、核心技术的权属纠纷、核心技术人员的认定标准、核心技术人员的稳定性。

2. 研发体系方面：研发人员的背景情况、研发投入情况、是否违反竞业禁止、是否违反保密协议、是否存在技术纠纷等。

3. 市场价值方面：对企业生产经营的贡献度、涉及生产的具体环节、知识产权的应用情况。

4. 行业竞争态势方面：产品竞争力、技术的先进性和可替代性、相对的竞争优势、产品的技术分析等。

（二）重要认定

1.“核心技术”的认定

核心技术的判断主要结合发行人所处行业的国家科技发展战略和政策、整体技术水平、国内外科技发展水平和趋势等因素，综合判断。

2.“核心技术人员”的认定

申请在科创板上市的企业，应当根据企业生产经营需要和相关人员对企业生产经营发挥的实际作用确定核心技术人员范围，并在招股说明书中披露认定情况和认定依据。原则上，核心技术人员通常包括公司技术负责人、研发负责人、研发部门主要成员、主要知识产权和非专利技术的发明人或设计人、主要技术标准的起草者等。

3.“主要依靠核心技术开展生产经营”的认定

主要依靠核心技术开展生产经营是指企业的主要经营成果来源于依托核心技术的产品或服务：一是发行人能够坚持科技创新，通过持续的研发投入积累形成核心技术；二是发行人主要的生产经营能够以核心技术为基础，将核心技术进行成果转化，形成基于核心技术的产品（服务）。

（三）案例

拟上市公司	发审委反馈意见	发行人答复
深圳普门科技股份有限公司	请发行人进一步说明：是否存在合作研发的情况；发行人核心技术对合作研发是否存在依赖，发行人持续经营能力是否依赖于合作研发或相关单位。	公司光子治疗仪产品，是公司拥有自主知识产权的核心技术，由发行人自主研发，不存在公司与其他单位针对公司核心产品及核心技术开展合作研发情形，所产生的相关知识产权均为发行人单独所有。相关单位已出具《科研成果确认函》予以确认。 发行人的核心技术对其他单位不存在依赖，发行人持续经营能力不存在依赖于其他单位的情形，发行人与其他单位不存在与合作研发相关的纠纷或潜在纠纷。

续表

拟上市公司	发审委反馈意见	发行人答复
广东紫晶信息存储技术股份有限公司	请保荐机构和申报会计师对发行人是否控制各类业务的关键核心技术发表明确意见。 请发行人在业务与技术中披露：扣除与核心业务关联性不大的其他业务的收入、利润后，发行人核心技术产品的收入、利润金额。	发行人掌握蓝光数据存储系统的关键核心技术，并于2018年1月通过工信部科学技术成果评价，结论为具有自主知识产权，整体技术达国际先进水平。 发行人以该技术为基础和核心，结合行业发展期初期特点制定市场策略，进行相应的客户开拓，所有业务均围绕发展和推广蓝光数据存储系统的目的进行开展。 报告期内，发行人的核心技术毛利占比均在90%以上，发行人主要依靠核心技术开展生产经营。2017年、2018年的核心技术相关收入同比增长率分别为38.04%、85.2%，相关毛利增长率分别为36.96%和96.25%，相关收入、利润具有可持续性，能依靠核心技术实现较强的成长性。
天津久日新材料股份有限公司	请发行人披露“部分核心技术来源为集成创新、消化吸收再创新”的具体含义。	关于集成创新：公司将结晶、离心和干燥3个独立生产流程合并成为一个全封闭的过程，实现过程简洁、安全隐患小、产品质量高以及大规模产能等重要成果，具有通用工艺难以比拟的优势。 关于消化吸收再创新：公司将通过自身和对外取得的初步小试技术进行深入的综合研究、消化及优化完善，确定小试工艺，并自主完成中试及大试的所有设计和实践，取得预期的结果，故将此类核心技术来源归纳为消化吸收再创新。

续表

拟上市公司	发审委反馈意见	发行人答复
北京木瓜移动科技股份有限公司	请发行人披露目前核心技术人员的认定标准。	公司核心技术人员的认定依据为对公司核心技术具有重要意义的研发项目的负责人及主要贡献者，具体标准包括： (1) 核心技术人员所负责模块对于公司核心技术的重要性； (2) 核心技术人员在该模块中的职位和贡献； (3) 核心技术人员拥有深厚的与公司所处行业和业务相匹配的行业背景，科研成果及获奖情况等。
深圳市有方科技股份有限公司	招股说明书披露，实际控制人曾任职于中兴通讯，同时发行人的多数董监高以及核心技术人员曾就职于中兴通讯或其关联公司。请发行人详细说明：发行人现有专利与中兴通讯等公司的专利是否具有相关性，上述人员是否存在实际控制人以及其他核心人员将职务成果投入发行人的情形。	公司部分核心人员存在从中兴通讯离职后加入公司的情形，但核心团队自 2009 年入主公司并主导经营发展时即组建了独立的研发部门和研发团队，在业务、人员、机构、财务、资产等方面与关联方具有独立性，并且完全独立于中兴通讯及其关联公司。目前公司拥有的各项知识产权均为公司申请取得，相关技术全部来自于自主研发。第三方出具的《专利分析报告》显示“有方科技申请的标的专利与中兴通讯申请的目标专利不存在相同或等同的技术特征，不具有相关性”。
贵州白山云科技股份有限公司	结合核心技术来源、技术难度、技术开发过程和所需时间等，说明成立后 3 个月即可完成技术开发、搭建管理架构、技术测试、快速复制并商业化的原因。	公司的核心技术是基于公司的业务和发展需求自主研发取得。 公司采取松耦合平台架构，降低模块间的相互依赖和影响。 公司早期发布的云分发产品功能和系统复杂度相对简单，研发要求相对较低。 公司主要管理人员和技术人员具有丰富的工作经验和对行业的深刻理解，可在短期内完成公司管理架构、技术架构的搭建。

续表

拟上市公司	发审委反馈意见	发行人答复
乐鑫信息科技（上海）股份有限公司	请发行人进一步说明并披露：发行人相对于其他竞争对手是否已建立足够的技术壁垒及具体依据（包括但不限于技术先进性证据、核心知识产权及应用成果、行业技术路线及发行人的产品方向等）。	发行人核心技术先进性的具体表征为优异的产品性能及活跃的开源生态，发行人产品在硬件性能、软件功能及开源生态系统等方面，均有较强竞争力。 截至本回复出具日，发行人已拥有48项专利，其中22项发明专利。上述核心技术及专利均应用于发行人各款芯片及模组产品，涵盖了发行人产品的各个关键技术领域，是发行人产品性能优势的核心基础。

第八节 企业上市之返程投资外汇登记合规问题

一、返程投资外汇登记的相关规定

为进一步简化和便利境内居民通过特殊目的公司从事投融资活动所涉及的跨境资本交易，国家外汇管理局于2014年7月4日颁布了《关于境内居民通过特殊目的公司境外投融资及返程投资外汇管理有关问题的通知》（汇发〔2014〕37号，以下简称37号文）。根据37号文，“特殊目的公司”“返程投资”和“境内居民个人”的含义如下：

（一）特殊目的公司

特殊目的公司指境内居民（含境内机构和境内居民个人）以投融资为目的，以其合法持有的境内企业资产或权益，或者以其合法持有的境外资产或权益，在境外直接设立或间接控制的境外企业。

（二）返程投资

返程投资指境内居民直接或间接通过特殊目的公司对境内开展的直接投资活动，即通过新设、并购等方式在境内设立外商投资企业或项目，并取得所有权、控制权、经营管理权等权益的行为。

（三）境内居民个人

境内居民个人指持有中国境内居民身份证、军人身份证件、武装警察身份证件的中国公民，以及虽无中国境内合法身份证件，但因经济利益关系在中国境内习惯性居住的境外个人。

二、返程投资外汇登记的办理

根据37号文，外汇局对境内居民设立特殊目的公司实行登记管理。在37号文实施前，境内居民以境内外合法资产或权益已向特殊目的公司出资但未按规定办理境外投资外汇登记的，境内居民应向外汇局出具说明函说明理由。外汇局根据合法性、合理性等原则补办登记，对涉嫌违反外汇管理规定的，依法进行行政处罚。

（一）办理主体

持有证件类型	是否可办理/是否需办理	相关案例
持有中国身份证	应当办理/可以办理	如华夏动漫（HK01566）、高鹏矿业（HK02212）、国瑞置业（HK02329）
持有中国护照	应当办理/可以办理	
持有军人身份证件/武装警察身份证件	应当办理/可以办理	
因经济利益关系在中国境内习惯性居住的境外个人	应当/可以办理，但对于持护照的外国公民（包括无国籍人）以及持港澳居民来往内地通行证、台湾居民来往大陆通行证的港澳台同胞等境外个人，在境内办理境外投资外汇登记业务时，需审核相关真实性证明材料（如境内购买的房产、内资权益等相关财产权利证明文件等）	如BBI生命科学（HK01035）

续表

持有证件类型	是否可办理/是否需办理	相关案例
同时持有境内合法身份证件和境外（含港澳台）合法身份证件	无须/无法办理（视同境外个人管理）	如集成伞业（HK01027）
持有外国护照/外国国籍及港澳台护照	无须/无法办理，但不包括"因经济利益关系在中国境内习惯性居住的境外个人"的情形	如呷哺呷哺（HK00520）、奥星生命科技（HK06118）、中国宏泰发展（HK06166）、粤丰环保（HK01381）等

如为多个境内居民个人共同设立特殊目的公司的，可委托其中一人在受托人境内资产权益所在地或者户籍所在地外汇分局（外汇管理部）集中办理。

（二）办理时点

境内居民以境内外合法资产或权益向特殊目的公司出资前，应向外汇局申请办理境外投资外汇登记手续。

（三）受理单位

境内居民个人以境内资产或权益向特殊目的公司出资的，应向境内企业资产或权益所在地银行申请办理境内居民个人特殊目的公司外汇登记。如有多个境内企业资产或权益且所在地不一致时，境内居民应选择其中一个主要资产或权益所在地银行集中办理登记。境内居民个人以境外合法资产或权益出资的，应向户籍所在地银行申请办理登记。

（四）申请材料

境内居民个人以境内外合法资产或权益（包括但不限于货币、有价证券、知识产权或技术、股权、债权等）向特殊目的公司出资的，应提交以下材料：

1. 书面申请与《境内居民个人境外投资外汇登记表》。

2. 个人身份证明文件。

3. 特殊目的公司登记注册文件及股东或实际控制人证明文件（如股东名册、

认缴人名册等）。

4. 境内外企业权力机构同意境外投融资的决议书（企业尚未设立的，提供权益所有人同意境外投融资的书面说明）。

5. 境内居民个人直接或间接持有拟境外投融资境内企业资产或权益，或者合法持有境外资产或权益的证明文件。

6. 在前述材料不能充分说明交易的真实性或申请材料之间的一致性时，要求提供的补充材料。

7. 境内居民个人以境内外合法资产或权益已向特殊目的公司出资但未按规定办理境外投资外汇登记的，还应提交说明函。

（五）办理时限

10个工作日。涉及境内居民个人特殊目的公司外汇补登记的，20个工作日内处理完毕。

（六）相关罚则

就境内居民未按规定办理返程投资外汇登记等情形，37号文明确了以下相关罚则：

序号	情形	处罚结果
1	境内居民或其直接、间接控制的境内企业通过虚假或构造交易汇出资金用于特殊目的公司	《中华人民共和国外汇管理条例》第39条：由外汇管理机关责令限期调回外汇，处逃汇金额30%以下的罚款；情节严重的，处逃汇金额30%以上等值以下的罚款；构成犯罪的，依法追究刑事责任。
2	境内居民未按规定办理相关外汇登记、未如实披露返程投资企业实际控制人信息、存在虚假承诺等行为	《中华人民共和国外汇管理条例》第48条第5项：由外汇管理机关责令改正，给予警告，对机构可以处30万元以下的罚款，对个人可以处5万元以下的罚款。

续表

序号	情形	处罚结果	
3	在境内居民未按规定办理相关外汇登记、未如实披露返程投资企业实际控制人信息或虚假承诺的情况下	若发生资金流出	《中华人民共和国外汇管理条例》第39条：由外汇管理机关责令限期调回外汇，处逃汇金额30%以下的罚款；情节严重的，处逃汇金额30%以上等值以下的罚款；构成犯罪的，依法追究刑事责任。
		若发生资金流入	《中华人民共和国外汇管理条例》第41条：由外汇管理机关责令改正，处违法金额30%以下的罚款；情节严重的，处违法金额30%以上等值以下的罚款。
		若发生资金结汇	《中华人民共和国外汇管理条例》第41条第2款：由外汇管理机关责令对非法结汇资金予以回兑，处违法金额30%以下的罚款。
4	境内居民与特殊目的公司相关跨境收支未按规定办理国际收支统计申报的	《中华人民共和国外汇管理条例》第48条第1项：由外汇管理机关责令改正，给予警告，对机构可以处30万元以下的罚款，对个人可以处5万元以下的罚款。	

三、IPO返程投资外汇登记案例

拟上市企业或其相关股东/实际控制人如因该等股东/实际控制人未及时办理返程投资外汇登记而被外汇管理局处罚，可能对企业的上市进程造成一定程度的影响。IPO实践中亦存在返程投资未及时办理外汇登记的情形：

1. 特殊目的公司仍然存续，并在上市前完成补登记的案例

（1）利通电子（603629）

发行人实际控制人之一邵某与徐某、张某（3人均系中国国籍）于2003年5月在香港设立伟丰贸易（香港）有限公司，并通过该公司返程投资江苏利通电子有限公司（发行人前身）。邵某、徐某、张某向国家外汇管理局宜兴市支局申

请办理境外投资外汇补登记，并于2016年4月取得《境内居民个人境外投资外汇登记表》。

2016年4月，国家外汇管理局宜兴市支局分别对邵某、徐某、张某出具《行政处罚决定书》，对3人未在规定日期办理境外投资外汇登记的行为给予警告，并处罚款5万元。

2017年3月，国家外汇管理局宜兴市支局出具《证明》，确认邵某、徐某、张某因未按规定进行外汇登记并受到外汇处罚的事宜不属于重大外汇违规行为。

（2）旭升股份（603305）

发行人实际控制人徐某（系中国国籍）于2007年8月在香港设立香港旭日实业有限公司，并通过该公司返程投资宁波旭升机械有限公司（发行人前身），且香港旭日实业有限公司为发行人上市时第二大股东。

徐某向国家外汇管理局北仑支局申请办理返程投资补登记，并于2015年5月取得《境内居民个人境外投资外汇登记表》。

2015年5月，国家外汇管理局北仑支局对徐某出具《行政处罚决定书》（仑外管罚〔2015〕第3号），对徐某未按规定办理境外投资外汇登记手续的行为处以责令改正，给予警告，并罚款0.5万元。

国家外汇管理局北仑支局出具《证明》，确认徐某及发行人自2013年1月以来未受到重大行政处罚。

根据上述案例，若拟上市企业历史上存在境内自然人在境外设立公司并通过该公司持有发行人股份的情形，且该等情形属于返程投资，境内居民应及时向外汇管理局申请办理外汇（补）登记手续，若因此受到行政处罚，发行人及相关股东/实际控制人应尽可能取得处罚机关出具的不构成重大行政处罚的证明。

2. 特殊目的公司已于发行人上市前注销的案例

（1）润禾材料（300727）

发行人实际控制人叶某、俞某（均系中国国籍）在香港出资设立华光国际贸易有限公司（以下简称华光国际），并通过该公司返程投资浙江润禾有机硅新材料有限公司（以下简称德清润禾），为发行人全资子公司，华光国际已于发行人上市前注销。

香港公司注册处出具函件说明，华光国际的注册已由2017年3月31日刊登的1617号宪报公告宣布撤销，华光国际亦由上述宪报公告刊登当日予以解散。

华光国际的设立已经履行了相关审批程序，华光国际对德清润禾的历次实缴出资以及润禾有限向德清润禾境外原股东华光国际支付股权转让款的过程符合外汇管理相关法律规定。

国家外汇管理局德清县支局于2016年8月、2017年3月及2017年9月出具《证明》，确认德清润禾于2013年1月1日起至证明出具之日在外汇收支业务中未有违反外汇管理规定的行为。

发行人实际控制人叶某及俞某已出具书面承诺，如因华光国际未办理特殊目的公司境外投资外汇登记而受到任何处罚或引起任何纠纷或因德清润禾外汇登记相关事项等事宜而受到任何处罚或引起任何纠纷，则由实际控制人承担所有损失，并确保德清润禾及发行人不因上述处罚或纠纷遭受任何损失。

（2）德创环保（603177）

发行人实际控制人金某（系中国国籍）于2006年7月在香港出资设立香港华瑞国际控股集团有限公司（以下简称香港华瑞），并通过受让股权的方式返程投资浙江德创环保科技有限公司（发行人前身），香港华瑞已于发行人上市前注销。

香港华瑞对发行人进行投资的行为已签署股权转让协议，办理了结汇手续，取得了商务主管部门的审批并且办理了工商变更登记手续，发行人股权结构稳定，股东之间未就股权转让事项产生过争议或纠纷。

国家外汇管理局绍兴市中心支局于2014年10月出具《说明》，确认发行人自2011年至说明出具之日未受到过该局的行政处罚。

发行人实际控制人金某已出具书面承诺，如发行人因其外资股东投资事宜受到任何不利法律影响，则由实际控制人承担因该等不利法律影响给发行人造成的一切经济损失。

根据上述案例，虽然发行人实际控制人历史上曾设立特殊目的公司并通过返程投资的形式持有发行人或发行人子公司股份，但由于该特殊目的公司已不再持有发行人或发行人子公司股份，未办理返程投资登记的不规范行为已经消除；且由于该特殊目的公司已注销，发行人实际控制人按现行外汇规定办理返程投资补登记手续已不具有可操作性与必要性。针对此种情况，发行人应尽可能取得外汇管理局出具的关于发行人及其相关股东/实际控制人未受到过相关行政处罚的确认意见，同时由实际控制人出具相关兜底承诺。

第九节　企业上市之红筹回归合规问题

中国企业到海外上市主要通过搭建红筹架构实现境外上市融资。由于境内外证券市场监管体系的差异、法律体系的差异、投资环境的差异等，一些中国企业通过搭建红筹架构在境外上市，进行全球募资。但是，随着中国证券市场的成熟，尤其是科创板的推出，一部分在海外上市的红筹企业通过私有化回归国内资本市场再上市，也有一部分已搭建红筹架构的企业转向回归国内证券市场。尽管《国务院办公厅转发证监会关于开展创新企业境内发行股票或存托凭证试点若干意见的通知》（国办发〔2018〕21 号）允许已经搭建红筹架构的企业保留境外红筹架构在国内上市，但是与国内企业直接上市相比较，条件较高，因此，对于不符合采用红筹架构在国内上市的企业，还需要通过拆除红筹架构后直接在国内申请上市。

一、红筹架构拆除的基本方式

（一）直接持股模式

直接持股模式是指实际控制人控制的红筹企业直接或间接持有运营实体 100% 股权。在此模式下，拆除红筹架构首先要将实际控制人对运营实体的控制权由境外转移至境内，即由实际控制人或其境内设立的公司直接持有运营实体股权，运营实体的性质由外商独资企业变更为内资企业或中外合资企业，之后再注销红筹架构中的特殊目的公司。

在实践操作中，一般通过实际控制人或其设立的境内公司受让境外公司持有的运营实体股权，或者通过实际控制人或其设立的境内公司直接对运营实体进行增资的方式实现运营实体控制权从境外转移到境内。就股权转让方式而言，其虽然可解决境外投资人退出的资金需求，但在未新引进境内投资人的情况下，实际控制人作为股权受让方的资金压力较大，同时可能涉及所得税的缴纳；就增资方式而言，其虽然可以避免所得税缴纳，并节约资金跨境流动的时间和费用成本，但实际控制人作为增资方仍存在较大资金压力。

（二）协议控制模式

协议控制模式是指红筹企业通过协议的方式控制运营实体，从而将运营实体纳入合并报表。在此模式下，拆除红筹架构需解除 WFOE（外商独资企业）与运营实体、运营实体股东之间签署的包括《独家购买权合同》《独家技术咨询和服务协议》《股权质押合同》《授权委托书》《确认函》等在内的一整套控制协议。

如果境外投资人希望在红筹架构拆除过程中退出，红筹企业还需回购境外投资人持有的股份。红筹企业若缺乏资金，可通过实际控制人和/或境内新投资人向运营实体增资等方式提供资金支持，WFOE 或其上级公司以清算或分红的方式将收到的款项层层上缴，由红筹企业向拟退出的境外投资人支付回购价款，最后注销红筹架构中的相关特殊目的公司。

二、红筹架构拆除的实务操作

（一）康龙化成（300795，2019 年 1 月在创业板上市）

1. 主要拆除步骤

（1）红筹架构拆除前，康龙化成的股权架构如下：

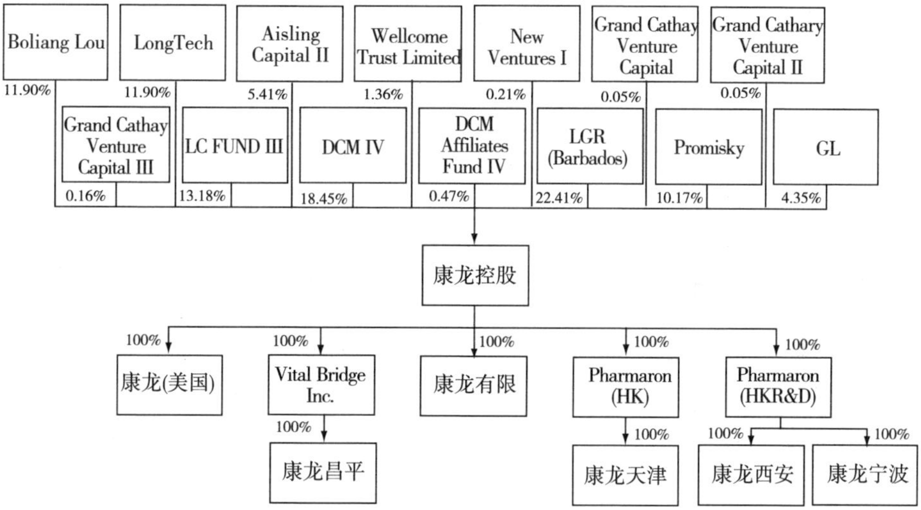

（2）康龙控股回购除 Boliang Lou（楼某良）外其他股东持有的康龙控股股份

2015 年 10 月，康龙控股分别以 1 美元及与人民币 6929141 元等值的美元回购 LongTech（朗特电子）及境外投资人 GL 持有的康龙控股股份。LongTech 为楼某强持股 100% 的公司，鉴于 LongTech 取得康龙控股股权时无实际成本，经协商，拆除红筹架构时康龙控股以名义金额 1 美元回购 LongTech 股权，同时楼某强直接通过宁波龙泰康间接以 1 元/注册资本向康龙有限增资。LongTech 原持有康龙控股的股权比例与红筹架构拆除后楼某强直接和间接合计持有的康龙有限股权比例基本一致。此外，GL 持有的康龙控股股权被回购后，以 1 元/注册资本的方式增资康龙有限，境外回购金额均用于境内向康龙有限增资，原持有康龙控股股权比例与红筹架构拆除后持有康龙有限股权比例基本一致。

2016 年 1 月，康龙控股回购其他境外投资人持有的康龙控股股份，回购价款系境外投资人与康龙化成新引进的投资人根据市场化原则协商一致确定。

（3）康龙化成股权调整

实际控制人、GL 对康龙有限增资：2015 年 9 月，楼某强、郑某以及 GL 分别自行或通过其指定主体以 1 元/注册资本的价格向康龙化成增资，康龙控股以 1 元/注册资本的价格增加其对康龙化成的投资，其中 GL 向康龙有限支付的增资价款与康龙控股向 GL 回购股份的价款基本相等，系 GL 从康龙控股平移至康龙化成持股。

引进新投资人：2015 年 9 月，因拆除红筹架构的资金需求，康龙控股将其持有的康龙化成 41. 709% 股权转让给新投资人；同时，康龙化成以 13. 2146 元/注册资本的价格引入新投资人。

（4）2015 年至 2016 年，康龙化成收购原体系下康龙控股下属子公司，整合集团药物发现、药物开发等业务。

（5）清算注销红筹架构下的特殊目的公司，包括 LongTech。

红筹架构拆除后，康龙化成的股权结构如下：

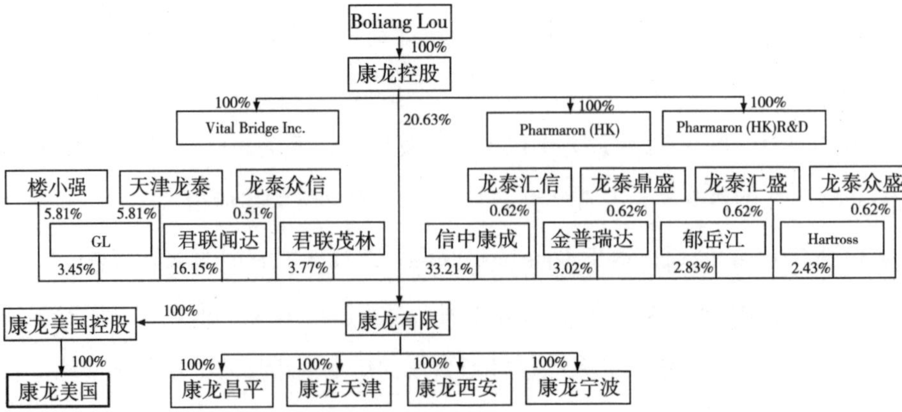

2. 红筹架构拆除过程中的外汇登记和涉税问题

发行人红筹架构拆除的各环节，包括康龙控股回购除 Boliang Lou 外其他股东持有的康龙控股股份、康龙化成股权调整、康龙化成收购原体系下康龙控股下属子公司所涉及的相关主体均已履行外汇登记和税收缴纳义务，符合相关法律法规的规定。

（二）每日互动（300766，2019 年 3 月在创业板上市）

1. 主要拆除步骤

（1）红筹架构拆除前，每日互动的股权架构如下：

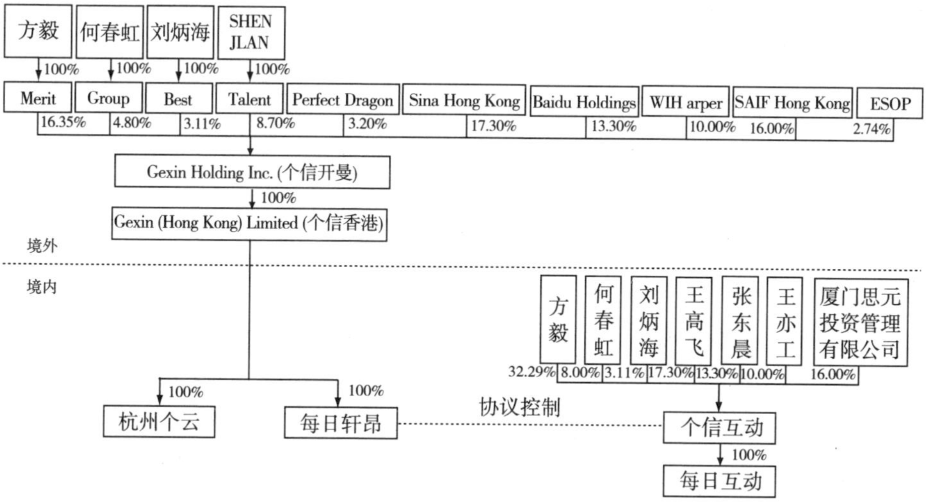

（2）2015 年 10 月，相关各方确定重组方案及境内拟上市主体（即浙江每日互动网络科技有限公司，系每日互动前身），相关各方签署《重组协议》及附件（包括《VIE 终止协议》《股权转让协议》《股权回购协议》等）。

（3）每日互动股权调整

实际控制人、境内投资人及员工持股平台落地境内：2015 年 11 月，方某、沈某、何某虹、刘某海、杭州“我了个推”投资管理合伙企业（“我了个推”，系员工持股平台，与方某、沈某为一致行动人）受让个信互动持有的每日互动股权，其中方某、沈某、何某虹、刘某海的受让价格为 1.8 元/注册资本，系参考 2015 年 6 月 30 日每日互动账面净资产协商确定；“我了个推”的受让价格为 4.9758 元/注册资本，系参考境外员工期权 ESOP（员工持股计划）行权价格及

2015 年 6 月 30 日每日互动账面净资产值综合确定；

原境外部分投资人落地境内：2015 年 11 月，北京禾裕创业投资中心（有限合伙）（新浪控股主体）、北京鼎鹿中原科技有限公司（百度控股主体）、北京信天商务服务有限公司（去哪儿控股主体）以 4.7057 元/注册资本的价格对每日互动进行增资，系境外投资者的境内主体以原始投资价格平移至每日互动持股；

引进境内投资人：2015 年 12 月，每日互动因拆除红筹架构的资金需求，以 64.32 元/注册资本的价格引入境内投资人；同时，沈某以 64.32 元/注册资本的价格向境内投资人转让其持有的部分每日互动股权，为拆除红筹架构所需资金提供支持。

（4）每日互动以 38906.5217 万元的价格受让个信香港所持每日轩昂的 100% 股权。2016 年 1 月 28 日，每日互动作为股权受让方向杭州市西湖区国家税务局代扣代缴个信香港股权转让所得税，并取得杭州市西湖区国家税务局出具的《服务贸易等项目对外支付税务备案表》（编号：16330106000105）。2016 年 3 月 3 日，每日互动向国家外汇管理局提出申请并取得了 FDI 境内机构转股外转中业务登记凭证，并于 2016 年 3 月 15 日向个信香港支付了税后股权转让款。

（5）个信开曼回购境外投资人股权：2015 年 10 月 15 日，个信开曼与新浪香港、百度控股、去哪儿、赛富、中经合签署了《重组协议》及 *Share Repurchase Agreement*（股份回购协议）。2016 年 3 月 18 日，个信开曼股东会通过决议，同意根据《重组协议》回购全部优先股股票及去哪儿持有的全部普通股股票。2016 年 3 月 30 日，新浪香港、百度控股、去哪儿、赛富香港、中经合收到个信开曼支付的全部股份回购款，并分别确认自收到回购款之日起不再享有任何股东权利及权益，且回购事项不存在任何纠纷或潜在纠纷。

（6）清算注销红筹架构相关主体，主要包括个信开曼、个信香港、个信互动、境外 BVI 平台、杭州个云等。

红筹架构拆除后，每日互动的股权架构如下：

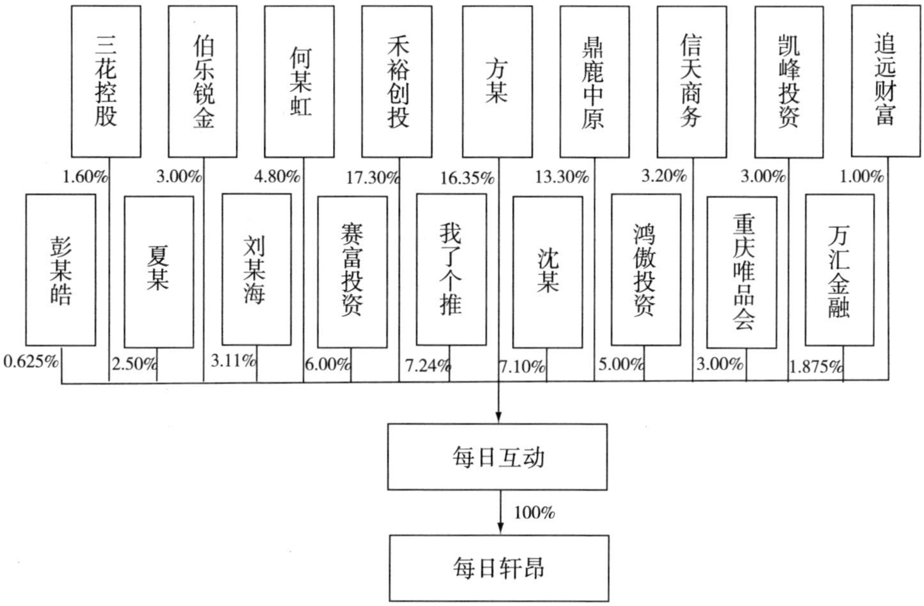

2. 红筹架构拆除过程中的外汇登记情况

（1）方某、何某虹、刘某海

鉴于方某、何某虹、刘某海均为中国居民，针对进行红筹架构搭建过程中所涉及的境外投资事宜，方某、何某虹、刘某海等取得国家外汇管理局北京外汇管理部分别核发的个字〔2011〕240 号、个字〔2011〕241 号、个字〔2011〕242 号《境内居民个人境外投资外汇登记表》，就其设立投资境外 BVI 平台公司、个信开曼、个信香港的情况进行登记，并分别就境外融资行为进行了变更登记。

红筹架构拆除后，2016 年 3 月 3 日，方某、何某虹、刘某海分别向北京外管局提交《境内居民个人境外投资外汇登记表》办理了外汇登记注销手续。

（2）每日轩昂

每日轩昂设立至今历次增资及外债借款均已履行审批备案手续。2017 年 2 月 7 日，每日轩昂取得国家外汇管理局北京外汇管理部出具的《外汇管理行政处罚记录证明》（编号：〔2017〕2 号），证明自 2013 年 1 月 1 日至 2015 年 12 月 31

日未发现每日轩昂存在逃汇、非法套汇及逾期未核销等违法行为，无外汇管理行政处罚记录。

3. 红筹架构拆除过程中的涉税情况

2015 年 10 月 15 日，根据《每日轩昂（北京）科技有限公司股权转让协议》，个信香港以 38906.5217 万元的价格向每日互动转让每日轩昂 100% 的股权。2016 年 1 月 28 日，每日互动作为股权受让方向杭州市西湖区国家税务局代扣代缴个信香港股权转让所得税，并取得杭州市西湖区国家税务局出具的《服务贸易等项目对外支付税务备案表》（编号：16330106000105）。

根据个信开曼与新浪香港、百度控股、去哪儿、赛富、中经合签署了《重组协议》及 *share repurchase agreement*（股份回购协议），个信香港取得的上述股权转让款项应用于个信开曼回购全部新浪香港、百度控股、赛富、中经合持有的优先股股票及去哪儿持有的全部普通股股票。就上述红筹架构拆除方案，发行人已与主管税务机关进行沟通，每日互动作为每日轩昂股权受让方已代扣代缴个信香港企业所得税，该事项已作税务处理。

2016 年 3 月，个信开曼回购股份时，个信香港已转让每日轩昂全部股权，个信开曼已不再间接持有每日轩昂，因此个信开曼股东也就不存在持有并间接转让中国居民企业股权的情形，不适用《国家税务总局公告 2015 年第 7 号——关于非居民企业间接转让财产企业所得税若干问题的公告》。

三、红筹回归的主要法律问题

结合近期红筹回归上市项目的反馈意见，红筹企业回归的主要法律问题包括：

（一）外汇合规问题

红筹回归过程中涉及的外汇问题主要包括红筹架构搭建以及后续融资、返程投资及红筹架构拆除过程中的外汇初始登记、变更登记及注销登记，可能的外汇处罚以及各环节涉及进出境资金的来源及外汇合规性。

根据37号文等规定，境内居民自然人通过个人特殊目的公司进行返程投资应当办理外汇登记，若在未办理外汇登记的情形下存在涉嫌套汇行为和外汇出境行为，可能会对上市产生实质性障碍；在特定情形出现时，境内居民自然人还应当办理外汇变更登记及注销登记。此外，返程投资设立的外商投资企业整个存续期间内重大事项（包括外汇资金出入境事项），外商投资企业需要进行相应登记。

红筹企业境外融资或募集资金进行返程投资时，主要是通过向WFOE增资或提供股东贷款的方式，因此资金的入境及其结汇需要遵守相关规定，尤其是有关外汇资本金结汇规定及外债登记监管规定的相关要求。

此外，红筹架构拆除过程中需要向拟退出的境外投资人支付转让价款或回购价款，相关出境资金的来源及其支付汇出时预提扣缴事宜也需要遵守相应的监管要求。实践中，监管部门对出入境资金的来源及其外汇监管合规性问题也很关注，近期上市的康龙化成（300795）、每日互动（300766）、兴瑞科技（002937）、科沃斯（603486）等均被证监会问询资金的来源及其合法性，以及相关审批备案义务的履行情况。

（二）税务合规问题

红筹回归过程中涉及的税务问题集中在外商投资企业的性质变为内资或外资持股比例低于25%后，之前享受的所得税优惠的处理，以及红筹架构拆除过程中股权转让相关所得税的申报缴纳。

对于拆除红筹架构的企业，其之前作为外商投资企业享有的税收优惠，应当根据其变更之后的企业性质（外资或内资）和外资股权比例（是否低于25%）的情况分别对待。若论证外商投资企业之前享有的税收优惠不予补缴，则应有明确的依据，如外商投资企业系按照外资优惠外的其他优惠政策（如高新产业优惠、经济特区优惠）享有税收优惠或拆除红筹架构后外商投资企业的外资比例仍不低于25%，否则存在补缴税收优惠的风险。

在红筹架构的搭建和拆除过程中，涉及相关主体的股权在不同股东之间频繁变化的情况，而股权转让时转让对价的确定关乎所得税的缴纳。在确定股权转让对价时，应遵循公平交易原则，合理确定交易价格。近期上市的康龙化成（300795）、每日互动（300766）、兴瑞科技（002937）等均被证监会问询境内拟上市主体、开曼公司股权转让的定价依据、公允性及相关税款的缴纳情况。

（三）实际控制人及管理层的稳定性问题

红筹回归过程中涉及的实际控制人、管理层事项主要是指境内拟上市主体的实际控制人及管理层在报告期内是否发生重大变更。《首次公开发行股票并上市管理办法》《首次公开发行股票并在创业板上市管理办法》及《科创板首次公开发行股票注册管理办法（试行）》要求，发行人最近 3 年（创业板及科创板为两年）内实际控制人没有发生变更，董事、高级管理人员没有重大变化。

因此，企业在红筹回归的过程中，应尽量保持境内拟上市主体实际控制人不变更及管理层不发生重大变化，以免对上市进程造成影响。近期上市的兴瑞科技（002937）、新乳业（002946）等均被证监会问询实际控制人的认定依据及理由，以及报告期内实际控制人是否发生了变更。

（四）资产、业务重组问题

一些红筹企业因涉及境外销售等业务，导致红筹架构拆除后的境内拟上市主体未拥有境外资产或业务的相关权益，存在资产、业务不完整、不独立的可能。为实现资产、业务的独立，境内上市主体一般会在上市前收购境外相关实体的股权，将其纳入上市架构，而该等收购通常属于同一控制下的合并行为。

根据《证券期货法律适用意见第 3 号》的规定，在同一控制下的企业重组，如果被重组方重组前一个会计年度末的营业收入或利润总额达到或超过重组前发行人相应项目的 100%，则应在重组后运行一个年度后才可申请发行。满足前述条件的情形下，发行人的主营业务未发生变更。

在上述康龙化成（300795）案例中，为整合集团业务，康龙化成在红筹架构拆除过程中收购康龙控股的其他下属子公司（在重组前一个会计年度合计营业收入超过重组前康龙化成的 100%），由于前述收购属于同一控制下的企业重组且在申请发行时重组后的各公司已经完整运行了一个会计年度，因此康龙化成的主营业务视为未发生变更。

第十节　企业上市之税务合规问题

税务合规，越来越成为企业合规管理的一个重要环节。国地税合并和金税三期是国家在税务监管上依托互联网，集合大数据评估、云计算功能的“智能税收系统”，从企业的收入、成本、利润、库存、银行账户和应纳税额等几个维度构建的一个税收合规监管网。

企业税务合规体系的规划，不仅仅是与国家税务信息化、智能化和大数据监管的接轨，而且是依法进行合规税务筹划，降低企业成本费用的战略需要，亦是企业上市首先要解决的一个重大法律问题。

一、税收优惠的合规性

1. 税收优惠的合法性

税收优惠的合法性，其基本原则是企业享受税收优惠要符合税法明确规定可以享受税收优惠的条件，即税收法定原则。企业上市过程中，需要重点关注地方政府制定的税收优惠是否符合税收法定原则以及税法是否授权地方政府就某项税收优惠做出明确的授权。

案例：爱威科技股份有限公司（被否）

发审委关注的税务问题：申报材料称，报告期内，发行人的主要产品之一试剂的销售收入分别为2529.77万元、2754.06万元、3253.90万元，其中的软件销售收入占比分别为91.96%、91.90%、91.77%；同时，招股说明书称，试剂为“AVE－76系列尿液有形成成分分析仪专用，主要用于仪器的日常清洗和维护”。请发行人代表说明试剂中包含的软件品类及其功能，请保荐代表人说明发行人以前述数据申请软件产品增值税即征即退是否涉嫌税务违法。

2. 税收优惠的持续性

案例一：值得买（300785）

发审委反馈意见：发行人高新技术企业续期是否存在障碍，是否存在不能续期的风险。

发行人答复：母公司高新技术企业资格正在重新认定中，并已在全国高新技术企业认定管理工作领导小组办公室于2017年10月25日公布的《关于公示北京市2017年第二批拟认定高新技术企业名单的通知》的拟认定高新技术企业名单中。根据《高新技术企业认定管理办法》规定，认定企业由领导小组办公室在“高新技术企业认定管理工作网”公示10个工作日，无异议的，予以备案，并在“高新技术企业认定管理工作网”公告，由认定机构向企业颁发统一印制的“高新技术企业证书”；有异议的，由认定机构进行核实处理。目前公示期已结束，且母公司仍符合高新技术企业认定条件，母公司取得高新技术企业证书不存在可预见的障碍。

案例二：广东华特气体股份有限公司

发审委反馈意见：对照高新技术企业认定条件逐项说明前述两个主体如何符合认定条件，合并报表中公司研发费用不足3%，是否影响公司的高新技术企业认定，高新技术企业资格续期是否存在障碍。

发行人答复：根据《高新技术企业认定管理办法》第11条规定的高新技术企业认定条件，公司对发行人、华南研究所的实际情况进行了逐一对比，认为发行人、华南研究所符合相关规定。经核查，报告期内，发行人合并报表中公司研发费用均不足3%，主要原因为发行人目前共有控股子公司11家，其中母公司发行人及华南研究所2个主体为高新技术企业，研发投入较多，其余子公司未开展项目及产品的研发，因此导致合并报表中研发费用不足3%，上述情况不影响发行人及华南研究所的高新技术企业认定。

3. 税收优惠的依赖性

企业经营对政府补贴和税收优惠具有较大依赖性，则可能直接影响企业发行上市。

案例名称	发审委会议询问的主要问题	公司情况
深圳市安健科技股份有限公司（被否）	发行人经营成果对税收优惠不存在严重依赖的理由及依据。	2014年度、2015年度、2016年度和2017年1－6月公司享受的税收优惠金额占同期利润总额的比例分别为46.02%、142.25%、56.92%和63.33%。2015年度超过100%，主要系当期进行股份支付，且研发和销售费用投入加大，使得本期利润总额较小，占比相对较高。
龙岩卓越新能源股份有限公司（被否）	分析政府补助和税收优惠的持续性，说明是否对政府补助及税收优惠存在重大依赖。	报告期发行人获得的政府补助和税收优惠占净利润的比例高，分别为436.36%、2519.85%、433.61%和769.10%。

二、依法纳税问题

问题1：报告期内补税

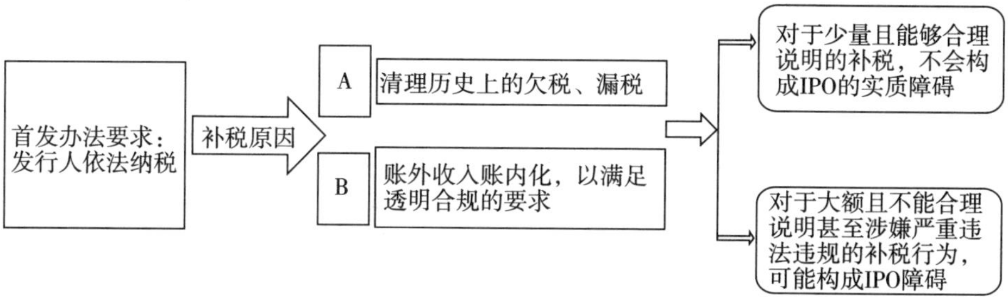

案例：数字认证（300579）

证监会反馈：北京市海淀区国家税务局稽查局对发行人2012年1月1日至2014年12月31日的纳税情况进行了现场检查并出具了税务处理决定书，请发行人说明税务稽查的具体情况，请申报会计师说明发行人对税务稽查的相关会计处理是否符合企业会计准则的要求，请保荐机构和发行人律师对北京市海淀区国家税务局的税务处理决定是否构成重大违法违规发表意见。

发行人回复：北京市海淀区国家税务局稽查局于2015年9月向发行人告知初步检查结果，于2015年12月17日出具《北京市海淀区国家税务局稽查局税务处理决定书》（海国税稽处〔2015〕136号）。北京市海淀区国家税务局稽查局认定发行人因其于2012年1月1日至2014年12月31日的如下行为需补交税款3778279.34元（其中补缴增值税246123.98元，所得税3532155.36元）及相应的滞纳金：（1）应对上述期限内收到的政府补助中尚未确认收入的部分补缴企业所得税；（2）相关项目在取得软件著作权后不能参与研发费用加计抵扣；（3）向渠道商免费赠送的部分包装物等销售行为应视同商品销售并按17%计提增值税销项税。发行人已根据北京市海淀区国家税务局稽查局的处理决定补缴了3778279.34元税款及1169060.12元滞纳金。根据《中华人民共和国税收征收管理法》的规定，因纳税人、扣缴义务人计算错误等失误，未缴或者少缴税款的，税务机关在 3 年内可以追征税款、滞纳金。发行人律师认为，税务主管部门仅对发行人追征税款、滞纳金，未对发行人作出行政处罚，发行人上述行为并非偷税、抗税、骗税等重大税收违法行为；发行人已按照税务主管部门的核查结果补缴税款并支付滞纳金，该等情形不会对发行人本次发行上市构成实质影响。

问题 2：发行人历次股权转让、转增股本涉及个人所得税

案例：安徽万朗磁塑股份有限公司（被否）

中国证监会第十七届发行审核委员会 2018 年第 85 次发审委会议于 2018 年 6 月 5 日召开，会议否决了安徽万朗磁塑股份有限公司的首次公开发行股票申请。发审委会议提出询问的主要税务问题为：

“发行人自然人股东未就 2016 年发行人股改中资本公积金转增股本缴纳个人所得税。请发行人代表说明，前述资本公积金的来源并说明前述情形是否符合相关税收法律规定。请保荐代表人发表明确核查意见。”

案例：传音控股（688036）

发审委反馈意见：请发行人说明改制、历次股权转让时、未分配利润转增股本时，控股股东、实际控制人是否缴纳相关个人所得税。如未缴纳的，请披露控股股东、实际控制人欠缴税款的具体情况和原因，可能导致的被追缴风险，并由控股股东、实际控制人承诺承担补缴义务及处罚责任。

发行人答复：根据《国家税务总局关于进一步加强高收入者个人所得税征收管理的通知》《国家税务总局关于股权奖励和转增股本个人所得税征管问题的公告》及《中华人民共和国合伙企业法》的规定，由于传音投资、传力投资为居民企业，故无需就公司资本公积、未分配利润转增股本缴纳个人所得税；传音创业、传力创业、传承创业为合伙企业，该等合伙企业不属于纳税主体，故其上层自然人合伙人（包括上层 4 家合伙企业中的自然人合伙人）应就传音创业、传力创业、传承创业以未分配利润、资本公积转增股本缴纳个人所得税。经核查

税务主管部门出具的《深圳市地方税务局电子缴款凭证》及与竺兆江访谈，竺兆江已就传音创业、传力创业、传承创业以未分配利润、资本公积转增股本事宜足额缴纳了其个人应当缴纳的个人所得税，不存在被追缴风险。

问题3：外资企业经营不满10年补税

根据《中华人民共和国外商投资企业和外国企业所得税法》（1991年7月1日实施，2008年1月1日失效）的规定："对生产性外商投资企业，经营期在十年以上的，从开始获利的年度起，第一年和第二年免征企业所得税，第三年至第五年减半征收企业所得税。外商投资企业实际经营期不满十年的，应当补缴已免征、减征的企业所得税税款。"

案例：海能实业（300787）

发审委反馈：发行人变更为内资企业是否须履行纳税补缴事项。

发行人答复：发行人自2009年7月设立之日起至2010年12月变更为内资企业期间，尽管发行人作为外商投资企业的实际经营期不满10年，但发行人2009年尚未实现盈利，应纳所得税为0元，发行人2010年应纳税额为60.43万元，适用的企业所得税率为25%，其间未享受任何外商投资企业税收优惠政策。

因此，发行人律师认为，发行人变更为内资企业不存在需要补缴已免征、减征企业所得税税款的情形。

案例：广信材料（300537）

发审委反馈意见：请发行人补充说明广信油墨成立4年后企业性质由外商投资企业变更为内资企业，是否需要补缴原作为外商投资企业所享受的所得税优惠税款，如需，请说明需要补缴的金额及补缴程序的履行情况。请保荐机构、发行人律师核查并发表明确意见。

发行人答复：广信油墨于2006年5月成立时为外商独资企业，在盈利后依法享受了相关税收优惠。2010年5月20日，广信油墨由外商独资企业转为内资企业。根据相关法律法规，广信油墨转为内资企业应补缴开始获利年度起已免征、减征的企业所得税税款。根据广信油墨2006年至2010年财务报告以及经江阴市国税局第六税务分局批复同意的《通用调查报告》，广信油墨2007年、2008年亏损未享受所得税优惠，2009年应补企业所得税376681.05元，2010年1—3月应补企业所得税16866.17元。根据广信油墨提供的无锡市税收电子缴款凭证，上述应补税款已于2010年6月全部缴清。综上，发行人律师认为，广信油墨成立4年后企业性质由外商投资企业变更为内资企业，需要补缴原作为外商投资企业所享受的所得税优惠税款，上述税款已补缴完毕，不会对本次发行构成法律障碍。

问题4：虚开增值税发票问题

虚开增值税发票的法定情形包括：（1）为他人、为自己开具与实际经营业务情况不符的发票；（2）让他人为自己开具与实际经营业务情况不符的发票；（3）介绍他人开具与实际经营业务情况不符的发票。

《发票管理办法》第37条规定，企业存在虚开发票行为的，由税务机关没收违法所得；虚开金额在1万元以下的，可以并处5万元以下的罚款；虚开金额超过1万元的，并处5万元以上50万元以下的罚款；构成犯罪的，依法追究刑事责任。

《税收征收管理法》第63条第1款规定，纳税人伪造、变造、隐匿、擅自销毁账簿、记账进行虚假的纳税申报，不缴或者少缴应纳税款的，是偷税。对纳税人偷税的，由税务机关追缴其不缴或者少缴的税款、滞纳金，并处不缴或者少缴的税款50%以上5倍以下的罚款；构成犯罪的，依法追究刑事责任。

《刑法》第205条规定，虚开增值税专用发票处3年以下有期徒刑或者拘役，并处2万元以上20万元以下罚金；虚开的税款数额较大或者有其他严重情节的，处3年以上10年以下有期徒刑，并处5万元以上50万元以下罚金；虚开的税款数额巨大或者有其他特别严重情节的，处10年以上有期徒刑或者无期徒刑，并处5万元以上50万元以下罚金或者没收财产。

单位犯本条规定之罪的，对单位判处罚金，并对其直接负责的主管人员和其他直接责任人员，处3年以下有期徒刑或者拘役；虚开的税款数额较大或者有其他严重情节的，处3年以上10年以下有期徒刑；虚开的税款数额巨大或者有其他特别严重情节的，处 10 年以上有期徒刑或者无期徒刑。

虚开本法第 205 条规定以外的其他发票，情节严重的，处 2 年以下有期徒刑、拘役或者管制，并处罚金；情节特别严重的，处 2 年以上 7 年以下有期徒刑，并处罚金。

单位犯前款罪的，对单位判处罚金，并对其直接负责的主管人员和其他直接责任人员，依照前款的规定处罚。

案例：西部创业（000557）子公司宁夏大古物流有限公司虚开增值税发票

2019 年 7 月 3 日，西部创业全资子公司宁夏大古物流有限公司（以下简称大古物流）收到国家税务总局宁夏税务局稽查局《税务行政处罚事项告知书》，主要内容如下：

2016 年 6 月，大古物流经人介绍认识朱某宾、王某玉、王某 3 人，并由此 3 人充当中间人进行煤炭贸易。上游销货方及下游购货方以委托授权书形式委托朱某宾、王某玉与大古物流开展煤炭贸易及货款结算。

2016 年 7 12 月，大古物流通过朱某宾、王某玉、王某 3 人共取得 38 家企业开具的品名为“煤”的 3818 份增值税专用发票，金额 378246829.04 元，申报抵扣增值税进项税额 64301956.31 元。大古物流已于 2017 年 1 月自行申报转出其中 218 份增值税专用发票进项税额 3662634.70 元。根据北京市东城区国家税务局稽查局税收违法案件协查函证实，大古物流接受并抵扣的 3818 份增值税专用发票中，由北京美隆康元商贸有限公司开具的 450 份增值税专用发票、北京京升泰洋商贸有限公司开具的 325 份增值税专用发票、北京嘉世辉煌商贸有限公司开具的 195 份增值税专用发票，为虚开的增值税专用发票，涉及金额 96393321.96 元、税额 16386864.34 元。

2016 年 7—12 月，大古物流向北京世纪汉徽国际贸易有限公司、大连长源煤炭有限公司等 20 家下游企业开具了品名为“煤”的增值税专用发票 219 份，金额 381023365.96 元，销项税额 64773971.98 元。

大古物流与上下游 58 家企业的资金结算方式分为银行承兑汇票和银行电汇

两种。大古物流与35家上游企业、19家下游企业共背书162份银行承兑汇票。经发行银行证实，其中73份银行承兑汇票未签发、73份银行承兑汇票无上下游购销企业及大古物流背书记录，涉及金额301885000.00元。经查，银行电汇结算方式中，户名为王春光的账户先将资金汇款给下游企业或其法定代表人个人账户，下游企业再将资金打入大古物流账户，大古物流以货款名义将款项汇给上游企业，上游企业收到资金后将款项集中打入北京京升泰洋贸易公司后，再汇款至王春光个人账户。大古物流向20家上游企业支付的121055234.29元中有89435290.07元形成资金闭环回流，14家下游企业收到的129587418.08元中有92700000.00元形成资金闭环回流。

经检查核实，在上述业务中大古物流不实际掌控煤炭的采购、销售及货物交割，不能提供煤炭购销业务真实发生的运输记录及相关证据资料，支付的货款最终回流到王春光个人账户。根据《发票管理办法》的相关规定，大古物流2016年接受北京宝显隆丰商贸有限公司等35家企业3600份增值税专用发票并向北京世纪汉徽国际贸易有限公司等20家企业开具219份增值税专用发票的行为是虚开增值税专用发票的行为。

根据《中华人民共和国增值税暂行条例》等规定，大古物流取得的3600份增值税专用发票不得作为合法有效的扣税凭证抵扣进项税额，应转出进项税额60639321.61元。经计算，应追缴大古物流2016年7月增值税3617429.18元、8月增值税17817639.80元、9月增值税13558520.89元、10月增值税25645731.74元，合计60639321.61元。

根据《中华人民共和国城市维护建设税暂行条例》第2条、第3条、第4条规定，依7%的税率，本次查补的增值税60639321.61元应补缴城市维护建设税4244752.51元。根据《征收教育费附加的暂行规定》及《宁夏回族自治区财政厅关于教育费附加征收问题的通知》第1条规定，依3%的征收率，本次查补的增值税60639321.61元应补缴教育费附加1819179.65元。根据《关于印发宁夏回族自治区地方教育附加征收使用管理办法的通知》（宁财（综）发〔2007〕

765 号）第 2 条，依 2% 的征收率，本次查补的增值税 60639321.61 元应补缴地方教育附加 1212786.43 元。

根据《国家税务总局关于纳税人取得虚开的增值税专用发票处理问题的通知》《中华人民共和国税收征收管理法》的相关规定，除追缴大古物流少缴增值税 60639321.61 元、城市维护建设税 4244752.51 元、按规定加收滞纳金外，拟处少缴税款 60% 的罚款，即 38930444.47 元。

三、税务处罚问题

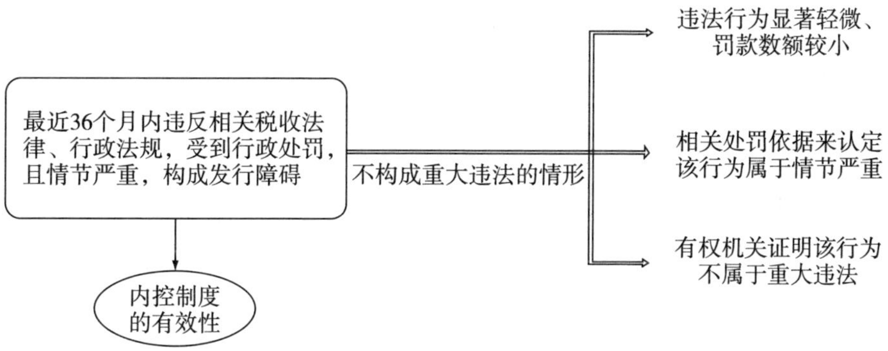

案例：百奥泰生物制药股份有限公司（审核中）

上交所反馈：百奥泰有限未按照规定期限办理纳税申报和报送纳税资料，国家税务总局广州开发区税务局于 2018 年 12 月 27 日出具《税务行政处罚决定书》（穗开税一所罚〔2018〕52 号），依据《中华人民共和国税收征收管理法》第 62 条的规定，对百奥泰处以罚款 2000 元。请发行人说明：（1）上述行政处罚所涉事项的整改情况，整改是否到位；是否获取税务机关关于以上行政处罚不属于重大违法行为的相关证明；（2）结合审核问答的规定，说明相关行政处罚是否为重大违法行为，上述事项对本次发行上市的影响；（3）结合上述事项，说明报告期内发行人的相关内部控制制度是否健全且得到有效执行。

发行人答复：发行人于 2018 年 12 月 28 日补办了房产税纳税申报，并足额缴纳了罚款，发行人已整改到位。根据国家税务局广州黄埔区税务局出具的《涉税征信情况》，发行人在《涉税征信情况》出具时无欠缴税费记录。除上述情况外，报告期内未发现发行人存在其他税务违法违章行为。就上述被处罚行为，百奥泰有限未取得税务机关关于以上行政处罚不属于重大违法行为的相关证明，但该违法行为不属于危害国家安全、公共安全、生态安全、生产安全、公众健康安全等领域的违法行为，亦未导致严重环境污染、重大人员伤亡、恶劣社会影响等其他严重后果，该违法行为显著轻微且罚款数额较小，不属于对本次发行上市构成实质障碍的“重大违法行为”。发行人已经根据《企业内部控制基本规范》及企业内部控制配套指引，以及相关国家法律法规，并结合实际情况和管理需要，制定了较为完善、合理的内部控制制度，内部控制制度贯穿于公司经营活动的各层面和各环节。

案例：沪宁股份（300669）

发审委反馈意见：2014 年 5 月 16 日，杭州市余杭区税务局稽查局作出“余地税稽罚〔2014〕34 号”《税务行政处罚决定书》，对公司偷税行为处以少缴房产税、企业所得税税款 60% 的罚款 56433. 55 元，对扣缴义务人处以应扣未扣个人所得税税款 60% 的罚款 3512. 91 元，罚款合计 59946. 46 元。请发行人说明上述被处罚行为是否属于重大违法违规，发行人内部控制制度是否能保证发行人的合法合规经营。

发行人答复：上述违规行为发生后，发行人已在规定期限内缴纳了相应罚款，消除了违法行为的危害后果，未对发行人生产经营造成重大影响；依据《中华人民共和国税收征收管理法》第 63 条第 1 款的规定，主管税务机关可以处以涉及税款 50% 以上 5 倍以下的罚款，发行人因上述事宜受到的处罚金额为涉及税款 60% 的罚款，处罚金额较小，处罚款项亦未对发行人生产经营造成重大影响；发行人亦已经取得主管机关杭州市局稽查局的确认：发行人的上述行为不属于重大违法违规行为。据此，发行人律师认为，发行人上述行政处罚决定书所认定的违规行为不属于重大违法违规行为，不会对发行人首次公开发行股票并在创业板上市造成法律障碍。

案例：依顿电子（603328）

2011年2月28日，原本是广东依顿电子科技股份有限公司（以下简称依顿电子）申请上市，接受中国证监会发审委审核的日子，然而，2月25日，中国证监会突然公告取消了审核会议，导致其第一次申请上市失败。

招股说明书显示，依顿电子曾通过子公司依顿（中山）多层线路板有限公司转让保税料件生产的成品线路板和短少保税料件，截至2008年6月，依顿电子不能提供正当理由证明短少的678吨保税进口的双面覆铜板漏税599万元，因此受到拱北海关罚款1000万元，金额占保税料件总价值的10.25%，占依顿电子2008年净利润的5.64%；此外，依顿电子2009年补缴了347万元关税和1417万元增值税，占公司当年净利润的5.3%。依顿电子合计支出2764万元，占其2008年净利润的15.3%。依顿电子的上述行为已构成发行上市的实质性障碍。

四、拟上市企业税务合规注意事项

综上所述，为避免对首发上市造成障碍，拟上市企业在税务合规方面应关注以下几点：

1. 拟上市企业应确保其享受的税收优惠具有法律、行政法规依据，并确保其能够持续符合税收优惠的资格条件，同时应避免经营成果对税收优惠存在严重依赖；

2. 拟上市企业应依法开具和使用发票，依法纳税和履行代扣代缴义务，并敦促其历次转增股本、分红、股权转让的相关方及时、足额纳税，避免报告期内因会计差错等情形产生大额补税；

3. 拟上市企业应及时、足额申报纳税，避免出现情节严重的税务违法行为或受到税务主管部门的重大行政处罚；受到税务主管部门行政处罚的，需通过税务主管部门出具确认文件等方式，证明该处罚不构成重大行政处罚。

第十一节　企业上市之商业特许经营（加盟）的合规问题

企业是否具备持续经营能力是判断企业是否具备发行上市的重要条件，发行人的经营模式如商业特许（加盟）的合规性对判断企业是否具备持续经营能力具有重要的作用。

一、商业特许经营监管法律法规

1. 《商业特许经营管理条例》；
2. 《商业特许经营备案管理办法》；
3. 《商业特许经营信息披露管理办法》。

二、商业特许需要重点关注的法律问题

（一）关于商业特许经营的登记备案

《商业特许经营管理条例》第 8 条规定：特许人应当自首次订立特许经营合同之日起 15 日内，依照本条例的规定向商务主管部门备案。在省、自治区、直

辖市范围内从事特许经营活动的，应当向所在地省、自治区、直辖市人民政府商务主管部门备案；跨省、自治区、直辖市范围从事特许经营活动的，应当向国务院商务主管部门备案。特许人向商务主管部门备案，应当提交下列文件、资料：

1. 营业执照复印件或者企业登记（注册）证书复印件；

2. 特许经营合同样本；

3. 特许经营操作手册；

4. 市场计划书；

5. 表明其符合本条例第七条规定的书面承诺及相关证明材料；

6. 国务院商务主管部门规定的其他文件、资料。

商业特许经营的备案工作实行全国联网。符合《商业特许经营管理条例》规定的特许人，都应当通过政府网站进行备案（网址为 www. mofcom. gov. cn）。

《商业特许经营备案管理办法》第 6 条规定：申请备案的特许人应当向备案机关提交以下材料：

1. 商业特许经营基本情况。

2. 中国境内全部被特许人的店铺分布情况。

3. 特许人的市场计划书。

4. 企业法人营业执照复印件或其他主体资格证明的复印件。

5. 与特许经营活动相关的商标权、专利权及其他经营资源的注册证书。

6. 由设区的市级商务主管部门开具的符合《条例》第 7 条第 2 款规定的证明文件；直营店位于境外的，特许人应当提供直营店营业证明（含中文翻译件），并经当地公证机构公证和中国驻当地使领馆认证。

7. 与中国境内的被特许人订立的第一份特许经营合同。

8. 特许经营合同样本。

9. 特许经营操作手册的目录（须注明每一章节的页数和手册的总页数，对于在特许系统内部网络上提供此类手册的，须提供估计的打印页数）。

10. 国家法律法规规定经批准方可开展特许经营的产品和服务，须提交相关主管部门的批准文件。

11. 经法定代表人签字盖章的特许人承诺。

12. 备案机关认为应当提交的其他资料。

（二）关于商业特许经营的信息披露要求

《商业特许经营信息披露管理办法》第 4 条规定：特许人应当按照《条例》的要求，在订立特许经营合同之日前至少 30 日，以书面形式向被特许人披露本办法第五条规定的信息，但特许人与被特许人以原特许合同相同条件续约的情形除外。

《商业特许经营信息披露管理办法》第 5 条规定，特许人进行信息披露应当包括以下内容：

1. 特许人及特许经营活动的基本情况。

（1）特许人名称、通讯地址、联系方式、法定代表人、总经理、注册资本额、经营范围以及现有直营店的数量、地址和联系电话。

（2）特许人从事商业特许经营活动的概况。

（3）特许人备案的基本情况。

（4）如果由特许人的关联公司向被特许人提供产品和服务，应当披露该公司的基本情况。

（5）特许人或其关联公司在过去 5 年内破产或申请破产的情况。

2. 特许人拥有经营资源的基本情况。

（1）以书面形式向被特许人说明能够提供的注册商标、企业标志、专利、专有技术、经营模式及其他经营资源情况。

（2）如果上述所列经营资源的所有者是特许人的关联公司，披露该关联公司的基本信息，特许人同时应当说明一旦解除与该关联公司的授权合同，如何处理该特许经营系统。

（3）特许人（或其关联公司）的注册商标、企业标志、专利、专有技术等经营资源涉及诉讼或仲裁的情况。

3. 特许经营费用的基本情况。

（1）特许人及代第三方收取费用的种类、金额、标准和支付方式，不能披露的，应当说明原因，收费标准不统一的，应当披露最高和最低标准，并说明原因。

（2）保证金的收取、返还条件、返还时间和返还方式。

（3）要求被特许人在订立特许经营合同前支付费用的，应当以书面形式向被特许人说明该部分费用的用途以及退还的条件、方式。

4. 向被特许人提供产品、服务、设备的价格、条件等情况。

（1）被特许人是否必须从特许人（或其关联公司）处购买产品、服务或设备及相关的价格、条件等。

（2）被特许人是否必须从特许人指定（或批准）的供应商处购买产品、服务或设备。

（3）被特许人是否可以选择其他供应商，以及供应商应具备的条件。

5. 为被特许人持续提供服务的情况。

（1）业务培训的具体内容、提供方式和实施计划，包括培训地点、方式和期限等。

（2）技术支持的具体内容、提供方式和实施计划，包括经营资源的名称、类别及产品、设施设备的种类等。

6. 对被特许人的经营活动进行指导、监督的方式和内容。

（1）经营指导的具体内容、提供方式和实施计划，包括选址、装修装潢、店面管理、广告促销、产品配置等。

（2）监督的方式和内容，被特许人应履行的义务和不履行义务的责任。

（3）特许人和被特许人对消费者投诉和赔偿的责任划分。

7. 特许经营网点投资预算情况。

（1）投资预算可以包括下列费用：加盟费；培训费；房地产和装修费用；设备、办公用品、家具等购置费；初始库存；水、电、气费；为取得执照和其他政府批准所需的费用；启动周转资金。

（2）上述费用的数据来源和估算依据。

8. 中国境内被特许人的有关情况。

（1）现有和预计被特许人的数量、分布地域、授权范围、有无独家授权区域（如有，应说明预计的具体范围）的情况。

（2）现有被特许人的经营状况，包括被特许人实际的投资额、平均销售量、成本、毛利、纯利等信息，同时应当说明上述信息的来源。

9. 最近2年的经会计师事务所或审计事务所审计的特许人财务会计报告摘要和审计报告摘要。

10. 特许人最近5年内与特许经营相关的重大诉讼和仲裁情况。

（1）重大诉讼和仲裁指涉及标的额50万元人民币以上的诉讼和仲裁。

（2）应当披露此类诉讼的基本情况、诉讼所在地和结果。

11. 特许人及其法定代表人重大违法经营记录情况，重大违法经营记录。

（1）被有关行政执法部门处以30万元以上罚款的。

（2）被追究刑事责任的。

12. 特许经营合同文本。

（1）特许经营合同样本。

（2）如果特许人要求被特许人与特许人（或关联公司）签订其他有关特许经营的合同，应当同时提供此类合同样本。

三、存在商业特许经营情形企业拟 IPO 的关注要点

（一）商业特许经营的合法合规性

根据首次公开发行管理办法对发行条件的相关规定，发行人的生产经营须符合法律、行政法规和公司章程的规定，且特许经营权（包括商业特许经营）的取得和使用不能对发行人的持续经营能力、持续盈利能力产生重大不利影响。

据此，应关注并核查拟 IPO 企业是否按照商业特许经营的相关规定开展经营活动，查验发行人商业特许经营权的备案信息及特许经营协议、特许经营管理制度等文本，并进一步判断拟 IPO 企业开展商业特许经营是否符合《商业特许经营管理条例》《商业特许经营备案管理办法》及《商业特许经营信息披露管理办法》等规定。另外，还需核查加盟商是否满足相关法律法规和行业规范要求的具体资质。

（二）经营模式的稳定性

当企业采用直营（自营）结合特许加盟的经营模式时，还应关注直营店和特许加盟店是否会产生利益冲突，拟 IPO 企业单独增加直营店或单独增加特许加盟店时会不会对原有经营模式带来冲击。

拟 IPO 企业在报告期内应避免经营模式的重大改变，以减少监管层对持续盈利能力的质疑。另外，企业可通过“不同区域差别化经营”的方式减少直营店和加盟店之间的利益冲突，并通过特许经营协议和加盟商管理制度来控制异地扩张的经营风险，加强稳定性。

（三）品牌管理风险

企业虽通过特许经营的方式实现商业模式的复制和低成本扩张，但不能保证独立经营的加盟商所提供的产品和服务与企业保持一致，从而可能致使企业品牌形象受损，所以采用特许经营模式的拟 IPO 企业可在招股说明书中适当提示和说明品牌管理的风险，并通过完善加盟管理体系或履约保证金、奖惩淘汰制度、内部控制制度等措施加强品牌管理。

（四）关联加盟商问题

对于存在关联加盟商的拟 IPO 企业，监管层主要关注该类加盟商的收入占比情况、毛利率是否与非关联加盟商基本一致，关联交易价格公允性、程序完备性、减少关联交易措施等，从而进一步判断关联加盟对公司独立性的影响。拟 IPO 企业应在报告期内尽量避免或减少关联加盟的产生，降低关联加盟商的收入占比，通过增加非关联加盟门店、建立关联交易制度等方式减少不利影响。

四、案例

案例一：东易日盛（股票代码：002713；上市时间：2014 年 2 月 19 日）

1. 公司概况

东易日盛为整体家装解决方案供应商，主要业务为家庭建筑装饰设计、装饰施工、产品配套及全国性家装品牌特许经营。商业模式为直营连锁结合特许加盟，直营连锁为主，特许加盟为辅。

2. 主要关注问题

审核部门要求核查公司“直营连锁 + 特许加盟”经营模式是否稳定，以及公司募投项目中新增经营店是否会使现有经营模式发生重大变化。主要反馈问题及回复如下：

（1）问题一：公司募投项目新增经营店是否与特许加盟商产生利益冲突，公司募投项目加大家装直营连锁店的投入是否会对目前以特许加盟的销售体系和模式带来冲击。

主要回复意见：因公司经营的不同品牌分别定位不同业务体系，各品牌在每个城市独立运作，不允许出现同一品牌在同一个城市既有加盟又有直营的现象，特许加盟仅限于“东易日盛”品牌，其与直营连锁店的“速美”品牌在业务模式、目标客户、品牌形象等方面具有较大差异，故两者不会产生较大的利益冲突，也不会对特许加盟体系造成影响。

（2）问题二：核查公司对加盟商的管理制度以及进入、退出机制，公司加盟店的扩张与经营店的扩张是否存在利益冲突以及异地扩张的经营风险，公司与加盟商或加盟店之间是否存在争议或纠纷。

主要回复意见：公司已建立完备的特许加盟业务管理制度，“东易日盛”品牌直营店与特许加盟店在异地扩张时不存在区域市场重叠等情形，故不存在利益冲突。根据《特许经营协议》，公司对特许加盟商的特许经营仅限于“东易日盛”品牌，并限定了特许经营授权的区域范围，具有区域保护条款，且公司特许经营管理体系要求特许加盟商在向任何第三方转让加盟店所有权或其他特许协议约定的权利前，必须得到股份公司的书面同意，否则构成合同违约。因此，公司异地扩张的整体风险较小，且与特许加盟商或加盟店之间不存在争议或纠纷。

除上述关注问题外，东易日盛在招股说明书中亦提示了特许经营可能产生的其他风险，如加盟商提供的产品和服务质量与公司的要求存在较大差距，从而使公司品牌、声誉受损的风险，以及特许经营政策变动可能引起特许经营加盟商纠纷、诉讼的风险。

案例二：龙大肉食（股票代码：002726；上市时间：2014 年 6 月 26 日）

1. 公司概况

龙大肉食主要从事生猪养殖，生猪屠宰，冷鲜肉、冷冻肉、熟食制品的生产加工及销售。公司采用“加盟经销商 + 加盟店”的销售模式，直接与区域加盟经销商（主要为个人）签订《区域加盟经销商特许经营合同》，并通过“区域加盟经销商”对该区域的各“加盟店”进行日常监督管理。

2. 主要关注问题

公司“加盟经销商 + 加盟店”业务模式的风险及其可能对公司“龙大”系列品牌产生的风险。据此，公司披露的主要风险和应对措施如下：

（1）加盟经销商或加盟店违约经营的风险

公司可能存在个别加盟店发生店面管理混乱、服务质量不佳、擅自提价或促销、擅自销售变质过期产品、非公司许可销售产品或其他未有效执行公司标准的行为，从而对公司的品牌形象造成不利影响的风险。

应对措施总结：①公司按照《特许加盟合同》向区域加盟经销商和加盟店收取履约保证金，如出现违约情况，公司可以扣减其履约保证金，直至解除《特许加盟合同》；②按照公司标准统一加盟店的装修、布置风格，通过制定严格的店面环境及服务标准，对各加盟店进行考核，采取奖惩措施；③若出现私自调价，则从加盟经销商和加盟店履约保证金中直接进行处罚；④公司不定期派遣业务员和巡检员进行店面检查，一旦发现违规立即予以纠正，并视情节予以警告或处罚；⑤公司通过内部发货系统对各区域及单店的每日订货数量进行监控，以确保对各区域加盟经销商及加盟店的有效管理。

（2）加盟经销商或加盟店泄露商业秘密的风险

加盟经销商和加盟店在业务往来中接触到公司加盟体系的管理方式、价格体系、利益分配机制等商业秘密，若故意或过失泄露给公司的竞争对手，可能对公司销售渠道的管理和品牌推广造成不利影响。

应对措施总结：公司通过《特许加盟合同》明确约定加盟方的保密义务及退出后3年竞业禁止义务，尽可能地通过事前预防、事后追责的方式有效地保护公司的利益不受非法侵害。

案例三：爱迪尔（股票代码：002740；上市时间：2015年1月22日）

1. 公司概况

爱迪尔是集珠宝首饰产品设计生产加工、品牌连锁于一体的珠宝企业，采用加盟商加盟销售和非加盟商经销销售相结合的业务模式。

2. 主要关注问题

爱迪尔以加盟销售为主，一些加盟商为公司股东，监管层要求详细核查该类加盟商的基本情况，是否为公司客户、与公司合作历史、公司向该等客户销售的收入占比情况，并核查该等客户与股东双重身份的情形是否影响公司独立性。

经中介机构核查，公司与加盟商股东之间销售收入占当期销售收入比重较低，且加盟商股东门店与其他加盟商实行统一产品定价、信用期、结算和退货政策，故加盟商股东的双重身份未对独立性构成重大不利影响。

除上述关注问题外，爱迪尔还在招股说明书中提示了加盟模式下的其他风险，如品牌风险、加盟商换货风险、无法全面掌握加盟商具体存货和销售数据的风险，公司除制定一系列加盟商管理制度外，保荐机构还对加盟商违规的公司维权成本出具了评估意见。

案例四：来伊份（股票代码：603777；上市时间：2016 年 10 月 12 日）

1. 公司概况

来伊份是一家经营自主品牌的休闲食品连锁经营企业，直营店 2111 家，特许经营加盟门店 160 家。

2. 主要关注问题

因公司存在关联加盟商从事来伊份休闲食品销售业务的情形，监管层主要关注其可能产生的关联交易及利益冲突问题，并要求公司说明关联加盟商收入、毛利在报告期各期的占比情况，是否存在逐年上升情形。

经过核查，关联加盟商的收入占公司的营业收入比例很低，报告期三年一期的收入占比分别为 1.75%、1.39%、1.22%、1.3%，对公司收入不产生重大影响。关联加盟商的毛利占公司毛利总额比例很低，对公司毛利不产生重大影响。另外，公司关联加盟商的成本加成率与非关联加盟商的成本加成率基本一致，因此中介机构认为，公司向关联加盟商批发业务定价公允，不存在利益输送的情况。

除上述财务核查外，公司还通过多项措施避免或减少关联交易，如实行不同区域差别化经营策略，同步发展直营门店和加盟门店，增加非关联加盟门店，以及建立关联交易制度等方式。

案例五：周大生（股票代码：002867；上市时间：2017 年 4 月 27 日）

1. 公司概况

公司从事“周大生”品牌珠宝首饰的设计、推广和连锁经营。在 IPO 报告期内，公司采取加盟、自营和电商相结合的销售模式。截至 2016 年 12 月 31 日，公司拥有自营店 294 家，加盟店 2162 家，且自营店和加盟店所负责的销售区域相互区分。

2. 主要关注问题

针对公司上述销售模式，审核部门要求说明所有加盟商是否满足相关法律法规和行业规范要求的具体资质。

对此，中介机构查阅了公司的加盟商清单、营业收入前二十的加盟商以及在各省范围随机选取的加盟商特许经营协议、加盟商营业执照等申请加盟文件、公司出具的确认函等资料。根据商业特许经营的相关规定和公司的加盟条件，加盟申请人应为合法经营主体（企业或个体工商户），取得营业执照（组织机构代码证、税务登记证）、开户许可证等经营证照且经营范围中应具有黄金珠宝首饰、工艺品、饰品零售经营资格。经中介机构的上述核查后，周大生的所有加盟商均符合前述条件。

另外，因周大生的加盟业务收入比重较大，周大生在招股说明书中也提示了加盟业务收入占比及加盟管理的品牌风险。

第十二节　企业上市之客户/供应商入股问题

发行人在上市前引入重要客户/供应商成为股东，能够绑定客户/供应商形成利益共同体，对于客户/供应商而言也可以借此分享发行人上市后资本市场带来的收益。这对发行人和客户/供应商而言是互惠互利的事情，符合双方的商业利益。但是客户/供应商入股成为发行人股东后，与发行人发生的交易便可能形成关联交易，从而成为上市审核关注的重点。

一、客户/供应商入股的相关案例

序号	案例	具体情况
1	长缆科技	长缆科技 17 家经销商的主要股东或核心人员直接持有长缆科技的股权，持股比例最高为 2.21%，一般为 0.01%—1%。 该 17 家股东经销商按不同经销商模式的前三名经销金额占比具体为：2014 年至 2016 年，买断式经销前五名的经销总额占营业收入比例分别为 8%、8.14%、8.31%，合作开发模式前五名的经销总额占营业收入比例分别为 13.24%、14.20%、14.61%。 长缆科技没有认定这 17 家股东经销商为关联方。招股书在“业务”章节详细介绍了股东经销商的交易情况： 长缆科技为推动全国性市场开拓，鼓励部分持有长缆科技股权的营销人员在目标市场开设经销公司，从而调动市场推广积极性，并实现长缆科技与经销商的利益一致，有利于经销网络的稳定。长缆科技与入股经销商的定价方式、信用政策、计提政策、结算政策和支付政策等均与非股东经销商一致。股东经销商的控股股东或关联方在长缆科技的持股比例均微小，无法对长缆科技经营产生重大影响，不影响长缆科技的独立性，长缆科技在业务方面不形成对股东经销商的依赖。 报告期各期末，经销模式基本已实现最终销售，不存在经销商大额库存。
2	珠江钢琴	3 家经销商客户入股，但是客户股东的持股比例较低，合计持股不到 1%。入股后发行人与经销商之间的交易机制未发生重大变化，交易定价、赊销政策、信用政策、奖励政策与其他经销商保持一致；入股前后交易的金额和占比趋于稳定，没有发现较大波动，也没有形成客户依赖。
3	奥瑞金	红牛是奥瑞金的第一大客户，报告期内交易金额占奥瑞金营业收入的比重均超过 60%，甚至报告期末高达 75.49%；同时，红牛系持有奥瑞金 8% 股份的股东弘灏控股之实际控制人 YAN Bin 所控制的公司。招股书显示红牛构成奥瑞金的关联方，并详细论述了交易背景（已合作 17 年），入股前后双方的交易定价机制和交易价格未发生变化，关联交易对公司经营业绩、独立性及交易价格公允性未产生重大影响，未来交易持续但比重将逐步下降，独立董事发表独立意见等。

续表

序号	案例	具体情况
4	宇瞳光学	第一大直销客户大华股份，通过持有祥禾投资1%的股权，从而间接持有公司0.0562%的股份。大华股份作为祥禾投资的有限合伙人，2015年4月向该合伙企业投资1000万元，投资金额较小，不参与该有限合伙企业的日常投资决策及管理事务。该合伙企业参与发行人股权融资的时间是2016年6月，两者时间相距较远，不存在相应的联系。发行人与大华股份的交易均系正常的商业交易，双方协商合作并市场化定价，与大华股份间接持有发行人股份无关。
5	天元集团（被否）	2015年至2016年，存在发行人客户韵达货运实际控制人的母亲陈某美及客户德邦物流的全资子公司德邦投资分别认购发行人增资发行的股份行为，其中陈某美持股比例为1.02%，德邦投资持股比例为2.45%。发审委会议提出询问的主要问题包括：2015年至2016年，韵达货运实际控制人的母亲陈某香及德邦投资分别认购发行人增资发行的股份。请发行人代表说明上述增资入股后向韵达货运及德邦物流销售产品的综合毛利率持续下降，且2017年1—9月显著低于同期向全部客户销售综合毛利率的原因；向韵达货运及德邦物流销售价格的定价政策及其公允性，陈某香及德邦投资增资入股时是否存在与业务合作相关的协议；2016年、2017年1—9月，同一标准的标签产品向韵达货运与百世物流销售单价差异较大的原因及合理性。
6	中天精装（被否）	2015年8月，万丰资产成为发行人股东。万丰资产的实际控制人为深圳市万科企业股资产管理中心。报告期内，万科企业股份有限公司为发行人第一大客户，2014年、2015年、2016年及2017年1—6月，发行人对万科企业股份有限公司的销售收入分别为49412.11万元、38083.94万元、46372.00万元及16375.97万元，占营业收入的比重分别为58.46%、44.10%、46.39%及43.60%。发审委会议提出询问的主要问题包括：万科地产为发行人第一大客户，发行人股东之一万丰资产唯一股东为万科企业股资产管理中心，万科地产员工代表大会对该中心的宗旨及理事会人选有最终决定权。请发行人代表说明，根据实质重于形式原则，万科地产是否为关联方，发行人是否构成对关联方存在重大依赖的情形。

二、客户/供应商入股的审核关注要点

1. 客户/供应商入股的合理性

客户/供应商入股应当具有合理的商业逻辑，该等商业逻辑可能是双方已合作多年，出于公司发展战略考虑，客户/供应商入股以分享发行人的成长收益，更好地维持长期合作；或者是因为市场集中度较高，客户/供应商入股系历史原因形成且符合行业特点。

此外，客户/供应商入股的价格应当公允，如果入股的价格较低，可能会存在通过降低入股价格来获取订单或其他利益输送的嫌疑。

通过合理性解释，最终目的是打消审核部门对客户/供应商入股所带来的粉饰业绩、操纵利润、业务依赖、拿股权换订单等方面的疑虑。

2. 客户/供应商持股比例的高低、对公司生产经营的影响力大小

客户/供应商直接或间接持股比例在5%以上的，应作为关联方披露，相关交易应认定为关联交易，需履行关联交易的相关审议程序。并且，持股比例越高，越容易引起关注，发行人及相关中介机构应做更详尽的核查和披露。

客户/供应商直接或间接持股比例低于5%的，一般而言，对发行人生产经营难以产生重大影响。入股比例越低，对发行人的生产经营和独立性的影响越小。当然，如果入股的客户或供应商是发行人的主要或新增重要客户/供应商且交易占比较大，即便入股比例较低，审慎起见，也应依照实质重于形式原则，比照关联方及关联交易进行披露。

此外，在治理结构上，发行人尽量不与入股的客户/供应商存在“特殊事项否决权”、派驻董事或高管等特殊权利的约定，以避免审核部门存在入股客户/供应商对发行人的经营决策有重大影响力的疑虑。

3. 发行人与入股客户/供应商交易的公允性、稳定性和可控性

首先，在交易价格方面，关注入股前后发行人与入股客户/供应商的交易价

格是否发生重大变化，与入股客户/供应商的交易价格是否与其他客户/供应商的交易价格存在重大差异。

其次，在业务稳定性方面，对于相同或相似产品，发行人和入股客户/供应商之间交易的毛利率与发行人和其他客户/供应商之间交易的毛利率是否存在差异；在入股前后，发行人与入股客户/供应商的业务合作是否发生重大变化，金额、占比是否稳定，交易的其他条款（比如信用政策）是否发生变化，是否存在放宽账期以获取大量订单的情形。

最后，在业务可控性方面。如发行人与入股客户/供应商历史上已存在且保持长期采购、供货关系，未来的合作系可预期的维持或增长，不属于为了利益输送而进行的短期往来，则更有说服力；同时关注在入股前后，发行人是否有合适的替代客户或供应商，是否对入股的客户/供应商存在重大依赖。如果目前发行人与入股客户/供应商的交易占比较高，未来的交易应当逐渐降低至合理范围，以打消审核部门对于业务依赖的疑虑。

4. 发行人的内控制度是否健全

发行人是否具有完整、独立的采购、生产、销售模式，对供应商的选择是否有统一严格的标准和流程，对客户的开拓和维护是否有统一的标准和成本控制机制；发行人是否已建立和完善关联交易的审批权限和交易流程等制度，独立董事是否对重大关联交易发表了独立意见。

图书在版编目（CIP）数据

注册制之企业上市合规阶梯／高慧编著．—北京：中国法制出版社，2020.4

ISBN 978-7-5216-0948-6

Ⅰ．①注…　Ⅱ．①高…　Ⅲ．①上市公司-研究-中国　Ⅳ．①F279.246

中国版本图书馆 CIP 数据核字（2020）第 039498 号

责任编辑：欧丹　　封面设计：周黎明

注册制之企业上市合规阶梯

ZHUCEZHI ZHI QIYE SHANGSHI HEGUI JIETI

编著/高慧

经销/新华书店

印刷/三河市紫恒印装有限公司

开本/710 毫米×1000 毫米　16 开　　印张/34.75　字数/380 千

版次/2020 年 4 月第 1 版　　2020 年 4 月第 1 次印刷

中国法制出版社出版

书号 ISBN 978-7-5216-0948-6　　定价：98.00 元

北京西单横二条 2 号

邮政编码 100031　　传真：010-66031119

网址：http：//www.zgfzs.com　　**编辑部电话：010-66075800**

市场营销部电话：010-66033393　　**邮购部电话：010-66033288**

（如有印装质量问题，请与本社印务部联系调换。电话：010-66032926）